基于风险的资产配置策略

蒂里·龙嘉利（Thierry Roncalli）/著

王海艳 郑坂/译

中国金融出版社

责任编辑：王慧荣
责任校对：刘　明
责任印制：陈晓川

Introduction to Risk Parity and Budgeting by Thierry Roncalli, ISBN 978-1-4822-0715-6
Copyright© 2014 by Taylor & Francis Group, LCC

Authorized translation from English language edition published by CRC Press, part of Taylor & Francis Group LLC; All rights reserved; 本书原版由 Taylor & Francis 出版集团旗下, CRC 出版公司出版，并经其授权翻译出版。版权所有，侵权必究。

China Financial Publishing House is authorized to publish and distribute exclusively the Chinese (Simplified Characters) language edition. This edition is authorized for sale throughout Mainland of China. No part of the publication may be reproduced or distributed by any means, or stored in a database or retrieval system, without the prior written permission of the publisher. 本书中文简体翻译版授权由中国金融出版社独家出版并在限在中国大陆地区销售。未经出版者书面许可，不得以任何方式复制或发行本书的任何部分。

北京版权合同登记图字 01-2015-3553

Copies of this book sold without a Taylor & Francis sticker on the cover are unauthorized and illegal. 本书封面贴有 Taylor & Francis 公司防伪标签，无标签者不得销售。

图书在版编目（CIP）数据

基于风险的资产配置策略（Jiyu Fengxian de Zichan Peizhi Celüe）/（法）蒂里·龙嘉利著；王海艳，郑坂译．—北京：中国金融出版社，2016.6
ISBN 978-7-5049-8232-2

Ⅰ.①基… Ⅱ.①蒂…②王…③郑… Ⅲ.①风险投资—预算—研究 Ⅳ.①F810.59

中国版本图书馆 CIP 数据核字（2015）第 286588 号

出版
发行　中国金融出版社
社址　北京市丰台区益泽路 2 号
市场开发部　（010）63266347，63805472，63439533（传真）
网上书店　http://www.chinafph.com
　　　　　（010）63286832，63365686（传真）
读者服务部　（010）66070833，62568380
邮编　100071
经销　新华书店
印刷　北京市松源印刷有限公司
尺寸　169 毫米 × 239 毫米
印张　28
字数　442 千
版次　2016 年 6 月第 1 版
印次　2016 年 6 月第 1 次印刷
定价　68.00 元
ISBN 978-7-5049-8232-2/F.7792
如出现印装错误本社负责调换　联系电话（010）63263947

序

在受邀为龙嘉利教授的著作《基于风险的资产配置策略》中文译著作序时，我是很惶恐的，因为我主要从事工程领域的工作，对金融学实在没有什么研究。后来在翻阅了翻译稿后，发现该书并不是传统意义上的金融著作，而更是一本应用数学与金融学交叉领域的创新作品。全书围绕金融风险的量化管理，提出了一种新的方法，从风险控制的角度优化投资组合，显示了应用数学及工程学在金融学领域的实践应用。

自 2007 年次贷危机以来，社会舆论对复杂的金融工具及其监管存在很多质疑，特别是在西方，这种质疑甚至指向教育机构，因为它们输送了太多的优秀学生去从事金融衍生品及投机套利工作。近年来，各国都加强了对金融业的管制，金融机构也开始重视风险控制，金融业似乎重新回归理性发展的轨道。然而，联想到最近中国及全球资本市场出现的一些风波，我们仍需思考，金融界应如何面对？

纵观最近一百多年金融学的发展，金融理论的创新总是与现代科学的发展紧密结合在一起。1900 年，法国数学家路易斯·巴舍利耶在其博士论文中首次将布朗运动运用到金融研究中，这为后来著名的布莱克—舒尔茨模型奠定了基础。概率和随机理论的发展推动了金融理论进入一个新阶段，哈利·马科维茨在20世纪50年代第一次用数理统计的语言描述了金融市场上投资者的行为，从而创立了均值方差模型，至今仍被广泛应用于实际的投资决策。自20世纪七八十年代以来，博弈论、信息科学以及统计物理学的理论和模型被用来分析金融市场行为，众多的学者研究信息不对称给金融产品带来的逆向选择问题和道德风险问题，以及相应的金融市场资源配置效率问题。在金融工程学领域，比如控制理论中的卡尔曼滤波也被应用于金融数据的处理，统计物理的方法运用于金融学催生出一个新的领域——金融物理学。此外，由于金融市场越来越多元化和复杂化，传统的金融模型假设存在一些先天的缺陷，很多学者将心理学等引入金融研究，来解释金融市场中的一些异常现象，从而形成现代金融理论的行为学派——行为金融学。

作为一个教育工作者，我深刻意识到发展传统理工学科与金融学交叉融合的重要性。我们建议金融专业的学生及金融从业人员了解现代科学发展，力求探索其在金融中的应用，同时也希望金融从业人员能够将严谨的量化方法应用于金融实践中。此外，教育界和企业界的沟通合作也是尤其重要的。龙嘉利教授是一位贯通教育界及企业界的典范，他结合金融行业最新发展，将碰到的问题理论化，同时在高校第一时间授课并与学生交流。本书中，他指出了传统马科维茨模型隐藏的问题，提出了基于风险预算的改进模型，并从理论上解释了新模型的优越性，这对于传统理论的发展是一个重要贡献，也为金融从业者从风险管控的角度更好地管理资产提供了一项新选择。

在当前国际化大背景下，金融业是最需要借鉴国际发达国家管理经验的行业之一。中国金融市场的稳定符合中国的利益，也符合世界的利益。感谢同济大学王海艳副教授和我的学生郑坂博士为引进国外最新研究成果所作出的努力，特此推荐。

2015年11月12日于上海

译者序

在法国乃至欧洲的量化金融研究领域，龙嘉利教授都是一位很受尊重的学者。他目前担任法国兴业银行集团领先资产管理公司（Lyxor Asset Management）管理委员会委员及量化研究部总监，同时任法国埃夫里大学（University of Evry）经济学教授，此外还是欧洲证券和市场管理局（European Securities and Markets Authority）经济与市场分析委员会（Committee for Economic and Markets Analysis）经济顾问组（Group of Economic Advisers，GEA）的成员。他的理论扎根于实践，并在实践中得到推广应用。他将日积月累的工作成果汇集成册，与广大学者及金融从业者分享。

龙嘉利教授在本书中对传统马科维茨投资模型进行了深入剖析，系统全面地阐述了风险均衡和风险预算技术的特点和应用。本书对于我国投资界和金融专业教学有以下几方面的借鉴意义：

第一，尽管国内金融界以风险控制为核心的投资理念正在逐步形成，但在追求收益目标和市场躁动的驱使下，这一风险配置视角常常被忽视甚至抛弃，因此客观评价收益以及合理平衡风险与收益的关系，仍值得金融从业者深刻体会并严格执行。反思2015年发生的"股灾"，在一定意义上就是没有穿"盔甲"的中国股市暴露于全球冷血投机者攻击下的必然,这个"盔甲"就是必要的风险控制和制度建设。

第二,近年来,量化投资已成为投资界的一个热点话题。风险均衡和风险预算技术属于量化策略,在一些网站论坛上可以见到少量有关风险均衡的讨论,但尚未见到系统全面的阐述。从量化方法上,风险均衡和风险预算模型的思路简明清晰,较易被理解和推广。

第三,从金融专业教学的角度,目前各类教材对于经典投资组合理论的介绍并不缺乏,但如何将理论转化为实践,却鲜有描述。该书提供了风险均衡模型在各类组合情况下的应用实例,并有详细的推导过程,可作为组合投资实践和理论研究的有力参考工具。

风险均衡和风险预算是基于风险的资产配置策略。在投资实践中,该项策略已得到较广泛的应用,如在股票、债券、商品期货市场中的智能指数(Smart Beta)产品、多重资产的投资组合策略以及符合大型机构投资需求的战略资产组合策略等。在《巴塞尔协议Ⅲ》中的流动性覆盖率(Liquidity Coverage Ratio)管理上,该技术也有其显著的用武之地。对于像我国这样的外汇储备大国,这一技术也可为在风险可控的前提下增强收益提供良好的资产组合建议。

在翻译和出版过程中,原书作者蒂里·龙嘉利教授给予了我们很多帮助和建议。就中文版的书名,我们征求了龙嘉利教授的意见,经仔细斟酌,最终将中文版书名确定为《基于风险的资产配置策略》,以便中国读者对本书的基本内涵一目了然。

本书的翻译工作历时6个月,由于涉及数学、工学和金融学方面的词汇,翻译难度较大,虽努力多方求证,也不能避免译文中可能存在的不足,故望读者予以指正。同济大学的硕士研究生:司辛欣、王传亮、孟一南、周慧琳、李艳晶、崔朔、朱张婷、胡诗超、石晓蓉,参与了本书的部分翻译工作,在此,我们感谢他们付出的日日夜夜,所有可能存在的错误都由我们承担。这里,我们还要感谢原书作者蒂里·龙嘉利教授以及法兴银行集团领先资产管理公司的大力支持,也感谢同济大学经济与管理学院经济与金融系主任陈伟忠教授的理解和支持,感谢同济大学《金融企业风险管理》精品课程项目以及金融专业硕士项目的支持。

最后，我们还要感谢我们的家人，在我们一头扎到纸堆里的数月时间里，他们给予了极大的理解和精神支持，让我们工作起来感觉心里无比踏实。希望我们能补偿亏欠他们的时间，并分享我们的快乐。

王海艳　于上海同济园

郑坂　于法国巴黎

2015 年 10 月

前　言

马科维茨优化理论的终结？

长久以来，人们对投资理论与实践是这样总结的：资本资产定价模型（CAPM）认为，市场组合是最优的。20世纪90年代，被动型投资策略的发展进一步肯定了威廉·夏普（William Sharpe）这一成果的正确性。与此同时，机构投资者的数量以惊人的速度增长，其中很多都采用被动型投资策略来管理它们的权益和债务敞口，尽管它们也都了解哈利·马科维茨（Harry Markowitz）的优化模型对于输入参数是十分敏感的，尤其是对期望收益敏感（Merton，1980），但仍然还是遵从这一模型进行资产配置。原因之一就是没有其他可选择的模型，原因之二则是马科维茨模型简单易用，且易解释。对于期望收益，这些机构投资者往往依赖长期历史数据，认为历史数据可以给出未来发展的可靠指向。养老基金管理团队就是利用这一资产配置的科学方法胜出的。

对于该模型的预警信号最早是伴随着互联网危机而来的。一些机构投资者，特别是那些固定收益型养老金计划，由于大量持有权益类资产而损失惨重（Ryan and Fabozzi, 2002）。2001年11月，一家英国的医药批发企业——Boots公司决定将其养老金计划全部投资于债券（Sutcliffe, 2005）。尽管如此，权益类证券的业绩表现还是在2003—2007年让投资者重拾信心，使标准金融模型又继续开始发挥作用，而互联网危机也不过是一次不会再重演的偶发事件而已。然而，2008年的金融危机却让人们看到许多战略性资产配置所隐含的风险，而且对于机构投资者来说，这次危机的严重性是史无前例的。2000年的互联网危机还只是限于一些大盘股和一些特定的行业板块，小盘股和价值股并未受到影响，且对冲基金的业绩也是持平的；2008年，次贷危机导致信用策略产品及资产证券化产品的暴跌，权益类产品出现负收益，甚至达到约-50%，对冲基金及另类资产的业绩也非常差。一个矛盾的现象是，许多机构投资者已经考虑了不同类别和不同地区资产的多样化配置，但不幸的是，如此的多样化仍不足以保护它们。最终，2008年金融危机造成的损失甚至超过了互联网危机的损失。这一现象在欧洲大陆的机构投资者身上表现得尤为突出，它们在互联网泡沫破裂的过程中，由于持有较少的权益类产品，便得到了较好的保护。这也是2008年金融危机成为了全球机构投资者的一场噩梦的原因。

大多数机构都是通过组合优化方法来校准其投资组合的，正因为如此，马科维茨的现代投资组合理论受到专业人士的强烈批评，一些杂志文章也宣称马科维茨优化方法的终结。[①] 出现这些极端反应的原因是多样化策略在传统上就和马科维茨优化方法联系在一起，而这一方法在金融危机中失灵了。然而，问题不完全出自配置方法本身。事实上，失灵的原因更多应归咎于输入的参数。由于模型采用基于历史数据估计得到的期望收益，导致权益类资产权重过高，进而推高了那些可能与权益类资产有低相关性的资产部分。然而，在危机中，不同类别资产之间的相关性急剧上升，最终导致没能出现理想的分散化。

如今已经看不到投资者还坚持马科维茨的优化方法了。然而，众多的批评主要不是针对模型本身，而是针对模型的使用方法。在20世纪90年代，学者们开始采用正则化技术来降低输入参数的估计误差所带来的不良影响，

---

① 比如，《亚洲投资者》(Asian Investor) 杂志在2012年12月刊发的文章，题为"马科维茨组合理论是否已消亡？高盛如此认为"(Is Markowitz Dead? Goldman Thinks So)。

近年来这方面的研究也有了不小的进步。此外，我们现在对于这个模型的机理有了更深入的理解，而且，我们也拥有了一套理论框架，可以用来衡量那些约束条件的影响（Jagannathan and Ma, 2003）。最近，基于套索（lasso）算法的模糊优化方法对优化投资组合又有了改进（DeMiguel et al., 2009）。因此，马科维茨模型当然没有终结，投资者必须明白，这是一个集风险和期望收益于一体的奇妙工具。马科维茨优化方法的目标就是要找到套利因子，并构造一个可以继续"玩下去"的投资组合。通过这样的构造过程，马科维茨模型成为积极型投资管理中的一个激进型模型。在这种情况下，模型对输入参数敏感也是正常的（Green and Hollifield, 1992），改变参数值也就改变了内在的投资。因此，如果输入参数错误的话，套利因子以及选择也是错误的，于是也得不到令人满意的组合结果。如果投资者想得到一个更具防御性的模型，他们就必须降低参数值的激进程度，而这就是组合正则化方法背后的主要含义。总之，说马科维茨模型终结的那些文章都夸大其词了，因为这一模型仍然会在积极型投资策略中得到深度应用。而且，还没有其他更强有力的模型能将对收益的预测考虑进去。

风险均衡策略组合的兴起

有很多方法可以用来获得激进程度较低的积极型投资组合。第一种方法就是采用较低激进性的参数。例如，假设所有资产的期望收益率都相等，我们可以得到最小方差（MV）组合。第二种方法是采用资产配置的探索式方法。所谓探索式，是指基于经验技术和试错方法来寻找可接受的解，这个解并不等同于优化问题的最优解。等权重组合就是这种非最优"粗略估算方法"下的一个例子，即将投资组合中所有资产都设置为等权重，就可以大大降低输入参数的敏感性。事实上也就不存在积极的投资了。尽管这两种方法早就被人们所了解，但也只是在互联网泡沫破灭后才流行起来。

风险均衡是探索式方法的又一个例子，其基本思想是：通过赋予不同资产以相等的风险贡献度来构造一个平衡型的投资组合，即基于风险的等权重组合，而非价值上的等权重。如同最小方差组合及等权重组合方法一样，风险均衡组合方法的起源并没有统一的说法。"风险均衡"一词由钱（Qian, 2005）首次提出，而该方法早在2005年之前就被一些商品交易顾问（CTA）

和权益市场中性基金所采用。比如，风险均衡方法作为桥水公司（Bridgewater）旗下的 All Weather 基金的核心技术已经应用了很多年（Dalio，2004）。从这一点看，风险均衡组合之所以得到应用是因为它在实务上有价值。而从理论上，直到 Mailliard 等（2010）的理论文章发表（首次发表于 2008 年），才揭示了风险均衡方法的解析特性，该文特别验证了风险均衡策略组合的存在性以及唯一性，并指出它介于最小方差组合和等权重组合之间。

自 2008 年以来，我们看到人们对于风险均衡策略组合的兴趣不断提升。例如，《IPE 杂志》（*Journal of Investing and Investment and Pensions Europe*）在 2012 年出版了一期有关风险均衡的特刊，同年，《金融时报》（*Financial Times*）和《华尔街杂志》（*Wall Street Journal*）也刊登了一些有关这一话题的文章。② 实际上，"风险均衡"一词目前已经包含了一些不同的配置方法。例如，在资产权重与资产收益波动率成反比关系时，一些专业人士也使用"风险均衡"一词；另外有人认为，风险均衡策略组合相当于等权风险贡献度（Equally Weighted Risk Contribution，ERC）组合；有时，风险均衡又等价于风险预算（Risk Budgeting，RB）组合，在这种情况下，组合中所有资产的风险预算并不一定相等。最初，风险均衡策略只涉及债券和权益的组合，而现在已经被广泛应用到整个投资领域。如今，风险均衡策略则是以风险预算技术来设计投资组合，进而成为资产管理行业的营销术语。

比营销操作更有趣的则是风险预算投资组合的确定方法。类似于马科维茨投资组合以期望收益为目标或瞄准事前波动性，风险均衡策略的目标则是将风险预算分配给每个资产。和其他探索式方法一样，风险均衡不谈业绩维度而强调风险管理维度，而且比其他方法在这一点上表现更为突出。我们还注意到，最小方差组合只会诱导权益投资人，而风险均衡策略组合不仅顾及不同的传统型资产品种（权益和债券），还关注到另类资产品种（商品和对冲基金）以及多重资产品种（股票/债券混合资产和其他各种基金）。风险均衡策略自始至终以风险管理为核心，实现了一次重大的突破，从而告别了早

---

② 2012 年 2 月发表的"新配置基金重新定义均衡概念"（*New Allocation Funds Redefine Idea of Balance*）；2012 年 6 月发表的"同等收益，更少风险"（*Same Returns, Less Risk*）；2012 年 6 月发表的"风险均衡策略有批评者也有支持者"（*Risk Parity Strategy Has Its Critics as Well as Fans*）；2012 年 9 月发表的"投资者争相寻求风险均衡保护伞"（*Investors Rush for Risk Parity Shield*）；等等。

前的马科维茨优化方法时代。在过去的几十年里,机构投资者的主要目标是创造高于无风险利率的回报(有时能达到两位数的回报)。2008年国际金融危机之后,投资者大都改变了他们的期望收益目标,随着风险厌恶水平的上升,他们不愿意再经历一次这样的投资损失。在这一背景下,风险管理便变得比业绩管理更为重要了。

尽管如此,与很多其他的话题一样,有关风险均衡的说法也有很多夸大其词的地方。即使有人认为风险均衡策略是资产配置问题最权威的解决方案,人们还是应当对其保持谨慎态度。风险均衡策略仍只是一个用于投资的金融模型,其业绩也有赖于投资者的参数选择。投资品种及风险预算的正确选择与选用正确的配置方法同等重要。因此,风险均衡策略可能对于确定可靠的配置是有用的,但它并不能将投资者从他们自身的决策责任中解脱出来。

关于本书

本书的主题是关于风险均衡方法。正如前文所述,风险均衡是资产管理行业对基于风险的投资管理过程的通称。在本书中,风险均衡一词同义于风险预算。当风险预算一致时,我们倾向于采用"等权风险贡献度(ERC)组合"一词,更能明确表达其含义,而且这个词没有被投资界过度使用。当我们提及风险均衡基金时,它特指由权益类资产及债券组成的等权风险贡献度投资组合。

本书分为两个部分。第一部分为理论部分:第一章介绍现代投资组合理论;第二章总体介绍了风险预算方法。第二部分包含四章,各章分别介绍了风险均衡方法在某一特定资产类别中的实践应用;第三章介绍有关基于风险的权益类指数,也称为智能指数化(smart indexing);第四章介绍风险预算技术在债券组合管理中的应用;第五章介绍关于另类投资,如商品和对冲基金;第六章介绍风险均衡技术在多重资产类别中的应用。本书还包括两个附录:附录A提供给读者有关优化问题的技术工具,如连接(Copula)函数和动态资产配置;附录B包括了30个教学练习,相关的答案不包含在本书内,但可以从以下网页获得:

http：//www.thierry-roncalli.com/riskparitybook.html。③

本书的写作源于迪特黑尔姆·乌尔茨（Diethelm Würtz）教授邀请我在第六届 R/Rmetrics Meielisalp 研讨会以及计算金融与金融工程夏令营上作关于风险均衡策略的讲学。这个研讨会每年6月底在瑞士图恩湖（Lake Thune）边的 Meielisalp 举行，讲学模块的本意是对统计学或金融学领域的某个特定话题作概览性介绍。在备课时，我意识到自己有很多关于风险均衡的材料，足够写本书了。所以我首先要感谢迪特黑尔姆·乌尔茨教授以及 Meielisalp 夏令营的参加者，他们给予的热情的欢迎，并且就风险均衡这一话题展开了不同角度的讨论。我还想感谢2008年以来那些邀请我参加学术及专业会议的人们，让我能就风险均衡技术及其应用发表演讲，特别是 Yann Braouezec, Rama Cont, Nathalie Columelli, Felix Goltz, Marie Kratz, Jean-Luc Prigent, Fahd Rachidy 和 Peter Tankov。我还要感谢埃夫里大学资产与风险管理硕士项目的 Jérôme Glachant 和其他同事，我担任了风险均衡课程的教学。我也要对出版社的编辑表示感谢，特别鸣谢 Sunil Nair，他们给了我支持、鼓励和建议。

我还要感谢这一主题的所有共同作者：Benjamin Bruder, Pierre Hereil, Sébastien Maillard, Jérôme Teïletche 和 Guillaume Weisang，以及和我一起就风险均衡进行研究工作的领先资产管理公司的同事们，特别鸣谢 Cyrille Albert-Roulhac, Florence Barjou, Cédric Baron, Benjamin Bruder, Zélia Cazalet, Léo Culerier, Raphael Dieterlen, Nicolas Gaussel, Pierre Hereil, Julien Laplante, Guillaume Lasserre, Sébastien Maillard, François Millet 和 Jean-Charles Richard。我还要感谢 Abdelkader Bousabaa, Jean-Charles Richard 和 Zhengwei Wu，他们对本书的初稿进行了仔细阅读。特别鸣谢 Zhengwei WU，他是一名优秀且高效的研究助手。

最后，我要向 Théo, Eva, Sarah, Lucie 和 Nathalie 表示深深的感谢，感谢他们在我写作期间给予的支持和鼓励。

蒂里·龙嘉利
巴黎，2013年1月

---

③ 该网页也向读者和教师提供有关本书的其他材料（如勘误表、代码、幻灯片等）。

目 录

符号和标记说明

第一部分　从优化资产组合到风险均衡策略 ……… 1

第一章　现代组合理论 ……… 2
1.1　从最优资产组合到市场组合 ……… 3
1.1.1　有效前沿 ……… 3
1.1.2　切点组合 ……… 11
1.1.3　市场均衡与资本资产定价模型（CAPM）……… 15
1.1.4　存在基准组合时的最优组合 ……… 18
1.1.5　布莱克—李特曼模型 ……… 22
1.2　投资组合优化的实践 ……… 27
1.2.1　协方差矩阵的估计 ……… 27
1.2.2　设计期望收益 ……… 40
1.2.3　优化组合的正则化 ……… 45
1.2.4　引入约束条件 ……… 55

第二章　风险预算策略 ……… 75
2.1　风险配置原则 ……… 76
2.1.1　风险度量的性质 ……… 76
2.1.2　组合资产的风险贡献度 ……… 83
2.1.3　非正态风险度量指标的应用 ……… 89
2.2　风险预算组合分析 ……… 103
2.2.1　风险预算组合的定义 ……… 103
2.2.2　风险预算组合的一些特征 ……… 108
2.2.3　风险预算组合的最优性 ……… 119
2.2.4　风险预算方法的稳定性 ……… 122

2.3 特例：等权风险贡献度（ERC）组合 ········· 125
2.3.1 两种资产的情况（$n = 2$） ········· 125
2.3.2 一般情况（$n > 2$） ········· 127
2.3.3 ERC 组合的最优性 ········· 130
2.3.4 回到多样化的概念 ········· 132
2.4 风险预算方法与权重预算方法的对比 ········· 137
2.4.1 权重预算组合与风险预算组合的对比 ········· 137
2.4.2 最小方差组合的新构造 ········· 139
2.5 用风险因子替代资产 ········· 142
2.5.1 基于资产的风险预算策略之陷阱 ········· 142
2.5.2 关于风险因子的风险分解 ········· 148
2.5.3 一些说明 ········· 151

第二部分 风险均衡方法的应用 ········· 156

第三章 风险指数 ········· 157
3.1 市值加权指数 ········· 158
3.1.1 理论支撑 ········· 158
3.1.2 权益指数的构造和复制 ········· 159
3.1.3 市值加权指数的优缺点 ········· 161
3.2 另类加权指数（AW） ········· 165
3.2.1 另类加权指数的理想性质 ········· 165
3.2.2 基本面指数 ········· 167
3.2.3 风险指数 ········· 169
3.3 一些说明 ········· 188
3.3.1 风险指数模拟 ········· 188
3.3.2 风险指数的实际问题 ········· 191
3.3.3 其他实证研究成果 ········· 195

第四章 债券组合上的应用 ········· 199
4.1 债券管理的相关问题 ········· 199
4.1.1 债务加权指数 ········· 199

4.1.2　收益率和风险 …………………………………………… 201
　4.2　债券组合管理 ………………………………………………… 202
　　　4.2.1　利率的期限结构 ………………………………………… 202
　　　4.2.2　债券定价 ………………………………………………… 205
　　　4.2.3　债券组合的风险管理 …………………………………… 210
　4.3　一些说明 ……………………………………………………… 223
　　　4.3.1　管理收益率曲线的风险因子 …………………………… 224
　　　4.3.2　管理主权信用风险 ……………………………………… 229

第五章　风险均衡策略在另类投资中的应用 ………………………… 251
　5.1　关于商品的案例 ……………………………………………… 252
　　　5.1.1　为什么投资商品有所不同 ……………………………… 252
　　　5.1.2　商品类资产敞口的设计 ………………………………… 256
　5.2　对冲基金策略 ………………………………………………… 262
　　　5.2.1　敞口规模的确定 ………………………………………… 262
　　　5.2.2　对冲基金的组合配置 …………………………………… 266

第六章　多重资产的组合配置 …………………………………………… 279
　6.1　多样化基金的构成 …………………………………………… 281
　　　6.1.1　股票/债券资产混合政策 ……………………………… 281
　　　6.1.2　成长性资产与对冲资产 ………………………………… 284
　　　6.1.3　风险均衡配置 …………………………………………… 289
　　　6.1.4　风险均衡基金的利弊 …………………………………… 291
　6.2　长期投资政策 ………………………………………………… 296
　　　6.2.1　获取风险溢价 …………………………………………… 296
　　　6.2.2　战略性资产配置 ………………………………………… 298
　　　6.2.3　带有负债约束的风险预算 ……………………………… 305
　6.3　绝对收益和积极的风险均衡策略 …………………………… 306

结论 ………………………………………………………………………… 310

附录 A　技术附录 ………………………………………………………… 312
　A.1　优化问题 ……………………………………………………… 312

- A.1.1 二次规划问题 ········ 312
- A.1.2 非线性无约束的优化问题 ········ 315
- A.1.3 序列二次规划算法 ········ 317
- A.1.4 风险预算问题的数值解 ········ 318
- A.2 连接（Copula）函数 ········ 319
  - A.2.1 定义和主要特性 ········ 319
  - A.2.2 有参函数 ········ 323
  - A.2.3 对一些 Copula 模型的模拟 ········ 325
  - A.2.4 Copula 函数和风险管理 ········ 327
  - A.2.5 多元生存模型的构造 ········ 331
- A.3 动态组合优化 ········ 334
  - A.3.1 随机最优控制 ········ 334
  - A.3.2 连续时间下的组合优化 ········ 336
  - A.3.3 默顿模型的一些推广 ········ 338

附录 B 教学练习题 ········ 348
- B.1 有关现代组合理论的练习 ········ 348
  - B.1.1 马科维茨最优组合 ········ 348
  - B.1.2 有效前沿的变动 ········ 349
  - B.1.3 夏普比率 ········ 350
  - B.1.4 贝塔系数（β） ········ 352
  - B.1.5 切点组合 ········ 353
  - B.1.6 信息比率 ········ 354
  - B.1.7 构建偏斜组合 ········ 355
  - B.1.8 隐含风险溢价 ········ 356
  - B.1.9 布莱克—李特曼（Black-Litterman）模型 ········ 357
  - B.1.10 带交易成本的组合优化 ········ 358
  - B.1.11 约束条件对 CAPM 理论的影响 ········ 359
  - B.1.12 Jagannathan – Ma 收缩方法的推广 ········ 360
- B.2 有关风险预算方法的练习 ········ 362
  - B.2.1 风险度量指标 ········ 362

B.2.2　组合权重的集中度 …………………………………… 363
　　B.2.3　ERC 组合 ……………………………………………… 364
　　B.2.4　计算 Cornish – Fisher 风险价值 ……………………… 365
　　B.2.5　风险预算非严格为正时的风险预算策略 …………… 366
　　B.2.6　风险均衡与因子模型 ………………………………… 367
　　B.2.7　期望亏空风险度量下的风险配置 …………………… 369
　　B.2.8　ERC 组合的优化问题 ………………………………… 370
　　B.2.9　带有偏度和峰度的风险均衡组合 …………………… 371
B.3　有关风险均衡策略应用的练习 …………………………………… 373
　　B.3.1　探索式组合的计算 …………………………………… 373
　　B.3.2　等权重组合 …………………………………………… 374
　　B.3.3　最小方差组合 ………………………………………… 375
　　B.3.4　最分散化组合 ………………………………………… 376
　　B.3.5　用收益率曲线因子进行风险配置 …………………… 377
　　B.3.6　主权债券组合的信用风险分析 ……………………… 379
　　B.3.7　多空组合的风险贡献度 ……………………………… 382
　　B.3.8　风险均衡策略基金 …………………………………… 383
　　B.3.9　Frazzini – Pedersen 模型 ……………………………… 384
　　B.3.10　动态风险预算组合 …………………………………… 385

参考文献 ……………………………………………………………… 388

图目录

图 1.1 马科维茨的最优资产组合 ········· 5
图 1.2 马科维茨的有效前沿 ········· 7
图 1.3 有一些权重约束的有效前沿 ········· 9
图 1.4 资本市场线 ········· 12
图 1.5 存在无风险资产的有效前沿 ········· 14
图 1.6 存在基准下的有效前沿 ········· 20
图 1.7 基于基准组合的切点组合 ········· 21
图 1.8 异步市场的交易时间（世界标准时间） ········· 31
图 1.9 异步市场收益下估计量 $\hat{\rho}$ 的密度 ········· 32
图 1.10 林—吉田估计 ········· 33
图 1.11 GARCH 模型的累积权重函数 W_m ········· 35
图 1.12 标准普尔 500 指数波动率的估计 ········· 36
图 1.13 一致相关系数估计量的密度 ········· 38
图 1.14 MT、TAA 和 SAA 三种策略的时间跨度 ········· 41
图 1.15 战略性资产配置的基本方法 ········· 43
图 1.16 有效前沿的不确定性 ········· 47
图 1.17 重采样有效前沿 ········· 48
图 1.18 均值—方差优化组合的惩罚权重 ········· 55
图 1.19 主成分分析应用于富时指数的股票（2012 年 6 月） ········· 57
图 1.20 SX5E 指数和 SPX 指数的采样 ········· 68
图 2.1 30/70 政策规则下的三种预算策略 ········· 76

图2.2　风险贡献度估计量 $\mathcal{RC}_1$ 的密度 ·············· 95
图2.3　斜正态分布下利润/损失的密度 ·············· 102
图2.4　风险预算组合中权重 w^* 关于 b 和 ρ 的演变 ·············· 109
图2.5　相关系数不变时，权重 x_1 的模拟 ·············· 112
图2.6　随着 x_3 的改变，组合波动率 $\sigma(x)$ 的演变 ·············· 118
图2.7　当夏普比率相同且资产相关系数一致时，ERC组合
　　　在均值—方差图中的位置 ·············· 131
图2.8　当夏普比率相同且资产相关系数不一致时，ERC组合
　　　在均值—方差图中的位置 ·············· 132
图2.9　劳伦茨曲线的几何图 ·············· 135
图2.10　迭代中的风险预算组合（RB）$x^{(k)}$ 向
　　　最小方差组合的收敛过程 ·············· 142
图2.11　风险贡献度的劳伦茨曲线 ·············· 148
图3.1　一些权益指数的劳伦茨曲线（2012年6月29日） ·············· 165
图3.2　2000年1月以来RAFI指数的业绩 ·············· 169
图3.3　AW指数分散化效应的图解 ·············· 170
图3.4　最小方差组合在有效前沿上的位置 ·············· 172
图3.5　AW组合中前两项资产的权重（例31） ·············· 187
图3.6　相对于资产贝塔值 β_i 下的权重（例32） ·············· 188
图3.7　AW组合的集中度统计量 ·············· 191
图3.8　有约束的MV和MDP指数的集中度统计量 ·············· 193
图4.1　即期和远期利率的期限结构 ·············· 204
图4.2　美元收益率曲线的主成分分析因子
　　　（2003年1月至2012年6月） ·············· 205
图4.3　有固定息票收益率的债券的现金流 ·············· 206
图4.4　收益率曲线的不同变化形式 ·············· 206
图4.5　存在违约风险情况下的债券现金流 ·············· 208
图4.6　零息票收益率的演变和趋势
　　　（2010年6月至2012年6月） ·············· 214
图4.7　存在与不存在违约风险下债券组合的损失分布 ·············· 218
图4.8　等权重（EW）组合#1的风险因子贡献度 ·············· 226

图 4.9	多空组合#2 的风险因子贡献度	226
图 4.10	多空组合#3 的风险因子贡献度	227
图 4.11	多空组合#4 的风险因子贡献度	227
图 4.12	到期收益率变动下的哑铃组合的损益	230
图 4.13	哑铃组合的风险因子贡献度	230
图 4.14	信用利差的平均相关系数	235
图 4.15	风险贡献度的动态演变（EGBI 组合）	239
图 4.16	风险贡献度的动态变化（债务加权指数方法）	242
图 4.17	风险贡献度的动态变化（GDP 加权指数方法）	243
图 4.18	权重的演变（基于债务风险指数）	245
图 4.19	权重的演变（基于 GDP 风险指数）	246
图 4.20	信用风险值的动态变化	247
图 4.21	GIIPS 五国风险贡献度的演变过程	248
图 4.22	债券指数的模拟业绩	248
图 4.23	四个国家动态配置的比较	250
图 4.24	与主动型管理策略作比较	250
图 5.1	原油期货的期限结构	254
图 5.2	升水和贴水的变动	254
图 5.3	EW 和 ERC 商品组合的模拟业绩	262
图 5.4	ERC 对冲基金组合的权重	269
图 5.5	ERC 对冲基金组合的风险贡献度	270
图 5.6	ERC 对冲基金组合的模拟业绩	271
图 5.7	ERC 对冲基金组合的风险因子贡献度	272
图 5.8	RFP 对冲基金组合的权重	273
图 5.9	RFP 对冲基金组合的风险贡献度	274
图 5.10	RFP 对冲基金组合的风险因子贡献度	274
图 5.11	RFP 对冲基金组合的模拟业绩	275
图 6.1	多样化基金的资产配置之谜	282
图 6.2	多样化基金中权益类和债券类资产的风险贡献度	283
图 6.3	多样化基金的实际波动率	284
图 6.4	多样化基金中权益类资产和债券的事前风险溢价	286

图 6.5　事前业绩贡献度的柱状图 ………………………………… 287
图 6.6　相关性对期望风险溢价的影响 …………………………… 289
图 6.7　风险均衡策略的回测 ……………………………………… 291
图 6.8　在借贷约束下贝塔值 β_i 和阿尔法值 α_i 之间的关系 ……… 294
图 6.9　杠杆厌恶对有效前沿的影响 ……………………………… 295
图 6.10　欧洲养老基金的平均配置 ………………………………… 297
图 6.11　养老基金的风险预算策略（SAA 方法） ………………… 300
图 6.12　马科维茨框架下的战略性资产配置 ……………………… 300
图 6.13　基于风险的标普 100 指数的波动率分解 ………………… 304
图 6.14　多空组合的波动率分解 …………………………………… 305
图 6.15　股票/债券（S/B）的风险均衡策略的模拟业绩 ………… 308
图 6.16　股票/债券/商品（S/B/C）风险均衡策略的模拟业绩 …… 308
图 A.1　用 Copula 函数建立二元概率分布的例子 ………………… 320
图 A.2　二元分布的等高线（弗兰克 Copula 函数）……………… 322
图 A.3　二元分布的等高线（冈贝尔 Copula 函数）……………… 323
图 A.4　正态 Copula 和学生 t Copula 函数之间的比较 …………… 325
图 A.5　正态 Copula 的分位数—分位数相依性度量 ……………… 329
图 A.6　t_1 Copula 下的分位数—分位数相依性度量 ……………… 330
图 A.7　生命特征基金中权益配置比例 α_S^* 的敏感度 …………… 341
图 A.8　参数对目标日期基金资产配置路径的影响 ……………… 344
图 A.9　负债驱动投资效用函数的例子 …………………………… 347
图 A.10　负债驱动投资组合中的最优敞口 $\alpha^*(t)$ ………………… 347

表格目录

表 1.1　求解 ϕ 问题 ……………………………………… 6
表 1.2　求解无约束的 μ 问题 ……………………………… 7
表 1.3　求解无约束条件的 σ 问题 ……………………… 8
表 1.4　求解有权重约束的 σ 问题 ……………………… 9
表 1.5　贝塔系数的计算 …………………………………… 17
表 1.6　有约束的切点组合的贝塔值计算 ………………… 17
表 1.7　布莱克—李特曼组合 ……………………………… 26
表 1.8　均值—方差优化组合对于输入参数的敏感性 …… 46
表 1.9　均值—方差优化问题的惩罚解 …………………… 54
表 1.10　协方差矩阵 Σ 的主成分分析 …………………… 56
表 1.11　信息矩阵 $\mathcal{I}$ 的主成分分析 ……………………… 57
表 1.12　去掉一个主成分分析因子的影响 ………………… 58
表 1.13　均值—方差优化组合的换手率限制 ……………… 61
表 1.14　用回溯算法采样 SX5E 指数 ……………………… 65
表 1.15　用后向消去算法采样 SX5E 指数 ………………… 66
表 1.16　用前向选择算法采样 SX5E 指数 ………………… 66
表 1.17　$x_i \geq 10\%$ 时的最小方差组合 …………………… 72
表 1.18　$10\% \leq x_i \leq 40\%$ 时的最小方差组合 …………… 72
表 1.19　$10\% \leq x_i \leq 40\%$，$\mu^* = 6\%$ 时的均值—方差组合 …… 73
表 1.20　$10\% \leq x_i \leq 40\%$ 时的最大夏普比率组合 ……… 74
表 2.1　风险度量 $\mathrm{VaR}_\alpha(x)$ 和 $\mathrm{ES}_\alpha(x)$ 的计算 ………… 80
表 2.2　波动率的风险分解 ………………………………… 86

表 2.3　风险价值的风险分解 …………………………………… 86
表 2.4　期望亏空的风险分解 …………………………………… 86
表 2.5　关于系数 h 的波动率敏感性分析 ……………………… 88
表 2.6　关于系数 h 的波动率边际分析 ………………………… 88
表 2.7　当利润/损失符合斜正态分布时的
　　　　风险价值（用%表示）………………………………… 101
表 2.8　计算 Cornish–Fisher 风险贡献度的统计量 …………… 103
表 2.9　当风险度量指标为期望亏空时的
　　　　风险预算组合（$\alpha=95\%$）………………………… 105
表 2.10　当风险度量指标为期望亏空时的
　　　　风险预算组合（$\alpha=99\%$）………………………… 105
表 2.11　在 b 和 ρ 不同取值下风险预算组合的权重 w^* ……… 109
表 2.12　风险预算 b_3 等于零时风险预算组合的解集 ………… 118
表 2.13　风险预算 b_3 和 b_4 等于零时的风险预算组合的解集 …… 119
表 2.14　当 $b=$（20%，25%，40%，15%）时的
　　　　隐含风险溢价 …………………………………………… 122
表 2.15　当 $b=$（10%，10%，10%，70%）时的
　　　　隐含风险溢价 …………………………………………… 122
表 2.16　MVO 组合对输入参数的敏感性………………………… 123
表 2.17　风险预算组合对输入参数的敏感性 …………………… 123
表 2.18　风险预算组合的收缩协方差矩阵 $\tilde{\Sigma}^{(1)}$ ……………… 125
表 2.19　风险预算组合的收缩协方差矩阵 $\tilde{\Sigma}^{(3)}$ ……………… 125
表 2.20　EW、ERC 和 MV 组合的风险贡献度 ………………… 127
表 2.21　ERC 组合的构成 ………………………………………… 129
表 2.22　MV、ERC、MDP 和 EW 组合的多样化度量 ………… 136
表 2.23　WB、RB 和 MR 组合的风险分解 ……………………… 139
表 2.24　风险预算组合（RB）迭代过程中的权重和风险贡献度 … 141
表 2.25　组合#1 合成资产的风险分解 ………………………… 146
表 2.26　组合#1 初始资产的风险分解 ………………………… 147
表 2.27　组合#2 合成资产的风险分解 ………………………… 147

表2.28	组合#2 初始资产的风险分解	147
表2.29	等权重组合（EW）按资产的风险分解	151
表2.30	等权重组合（EW）按风险因子的风险分解	151
表2.31	风险因子均衡组合（RFP）关于风险因子的风险分解	152
表2.32	风险因子均衡组合（RFP）关于资产的风险分解	152
表2.33	平衡风险因子均衡组合（RFP）关于风险因子的风险分解	153
表2.34	平衡风险因子均衡组合（RFP）关于资产的风险分解	153
表2.35	$x_i \geq 10$ 时的平衡风险因子均衡组合（RFP）	154
表3.1	一些权益指数的权重和风险贡献度（2012年6月29日）	164
表3.2	无约束的最小方差组合	173
表3.3	传统做多策略的最小方差组合	173
表3.4	最小方差组合的构成	175
表3.5	最分散化组合的构成	178
表3.6	权重和风险贡献度（例26）	183
表3.7	权重和风险贡献度（例27）	184
表3.8	权重和风险贡献度（例28）	184
表3.9	权重和风险贡献度（例29）	185
表3.10	权重和风险贡献度（例30）	186
表3.11	AW指数的主要统计量（1993年1月至2012年9月）	189
表3.12	AW组合年度模拟业绩	190
表3.13	AW组合的年化月度换手率	192
表3.14	有约束的MV和MDP指数的主要统计量（1993年1月至2012年9月）	193
表3.15	协方差估计量的影响	195
表4.1	债券的价格、到期收益率和敏感度	207
表4.2	收益率曲线平行移动对到期期限为5年的债券的影响	208
表4.3	信用利差s的计算	210
表4.4	债券定价	214
表4.5	债券敞口的风险度量和风险分解	214

表 4.6	债券组合的风险配置	216
表 4.7	关于主成分因子的债券组合风险分解	216
表 4.8	债券组合的特征信息	223
表 4.9	债券组合的标准风险贡献度 RC_i^*	223
表 4.10	哑铃组合的构成	229
表 4.11	一些国家风险的度量（2011 年 10 月）	232
表 4.12	参数 β_i 的极大似然估计（2008 年 1 月至 2012 年 6 月）	233
表 4.13	价差 $s_i(t)$	234
表 4.14	波动率 σ_i^s 的估计值	235
表 4.15	市场参数（2012 年 3 月 1 日）	237
表 4.16	计算一个债券的信用风险指标 σ_i^c	237
表 4.17	由三只债券构成的组合的信用风险值	237
表 4.18	由四只债券构成的组合的信用风险值	238
表 4.19	含有意大利联合债券的组合的信用风险值	238
表 4.20	EGBI 组合的权重和风险贡献度	239
表 4.21	债务加权指数方法下的权重与风险贡献度	241
表 4.22	GDP 加权指数方法下的权重与风险贡献度	242
表 4.23	基于债务风险指数方法下的风险预算和权重	245
表 4.24	基于 GDP 风险指数方法下的风险预算和权重	246
表 4.25	债券指数的主要统计数据（2008 年 1 月至 2012 年 6 月）	249
表 5.1	商品期货策略的年度超额收益率	261
表 5.2	商品期货策略的年度波动率	261
表 5.3	EW 和 ERC 商品组合的主要统计数据	262
表 5.4	股票市场中性策略（EMN）组合的调整	266
表 5.5	对冲基金月度收益的统计数据	268
表 5.6	ERC 对冲基金组合的统计数据（2006 年 9 月至 2012 年 8 月）	269
表 5.7	RFP 对冲基金组合的统计数据（2006 年 9 月至 2012 年 8 月）	272

表 5.8	当前配置 x^0 的风险分解	277
表 5.9	RB 组合 x^* 的风险分解	277
表 5.10	当 $\tau^+=5\%$ 时，有约束的 RB 组合 $x^*(\delta)$ 的风险分解	277
表 5.11	当 $\tau^+=5\%$ 时，有约束的 RB 组合 $x^*(\alpha)$ 的风险分解	278
表 5.12	当 $\tau^+=20\%$ 时，有约束的 RB 组合 $x^*(\delta)$ 的风险分解	278
表 5.13	当 $\tau^+=20\%$ 时，有约束的 RB 组合 $x^*(\alpha)$ 的风险分解	278
表 6.1	多样化基金事前风险溢价的均值和标准差	285
表 6.2	多样化组合及风险均衡组合的统计数据	290
表 6.3	SAA 方法下的期望收益率及风险	299
表 6.4	SAA 方法下资产收益的相关系数矩阵	300
表 6.5	长期战略组合	301
表 6.6	战略性资产配置（SAA）组合的权重	302
表 6.7	战略性资产配置（SAA）组合中各经济因子的风险贡献度	303
表 6.8	荷载矩阵 A 的估计（1992 年 1 月至 2012 年 6 月）	305
表 6.9	基于风险的标普 100 指数中各经济因子的风险贡献度（1992 年第一季度至 2012 年第二季度）	305
表 6.10	积极的风险均衡策略的统计数据	309
表 A.1	阿基米德 Copula 函数的例子	324
表 A.2	生命特征基金投资组合类型的校验（$T=10$ 年, $\rho_{S,B}=20\%$）	340
表 A.3	生命特征基金投资组合类型的校验（$T=10$ 年, $\rho_{S,B}=-20\%$）	341

符号和标记说明

符号表示

符号	含义
·	标量乘法
∘	哈达玛（Hadamard）积：$(x \circ y)_i = x_i y_i$
⊗	克罗内克（Kronecke）积 $A \otimes B$
$\|\mathcal{E}\|$	集合 $\mathcal{E}$ 的基数
1	**1** 向量
$\mathbb{1}\{\mathcal{A}\}$	若 $\mathcal{A}$ 为真，则指标函数等于 1，否则为 0
$\mathbb{1}_\mathcal{A}\{x\}$	若 $x \in \mathcal{A}$，则特征函数等于 1，否则为 0
0	**0** 向量
$(A_{i,j})$	第 i 行第 j 列的矩阵元 $A_{i,j}$ 组成的矩阵 A
A^{-1}	矩阵 A 的逆
$A^\top$	矩阵 A 的转置
A^+	矩阵 A 的摩尔—彭罗斯伪逆矩阵
b	基准组合 b 的权重向量 $(b_1, \cdots, b_n)$
$B_t(T)$	期限为 T 的零息债券在时刻 t 时的价格
β_i	资产 i 相对于组合 x 的贝塔系数
$\beta_i(x)$	符号 β_i 的另一种表示
$\beta(x\|b)$	基准组合为 b 时组合 x 的贝塔系数
$\mathcal{C}$（或 ρ）	相关系数矩阵
$\mathbf{C}$	Copula 函数
$C(t_m)$	时刻 t_m 时支付的息票
$\text{cov}(X)$	随机向量 X 的协方差矩阵
$\mathcal{C}_n(\rho)$	恒定相关系数矩阵 ($n \times n$)，其中 $\rho_{i,j} = \rho$
D	特质风险的协方差矩阵
$\det(A)$	矩阵 A 的行列式
$\mathcal{DR}(x)$	组合 x 的分散化率
e_i	第 i 行值为 1，其他都为 0 的向量
$\mathbb{E}[X]$	随机变量 X 的数学期望
$\mathcal{E}(\lambda)$	参数 λ 的指数概率分布
$\text{ES}_\alpha(x)$	组合 x 在置信水平 α 下的期望亏空
$f(x)$	概率密度函数（pdf）

$\mathbf{F}(x)$	累积分布函数（cdf）	$\mathcal{N}(\mu,\sigma^2)$	均值为 μ、标准差为 σ 的高斯随机变量的概率分布
$\mathcal{F}$	风险因子向量 $(F_1,\cdots,F_m)$		
$\mathcal{F}_j$	第 j 个风险因子	$\mathcal{N}(\mu,\Sigma)$	均值为 μ、协方差矩阵为 Σ 的高斯随机向量的概率分布
$F_t(T)$	期限为 T, t 时刻的瞬时远期利率		
$F_t(T,m)$	期间 Ω 为 $[T,T+m]$，其中 t 时刻的远期利率	Ω	风险因子的协方差矩阵
		π	风险溢价向量 $(\pi_1,\cdots,\pi_n)$
$\mathcal{G}$	基尼系数	$\tilde{\pi}$	隐含风险溢价向量 $(\tilde{\pi}_1,\cdots,\tilde{\pi}_n)$
γ	马科维茨 γ 问题的参数 $\gamma=\phi^{-1}$		
		π_i	资产 i 的风险溢价：$\pi_i=\mu_i-r$
γ_1	偏度		
γ_2	超值峰度	$\tilde{\pi}_i$	资产 i 的隐含风险溢价
$\mathcal{H}$	赫芬达尔指数	$\pi(y|x)$	切点组合为 x 条件下组合 y 的风险溢价：$\pi(y|x)=\beta(y|x)(\mu(x)-r)$
i	资产 i		
I_n	n 维单位矩阵		
$\text{IR}(x|b)$	基准组合为 b 时组合 x 的信息比率	Π	组合的利润/损失
		ϕ	二次效用函数的风险厌恶参数
$\ell(\theta)$	对数似然函数，其中 θ 为估计的参数向量		
		$\phi(x)$	标准正态分布的概率密度函数
ℓ_t	观察时刻 t 的对数似然函数		
$L(x)$	组合 x 的损失	$\Phi(x)$	标准正态分布的累积分布函数
$\mathcal{L}(x)$	组合 x 的杠杆指标		
$\mathbb{L}(x)$	劳伦茨函数	$\Phi^{-1}(\alpha)$	标准正态分布累积分布函数的逆
λ	指数生存次数的参数		
MDD	最大回撤率	r	无风险资产收益率
$\mathcal{MR}_i$	资产 i 的边际风险	r^*	到期收益率
μ	期望收益率向量 $(\mu_1,\cdots,\mu_n)$	R	资产收益率向量 $(R_1,\cdots,R_n)$
μ_i	资产 i 的期望收益率	R_i	资产 i 的收益率
$\hat{\mu}$	经验均值	$R_{i,t}$	资产 i 在 t 时刻的收益率
$\hat{\mu}_{1Y}$	年化收益率	$R(x)$	组合 x 的收益率：$R(x)=x^\top R$
$\mu(x)$	组合 x 的期望收益率：$\mu(x)=x^\top\mu$		
		$\mathcal{R}(x)$	组合 x 的风险度量指标
$\mu(x|b)$	当基准组合为 b 时组合 x 的跟踪误差的期望收益率	$R_t(T)$	期限为 T 时，在 t 时刻的零息票率

$\mathcal{RC}_i$	资产 i 的风险贡献度	$\sigma(X)$	随机变量 X 的标准差
$\mathcal{RC}_i^*$	资产 i 的相对风险贡献度	SR_i	资产 i 的夏普比率: $SR_i = SR(e_i \mid r)$
$\mathcal{R}$	回收率		
ρ(或 C)	资产收益率的相关系数矩阵	$SR(x \mid r)$	无风险资产利率为 r 时,组合 x 的夏普比率
$\rho_{i,j}$	资产 i 和 j 的收益率之间的相关系数	$t_v(x)$	自由度值为 v 的学生 t 分布的累积分布函数
$\rho(x,y)$	组合 x 和 y 之间的相关系数		
$\mathcal{S}$	信用利差	$t_v^{-1}(\alpha)$	自由度值为 v 的学生 t 分布的累积分布函数的逆
$S_t(x)$	t 时刻的生存函数		
Σ	协方差矩阵	$t_{\rho,v}(x)$	参数为 ρ 和 v 的多变量学生 t 分布的累积分布函数
$\hat{\Sigma}$	经验协方差矩阵		
σ_i	资产 i 的波动率	$\tau(x)$	组合 x 的换手率
σ_m	市场组合的波动率	$tr(A)$	矩阵 A 的迹函数
$\tilde{\sigma}_i$	资产 i 的特质波动率	$TR(x \mid b)$	基准组合为 b 的条件下,组合 x 的特雷诺比率
$\hat{\sigma}$	经验波动率		
$\hat{\sigma}_{1Y}$	年化波动率	$VaR_\alpha(x)$	置信水平为 α 时组合 x 的风险价值
$\sigma(x)$	组合 x 的波动率: $\sigma(x) = \sqrt{x^T \Sigma x}$	x	组合 x 的权重向量 $(x_1, \cdots, x_n)$
$\sigma(x \mid b)$	基准组合为 b 的条件下,组合 x 跟踪误差的标准差	x_i	组合 x 中第 i 个资产的权重
$\sigma(x,y)$	组合 x 和 y 之间的协方差	x^*	最优组合

组合的标记

ERC	等权风险贡献度组合 x_{erc}		RB	风险预算组合 x_{rb}
EW	等权重组合 x_{ew}		RFP	风险因子均衡组合 x_{rfp}
MDP	最分散化组合 x_{mdp}		RP	风险均衡组合 x_{rp}
MSR	最大夏普比率组合 x_{msr}		WB	权重预算组合 x_{wb}
MV	最小方差组合 x_{mv}			
MVO	均值—方差最优(马科维茨)组合 x_{mvo}			

17

第一部分

从优化资产组合到风险均衡策略

本部分包含两章内容。第一章介绍了现代组合理论的理论基础,同时说明了如何在实践中应用这一理论框架及其局限性;第二章介绍了风险预算方法,这一方法与现代组合理论的主要区别就在于投资者的目标不同。在风险预算方法中,投资者的目标不再是最大化效用函数或者最大化风险调整后的业绩,而是在不同资产间进行风险配置。因此,风险均衡方法不需要对期望收益率作出假设,从而使该方法成为了一种纯粹的风险管理方法。

第一章　现代组合理论

市场组合的概念由来已久，最早可追溯到马科维茨（Markowitz）于1952年的开创性研究。他在一篇论文中准确地描述了资产组合选择（portfolio selection）这一概念："投资者的确（或应该）是向往期望收益率的，而不愿意接受收益率的方差。"确切地说，马科维茨认为，一个有效组合就是在给定风险水平（以组合收益的方差来表示）下最大化期望收益率而得到的资产组合。他得出结论：最优资产组合并不是单一的，而是由一系列最优组合构成，从而形成所谓的"有效前沿"。

1958年，托宾（Tobin）通过对流动性偏好进行研究得出：当存在无风险资产时，有效前沿转变为一条直线。在这种情形下，最优资产组合是由无风险资产和一个特殊的有效组合共同构成，这个特殊的有效组合被称为切点组合（tangency portfolio）。1964年，夏普对马科维茨和托宾的研究结果进行了总结："投资选择的过程可以分为两个阶段：第一阶段，在诸多风险资产中选择一个唯一的最优组合[①]；第二阶段，将资金分别在上述最优组合和单个的无风险资产之间进行拆分配置"。这个两阶段的选择过程如今被称为分离定理（separation theorem）（Lintner，1965）。

计算切点组合存在一个难点，就是如何准确定义风险资产的期望收益率向量和相应资产收益率的协方差矩阵。1964年，夏普建立了资本资产定价模型（CAPM）理论，揭示了资产的风险溢价与它的贝塔系数之间的关系，其中，风险溢价即期望收益率与无风险收益率之差，贝塔系数则表示了相对于

[①] 它就是切点组合。

切点组合的系统风险。夏普认为，在市场均衡的假设前提下，资产的价格是由切点组合即市场组合决定的，市场组合就是由所有风险资产按各自的市场资本化价值比例组成的。这表明，在刻画切点组合时，我们并不需要对期望收益率、波动率和资产之间的相关性作出假设。夏普的这一重要贡献进而引发了指数基金的产生以及被动型资产管理的不断发展。

在主动型管理领域，基金经理们为了兼顾他们自己的判断以及更好地投资，利用马科维茨理论框架来优化资产组合。但是，组合理论的运用并非易事，它需要对协方差矩阵进行估算，并且要预测资产的未来收益。这其中存在的一个问题是，最优资产组合对这些输入变量非常敏感。相较于理论的完美性，由于组合优化理论存在一些稳定性方面的问题，其实践应用并不理想（Michaud，1989）。在这种情况下，正则化技术（regularization techniques）被用来解决上述问题。雷多特和沃尔夫（Ledoit and Wolf）在2003年发表文章非常赞同这一方法，他们提出将不同的协方差矩阵参数估计值加以综合，从而来平稳最优化问题的解。目前，最被看好的方法是将最优资产组合看作一个线性回归问题的解，用套索算法或脊算法进行罚估计（lasso or ridge penalization）来求解。

然而，用正则化方法仍不足以得到令人满意的解，因此，许多实务界人士在解决优化问题时又引入了一些约束条件，这些约束条件可以理解为收缩法（shrinkage method）（Jagannathan and Ma，2003）。组合经理人通过引入权重约束而间接改变了协方差矩阵，因而这一方法相当于兼顾了组合经理人的一些判断，并且与布莱克和李特曼（Black and Litterman，1992）提出的模型属于同一类型。

1.1 从最优资产组合到市场组合

本节我们来回顾一下马科维茨具有开创性的理论和夏普的 CAPM 理论。

1.1.1 有效前沿

六十多年前，马科维茨引入了有效前沿这一概念，这是第一次用数学方程来描述优化组合问题。马科维茨认为："投资者的确（或应该）是追求期望收益率的,而不愿意接受收益率的方差"。通过将这一原则引入均值—方差优化问题,马科维茨(1952)证明了市场上的最优组合不是唯一的,而是一系列最优组合的集合。

来看一个具有 n 种资产的域。令 $x = (x_1, \cdots, x_n)$ 表示资产组合的权重向量。假设资产组合是被充分投资的,即满足 $\sum_{i=1}^{n} x_i = \mathbf{1}^\top x = 1$。定义 $R = (R_1, \cdots, R_n)$ 为资产收益率向量,其中 R_i 是资产 i 的收益率。那么,资产组合的收益率可表示为 $R(x) = \sum_{i=1}^{n} x_i R_i$,以矩阵形式表示为 $R(x) = x^\top R$。令 $\mu = \mathbb{E}[R]$ 和 $\Sigma = \mathbb{E}[(R-\mu)(R-\mu)^\top]$ 分别表示期望收益率向量和资产收益率的协方差矩阵,则组合的期望收益率可表示为

$$\mu(x) = \mathbb{E}[R(x)] = \mathbb{E}[x^\top R] = x^\top \mathbb{E}[R] = x^\top \mu$$

而其方差可表示为

$$\begin{aligned}\sigma^2(x) &= \mathbb{E}[(R(x) - \mu(x))(R(x) - \mu(x))^\top] \\ &= \mathbb{E}[(x^\top R - x^\top \mu)(x^\top R - x^\top \mu)^\top] \\ &= \mathbb{E}[x^\top (R - \mu)(R - \mu)^\top x] \\ &= x^\top \mathbb{E}[(R - \mu)(R - \mu)^\top] x \\ &= x^\top \Sigma x \end{aligned}$$

投资者的财务问题可以用以下公式表示:

1. 标准差 σ 问题:在给定波动率约束下,最大化组合的期望收益率:
$$\max \ \mu(x), \text{满足条件} \ \sigma(x) \leq \sigma^* \tag{1.1}$$

2. 期望收益率 μ 问题:在给定收益率约束下,最小化组合的波动率:
$$\min \ \sigma(x), \text{满足条件} \ \mu(x) \geq \mu^* \tag{1.2}$$

例1 考虑四种资产,其期望收益率分别为5%、6%、8%和6%,波动率分别为15%、20%、25%和30%。资产收益率的相关系数矩阵如下:

$$C = \begin{pmatrix} 1.00 & & & \\ 0.10 & 1.00 & & \\ 0.40 & 0.70 & 1.00 & \\ 0.50 & 0.40 & 0.80 & 1.00 \end{pmatrix}$$

在图1.1中,我们模拟了1000种资产组合,并给出它们的期望收益率和波动率(以十字星表示)。接下来我们考虑 σ 问题,令 $\sigma^* = 30\%$。尽管组

合 C 满足波动率约束条件，但它不是最优化问题的解，因为组合 B 更占优。不过，组合 B 也不是最优的，因为我们可以在满足约束条件的基础上，找到投资收益率更高的资产组合。最终，资产组合 A 成为了最优解。同样地，在 $\mu^* = 7\%$ 的 μ 问题中，最优资产组合是组合 D。有效前沿就定义为所有可能的组合点 $(\sigma(x), \mu(x))$ 所构成的凸弧，这一凸弧是通过多次计算得到的。图1.1中，实心圆点表示位于这一凸弧上的资产组合，尤其是最优组合 A 和 D 都落在了有效前沿上。

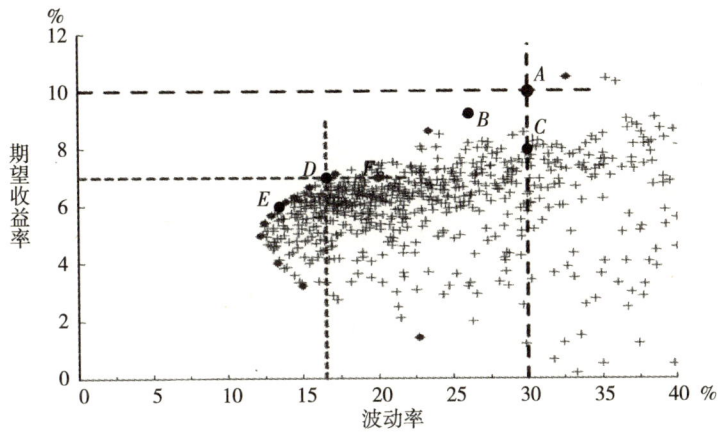

图1.1 马科维茨的最优资产组合

通过考虑所有满足单形集合定义 $\{x \in [0,1]^n : \mathbf{1}^\top x = 1\}$ 的资产组合，我们可以计算得到组合期望收益率和波动率的上下边界：$\mu^- \leq \mu(x) \leq \mu^+$ 和 $\sigma^- \leq \sigma(x) \leq \sigma^+$。当 $\sigma^* \geq \sigma^-$ 时，问题1（σ 问题）也会有一个解；当 $\mu^* \leq \mu^+$ 时，问题2（μ 问题）有一个解。如果这两个条件都得到满足，不等式约束条件就可以表示为 $\sigma(x) = \min(\sigma^*, \sigma^+)$ 和 $\mu(x) = \max(\mu^-, \mu^*)$。

1.1.1.1 二次效用函数简介

马科维茨（1956）的核心思想是将原本非线性优化问题（1.1）转换为更容易求解的二次优化问题：

$$x^*(\phi) = \operatorname*{argmax} \quad x^\top \mu - \frac{\phi}{2} x^\top \Sigma x \qquad (1.3)$$
$$\text{满足} \quad \mathbf{1}^\top x = 1$$

其中，ϕ 表示风险厌恶的参数。如果 $\phi = 0$，最优化资产组合就是使得期望收

益率最大化的解，且 $\mu(x^*(0)) = \mu^+$；如果 $\phi = \infty$，则优化问题表示为

$$x^*(\infty) = \arg\max \frac{1}{2} x^\top \Sigma x$$

满足 $\mathbf{1}^\top x = 1$

最优资产组合也是最小化波动率的结果，满足 $\sigma(x^*(\infty)) = \sigma^-$，也称最小方差（或 MV）组合。

注1 式（1.3）中的最优化问题也可以表示为以下形式：

$$x^*(\gamma) = \arg\min \frac{1}{2} x^\top \Sigma x - \gamma x^\top \mu \tag{1.4}$$

满足 $\mathbf{1}^\top x = 1$

其中，$\gamma = \phi^{-1}$。从计算的角度看，式（1.4）较式（1.3）更易转换为标准的二次规划（QP）问题（参见附录 A.1.1）。在这种情况下，最小方差资产组合对应 $\gamma = 0$。我们是选择 ϕ 问题还是 γ 问题来计算最优组合将取决于目标本身。

再来看例1。表1.1给出了 ϕ 取不同值时得到的最优组合[②]。可以证明，$\mu(x^*(\phi))$ 和 $\sigma(x^*(\phi))$ 是两个关于参数 ϕ 的减函数，也就意味着期望收益率 $\mu(x^*)$ 是波动率 $\sigma(x^*)$ 的增函数。

表 1.1　求解 ϕ 问题

ϕ	$+\infty$	5.00	2.00	1.00	0.50	0.20
x_1^*	72.74	68.48	62.09	51.44	30.15	-33.75
x_2^*	49.46	35.35	14.17	-21.13	-91.72	-303.49
x_3^*	-20.45	12.61	62.21	144.88	310.22	806.22
x_4^*	-1.75	-16.44	-38.48	-75.20	-148.65	-368.99
$\mu(x^*)$	4.86	5.57	6.62	8.38	11.90	22.46
$\sigma(x^*)$	12.00	12.57	15.23	22.27	39.39	94.57

式（1.3）是刻画有效前沿的一种新的表达方式，它是关于 $(\sigma(x^*(\phi)), \mu(x^*(\phi)))$ 的参数函数，其中 $\phi \in \mathbb{R}_+$。再来看前文的例1，我

---

② 本书中，资产的权重、期望收益率和波动率都以百分比（％）的形式表示，特殊情况另作说明。

们得到的有效前沿如图 1.2 所示。结果表明,有效前沿显著地改善了初始四种资产(图中以十字星表示)的风险/收益率状况。

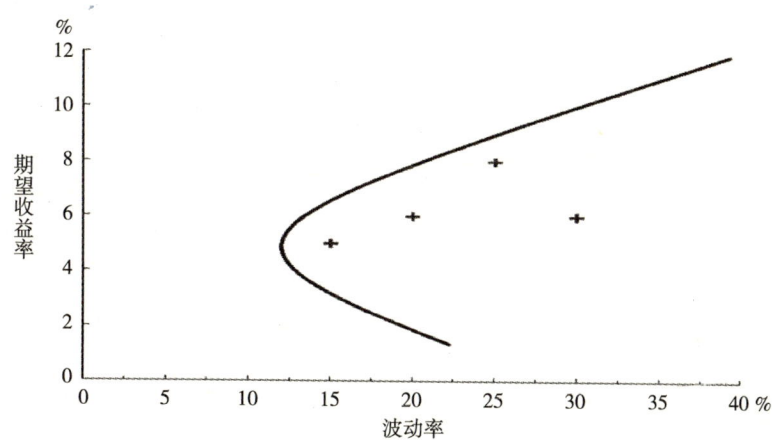

图 1.2　马科维茨的有效前沿

求解 μ 问题或 σ 问题等价于寻找使 $\mu(x^*(\phi)) = \mu^*$ 或 $\sigma(x^*(\phi)) = \sigma^*$ 成立的最优 ϕ 值。我们已知函数 $\mu(x^*(\phi))$ 和 $\sigma(x^*(\phi))$ 是参数 ϕ 的减函数且是有界的,ϕ 的最优值可以用牛顿—拉夫森算法(Newton – Raphson Algorithm)计算得到。表 1.2 和表 1.3 给出了一些数值解。例如,如果 μ^* 设定为 7%,我们得到一个波动率 $\sigma(x^*)$ 等于 16.54% 的资产组合,它对应于图 1.1 的资产组合 D 点。如果目标波动率设定为 30%,则最优组合的期望收益率为 10.02%,对应于图 1.1 中的资产组合 A 点。

表 1.2　求解无约束的 μ 问题

μ^*	5.00	6.00	7.00	8.00	9.00
x_1^*	71.92	65.87	59.81	53.76	47.71
x_2^*	46.73	26.67	6.62	-13.44	-33.50
x_3^*	-14.04	32.93	79.91	126.88	173.86
x_4^*	-4.60	-25.47	-46.34	-67.20	-88.07
$\mu(x^*)$	12.02	13.44	16.54	20.58	25.10
$\sigma(x^*)$	25.79	3.10	1.65	1.12	0.85

表 1.3 求解无约束条件的 σ 问题

σ^*	15.00	20.00	25.00	30.00	35.00
x_1^*	62.52	54.57	47.84	41.53	35.42
x_2^*	15.58	-10.75	-33.07	-54.00	-74.25
x_3^*	58.92	120.58	172.85	221.88	269.31
x_4^*	-37.01	-64.41	-87.62	-109.40	-130.48
$\mu(x^*)$	6.55	7.87	8.98	10.02	11.03
$\sigma(x^*)$	2.08	1.17	0.86	0.68	0.57

1.1.1.2 增加一些约束条件

引入约束条件,主要就是在式(1.3)的优化问题上作修改:

$$x^*(\phi) = \mathrm{argmax}\ x^\top \mu - \frac{\phi}{2} x^\top \Sigma x$$

$$\text{满足}\ \begin{cases} \mathbf{1}^\top x = 1 \\ x \in \Omega \end{cases} \tag{1.5}$$

其中,$x \in \Omega$ 指限定性条件的集合③。这些限定性条件可能是线性的,也可能是非线性的。在非线性的情况下,优化问题不能用标准的二次规划算法来求解,而是要用改进的非线性优化算法来解。加入约束条件会减少套利机会,进而影响最优资产组合集。在均值—方差图中,这一影响表现为受约束的有效前沿位于不受约束的有效前沿的右侧。

最常见的约束条件当然就是无卖空限制了。在这一情况下,$x_i \geq 0$ 且 $\Omega = [0, 1]^n$。定义资产组合 x 的杠杆指标为各资产权重的绝对值之和:

$$\mathcal{L}(x) = \sum_{i=1}^{n} |x_i|$$

在不能卖空的情况下,杠杆指标等于100%,因为 $\mathcal{L}(x) = \sum_{i=1}^{n} x_i = 1$。在不存在卖空限制时,杠杆指标则大于100%④。

下面我们就例1引入一些约束条件。图1.3给出了两个受约束的有效前

---

③ 限定性条件 $\mathbf{1}^\top x = 1$ 已经是影响最优组合的一个约束条件(DeMiguel et al., 2009)。

④ 令 $x_i^- = -\min(0, x_i)$ 和 $x_i^+ = \max(0, x_i)$ 分别表示权重 x_i 的负向和正向部分。我们有 $x_i = x_i^+ - x_i^-$,且符合 $\mathcal{L}(x) = \sum_{i=1}^{n} |x_i^+ - x_i^-| = \sum_{i=1}^{n} x_i^+ + \sum_{i=1}^{n} x_i^-$,其中 $\sum_{i=1}^{n} x_i = \sum_{i=1}^{n} x_i^+ - \sum_{i=1}^{n} x_i^- = 1$。由此可得 $\mathcal{L}(x) = 1 + 2\sum_{i=1}^{n} x_i^-$。由于 $\sum_{i=1}^{n} x_i^- \geq 1$,也就意味着杠杆指标大于1。

沿，第一个施加的是无卖空约束，第二个约束是权重为 0～40%。可以证明，加入约束条件后，套利机会明显减少。表 1.4 给出了 σ 问题的解。如果波动率目标设定为 15%，在无约束最优问题中，最优组合的期望收益率为 6.55%；在卖空约束下，如果设定资产权重上限为 40%，则期望收益率是 6.14%；进而引入无卖空约束，期望收益率将进一步下降 41 个基点。设定单个资产的比例上限所带来的影响是比较小的。如果将波动率目标设定为 20%，上述三个最优问题的期望收益率分别为 7.87%、7.15% 和 6.74%，约束条件带来的影响比之前波动率目标为 15% 时要大。

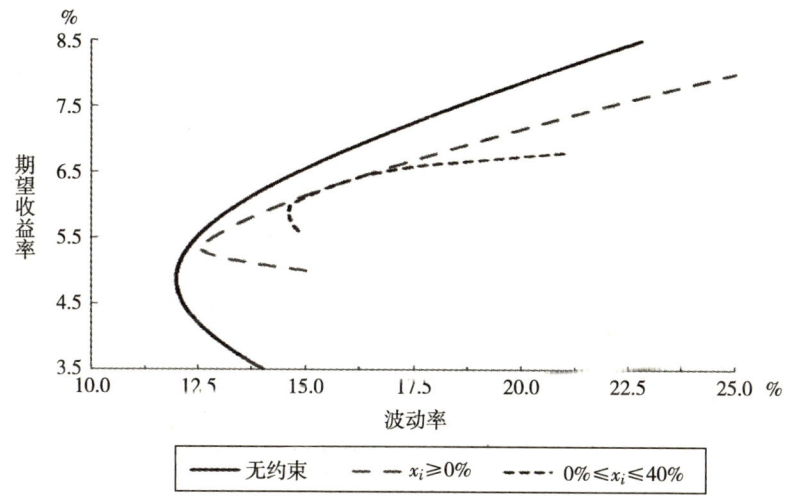

图 1.3　有一些权重约束的有效前沿

表 1.4　求解有权重约束的 σ 问题

σ^*	$x_i \in \mathbb{R}$		$x_i \geq 0$		$0 \leq x_i \leq 40\%$	
	15.00	20.00	15.00	20.00	15.00	20.00
x_1^*	62.52	54.57	45.59	24.88	40.00	6.13
x_2^*	15.58	-10.75	24.74	4.96	34.36	40.00
x_3^*	58.92	120.58	29.67	70.15	25.64	40.00
x_4^*	-37.01	-64.41	0.00	0.00	0.00	13.87
$\mu(x^*)$	6.55	7.87	6.14	7.15	6.11	6.74
$\sigma(x^*)$	2.08	1.17	1.61	0.91	1.97	0.28

1.1.1.3 解析解

最优化问题式（1.3）的拉格朗日函数为：

$$\mathcal{L}(x;\lambda_0) = x^\top \mu - \frac{\phi}{2}x^\top \Sigma x + \lambda_0(\mathbf{1}^\top x - 1)$$

其中，λ_0 是与约束条件 $\mathbf{1}^\top x = 1$ 对应的拉格朗日系数。最优解 x^* 满足下面的一阶条件：

$$\begin{cases} \partial_x \mathcal{L}(x;\lambda_0) = \mu - \phi \Sigma x + \lambda_0 \mathbf{1} = \mathbf{0} \\ \partial_{\lambda_0} \mathcal{L}(x;\lambda_0) = \mathbf{1}^\top x - 1 = 0 \end{cases}$$

由此，可得 $x = \phi^{-1}\Sigma^{-1}(\mu + \lambda_0 \mathbf{1})$。又因为 $\mathbf{1}^\top x - 1 = 0$，可以得到 $\mathbf{1}^\top \phi^{-1}\Sigma^{-1}\mu + \lambda_0(\mathbf{1}^\top \phi^{-1}\Sigma^{-1}\mathbf{1}) = 1$。解方程得

$$\lambda_0 = \frac{1 - \mathbf{1}^\top \phi^{-1}\Sigma^{-1}\mu}{\mathbf{1}^\top \phi^{-1}\Sigma^{-1}\mathbf{1}}$$

方程的解⑤可写作：

$$x^*(\phi) = \frac{\Sigma^{-1}\mathbf{1}}{\mathbf{1}^\top \Sigma^{-1}\mathbf{1}} + \frac{1}{\phi} \cdot \frac{(\mathbf{1}^\top \Sigma^{-1}\mathbf{1})\Sigma^{-1}\mu - (\mathbf{1}^\top \Sigma^{-1}\mu)\Sigma^{-1}\mathbf{1}}{\mathbf{1}^\top \Sigma^{-1}\mathbf{1}} \quad (1.6)$$

进一步简化，当 $\phi = \infty$ 时，全局最小方差资产组合可以表示为：

$$x_{mv} = x^*(\infty) = \frac{\Sigma^{-1}\mathbf{1}}{\mathbf{1}^\top \Sigma^{-1}\mathbf{1}}$$

如果引入其他约束条件，就不可能得到全面的解析解。以无卖空约束为例，其拉格朗日函数变为：

$$\mathcal{L}(x;\lambda_0,\lambda) = x^\top \mu - \frac{\phi}{2}x^\top \Sigma x + \lambda_0(\mathbf{1}^\top x - 1) + \lambda^\top x$$

其中，$\lambda = (\lambda_1,\cdots,\lambda_n)$ 是与约束条件 $x_i \geq 0$ 相对应的拉格朗日系数向量。那么，一阶条件成为 $\mu - \phi \Sigma x + \lambda_0 \mathbf{1} + \lambda = 0$，则 $x = \phi^{-1}\Sigma^{-1}(\mu + \lambda_0 \mathbf{1} + \lambda)$。库恩—塔克条件为，对任意的 $i = 1,\cdots,n$，有 $\min(\lambda_i, x_i) = 0$。这就意味着如果 $x_i = 0$，则 $\lambda_i > 0$；如果 $x_i > 0$，则 $\lambda_i = 0$。我们也得到了一个和前文相似的公式，但是这个资产域却局限于权重为正的情况。因此，这个方程是内生的。

---

⑤ 如果没有约束条件 $\mathbf{1}^\top x = 1$，最优化问题的解可以写作：$x^*(\phi) = \frac{1}{\phi}\Sigma^{-1}\mu$。

1.1.2 切点组合

我们知道,马科维茨的观点认为,存在一个最优资产组合的集合。然而,托宾在 1958 年指出,在存在无风险资产的情形下,存在一个优于其他所有资产组合的最优组合。

我们来看一个由无风险资产和组合 x 构成的组合。定义 r 为无风险资产的收益率,有[6]:

$$R(y) = (1-\alpha)r + \alpha R(x)$$

其中,$y = \begin{pmatrix} \alpha x \\ 1-\alpha \end{pmatrix}$ 是一个 $(n+1)$ 维的向量,α 是将财富投资于风险资产组合的比例,且 $\alpha \geq 0$。于是可得

$$\mu(y) = (1-\alpha)r + \alpha\mu(x) = r + \alpha(\mu(x) - r)$$

和

$$\sigma^2(y) = \alpha^2 \sigma^2(x)$$

进而可推导出:

$$\mu(y) = r + \frac{\mu(x) - r}{\sigma(x)}\sigma(y)$$

这就是组合 y 的有关波动率和期望收益率之间的线性方程式。图 1.4 给出了之前无约束条件下的有效前沿。虚线表示由无风险资产(r 等于 1.5%)和最优资产组合 A 相结合而构成的组合。然而,这些结合得到的组合是次优的,因为还有其他更优的组合存在。我们注意到,有一条直线优于其他所有的直线和有效前沿。这条线与有效前沿相切,被称为资本市场线(capital market line)。这就意味着存在一个最优风险资产组合,它占优于其他所有的风险资产组合,被称为切点组合。

以 SR$(x|r)$ 表示组合 x 的夏普比率:

$$\text{SR}(x|r) = \frac{\mu(x) - r}{\sigma(x)}$$

---

[6] 有 $n+1$ 种资产组成的资产域,前 n 种资产是前文提到的风险资产,最后一种则是无风险资产。

我们发现，上式可以写成如下形式：

$$\frac{\mu(y)-r}{\sigma(y)} = \frac{\mu(x)-r}{\sigma(x)} \Leftrightarrow \mathrm{SR}(y|r) = \mathrm{SR}(x|r)$$

由此推出，切点组合是最大化角 θ 的组合，或是等价于最大化 $\tan\theta$（等于夏普比率）的组合。切点组合也就是相应于夏普比率最大值的风险资产组合。我们还注意到，资本市场线上的任何一点组合都具有相同的夏普比率[7]。

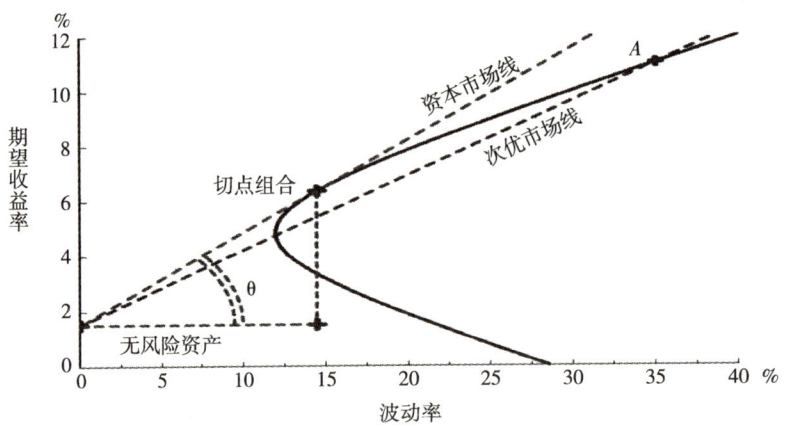

图1.4 资本市场线

注2 考虑一个风险资产组合 x 和一个无风险资产 r。用 $\tilde{x}$ 表示 $n+1$ 维的增广向量（augmented vector），满足：

$$\tilde{x} = \begin{pmatrix} x \\ x_r \end{pmatrix}$$

则有

$$\tilde{\Sigma} = \begin{pmatrix} \Sigma & \mathbf{0} \\ \mathbf{0} & 0 \end{pmatrix} \quad \text{和} \quad \tilde{\mu} = \begin{pmatrix} \mu \\ r \end{pmatrix}$$

如果加入无风险资产，则马科维茨的 ϕ 问题将变为

$$\tilde{x}^*(\phi) = \mathrm{argmax}\ \tilde{x}^\top \tilde{\mu} - \frac{\phi}{2}\tilde{x}^\top \tilde{\Sigma}\tilde{x}$$

---

[7] 如果 $r=1.5\%$，切点组合 x^* 中四种资产的比重分别为 63.63%、19.27%、50.28% 和 -33.17%。可得 $\mu(x^*)=6.37\%$，$\sigma(x^*)=14.43\%$，$\mathrm{SR}(x^*|r)=0.34$，以及 $\theta(x^*)=18.64$。

满足 $\mathbf{1}^\top \tilde{x} = 1$

目标函数可以写成如下形式：

$$f(\tilde{x}) = \tilde{x}^\top \tilde{\mu} - \frac{\phi}{2}\tilde{x}^\top \tilde{\Sigma} \tilde{x}$$

$$= x^\top \mu + x_r r - \frac{\phi}{2} x^\top \Sigma x$$

$$= g(x, x_r)$$

约束条件变为 $\mathbf{1}^\top x + x_r = 1$，由此推导出拉格朗日函数：

$$\mathcal{L}(x, x_r; \lambda_0) = x^\top \mu + x_r r - \frac{\phi}{2} x^\top \Sigma x - \lambda_0 (\mathbf{1}^\top x + x_r - 1)$$

一阶条件为

$$\begin{cases} \partial_x \mathcal{L}(x, x_r; \lambda_0) = \mu - \phi \Sigma x - \lambda_0 \mathbf{1} = \mathbf{0} \\ \partial_{x_r} \mathcal{L}(x, x_r; \lambda_0) = r - \lambda_0 = 0 \\ \partial_{\lambda_0} \mathcal{L}(x, x_r; \lambda_0) = \mathbf{1}^\top x + x_r - 1 = 0 \end{cases}$$

于是，最优化问题的解为

$$\begin{cases} x^* = \phi^{-1} \Sigma^{-1}(\mu - r\mathbf{1}) \\ \lambda_0^* = r \\ x_r^* = 1 - \phi^{-1} \mathbf{1}^\top \Sigma^{-1}(\mu - r\mathbf{1}) \end{cases}$$

令 x_0^* 表示如下的组合：

$$x_0^* = \frac{\Sigma^{-1}(\mu - r\mathbf{1})}{\mathbf{1}^\top \Sigma^{-1}(\mu - r\mathbf{1})}$$

那么，最优化问题的解可以写成如下形式：

$$\begin{cases} x^* = \alpha x_0^* \\ \lambda_0^* = r \\ x_r^* = 1 - \alpha \\ \alpha = \phi^{-1} \mathbf{1}^\top \Sigma^{-1}(\mu - r\mathbf{1}) \end{cases}$$

第一个等式表明，在最优资产组合中，各风险资产的相对比例保持不变。如果 $\phi = \phi_0 = \mathbf{1}^\top \Sigma^{-1}(\mu - r\mathbf{1})$，那么 $x^* = x_0^*$，$x_r^* = 0$。由此推出 x_0^* 是切点组合。如果 $\phi \neq \phi_0$，则 x^* 与 x_0^* 成比例，并且投资于无风险资产的财富比重为 $(1 - \alpha)$，

进而实现了100%投资。于是，由此得出分离定理（separation theorem）：

$$\tilde{x}^* = \alpha \cdot \underbrace{\begin{pmatrix} x_0^* \\ 0 \end{pmatrix}}_{\text{风险资产}} + (1-\alpha) \cdot \underbrace{\begin{pmatrix} \mathbf{0} \\ 1 \end{pmatrix}}_{\text{无风险资产}}$$

考虑之前举的例子。在风险资产域中加入无风险资产，然后利用QP问题计算有效前沿。结果如图1.5所示。此例证实了存在无风险资产的有效前沿正是我们在图1.4中得到的资本市场线。这一分析过程也可以扩展到存在约束条件的情形，但存在一些限制。例如，当各项资产权重为正时，有效前沿还是一条直线；不过，当 $0 \leq x_i \leq 0.40$ 时，有效前沿只在连接无风险资产到切点组合的部分是直线。当 $0.20 \leq x_i \leq 0.70$ 时，有效前沿只在一小部分区域内是直线。造成这种情况的原因是，在从几何意义上构造资本市场线时，我们事实上完全忽略了约束条件的引入。考虑 $0 \leq x_i \leq 0.40$ 的情形，此时相应的切点组合为（40.0%，34.7%，25.3%，0%）。当在几何意义上构造资本市场线时，其实我们假设可以对组合"加杠杆"（leverage the portfolio）。然而，实际上"加杠杆"不一定能够实现，这是因为，第一个风险资产的投资比重已经达到了投资上限40%。同样，当 $0.20 \leq x_i \leq 0.70$ 时，切点组合的解为（36.1%，23.9%，20.0%，20.0%）。在这种情况下，我们可以运

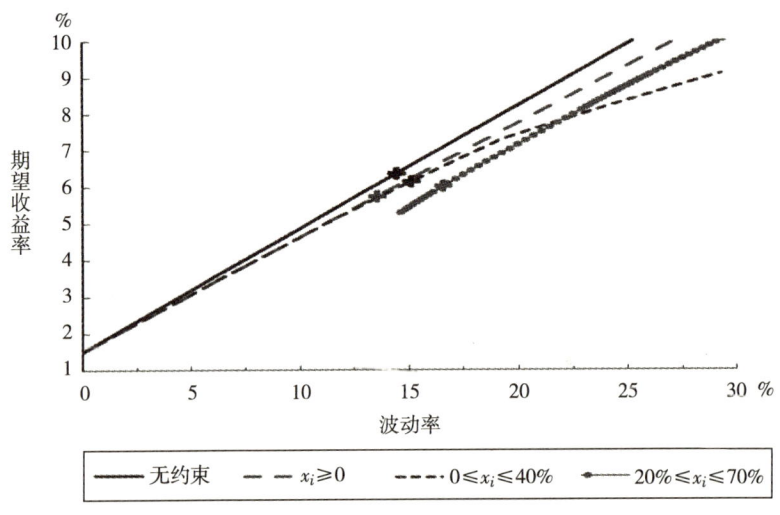

图1.5 存在无风险资产的有效前沿

用 94% 的杠杆而不会超出约束条件的范围。然而，我们不能对组合"去杠杆"，因为切点组合中的两种资产已经达到了最低限。所以，当我们引入约束条件后，资本市场线的几何构造只在满足约束条件的有限区间内有效。

1.1.3 市场均衡与资本资产定价模型（CAPM）

1964 年，威廉·夏普（William Sharpe）创立了资本资产定价模型（CAPM）。令 x^* 表示切点组合，则在有效前沿上，我们有

$$\mu(y) = r + \frac{\sigma(y)}{\sigma(x^*)}(\mu(x^*) - r)$$

考虑投资组合 z，其投资于资产 i 的比例为 w，投资于切点组合 x^* 的比例为 $(1-w)$。可得⑧ $\mu(z) = w\mu_i + (1-w)\mu(x^*)$ 和 $\sigma^2(z) = w^2\sigma_i^2 + (1-w)^2\sigma^2(x^*) + 2w(1-w)\rho(\mathbf{e}_i, x^*)\sigma_i\sigma(x^*)$，由此可得

$$\frac{\partial \mu(z)}{\partial \sigma(z)} = \frac{\mu_i - \mu(x^*)}{(w\sigma_i^2 + (w-1)\sigma^2(x^*) + (1-2w)\rho(\mathbf{e}_i, x^*)\sigma_i\sigma(x^*))\sigma^{-1}(z)}$$

当 $w=0$ 时，资产组合 z 就是切点组合 x^*，上述求导的结果就等于夏普比率 SR$(x^* \mid r)$。由此推导出

$$\frac{(\mu_i - \mu(x^*))\sigma(x^*)}{\rho(\mathbf{e}_i, x^*)\sigma_i\sigma(x^*) - \sigma^2(x^*)} = \frac{\mu(x^*) - r}{\sigma(x^*)},$$

即等价于

$$\pi_i = \mu_i - r = \beta_i(\mu(x^*) - r) \tag{1.7}$$

其中，π_i 是资产 i 的风险溢价，且有

$$\beta_i = \frac{\rho(\mathbf{e}_i, x^*)\sigma_i}{\sigma(x^*)} = \frac{\text{cov}(R_i, R(x^*))}{\text{var}(R(x^*))} \tag{1.8}$$

系数 β_i 等于资产 i 的收益率和切点组合收益率的协方差与切点组合收益率的方差的比率。式 (1.7) 表明资产 i 的风险溢价等于它的贝塔系数乘以切点组合的超额收益率。很容易证明，这一关系对任意资产组合都成立，而不仅仅只对切点组合中的资产成立。

---

⑧ $\mathbf{e}_i$ 是一个单位向量，其第 i 个位置上为 1，其他位置上都为零。它代表该资产组合全部投资于资产 i。

令 $R_{i,t}$ 和 $R_t(x)$ 分别表示 t 时刻资产 i 的收益率和投资组合 x 的收益率。考虑线性回归：

$$R_{i,t} = \alpha_i + \beta_i R_t(x) + \varepsilon_{i,t}$$

其中，$\varepsilon_{i,t}$ 是白噪声。普通线性回归（OLS）系数 $\hat{\beta}_i$ 是对资产 i 的贝塔 β_i 的估计值。推广这一方法，我们可以来估计资产组合 y 相对于另一资产组合 x 的贝塔系数。于是有

$$R_t(y) = \alpha + \beta R_t(x) + \varepsilon_t$$

另一种计算贝塔的方法是采用以下关系式：

$$\beta(y|x) = \frac{\sigma(y,x)}{\sigma^2(x)} = \frac{y^\top \Sigma x}{x^\top \Sigma x}$$

推导得出，资产 i 的贝塔系数也可以表示为：

$$\beta_i = \beta(e_i|x) = \frac{e_i^\top \Sigma x}{x^\top \Sigma x} = \frac{(\Sigma x)_i}{x^\top \Sigma x}$$

从而得到，一个组合的贝塔等于构成这个组合的各资产的贝塔值的加权平均：

$$\beta(y|x) = \frac{y^\top \Sigma x}{x^\top \Sigma x} = y^\top \frac{\Sigma x}{x^\top \Sigma x} = \sum_{i=1}^n y_i \beta_i$$

我们再来看例1，令 $r = 1.5\%$。切点组合为 $x^* = (63.63\%, 19.27\%, 50.28\%, -33.17\%)$，$\mu(x^*) = 6.37\%$。表1.5给出了每种资产的贝塔系数以及等权重组合 x_{ew} 的贝塔值。我们也以切点组合为解释变量对风险溢价进行了计算，即 $\pi(y|x^*) = \beta(y|x^*)(\mu(x^*) - r)$，并验证了关系式（1.7）。如果引入对投资下限的限制 $x_i \geq 0$，则得到切点组合 $x^* = (53.64\%, 32.42\%, 13.93\%, 0.00\%)$，$\mu(x^*) = 5.74\%$。表1.6给出了计算结果。我们发现，关系式（1.7）对于第四种资产以及资产组合 x_{ew} 都不成立。在这两种情况下，由于第四种资产的空头头寸被抵消，所以，贝塔值是被高估的。这也解释了为什么有 $\mu_4 - r = \beta_4(\mu(x^*) - r) + \pi_4^-$ 成立，其中 π_4^- 表示因第四种资产缺少套利机会而导致的负的风险溢价。这个例子表明：如果在组合优化问题中引入一些限制性条件，关系式（1.7）就不能成立了。

表 1.5　贝塔系数的计算

资产组合	$\mu(y)$	$\beta(y\mid x^*)$	$\pi(y\mid x^*)$
e_1	3.50	0.72	3.50
e_2	4.50	0.92	4.50
e_3	6.50	1.33	6.50
e_4	4.50	0.92	4.50
x_{ew}	4.75	0.98	4.75

表 1.6　有约束的切点组合的贝塔值计算

资产组合	$\mu(y)$	$\beta(y\mid x^*)$	$\pi(y\mid x^*)$
e_1	3.50	0.83	3.50
e_2	4.50	1.06	4.50
e_3	6.50	1.53	6.50
e_4	4.50	1.54	6.53
x_{ew}	4.75	1.24	5.26

关系式（1.7）非常重要，它揭示了贝塔系数的作用。然而，这一结果并不是夏普（1964）最重要的发现。在这篇文章中，夏普还提出，如果市场处于均衡状态，那么各个资产的价格就是使得切点组合成为市场组合（或称市值组合，market-cap portfolio）的价格。在这一结论下，切点组合的特征就不再依赖于期望收益率、波动率和相关性的假设。

1968 年，詹森（Jensen）用以下这个回归模型分析了主动型投资管理的业绩状况：

$$R_{j,t} = \alpha_j + \beta_j R_t(x^*) + \varepsilon_{j,t}$$

其中，$R_{j,t}$ 是共同基金 j 的投资收益率，$R_t(x^*)$ 是市场组合的投资收益率，$\varepsilon_{j,t}$ 表示异质性风险（idiosyncratic risk）。如果共同基金比市场组合收益率高，那么 $\alpha_j > 0$ 的假设就不会被拒绝。然而，对于大多数的共同基金，詹森都拒绝了这个假设。他得出的结论是：平均而言，主动型投资管理的业绩并不好于被动型投资管理的业绩[9]。夏普（1964）和詹森（1969）的发现正好解释了

---

[9] 十分有趣的是，第一篇提出阿尔法概念的文章认为，在主动型投资管理中不存在阿尔法，更准确地说是在权益类共同基金中不存在阿尔法。而如今，阿尔法的概念多被用于对冲基金行业的监管。

被动型投资管理的兴起。被动型投资管理起源于富国银行（Wells Fargo Bank）的约翰·麦克考（John McQuown）为新秀丽箱包公司（Samsonite Luggage Company）发行的首只权益类指数基金（Bernstein，1992）。

注3 资本市场线与证券市场线很容易被混淆。资本市场线对应的是存在无风险资产时的有效前沿，而证券市场线是由CAPM理论推导得来的。将关系式（1.7）表示为如下形式：

$$\frac{\pi_i}{\beta_i} = \mu(x^*) - r$$

其中，$\pi_i = \mu_i - r$ 是资产 i 的风险溢价。上述关系式表明，不同资产的风险溢价经系统性风险调整后得到的是一个常数，β_i 和 π_i 之间的关系就是证券市场线。这是特雷诺比率（Treynor ratio）的基础。特雷诺比率的定义如下⑩：

$$\mathrm{TR}(x \mid x^*) = \frac{\mu(x) - r}{\beta(x \mid x^*)}$$

其中，$\beta(x \mid x^*)$ 是相对于市场组合 x^* 的组合 x 的贝塔值。夏普比率与特雷诺比率的区别在于风险测度的标准不同。夏普比率采用总风险 $\sigma(x)$，而特雷诺比率采用的是系统性风险 $\beta(x \mid x^*)$（Dimson and Mussavian，1999）。

1.1.4 存在基准组合时的最优组合

现在我们来考虑以组合 b 作为一个基准。主动型投资组合 x 与基准组合 b 之间的跟踪误差就是组合收益率与基准组合收益率之间的差值：

$$\begin{aligned} e &= R(x) - R(b) \\ &= \sum_{i=1}^{n} x_i R_i - \sum_{i=1}^{n} b_i R_i \\ &= x^\top R - b^\top R \\ &= (x - b)^\top R \end{aligned}$$

预期超额收益率为

$$\mu(x \mid b) = \mathbb{E}[e] = (x - b)^\top \mu$$

---

⑩ 通过计算，市场组合的特雷诺比率等于它的超额收益率，因为 $\beta(x^* \mid x^*) = 1$。

而跟踪误差的波动率为[11]

$$\sigma(x|b) = \sigma(e) = \sqrt{(x-b)^\top \Sigma (x-b)}$$

投资者的目标是在符合跟踪误差波动率的约束下，最大化跟踪误差的期望值：

$$x^* = \mathrm{argmax}(x-b)^\top \mu$$

$$\text{满足} \quad \mathbf{1}^\top x = 1 \text{ 和 } \sigma(e) \leqslant \sigma^* \tag{1.9}$$

类似于马科维茨问题，我们将 σ 问题转换为 ϕ 问题：

$$x^*(\phi) = \mathrm{argmax} f(x|b)$$

且：

$$f(x|b) = (x-b)^\top \mu - \frac{\phi}{2}(x-b)^\top \Sigma (x-b)$$

$$= x^\top (\mu + \phi \Sigma b) - \frac{\phi}{2} x^\top \Sigma x - \left(\frac{\phi}{2} b^\top \Sigma b + b^\top \mu\right)$$

$$= x^\top (\mu + \phi \Sigma b) - \frac{\phi}{2} x^\top \Sigma x + c$$

其中，c 是不依赖于组合 x 的常数。我们知道，数值算法可以很方便地求解二次规划问题，因此，有效前沿就是以 $(\sigma(x^*(\phi)|b), \mu(x^*(\phi)|b))$ 组成的参数曲线，其中 $\phi \in \mathbb{R}_+$。

考虑例1，令基准 $b = (60\%, 40\%, 20\%, -20\%)$。图1.6给出了相应的有效前沿。在没有约束条件时，得到的有效前沿是一条直线（Roll，1992）；如果加入 $x_i \geqslant -10\%$ 的约束条件，有效前沿将向右侧移动；第三种情况，我们设定资产权重的上下限，即 $x_i^- \leqslant x_i \leqslant x_i^+$，且上限 $x_i^+ = 50\%$。设定前三种资产的投资下限 x_i^- 为零，而第四种资产的投资下限设定为 -20%。

为了比较不同的资产组合，信息比率（information ratio）是比夏普比率更好的衡量方法，其定义如下：

$$\mathrm{IR}(x|b) = \frac{\mu(x|b)}{\sigma(x|b)} = \frac{(x-b)^\top \mu}{\sqrt{(x-b)^\top \Sigma (x-b)}}$$

将基准组合 b 与主动型组合 x 进行组合，该组合的构成可表示为

---

[11] 在国际证监会组织（IOSCO）和欧洲证券和市场管理局（ESMA）的术语中，$\mu(x|b)$ 被称为跟踪偏离度（tracking difference, TD），而 $\sigma(x|b)$ 被称为跟踪误差（tracking error, TE）。

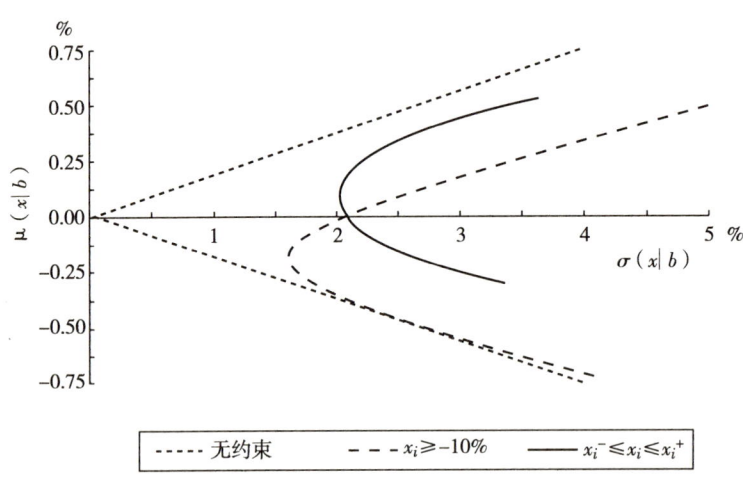

图1.6 存在基准下的有效前沿

$$y = (1-\alpha)b + \alpha x$$

其中，$\alpha \geqslant 0$ 为财富投资于组合 x 的比例。于是可得

$$\mu(y|b) = (y-b)^\top \mu = \alpha \mu(x|b)$$

和

$$\sigma^2(y|b) = (y-b)^\top \Sigma (y-b) = \alpha^2 \sigma^2(x|b)$$

由此推出：

$$\mu(y|b) = \mathrm{IR}(x|b) \cdot \sigma(y|b)$$

这是组合 y 的跟踪误差波动率与预期跟踪误差之间的线性方程。它表明有效前沿是一条直线：

"如果组合经理人只用超额收益率来衡量业绩，他就会选择位于有效前沿上半部分的点来投资。例如，组合经理人可能用效用函数来平衡预期增加值以及跟踪误差的波动率。需要注意的是，由于有效资产组合集是一条直线，因此在组合配置时，最大化夏普比率不再是一项适合的准则"（Jorion，2003，172页）。

如果我们给式（1.9）的组合优化问题添加其他约束条件，有效前沿就不再是一条直线了。在这种情况下，一个最优组合占优于其他所有的组合，该最优组合位于有效前沿上，且是一条直线与有效前沿相切的点，它也是最大化信息比率的组合。

让我们回顾一下前文提及的带有权重上下限的有效前沿（即第三种情况）。将该有效前沿与基准组合相结合，我们得到图1.7所示的直线，此时的切点组合为（49.51%，29.99%，40.50%，−20.00%）。

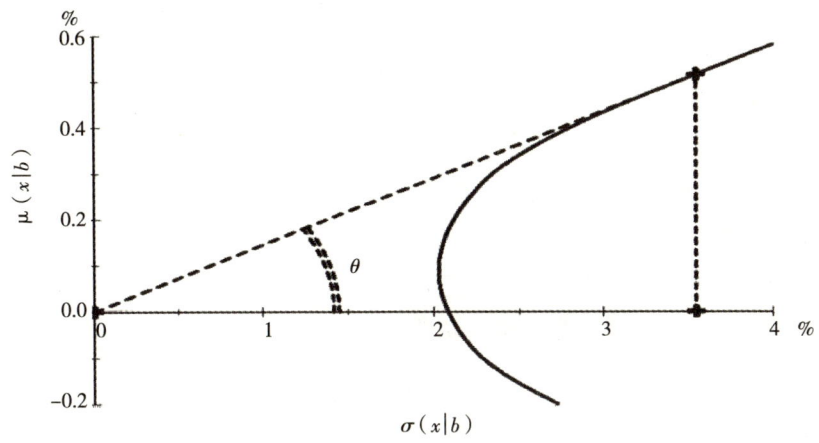

图1.7 基于基准组合的切点组合

注4 非常有趣的是，我们发现马科维茨—夏普方法是上述研究框架的一个特例。考虑一个由风险资产构成的组合 x 和无风险资产 r。记 $\tilde{x}$ 和 $\tilde{b}$ 为两个 $n+1$ 维的增广向量，满足：

$$\tilde{x} = \begin{pmatrix} x \\ 0 \end{pmatrix} \text{和} \tilde{b} = \begin{pmatrix} \mathbf{0} \\ 1 \end{pmatrix}$$

那么：

$$\tilde{\Sigma} = \begin{pmatrix} \Sigma & \mathbf{0} \\ \mathbf{0} & 0 \end{pmatrix} \text{和} \tilde{\mu} = \begin{pmatrix} \mu \\ r \end{pmatrix}$$

于是，目标函数可以表示如下：

$$f(\tilde{x}|\tilde{b}) = (\tilde{x} - \tilde{b})^\top \mu - \frac{\phi}{2}(\tilde{x} - \tilde{b})^\top \Sigma (\tilde{x} - \tilde{b})$$

$$= \tilde{x}^\top (\tilde{\mu} + \phi \tilde{\Sigma} \tilde{b}) - \frac{\phi}{2} \tilde{x}^\top \tilde{\Sigma} \tilde{x} - \left(\frac{\phi}{2} \tilde{b}^\top \tilde{\Sigma} \tilde{b} + \tilde{b}^\top \tilde{\mu} \right)$$

$$= x^\top \mu - \frac{\phi}{2} x^\top \Sigma x - r$$

$$= x^\top (\mu - r\mathbf{1}) - \frac{\phi}{2} x^\top \Sigma x$$

QP 问题 $\tilde{x}^*(\phi) = \arg\max f(\tilde{x}|\hat{b})$ 的解与马科维茨 ϕ 问题的解 $x^*(\phi)$ 存在如下关系：

$$\tilde{x}^*(\phi) = \begin{pmatrix} x^*(\phi) \\ 0 \end{pmatrix}$$

跟踪误差的波动率 $\sigma(\tilde{x}^*(\phi)|\hat{b})$ 也就是资产组合的波动率 $\sigma(x^*(\phi))$，因此，它们之间唯一的区别来自期望收益率。在马科维茨模型中，我们考虑的是资产组合的期望收益率，而在基准组合方法中，我们考虑的是超额收益率。这就解释了为什么夏普比率也就是信息比率：

$$\mathrm{SR}(x^*(\phi)|r) = \mathrm{IR}(\tilde{x}^*(\phi)|\hat{b})$$

1.1.5 布莱克—李特曼模型

布莱克—李特曼模型（Black–Litterman Model）将组合经理人的个人判断引入战略资产配置中，因此，该模型成为一种策略型资产配置模型。它也可以被看作不同方法的综合体，包括哈里·马科维茨的组合最优化，威廉·夏普的 CAPM 理论，以及资产配置中引入约束条件等。该模型是以初始配置为起点，计算隐含风险溢价（implied risk premia），进而推导出与投资经理人的判断相一致的最优资产组合。

1.1.5.1 计算隐含的风险溢价

我们来考虑式（1.3）给出的优化问题。如果去掉约束条件 $\mathbf{1}^\top x = 1$，该优化问题的解为

$$x^* = \frac{1}{\phi} \Sigma^{-1} \mu$$

在马科维茨模型中，未知变量是投资权重向量 x。现在我们假设给定一个初始组合配置 x_0。Black and Litterman（1992）认为这一配置对应于一个最优解。因此，我们有

$$\tilde{\mu} = \phi \Sigma x_0 \tag{1.10}$$

我们可以将 $\tilde{\mu}$ 理解为期望收益率的向量，它与资产组合向量 x_0 相对应。$\tilde{\pi} = \tilde{\mu} - r$ 是由组合经理人决定的风险溢价，也被称作市场风险溢价。

注5 市场风险溢价的概念源自模型的两位作者使用的一般均衡方法。从组合经理人的角度来看，当前组合配置 x_0 是最优的。实际上，如果当前配置不是最优，组合经理人必定会选择其他的配置。这就表明，x_0 是投资经理的切点组合。既然 x_0 是组合经理人的市场组合，而 $\tilde{\mu}$ 是由组合经理人隐性确定的期望收益率向量，那么 $\tilde{\pi}$ 也就顺理成章地成为风险溢价了。

要计算 $\tilde{\mu}$，需要先确定 Σ 和 ϕ。对于第一个参数 Σ，我们一般采用经验协方差矩阵 $\hat{\Sigma}$。第二个参数 ϕ 表示组合经理人的风险厌恶程度，它的测定要困难一些。一种办法是用一个更容易处理的参数来替换 ϕ。假设无风险利率 r 为零，利用式（1.10），可得 $x_0^\top \tilde{\mu} = \phi x_0^\top \Sigma x_0$。由此可推出

$$\phi = \frac{x_0^\top \tilde{\mu}}{x_0^\top \Sigma x_0} = \frac{\mathrm{SR}(x_0 \mid r)}{\sqrt{x_0^\top \Sigma x_0}} \tag{1.11}$$

其中，$\mathrm{SR}(x_0 \mid r)$ 是资产组合的预期夏普比率。最终，我们得到[12]：

$$\tilde{\mu} = \mathrm{SR}(x_0 \mid r) \frac{\Sigma x_0}{\sqrt{x_0^\top \Sigma x_0}}$$

再来考虑例1。假设初始组合配置 x_0 为（40%，30%，20%，10%），则投资组合的事前波动率（ex-ante volatility）为 $\sigma(x_0) = 15.35\%$。假设组合经理人的目标是使夏普比率达到 0.25。若 $r = 3\%$，可得 $\phi = 1.63$，这意味着隐含期望收益率为 $\tilde{\mu} =$（5.47%，6.68%，8.70%，9.06%）。

---

[12] 在 $r \neq 0$ 的一般情况下，这个表达式为

$$\tilde{\mu} = r + \mathrm{SR}(x_0 \mid r) \frac{\Sigma x_0}{\sqrt{x_0^\top \Sigma x_0}} \tag{1.12}$$

1.1.5.2 优化问题

布莱克和李特曼（1992）认为，μ 的取值是不确定的。于是，他们特别假设 μ 是一个高斯向量（即正态分布向量），且期望收益率为 $\tilde{\mu}$、协方差矩阵为 Γ，即

$$\mu \sim N(\tilde{\mu}, \Gamma)$$

于是，市场风险溢价 $\tilde{\mu}$ 是资产收益率 R 的无条件数学期望。为了表示组合经理人的判断，两位作者假设存在如下关系：

$$P\mu = Q + \varepsilon \tag{1.13}$$

其中，P 是一个 $(k \times n)$ 阶矩阵，Q 是一个 $(k \times 1)$ 维向量，$\varepsilon \sim \mathcal{N}(0, \Omega)$ 是一个 k 维高斯向量。

注6 在式（1.13）的定义下，我们可以用绝对或者相对的方式来表示组合经理人的判断。我们来考虑两个资产的情形。假设组合经理人对第一资产的期望收益率有绝对的判断：如果 $\mu_1 = q + \varepsilon$，则矩阵 P 等于行向量 $(1 \ 0)$，且组合经理人认为第一个资产的期望收益率为 q。如果 $\Omega = 0$，说明组合经理人对自己的判断非常有信心；如果 $\Omega \neq 0$，则他的判断是不确定的。现在假设组合经理人认为第一资产的收益率比第二资产的收益率高出 q，可得 $\mu_1 - \mu_2 = q + \varepsilon$，矩阵 P 则变为 $(1 \ -1)$。如果组合经理人有两种判断，矩阵 P 就有两行，k 则表示判断的个数，Ω 是 $P\mu - Q$ 的协方差矩阵，因而 Ω 表示判断的不确定性程度。

于是，马科维茨优化问题变成如下形式：

$$x^*(\phi) = \operatorname{argmax} \ x^\top \bar{\mu} - \frac{\phi}{2} x^\top \Sigma x$$

$$\text{满足} \quad \mathbf{1}^\top x = 1 \tag{1.14}$$

其中，$\bar{\mu}$ 是以组合经理人的判断为条件的期望收益率向量：

$$\bar{\mu} = \mathbb{E}[\mu \mid 判断] = \mathbb{E}[\mu \mid P\mu = Q + \varepsilon]$$

为了计算 $\bar{\mu}$，考虑随机向量 $(\mu, v = P\mu - \varepsilon)$：

$$\begin{pmatrix} \mu \\ v \end{pmatrix} \sim \mathcal{N}\left(\begin{pmatrix} \tilde{\mu} \\ P\tilde{\mu} \end{pmatrix}, \begin{pmatrix} \Gamma & \Gamma P^\top \\ P\Gamma & P\Gamma P^\top + \Omega \end{pmatrix} \right)$$

应用条件期望公式，可得[13]

$$\bar{\mu} = \mathbb{E}[\mu | v = Q]$$
$$= \tilde{\mu} + \Gamma P^{\top}(P\Gamma P^{\top} + \Omega)^{-1}(Q - P\tilde{\mu}) \quad (1.15)$$

条件期望 $\bar{\mu}$ 由两部分组成：

1. 第一部分对应于隐含期望收益率向量 $\tilde{\mu}$。

2. 第二部分是修正项，将经理人的判断与市场观点之间的差异 $(Q - P\tilde{\mu})$ 考虑在内。

1.1.5.3 模型的数值实现

从实践角度看，布莱克—李特曼模型的实现需要五个步骤：

1. 估计经验协方差矩阵 $\hat{\Sigma}$；

2. 给定当前资产组合，利用式（1.12）推导出隐含期望收益率向量 $\tilde{\mu}$；

3. 确定组合经理人的判断和相应的置信水平，也就是定义矩阵 P、矩阵 Q 和矩阵 Ω；

4. 给定一个矩阵 Γ，利用式（1.15）计算条件期望 $\bar{\mu}$；

5. 最后，利用式（1.11）计算出 $\bar{\mu}$ 和 ϕ，从而求解组合优化问题式（1.14）。

上述步骤的难点在于确定协方差矩阵 Γ。一种办法是定义 $\Gamma = \tau \Sigma$，然后通过调整 τ 来达到某一设定的跟踪误差波动率（Meucci, 2005）。

我们仍然考虑前面提到的例子，假设组合经理人对第一种资产具有绝对的判断，而对第二种和第三种资产则有相对的判断。定义矩阵 P、矩阵 Q 和矩阵 Ω 如下：

$$P = \begin{pmatrix} 1 & 0 & 0 & 0 \\ 0 & 1 & -1 & 0 \end{pmatrix}, Q = \begin{pmatrix} q_1 \\ q_{2-3} \end{pmatrix} 和 \Omega = \begin{pmatrix} \varpi_1^2 & 0 \\ 0 & \varpi_{2-3}^2 \end{pmatrix}$$

---

[13] 考虑均值为 $\mu = (\mu_x, \mu_y)$，协方差矩阵为 $\Sigma = \begin{pmatrix} \Sigma_{xx} & \Sigma_{xy} \\ \Sigma_{yx} & \Sigma_{yy} \end{pmatrix}$ 的正态分布随机向量 (X,Y)。在给定 $Y = y$ 的条件下，X 的条件分布是一个多元正态分布，它的均值为 $\mu_{x|y} = \mu_x + \Sigma_{xy}\Sigma_{yy}^{-1}(y - \mu_y)$，协方差矩阵为 $\Sigma_{xx|y} = \Sigma_{xx} - \Sigma_{xy}\Sigma_{yy}^{-1}\Sigma_{yx}$。

q_1 和 q_{2-3} 的取值分别设为 4% 和 −1%，这表明组合经理人认为，第一种资产的期望收益率为 4%，同时，第三种资产的收益率比第二种资产要平均高出 1%；我们还假设 $\varpi_1 = 10\%$，$\varpi_{2-3} = 5\%$，表示相对判断的置信水平要比绝对判断的置信水平高；设定 $\tau = 1$。上述对不同参数的赋值对应于一般状态 #1，其他状态都只是在一般状态基础上的变形。在状态#2 中 $q_1 = 7\%$；状态 #3 中 $\varpi_1 = \varpi_{2-3} = 20\%$；在状态#4 和状态#5 中分别令 $\tau = 10\%$ 和 $\tau = 1\%$；此外，最优组合中各资产的权重都为正。表 1.7 给出了各种状态下的计算结果。状态#1 中组合资产的权重与初始配置 x_0 不同：第一种资产的权重下降，这与组合经理人对第一种资产的判断是一致的，他认为第一种资产的期望收益率 μ_1 小于它的市场价（4% 相对于 5.47%）；在初始配置中，第二种和第三种资产的权重之差为 10%，而在状态#1 下这一差值变为了 46.1%，这与组合经理人的相对判断相一致。事实上，市场上隐含地认为第三种资产比第二种资产的收益率要高出 2.02%，而组合经理人则认为这一收益率超额部分仅为 1%。值得注意的是，如果我们增加这一判断的不确定性（组合状态 #3），或者降低期望收益率的协方差 Γ（组合状态#4 和状态#5），最优组合 x^* 与当前组合 x_0 之间的差异就会减少。

表 1.7 布莱克—李特曼组合

	#0	#1	#2	#3	#4	#5
x_1^*	40.00	33.41	51.16	36.41	38.25	39.77
x_2^*	30.00	51.56	39.91	42.97	42.72	32.60
x_3^*	20.00	5.46	0.00	10.85	9.14	17.65
x_4^*	10.00	9.58	8.93	9.77	9.89	9.98
$\sigma(x^* \mid x_0)$	0.00	3.65	3.67	2.19	2.18	0.45

通过调整参数 τ，我们可以将某一特定的跟踪误差波动率 σ^* 设为目标。例如，如果 $\sigma^* = 2\%$，最优资产组合将会介于状态#4（$\sigma(x^* \mid x_0) = 2.18\%$）和状态#5（$\sigma(x^* \mid x_0) = 0.45\%$）之间，也就是说，最优 τ 值会落在 1% 到 10% 之间；如果设定跟踪误差波动率目标为 2%，利用二分算法（bisection algorithm），可得 $\tau = 5.2\%$，最优组合为 $x^* = $ (36.80%, 41.83%, 11.58%, 9.79%)。

注 7 关于布莱克—李特曼模型的文献研究是巨量的。读者如果想要就这一主题进行深入学习，可以参考下列学者的研究：He and Litterman（1999），Satchell and Scowcroft（2000），Idzorek（2004），Meucci（2006）和 Cheung（2010）。

1.2 投资组合优化的实践

本节，我们将从实用性角度讨论投资组合的优化问题。首先，为了运用马科维茨的理论方法，我们必须要估计出期望收益率的协方差矩阵及其向量。只要确定了这些输入参数，就可以算出最优组合的解。但是，在大多数情况下，这种方法存在稳定性问题，这就需要对输入的参数或目标函数作规范化处理。最常用的方法就是基于协方差矩阵的收缩法。尽管这些方法非常有趣，并且提高了最优组合的稳定性，但这还是不够的。事实上，组合优化问题中最重要的量化工作是求协方差矩阵的逆矩阵，我们称为信息矩阵（information matrix），对于它的规范化是相当困难的，这也是大多数组合经理人更倾向于采用权重约束法的原因。尽管权重约束法和收缩法相类似，权重约束法还是通过设定权重约束，隐性地使组合经理人改变了协方差矩阵，而协方差矩阵本身正体现了组合经理人对资产风险和收益的判断。在某种意义上，权重约束法和布莱克—李特曼模型有些相似。

1.2.1 协方差矩阵的估计

1.2.1.1 协方差矩阵的经验估计法

我们假设资产收益率向量为 $n \times 1$ 阶高斯向量，即 $R \sim \mathcal{N}(\mu, \Sigma)$。样本 $\{R_1, \cdots, R_T\}$ 的对数似然函数为

$$\ell(\mu, \Sigma) = -\frac{nT}{2}\ln(2\pi) - \frac{T}{2}\ln|\Sigma| - \frac{1}{2}\sum_{t=1}^{T}(R_t - \mu)^{\top}\Sigma^{-1}(R_t - \mu)$$

其中，μ 的极大似然估计（ML）为 $\partial_\mu \ell(\mu, \Sigma) = 0$。由此，很容易得到 $\hat{\mu} = \bar{R}$，其中 $\bar{R}$ 代表均值向量。综合迹函数的各项特性，对数似然函数变为

$$\ell(\Sigma) = -\frac{nT}{2}\ln(2\pi) - \frac{T}{2}\ln|\Sigma| - \frac{1}{2}\sum_{t=1}^{T}\mathrm{tr}\left((R_t - \bar{R})^{\top}\Sigma^{-1}(R_t - \bar{R})\right)$$

$$= -\frac{nT}{2}\ln(2\pi) - \frac{T}{2}\ln|\Sigma| - \frac{1}{2}\sum_{t=1}^{T}\mathrm{tr}\left(\Sigma^{-1}(R_t - \overline{R})(R_t - \overline{R})^\top\right)$$

$$= -\frac{nT}{2}\ln(2\pi) - \frac{T}{2}\ln|\Sigma| - \frac{1}{2}\mathrm{tr}(\Sigma^{-1}S)$$

其中 S 是 $n \times n$ 阶矩阵，定义式如下：

$$S = \sum_{t=1}^{T}(R_t - \overline{R})(R_t - \overline{R})^\top$$

我们推断，Σ 的极大似然估计满足一阶条件：

$$\frac{\partial \ell(\Sigma)}{\partial \Sigma^{-1}} = \frac{T}{2}\Sigma - \frac{1}{2}S = 0$$

于是有，Σ 的极大似然估计就是经验协方差矩阵：

$$\hat{\Sigma} = \frac{1}{T}S = \frac{1}{T}\sum_{t=1}^{T}(R_t - \overline{R})(R_t - \overline{R})^\top$$

这种估计法具备一项十分诱人的特性，因为它等价于对收益的波动性和相关系数矩阵分别进行估计。这一特性在金融领域得到了充分应用，从而提高了估计的稳定性。

注8 协方差矩阵和波动率都是以年为基础表示的，而 $\hat{\Sigma}$ 则是以资产收益率的频率来表示，通常以日、周或月为基础。要将 $\hat{\Sigma}$ 转换成以年为基础的方式表示，我们采用平方根近似规则，该方法是从几何布朗运动的性质得出的：当我们用日收益率（或周、月收益率）时，年化的波动率就等于日波动率乘以日因子系数 $\sqrt{260}$（或周因子系数 $\sqrt{52}$、月因子系数 $\sqrt{12}$）。

例2 我们来看一个有着 8 个权益指数的域：标准普尔 500 指数（S&P 500）、欧洲斯托克指数（Eurostoxx）、英国富时 100 指数（FESE 100）、东京股票价格指数（Topix）、巴西 Bovespa 指数、俄罗斯 RTS 指数、印度 Nifty 指数、香港恒生指数（HIS）。研究期间为 2005 年 1 月至 2011 年 12 月，数据为周收益率。

估计得到的相关系数矩阵为

$$C = \begin{pmatrix} 1.00 & & & & & & & \\ 0.88 & 1.00 & & & & & & \\ 0.88 & 0.94 & 1.00 & & & & & \\ 0.64 & 0.68 & 0.65 & 1.00 & & & & \\ \hdashline 0.77 & 0.76 & 0.78 & 0.61 & 1.00 & & & \\ 0.56 & 0.61 & 0.61 & 0.50 & 0.64 & 1.00 & & \\ 0.53 & 0.61 & 0.57 & 0.53 & 0.60 & 0.57 & 1.00 & \\ 0.64 & 0.68 & 0.67 & 0.68 & 0.68 & 0.60 & 0.66 & 1.00 \end{pmatrix} \quad (1.16)$$

而年波动率分别为 20.5%、23.4%、20.7%、21.1%、28.4%、40.6%、26.4%和25.0%。我们注意到，发达国家（DC）和新兴市场[14]（EM）的指数之间存在一些差异，尤其是发达国家的权益指数呈现出更明显的内部相关性和较低的波动性。

1.2.1.2 林—吉田（Hayashi-Yoshida）估计法

前文提到的估计法是基于数据同步的假设，即只有当所有资产处在同一市场上或处于同一封闭时间内定价时，这种方法才有效。然而，如果我们考虑的资产域是在非同步市场的，我们就需要对之前的估计法进行修正，正如 Hayashi-Yoshida（2005）提出的那样。令 $P(t) = (P_1(t), \cdots, P_n(t))$ 为价格向量。我们假设 $P(t)$ 符合一个多维几何布朗运动，满足：

$$dP_i(t) = \mu_i P_i(t) dt + \sigma_i P_i(t) dW_i(t) \quad (1.17)$$

其中，$W_i(t)$ 是一个多变量维纳过程，满足 $\mathbb{E}[W_i(t)W_j(t)] = \rho_{i,j} t$。我们假设过程（1.17）是在一些离散时间点 $\tau_{i,k}$ 上观测到的，其中 $k \in \mathbb{N}$。$\tau_i(t)$ 为时间 t 之前的最后一个观测日。令 $\tau_i(t), = \tau_{i,k^*}$，其中 $k^* = \sup\{k: \tau_{i,k} \leq t\}$，表示在 t 日得到的最后的价格为 $P_i(\tau_{i,k^*})$ 或等价表示为 $P_i(\tau_i(t))$。我们所感兴趣的是要计算等分时间区间 $[0,T]$ 内的协方差矩阵，其中 $0 = t_0 < t_1 < \cdots < t_M = T$。令 $S = (S_{i,j})$ 为 $n \times n$ 矩阵，满足：

$$S_{i,j} = \sum_{m=1}^{M} \left(\widetilde{P}_i(\tau_i(t_m)) - \widetilde{P}_i(\tau_i(t_{m-1})) \right) \left(\widetilde{P}_j(\tau_j(t_m)) - \widetilde{P}_j(\tau_j(t_{m-1})) \right)$$

其中，$\widetilde{P}_i(t) = \ln P_i(t)$ 表示价格的对数，$\widetilde{P}_i(\tau_i(t_m)) - \widetilde{P}_i(\tau_i(t_{m-1}))$ 表示在 t_m

---

[14] 这里的四个新兴国家在财政意义上相应地被称为"金砖四国"（BRIC）（巴西，俄罗斯，印度，中国）。

和 t_{m-1} 期间资产 i 的对数收益。忽略均值形式，我们得到

$$S_{i,j} = \sigma_i \sigma_j \sum_{m=1}^{M} \Delta W_i(\tau_i(t_m)) \cdot \Delta W_j(\tau_j(t_m))$$

其中，$\Delta W_i(\tau_i(t_m)) = W_i(\tau_i(t_m)) - W_i(\tau_i(t_{m-1}))$。时间区间 $[\min(\tau_i(t_{m-1}), \tau_j(t_{m-1})), \max(\tau_i(t_m), \tau_j(t_m))]$ 可以被分解为三个子期间：

1. $I_{i,j}^{-}(m) = [\min(\tau_i(t_{m-1}), \tau_j(t_{m-1})), \max(\tau_i(t_{m-1}), \tau_j(t_{m-1}))]$；
2. $I_{i,j}^{0}(m) = [\max(\tau_i(t_{m-1}), \tau_j(t_{m-1})), \min(\tau_i(t_m), \tau_j(t_m))]$；
3. $I_{i,j}^{+}(m) = [\min(\tau_i(t_m), \tau_j(t_m)), \max(\tau_i(t_m), \tau_j(t_m))]$；

对于子期间 $I_{i,j}^{-}(m)$ 和 $I_{i,j}^{+}(m)$，$\mathrm{d}W_i(t)$ 和 $\mathrm{d}W_j(t)$ 的乘积等于零，因为有一种资产的价格没有被观测到，于是有

$$\mathbb{E}[S_{i,j}] = \sigma_i \sigma_j \sum_{m=1}^{M} \int_{\max(\tau_i(t_{m-1}), \tau_j(t_{m-1}))}^{\min(\tau_i(t_m), \tau_j(t_m))} \langle \mathrm{d}W_i(t), \mathrm{d}W_j(t) \rangle$$

$$= \rho_{i,j} \sigma_i \sigma_j \sum_{m=1}^{M} I_{i,j}^{0}(m)$$

令 $\hat{\Sigma} = T^{-1} S$ 为协方差矩阵的估计，则有

$$\mathbb{E}[\hat{\Sigma}_{i,j}] = \frac{1}{T} \mathbb{E}[S_{i,j}] = \rho_{i,j} \sigma_i \sigma_j \frac{1}{T} \sum_{m=1}^{M} I_{i,j}^{0}(m)$$

如果 $i = j$，则 $\sum_{m=1}^{M} I_{i,j}^{0}(m) = T$ 且 $\mathbb{E}[\hat{\Sigma}_{i,i}] = \sigma_i^2$。如果 $i \neq j$，则 $\sum_{m=1}^{M} I_{i,j}^{0}(m) < T$ 且 $\mathbb{E}[\hat{\Sigma}_{i,i}] < \rho_{i,j} \sigma_i \sigma_j$。这就意味着估计量 $\hat{\Sigma}$ 中协方差项是有偏的，而方差项则无偏。令 $\hat{\rho}_{i,j}$ 为相关系数 $\rho_{i,j}$ 的估计量。由于重叠期间 $\sum_{m=1}^{M} I_{i,j}^{0}(m)$ 的长度比研究期间 $[0, T]$ 要小，因此相关系数总是被低估：

$$\mathbb{E}[\hat{\rho}_{i,j}] = \frac{\mathbb{E}[\hat{\Sigma}_{i,j}]}{\sigma_i \sigma_j} = \rho_{i,j} \frac{\sum_{m=1}^{M} I_{i,j}^{0}(m)}{T} = \rho_{i,j} \overline{I_{i,j}^{0}}$$

图1.8给出了一些权益指数的交易时间，并标明了每个指数的开盘和收盘时间。我们来看欧洲斯托克指数（Eurostoxx）和标准普尔500指数（S&P 500），会发现 $I_{i,j}^{-}(m) = 4.5$ 小时，$I_{i,j}^{0}(m) = 19.5$ 小时，$I_{i,j}^{+}(m) = 4.5$ 小时。在这种情况下，比率 $\overline{I_{i,j}^{0}}$ 为19.5/24（或81.25%）。如果采用日收盘价，我

们对欧元区和美国市场之间的相关系数进行估计，平均将低估 19%。这种低估对于东京股票价格指数（Topix）会更严重。事实上，Eurostoxx 指数的 $\overline{I_{i,j}^0}$ 比率等于 60.42%，标准普尔 500 指数的 $\overline{I_{i,j}^0}$ 比率为 41.67%。

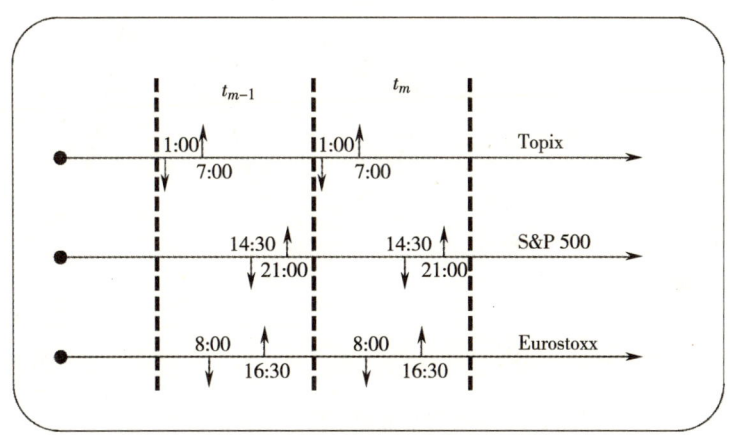

图 1.8　异步市场的交易时间（世界标准时间）

我们用一个蒙特卡洛实验来说明相关系数估计量的有偏性。图 1.9 给出了当两种资产的价格遵循无漂移的几何布朗运动时估计量 $\hat{\rho}$ 的密度。两种资产的扩散参数等于 10%，而互相关系数 ρ 设为 70%。相关系数估计是基于 260 个观测值得出的，而它的密度是在采用了 2000 次模拟以及基于高斯核函数估计得出的。第一种情况对应于同步的日收益；第二种情况也是对应于日收益，但在两个收盘时间之间存在 6 个小时的时滞；在第三种情况下，我们假定两种资产价格是基于每周观测的，而这两种价格之间存在一天的差异[15]。经过检验得出，在后两种情况下，$\hat{\rho}$ 是有偏的。在我们的实验中，$\hat{\rho}$ 的平均值为 69.9%、46.4% 和 55.8%，这表明，比率 $\hat{\rho}/\rho$ 分别等于 99.9%、66.3% 和 79.7%，而 $\overline{I_{i,j}^0}$ 的理论值是 100%、66.7% 和 80%。

前文的分析推出了林和吉田（Hayashi and Yoshida）在 2005 年提出的一个新的估计量 $S_{i,j}$：

---

[15]　例如，我们可以假设第一种资产的价格在每周三获知，而第二种资产的价格在每周四获知。在对冲基金行业，我们会遇到这样的情况。

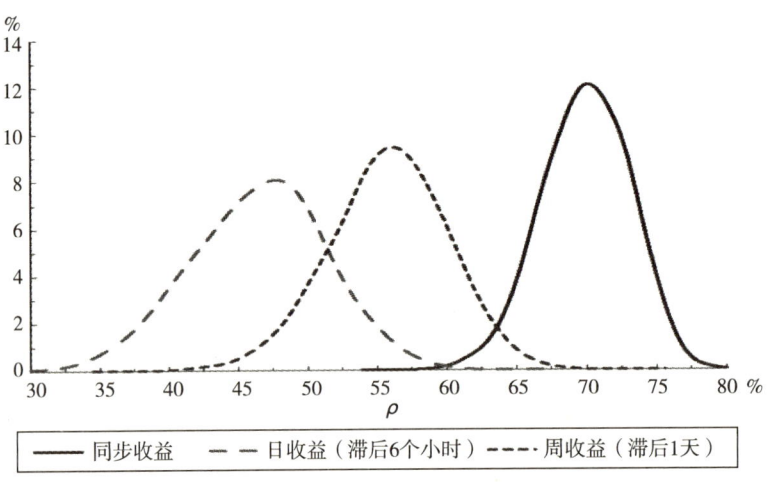

图 1.9 异步市场收益下估计量 $\hat{\rho}$ 的密度

$$S_{i,j} = \sum_{k_1=1}^{K} \sum_{k_2=1}^{K} \Delta \widetilde{P}_i(\tau_{i,k_1}) \cdot \Delta \widetilde{P}_j(\tau_{j,k_2}) \cdot \mathbb{1}\{I_i(k_1) \cap I_j(k_2) \neq \emptyset\}$$

其中，$\Delta \widetilde{P}_i(\tau_{i,k}) = \widetilde{P}_i(\tau_{i,k}) - \widetilde{P}_i(\tau_{i,k-1})$，$I_i(k) = [\tau_{i,k-1}, \tau_{i,k}]$。由于这个估计量表示的是当资产 i 和资产 j 的观察期间重叠时这对资产收益的乘积，所以被称为累积协方差估计量。如果我们考虑前文中权益指数的例子，那么 $\Sigma_{i,j}$ 的估计量变为

$$\widetilde{\Sigma}_{i,j} = \frac{1}{T} \sum_{t=1}^{T} (R_{i,t} - \overline{R}_i)(R_{j,t} - \overline{R}_j) + \frac{1}{T} \sum_{t=1}^{T} (R_{i,t} - \overline{R}_i)(R_{j,t-1} - \overline{R}_j)$$

其中，j 是在权益指数 i 之后收盘的权益指数。在我们的例子中，j 必定是标准普尔 500 指数，而 i 可以是 Topix 指数或 Eurostoxx 指数。这一估计量由两部分组成：

1. 第一部分是传统的协方差估计量 $\hat{\Sigma}_{i,j}$；
2. 第二部分是对两个收盘时间之间滞后关系的修正。

下面我们采用日收益数据对标准普尔 500 指数（SPX）、Eurostoxx 指数（SXXE）和 Topix 指数（TPX）之间的相关性进行估计。图 1.10 列出了基于

260天滚动窗口数据的经验估计。通常情况下，我们观察到，发达国家权益指数之间的相关系数较高（见例2中基于周收益的计算结果）。但在基于日收益数据来观察美国股票和日本股票之间的相关性时，情况并非如此，因为估计得到的相关系数为0%~20%。如果采用林—吉田估计法修正，三对权益指数的相关系数估计值都有所增加。如果我们计算相关系数的经验估计值和林—吉田估计值的平均值，则SPX和SXXE之间的相关系数为66.84%，SPX和TPX之间的相关系数为19.53%，SXXE和TPX之间的相关系数为41.02%。这些数值都要小于之前讨论的理论值，这当然是由于隔天带来的影响。

注9 估计量 $\tilde{\Sigma}$ 并不是一定为正的。在这种情况下，我们可以采用基于奇异值分解（singular value decomposition）的不同数值技术来解决这个问题（Roncalli，2010）。

1.2.1.3 GARCH方法

在前一节中，我们假设资产收益的方差是恒定的。然而，这种前提假设通常在金融界得不到证实。1982年，恩格尔（Engle）引入了一类随机过程，以便考察资产收益的异方差性，即

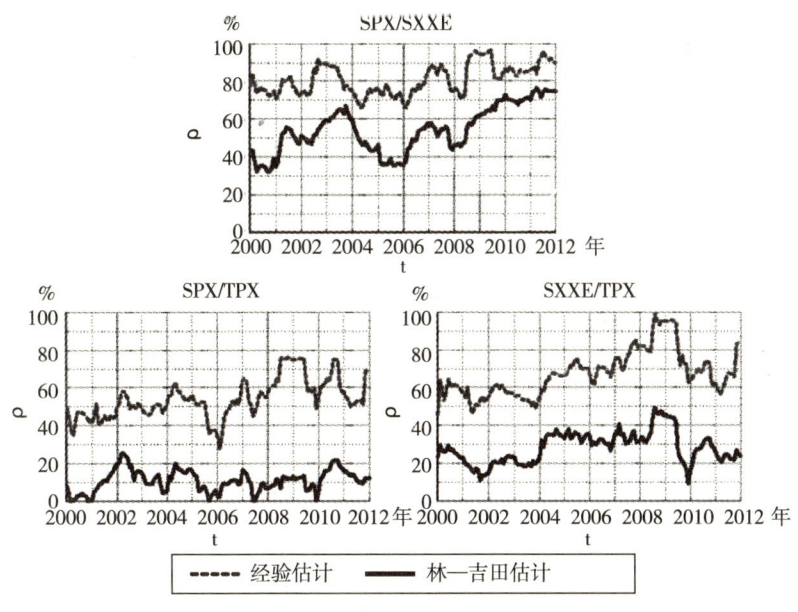

图1.10 林—吉田估计

$$R_{i,t} = \mu_i + \varepsilon_t, \quad \text{其中}, \quad \varepsilon_t = \sigma_t e_t \text{ 和 } e_t \sim \mathcal{N}(0,1)$$

这里，时变方差的 σ_t^2 满足以下等式：

$$\sigma_t^2 = \kappa + \alpha_1 \varepsilon_{t-1}^2 + \alpha_2 \varepsilon_{t-2}^2 + \cdots + \alpha_q \varepsilon_{t-q}^2$$

其中，$\kappa > 0$，且对于所有 $j > 0$，有 $\alpha_j \geq 0$。我们注意到，ε_t 的条件方差是不定的，它取决于 ε_t 的过去值。对于资产收益 $R_{i,t}$ 产生实质影响的是 $t+1$ 时刻 ε_{t+1} 的条件方差的上升，进而对 $R_{i,t+1}$ 造成另一个实质性影响的可能性也会增大。因此，这意味着波动率是持续的，这是金融领域众所周知的典型的事实（Chou，1988）。

这类被称为自回归条件异方差模型（ARCH 模型）的随机过程，又被波勒斯列夫（Bollerslev，1986）拓展为以下形式：

$$\sigma_t^2 = \kappa + \delta_1 \sigma_{t-1}^2 + \delta_2 \sigma_{t-2}^2 + \cdots + \delta_p \sigma_{t-p}^2 + \\ \alpha_1 \varepsilon_{t-1}^2 + \alpha_2 \varepsilon_{t-2}^2 + \cdots + \alpha_q \varepsilon_{t-q}^2$$

在这种情况下，条件方差也取决于其过去值，于是我们得到 GARCH(p,q) 模型。如果 $\sum_{i=1}^p \delta_i + \sum_{i=1}^q \alpha_i = 1$ 成立，可以证明，过程 ε_t^2 有单位根，这个模型被称为单整 GARCH（Integrated GARCH，IGARCH）过程。

有几种方法来估计 GARCH 过程，例如，我们可以用广义矩估计（generalized method of moments，GMM）或两阶段最小二乘法（two-stage least squares method）。不过，最常用的方法仍然是条件最大似然法（conditional maximum likelihood），在这种情况下，对数似然函数具有以下表达式：

$$\ell = -\frac{T}{2}\ln(2\pi) - \frac{1}{2}\sum_{t=1}^T \ln\sigma_t^2 - \frac{1}{2}\sum_{t=1}^T \frac{\varepsilon_t^2}{\sigma_t^2}$$

阶数 p 和 q 的选择可以通过使用类似于 ARMA 过程的自我相关函数/偏自我相关函数（ACF/PACF）方法来确定，虽然通常 $p = q = 1$ 是一个合理的选择。

在实践中，IGARCH(1,1) 过程已成为资产管理的一个标准模型。如果我们忽略 μ_i 项，有

$$\sigma_t^2 = (1-\alpha)\sigma_{t-1}^2 + \alpha R_{i,t-1}^2$$
$$= \alpha R_{i,t-1}^2 + (1-\alpha)\alpha R_{i,t-2}^2 + (1-\alpha)^2 \sigma_{t-2}^2$$
$$= \sum_{j=1}^\infty w_{t-j} R_{i,t-j}^2$$

其中，$w_{t-j} = \alpha(1-\alpha)^{j-1}$。我们注意到，$W_m = \sum_{j=1}^m w_{t-j} = 1-(1-\alpha)^m$，且

$\lim_{m\to\infty} W_m = 1$。这一估计量就是指数加权移动平均（EWMA），其中 $\lambda = 1 - \alpha$。图 1.11 给出了不同 λ 取值下的累积权重函数 W_m。我们进一步证实了，现值比过去值更受到重视。

注 10 在 EMWA 或 GARCH 模型中，我们必须初始化条件波动率 σ_0 的第一个值。在大多数时候，我们将其设定为无条件估计值 $\hat{\sigma}$。

图 1.12 给出了采用 GARCH 模型（第一面板数据）估计出的标准普尔 500 指数的波动率，这些参数的最大似然估计为 $\hat{\delta}_1 = 0.913$ 和 $\hat{\alpha}_1 = 0.080$。我们证明了该估计模型与 IGARCH 过程十分相近。在第二面板和第三面板，我们将 GARCH 波动率分别与 $\lambda = 0.90$ 条件下的 EWMA 波动率和基于 20 个交易日的短期波动率进行了比较。我们注意到，这两个简单的估值量给出了与 GARCH 估计量相似的结果。这就解释了为什么一些业内人士偏好采用短期波动率而不是 GARCH 模型，因为后者更难以被校正。

注 11 GARCH 过程可以拓展到多变量情形。在大量的广义模型中，两个主要的模型是 VEC 和 BEKK 模型（Bauwens et al., 2006）。然而，这些模型在资产管理中用处不大。这些模型有大量的参数和估计步骤，运行成本高，因此模型不够稳定而且不便于处理。这就是为什么业内人士更偏好采用 Copula 方法先估计 GARCH 波动率，然后再设定相关性结构（Jondeau and Rockinger, 2006）。

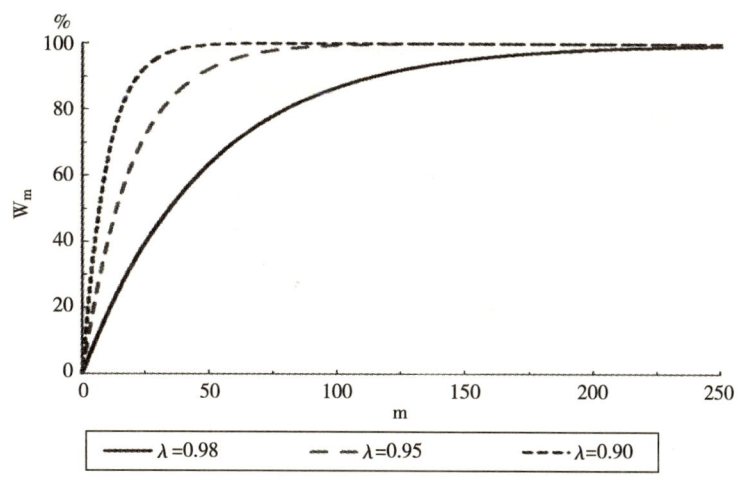

图 1.11 GARCH 模型的累积权重函数 W_m

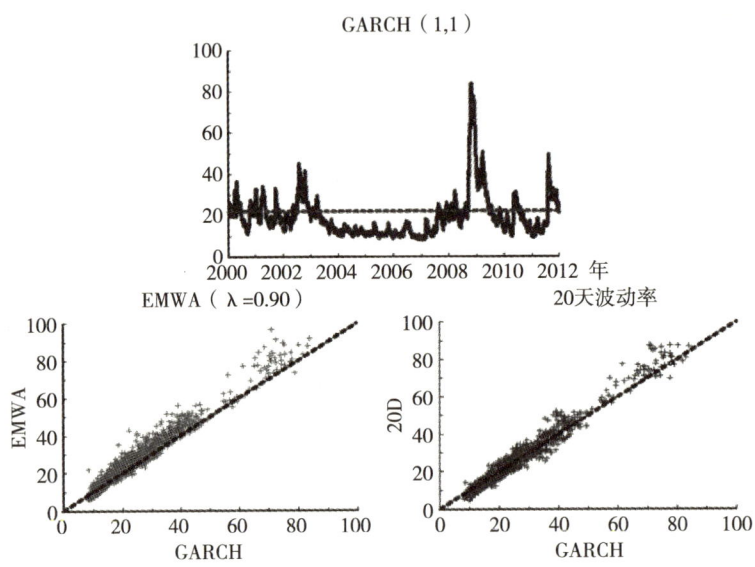

图 1.12 标准普尔 500 指数波动率的估计

1.2.1.4 因子模型

设定相关性结构

最大似然估计法给出了从中心收益率 $\widetilde{R}_{i,t} = \hat{\sigma}_i^{-1}(R_{i,t} - \hat{\mu}_i)$ 估计关于 Σ 的相关系数矩阵 $C = (\rho_{i,j})$ 的方法。于是有

$$\hat{C} = \mathrm{argmax}\ \ell(C)$$

满足　C 是一个相关矩阵

其中 $\ell(C)$ 为如下定义的对数似然函数：

$$\ell(C) = -\frac{nT}{2}\ln(2\pi) - \frac{T}{2}\ln|C| - \frac{1}{2}\sum_{t=1}^{T}\widetilde{R}_t^{\mathrm{T}} C_t^{-1} \widetilde{R}_t$$

通过这一方法，我们将相关性结构考虑在内。例如，我们可以设定一个一致相关矩阵：

$$C = C_n(\rho) = \begin{pmatrix} 1 & & \rho \\ & \ddots & \\ \rho & & 1 \end{pmatrix}$$

这样，我们就得到一个单因子风险模型了。

注 12　为了理解这一相关性结构，我们来看以下模型：

$$R_{i,t} = \sqrt{\rho}\,\mathcal{F}_t + \sqrt{1-\rho}\,\varepsilon_{i,t} \quad i = 1,\cdots,n \qquad (1.18)$$

其中，$\mathcal{F}_t$ 和 $\varepsilon_{i,t}$ 是两个独立的随机变量，都符合正态分布 $\mathcal{N}(0,1)$。$\mathcal{F}_t$ 为共同风险因子，$\varepsilon_{i,t}$ 为特质风险因子。推导可得

$$\mathbb{E}[R_{i,t}R_{j,t}] = \rho\,\mathbb{E}[\mathcal{F}_t^2] + (1-\rho)\,\mathbb{E}[\varepsilon_{i,t}\varepsilon_{j,t}] +$$
$$\sqrt{\rho(1-\rho)}\,(\mathbb{E}[\mathcal{F}_t\varepsilon_{i,t}] + \mathbb{E}[\mathcal{F}_t\varepsilon_{j,t}])$$
$$= \rho$$

且 $\mathbb{E}[R_{i,t}^2] = 1$。资产收益率 $R_{i,t}$ 和 $R_{j,t}$ 之间的相关系数等于 ρ。

利用式（1.18）可以得到另一种对数似然函数的表达式，这个表达式在数值上更易求解。$R_{i,t}$ 关于 $\mathcal{F}_t$ 的条件分布是

$$\Pr\{R_{i,t} \leqslant r \mid \mathcal{F}_t\} = \Pr\{\sqrt{\rho}\,\mathcal{F}_t + \sqrt{1-\rho}\,\varepsilon_{i,t} \leqslant r \mid \mathcal{F}_t\}$$
$$= \Pr\left\{\varepsilon_{i,t} \leqslant \frac{r - \sqrt{\rho}\,\mathcal{F}_t}{\sqrt{1-\rho}} \,\bigg|\, \mathcal{F}_t\right\}$$
$$= \Phi\left(\frac{r - \sqrt{\rho}\,\mathcal{F}_t}{\sqrt{1-\rho}}\right)$$

由于随机变量 $(R_{1,t},\cdots,R_{n,t})$ 在因子 $\mathcal{F}_t$ 的条件下是独立的，且服从：

$$\Pr\{R_{1,t} \leqslant r_1,\cdots,R_{n,t} \leqslant r_n\} = \int_{-\infty}^{\infty} \prod_{i=1}^{n} \Phi\left(\frac{r_i - \sqrt{\rho}f}{\sqrt{1-\rho}}\right)\phi(f)\mathrm{d}f$$

于是推导可得对数似然函数如下：

$$\ell(\rho) = -\frac{nT}{2}\ln(1-\rho) + \sum_{t=1}^{T}\ln\left(\int_{-\infty}^{\infty}\prod_{i=1}^{n}\Phi(\widetilde{R}_{i,t})\phi(\widetilde{R}_{i,t})\phi(f)\mathrm{d}f\right)$$

其中，

$$\widetilde{R}_{i,t} = \frac{R_{i,t} - \sqrt{\rho}f}{\sqrt{1-\rho}}$$

图 1.13 给出了 n 取不同值时的单因子模型中最大似然估计值 $\hat{\rho}_{\mathrm{ML}}$ 的密度。观测次数 T 设为 500，而真实的相关系数等于 20%。图中也给出了传统经验估计量[16]的密度，我们可以证明，引入相关性结构后会导致估计量 $\hat{\rho}_{\mathrm{ML}}$ 的方差降低。

---

[16] 当 $n=2$ 时，该估计量等价于单因子模型中的极大似然估计。

注13 前文的分析可以用以下方法得以拓展：

$$R_{i,t} = \sqrt{\rho}\,\mathcal{F}_t + \sqrt{\rho_{\varphi(i)} - \rho}\,\mathcal{F}_{\varphi(i),t} + \sqrt{1 - \rho_{\varphi(i)}}\,\varepsilon_{i,t}, \quad i = 1,\cdots,n$$

其中，$\varphi(i)$ 表示 $R_{i,t}$ 的特定因子。令 $j = \varphi(i) \in \{1,\cdots,m\}$，另外，假设正态分布的随机变量 $\mathcal{F}_{j,t}$ 相对于 $\mathcal{F}_t$ 和 $\varepsilon_{i,t}$ 独立，于是得到 $a(m+1)$ 阶因子模型。如果 $R_{i,t}$ 和 $R_{j,t}$ 对同一特定因子 j 敏感，可以证明得到 $\text{cor}(R_{i,t}, R_{j,t}) = \rho_j$，否则有 $\text{cor}(R_{i,t}, R_{j,t}) = \rho$。如果我们根据特定因子将收益率 $R_{i,t}$ 进行排序，则相关系数矩阵呈现分块对角结构（block diagonal structure）：

$$C = \begin{pmatrix} C_1 & C_0 & C_0 & C_0 \\ C_0 & C_2 & \ddots & C_0 \\ C_0 & \ddots & \ddots & C_0 \\ C_0 & C_0 & C_0 & C_m \end{pmatrix}$$

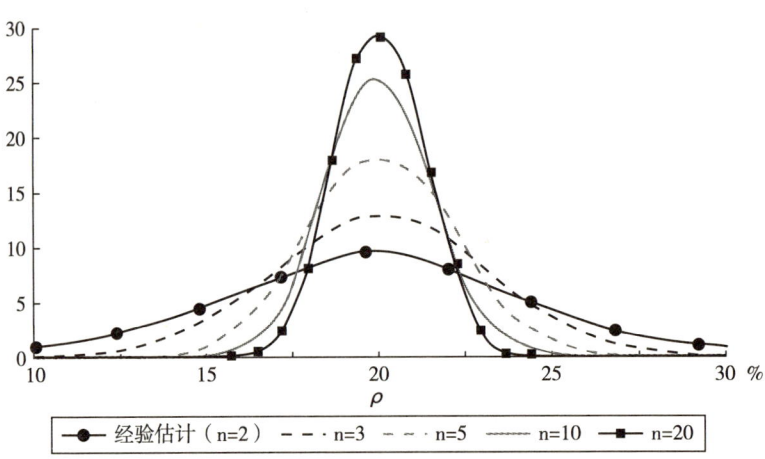

图 1.13 一致相关系数估计量的密度

其中，C_j 是参数为 ρ_j 的常相关系数矩阵，C_0 是参数为 ρ 的常相关系数矩阵。

线性因子模型

定义线性因子模型为如下关系式：

$$R_{i,t} = A_i^\top \mathcal{F}_t + \varepsilon_{i,t}$$

其中，$\mathcal{F}_t$ 是一个 m 阶因子的高斯向量，满足 $\mathbb{E}[\mathcal{F}_t] = \mu$ 和 $\mathrm{cov}(\mathcal{F}_t) = \Omega$。$A_i^\top \mathcal{F}_t$ 和 $\varepsilon_{i,t}$ 分别代表资产收益的因子和特质成分。则前述等式的矩阵形式表示为

$$R_t = A\mathcal{F}_t + \varepsilon_t$$

$\mathbb{E}[\varepsilon_t] = \mathbf{0}$，$\mathrm{cov}(\varepsilon_t) = D = \mathrm{diag}(\widetilde{\sigma}_1^2, \cdots, \widetilde{\sigma}_n^2)$。由于特质风险之间是不相关的，因此 D 是对角矩阵。此外，我们还假设 $\mathbb{E}[\mathcal{F}_t \varepsilon_t^\top] = \mathbf{0}$。于是可以推导得出 $\mathbb{E}[R_t] = A\mu$ 和 $\mathrm{cov}(R_t) = A\Omega A^\top + D$。如果我们假设资产收益服从正态分布，则第 t 次观测值的对数似然函数为

$$\ell_t = -\frac{n}{2}\ln(2\pi) - \frac{1}{2}\ln|A\Omega A^\top + D| - \frac{1}{2}(R_t - A\mu)^\top (A\Omega A^\top + D)^{-1}(R_t - A\mu)$$

对于各个参数进行的估计都采用了最大似然原理。然而，因为我们无法同时对 A、D 和 Ω 进行估计，因而面临着一些识别的难题，这就是我们通常令 $\Omega = I_m$ 的原因。

我们再来看之前关于 8 个权益指数的例子。如果我们设定一致相关矩阵，可得 $\hat{\rho} = 66.24\%$，这非常接近矩阵（1.16）的平均相关系数[17]。然而，更为恰当的做法是，我们可以设想一个三因子模型，其中一个是共同因子，两个是特定因子，其中第一个特定因子表示对发达国家指数的影响，第二个特定因子表示对新兴市场指数的影响。在这种情况下，发达国家（DC）指数之间的互相关系数（77%）要大于新兴市场（EM）指数之间的互相关系数（59%），而 DC 指数和 EM 指数之间的相关系数为 50%：

$$\hat{C} = \left(\begin{array}{cccc|cccc} 1.00 & & & & & & & \\ 0.77 & 1.00 & & & & & & \\ 0.77 & 0.77 & 1.00 & & & & & \\ 0.77 & 0.77 & 0.77 & 1.00 & & & & \\ \hline 0.50 & 0.50 & 0.50 & 0.50 & 1.00 & & & \\ 0.50 & 0.50 & 0.50 & 0.50 & 0.59 & 1.00 & & \\ 0.50 & 0.50 & 0.50 & 0.50 & 0.59 & 0.59 & 1.00 & \\ 0.50 & 0.50 & 0.50 & 0.50 & 0.59 & 0.59 & 0.59 & 1.00 \end{array}\right) \quad (1.19)$$

---

[17] 等于 66.15%。

这一因子模型与双线性因子模型不同，因为该模型设定，对于不同的指数，相对于共同因子和特定因子的敏感度是相同的。在双线性因子模型中，敏感度变为

$$A = \begin{pmatrix} 0.9049 & -0.0671 \\ 0.9638 & -0.0737 \\ 0.9645 & -0.1131 \\ 0.7105 & 0.2581 \\ 0.8231 & 0.1594 \\ 0.6603 & 0.2861 \\ 0.6450 & 0.4027 \\ 0.7432 & 0.4616 \end{pmatrix} \quad (1.20)$$

相应的相关系数矩阵估计为

$$\hat{C} = \left(\begin{array}{cccc|cccc} 1.00 & & & & & & & \\ 0.88 & 1.00 & & & & & & \\ 0.88 & 0.94 & 1.00 & & & & & \\ 0.63 & 0.67 & 0.66 & 1.00 & & & & \\ \hline 0.73 & 0.78 & 0.78 & 0.63 & 1.00 & & & \\ 0.58 & 0.62 & 0.60 & 0.54 & 0.59 & 1.00 & & \\ 0.56 & 0.59 & 0.58 & 0.56 & 0.60 & 0.54 & 1.00 & \\ 0.64 & 0.68 & 0.66 & 0.65 & 0.69 & 0.62 & 0.67 & 1.00 \end{array} \right) \quad (1.21)$$

我们注意到，第一因子是市场因子，因为其权重都为正；第二因子是一个多空组合（看空 SPX、SXXE 和 UKX 指数，看多其他指数[18]）。

1.2.2 设计期望收益

期望收益的估计是组合构建中最为困难的一步，这也是业内人士为什么采用大量工具、模型、秘诀、数据等的原因。本节的目的不是为了详尽介绍各种不同的方法[19]，而是要呈现有关这一话题在金融理论中的一些主要概念。

在选择一个计量经济学模型或统计方法来预测资产收益前，我们必须先

---

[18] 奇怪的是，Topix 指数与其他三个发达国家指数的表现不同。
[19] 希望读者参考 Ilmanen（2011）这本书，此书提供了关于期望收益各种模型的全面指导。

第一章 现代组合理论

确定配置的考察期间。更确切地说，我们一定要分清市场时机选择（market timing，MT）、策略性资产配置（tactical asset allocation，TAA）和战略性资产配置（strategic asset allocation，SAA）：

- 市场时机选择（MT）是指在一个极短的投资期限内的策略，一般是从一天到一个月。例如，利用股票收益的均值回复特性进行日操作的策略就是一种市场时机选择策略。市场时机的选择通常基于短期的市场情绪或行为模式（Barberis and Thaler，2003）。大多数情况下，该策略包括在金融市场中寻找经验模式或异常状况。

- 策略性资产配置（TAA）是在中短期投资期限内的策略。投资决策与商业周期和（或）中期市场情绪相关联。通常情况下，投资者根据经济消息或技术因素改变资产组合中的配置。策略性资产配置与 Lucas（1978）提出的宏观金融模型有关，后来因 Cochrane（2001）的书得以普及。

- 相比于策略性资产配置，战略性资产配置（SAA）则是一个长期的投资策略（Brennan et al.，1997）。在这一时间跨度中，金融危机和经济周期的影响应该已经不太重要了，长远的预期则随一些结构性因素而改变，比如人口增长（或人口结构的变化）、政府政策和生产力。策略性资产配置假设资产的风险溢价是随时间变化的，而战略性资产配置则是基于经济的固定稳态。在这种情况下，风险溢价是固定的[20]。

图 1.14　MT、TAA 和 SAA 三种策略的时间跨度

在本节中，我们只关注策略性资产配置和战略性资产配置这两种策略，而不讨论市场时机选择策略，因为后者与风险均衡策略非常不同。对期望收益进行估计可以分为两步：第一步是选择可以帮助我们预测资产收益的经济和金融变量，这类变量的预测能力通常较小，主要取决于时间跨度。

---

[20] 这里，我们采用诸如养老基金和主权财富基金之类的长期投资者的观点，尽管这种观点在许多学术研究中并未被完全接受。

这个选择过程至关重要，因为这一做法有悖于有效市场假说（Fama，1970），而且可预测性也很难得到实证；第二步是建立数量经济模型，用以对实体经济和金融市场之间的一些典型事实作解释。通常我们采用基本公允价值法。从长期来看，金融资产和实物资产的收益率将趋于一致；从中期来看，会发现存在非均衡状态。然而，由于长期均衡关系的存在，回复力对资产价格的动态活动起着约束作用。于是，向量误差修正模型（vector error correction model，VECM）就理所当然成为了设计期望收益最合适的计量经济模型。

从中期来看，市场风险溢价可能是由投资者的跨期消费偏好所决定，因而它们应该随着商业周期的变化而变化（Cochrane，2001）。在这个意义上，许多作者提出了与商业周期相关的变量，用来作为预测金融资产收益的一部分。在这些不同的变量中，Darolles 等（2010）认为，股息率、收益率曲线和财富消费比是三个重要因素。股息率是股息与股票价格之间的比率。自从坎贝尔（Campbell）和希勒（Shiller）1988 年开创性的工作以来，由于股息率很容易通过日数据来获取，而大多数主要经济活动变量都不具备这一特性（Stock and Watson，1989），于是股息率当然也就成为最常用的因素了；第二个最常用的因素是收益率曲线的期限利差，即长期和短期利率之间的差额。在经济学中，利率期限结构取决于对短期利率的预期，这就意味着它包含了商业周期的信息，这一点也正好解释了有关利差和股权/债券未来收益之间的实证结果（Chen，1991）；第三个因素由莱托（Lettau）和卢德维格松（Ludvigson）于 2001 年提出。他们构造了一个总体框架，将消费（C）、持有的资产（A）以及劳动收入（Y）和期望收益联系在一起，他们发现，这三个经济变量有共同的长期趋势，但在短期内相互之间可能出现大幅偏离，这些偏差反映了参与机构对市场组合未来收益的预期。他们将这个因子命名为 CAY，表示 C 的观测值和估计值之差，而 C 的估计值是基于 C、A 和 Y 之间的长期关系导出的。他们发现，高的 CAY 比率与上升的股票风险溢价有关。

从长期来看，长期投资者的常用方法是公允价值法，这表示长期资产收益可以从实体经济的长期路径中得出。例如，图 1.15 给出了这样一个框架（Eychenne et al.，2011）。

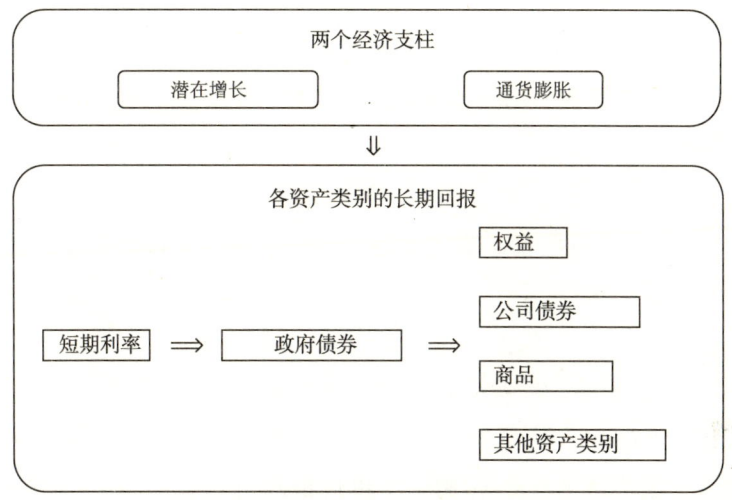

图 1.15 战略性资产配置的基本方法

对于图 1.15 中的过程,他们是这样解释的:

"首先,我们找出两个有代表性的经济基本面变量(产出率和通货膨胀率),并且为这两个变量构建一个长期的经济情景。然后,我们从设定的经济情景中得出长期资产收益率。远期短期利率是由产出率和通货膨胀率相加直接得到的。长期政府债券收益率可以通过在远期短期利率之上加上债券风险溢价获得。最后,其他资产类别的期望收益率则是从特定风险溢价中得出的,该特定风险溢价是与相应的资产类别特征相联系的"(Eychenne et al.,2011)。

更确切地说,他们从规范的黄金法则的下限边界推出远期短期利率 r_∞:

$$r_\infty = g_\infty + \pi_\infty$$

其中,g_∞ 是长期实际潜在产出增长率,π_∞ 是长期通货膨胀率。名义债券收益率 R_∞^b 的长期价值等于:

$$R_\infty^b = \mathcal{R}_\infty^b + \pi_\infty$$

其中,$\mathcal{R}_\infty^b$ 是长期实际债券收益率。为了估计 $\mathcal{R}_\infty^b$,他们采用了以下回归模型[21]:

---

[21] 时间 t 以年为单位。

$$\mathcal{R}_t^b = \beta_0 + \beta_1 \mathfrak{r}_t + \beta_2 \sigma_t^\pi + \beta_3 (B/Y)_t + \varepsilon_t$$

其中，$\mathfrak{r}_t$ 表示实际的短期利率，σ_t^π 表示通货膨胀风险，$(B/Y)_t$ 是以输出比形式表示的政府收支平衡（债务风险代理）。在权益方面，他们假设长期净资产收益率等于：

$$R_\infty^e = R_\infty^b + \mathcal{R}_\infty^e$$

其中，$\mathcal{R}_\infty^e$ 是净资产超额收益率。于是，他们采用以下回归模型来计算权益类资产的期望收益率：

$$\mathcal{R}_{t+10}^e = \beta_0 + \beta_1 PE_t + \beta_2 R_t^b + \varepsilon_t$$

其中，PE_t 表示市盈率，R_t^b 表示10年期债券收益率。

当选择了经济和金融变量后，我们可以用向量误差修正模型（VECM）的方法来设计期望收益。令 y_t 为一个单位根随机过程[②]。在单位根检验中，我们采用模型 $y_t = \rho y_{t-1} + \varepsilon_t$，检验假设为 $\mathcal{H}_0$：$\rho = 1$，备择假设为 $\mathcal{H}_1$：$\rho < 1$。如果 $\mathcal{H}_0$ 不被拒绝，我们就说 y_t 是一阶单整过程，记为 $y_t \sim I(1)$。这样，$y_t - y_{t-1}$ 是一个平稳过程，记为 $y_t - y_{t-1} \sim I(0)$。现在让我们来看多维过程 $y_t = (y_{1,t}, \cdots, y_{m,t})$。假设 $y_{j,t} \sim I(1)$，其中 $j = 1, \cdots, m$，$z_t = \beta^\top y_t \sim I(0)$，其中 $\beta \neq \mathbf{0}$，则我们说 y_t 是一个协整过程，因此至少存在一个时间序列的平稳的线性组合。从经济学的角度来看，这就意味着在不同的过程 $y_{1,t}, \cdots, y_{m,t}$ 之间存在一个长期的均衡。因此，协整过程 y_t 可以用一个误差修正模型来表示（Engle and Granger, 1987）：

$$\Delta y_t = c_t + \gamma \beta^\top y_{t-1} + \zeta_1 \Delta y_{t-1} + \cdots + \zeta_{p-1} \Delta y_{t-p+1} + \eta_t \qquad (1.22)$$

其中，c_t 是一个确定性分量，Δy_t 是一个带有误差修正项 $\gamma \beta^\top y_{t-1}$ 或 γz_{t-1} 的向量自回归过程（VAR）。我们注意到，$z_t \neq 0$ 会诱发对 Δy_t 过程的修正，而修正的幅度与长期非均衡 $|z_t|$ 的幅度成比例。

在很长一段时间里，VAR 方法已成为计算金融资产期望收益率的标准方法（Barberis, 2001；Campbell and Viveira, 2002；Campbell et al, 2003），预测模型于是也就采用等式（1.22），但去除了修正项 $\gamma \beta^\top y_{t-1}$。然而，Bansal and Yaron（2004）提出的模型揭示了长期均衡的重要性[㉓]。协整方法也证明

[②] 单位根这一概念和随机游走过程有关，于是 y_t 是一个非平稳过程（Dickey and Fuller, 1981）。

[㉓] 这一点也得到 Bansal et al.（2009）的实证研究的证实。

了区分战略性资产配置和策略性资产配置两种策略所带来的好处，战略性资产配置关注的是长期均衡 $z_t = \beta^\top yt$，而策略性资产配置则侧重于短期动态性，这种动态性由向量误差修正模型（1.22）所表示。

注 14 本节中，我们只考虑了用经济学方法来设计各种资产类别的期望收益。对于单个证券，估算期望收益的传统方式还是采用估值和动量因子的评分方法（Lo and Patel，2008）。在商品交易咨询（CTA）行业，预测技术一般都基于趋势滤波方法（Bruder et al.，2011）。在交易策略上，专业人士一般比较密集地采用资产的均值回归方法（Poterba and Summers，1988；Lehmann，1990；Lo and MacKinlay，1990），并利用机器学习方法构建他们的预期（Hastie et al.，2001）。然而，设计期望收益的常用方法还是那些朴素的（或非条件）方法，这些方法以历史数据预测未来，认为过去的历史会相似地重复出现，期望收益完全基于历史收益，而不考虑可能出现的任何经济结构的变化。但是，经济和金融市场是更加复杂的体系，因此，即使这种方法在资产管理中最为常用，它看起来还是不够令人满意。

1.2.3 优化组合的正则化

一旦我们估计出期望收益和协方差矩阵，就得到了马科维茨模型的两个输入参数，也就可以认为工作已经完成了。然而，故事到此并没有结束。在实践中，资产组合的优化是一项艰巨的任务，因为优化的组合并不是稳定的，这也是为什么很多专业人士并不采用这些方法的原因：

"尽管均值—方差技术看上去很吸引人，但很多投资人士对这种优化方法并不感兴趣，这在许多情况下也是可以理解的。均值—方差优化方法的主要问题是它倾向于将输入参数假设中的误差项的影响最大化。无约束的均值—方差优化方法所产生的结果会劣于简单的等权重方案"（Michaud，1989）。

米肖（Michaud）解释说，优化得到的投资组合并不是最优的，因为它们不够稳健。米肖在他的《优化的就是最佳吗?》一文中清楚地指出了数学优化和财务最优之间的区别。这种稳定性问题很容易显现出来，因为优化组合对于估计误差非常敏感。为了得到更平稳的解，我们必须采用另外的正则化技术，比如重采样技术、去噪方法和收缩方法等。

1.2.3.1 稳定性问题

让我们用一个例子来说明优化组合的稳定性问题。

例3 我们来看一个具有三种资产的域。期望收益率分别为 $\mu_1 = \mu_2 = 8\%$，$\mu_3 = 5\%$。而波动率为 $\sigma_1 = 20\%$，$\sigma_2 = 21\%$，$\sigma_3 = 10\%$。此外，假设互相关系数之间互为相等，有 $\rho_{i,j} = \rho = 80\%$。

假设组合经理人的目标是在15%的波动率目标下最大化投资组合的期望收益率。最优组合 x^* 为（38.3%，20.2%，41.5%）。表1.8给出了当输入参数的值发生细微改变时，解集是如何变化的。例如，当相关系数为90%时，第二种资产的权重就会变为8.9%，而不是之前的20.2%。在现实生活中，我们并不能确切地知晓参数的真正值。比如，如果相关系数估计值是80%，实际观测到的相关系数取这个值的概率是非常小的。这就是我们在金融领域要区分事前估计和事后估计的原因。在本例中，实际的相关系数很可能是90%而不是80%。在这种情况下，原先的投资组合 x^* 就偏离了真正的最优组合，也就是说，组合对于估计误差是敏感的。

表1.8 均值—方差优化组合对于输入参数的敏感性

ρ		70%	90%		90%	
σ^2				18%	18%	
μ_1						9%
x_1	38.3	38.3	44.6	13.7	-8.0	60.6
x_2	20.2	25.9	8.9	56.1	74.1	-5.4
x_3	41.5	35.8	46.5	30.2	34.0	44.8

1.2.3.2 重采样技术

重采样技术是一种用于评估样本统计量精确度的一组蒙特卡洛方法。乔瑞（Jorion）在1992年第一个将这项技术应用于组合优化问题[24]。该技术的基本思路十分简单，我们来看一个具有 n 种资产的域。令 $\hat{\mu}$ 和 $\hat{\Sigma}$ 分别为期望收益率向量的估计和资产收益协方差矩阵的估计，用这些统计量计算出的有效前沿就是对真实有效前沿的估计。图1.16给出了对应于例4的有效前沿。如果我们用260个观测值重新为统计量 $\hat{\mu}$ 和 $\hat{\Sigma}$ 采样，我们将不会得到相同的优化组合。图1.16中，我们基于 γ 问题[25]进行估计，令 γ 分别取值为0，

---

[24] 另见 Broadie（1993）和 Britten-Jones（1999）。
[25] 每种符号对应于一个特定的 γ 值，圆圈符号对应于最小方差组合（$\gamma = 0$）。

0.025，0.05，0.075，0.10，0.15，0.20，0.30，0.40 和 0.50，得出 100 个重新采样后的优化组合模拟。很明显，有效前沿存在很大的不确定性。

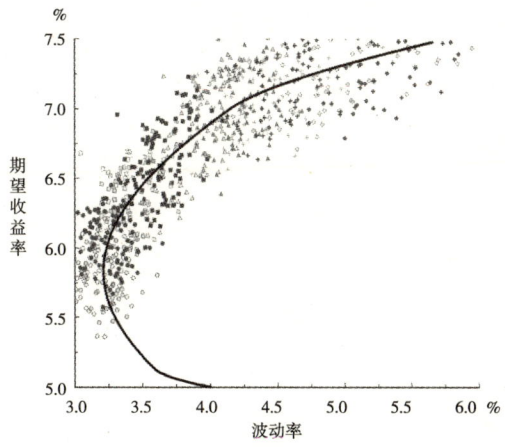

图 1.16　有效前沿的不确定性

例4　我们来看一个具有四种资产的域。期望收益率的估计值分别为 $\hat{\mu}_1 = 5\%$，$\hat{\mu}_2 = 9\%$，$\hat{\mu}_3 = 7\%$，$\hat{\mu}_4 = 6\%$，波动率的估计值则分别为 $\hat{\sigma}_1 = 4\%$，$\hat{\sigma}_2 = 15\%$，$\hat{\sigma}_3 = 5\%$，$\hat{\sigma}_4 = 10\%$。估计的相关系数矩阵为

$$\hat{C} = \begin{pmatrix} 1.00 & & & \\ 0.10 & 1.00 & & \\ 0.40 & 0.20 & 1.00 & \\ -0.10 & -0.10 & -0.20 & 1.00 \end{pmatrix}$$

1998 年，米肖提出了一种用于计算重采样有效前沿的算法，计算过程包括：(1) 为 $\hat{\mu}$ 和 $\hat{\Sigma}$ 取样；(2) 基于样本统计量计算优化组合；(3) 对重采样优化组合的权重取平均值；(4) 根据步骤 (3) 得到的平均组合以及 $\hat{\mu}$ 和 $\hat{\Sigma}$ 统计量，估计重采样有效前沿。这一过程的关键点是第二步。打个比喻来说，我们可以根据给定的 ϕ 值（ϕ 问题）或者给定的期望收益目标（μ 问题）或者波动率目标（σ 问题）来计算最优组合。图 1.17 描述了例 4 的计算过程，

以及设定权重为正时的 μ 问题㉖的解。估计的有效前沿是根据参数 $\hat{\mu}$ 和 $\hat{\Sigma}$ 得到的，而平均有效前沿则对应于模拟的有效前沿的平均值。它们与重采样有效前沿不同之处在于我们是对组合进行平均㉗。为了更好地理解这种差异，图中也给出了重采样有效前沿的优化组合（以实心圆表示），这个组合是基于 300 个组合（以十字星表示）的平均㉘。

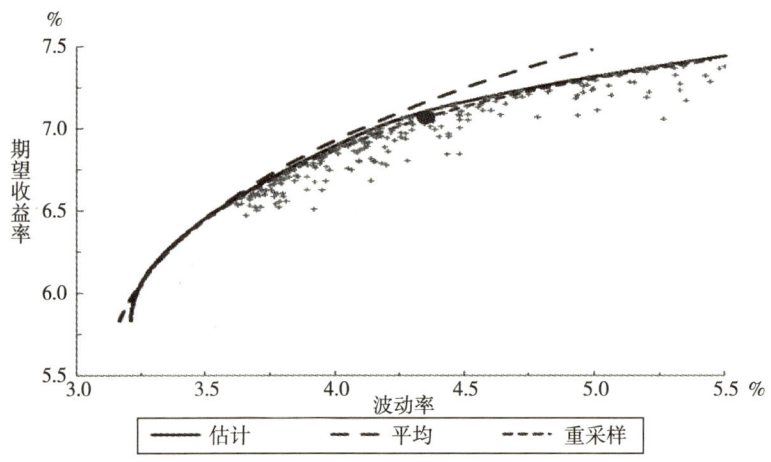

图 1.17　重采样有效前沿

重采样技术也受到一些批判（Scherer，2002）。批判的第一点是关于其过程本身的：如果 $\hat{\mu}$ 和 $\hat{\Sigma}$ 估计不准确，采样的有效前沿并不会修正这些初始的误差。批判的第二点是其缺乏理论性：重采样技术更多是属于一种经验方

㉖ 我们用的是一项美国专利所描述的过程，专利号为#6003018，归属于米肖合伙责任有限公司（Michaud Partners LLP）。我们采用 300 个模拟样本，对于每一个模拟的有效前沿，我们分别计算出最小期望收益（最小方差组合）的均值—方差组合和最大期望收益的均值—方差组合。我们构造了一个有 60 个组合的网格，这些组合是按照上述两个极端组合之间的期望收益进行等分。然后，每个模拟得到的优化组合都用指数 j 表示。于是，对于指数 j 的重采样优化组合就是 300 个模拟优化组合的平均，这些模拟优化组合也是对应于指数 j 的。

㉗ 如果所考察的资产数量越多，比如 100 多种资产，则差异就越大。

㉘ 它是指数 $j=50$ 的重采样优化组合，其组成结构为 $\tilde{x}_1^* = 3.76\%$，$\tilde{x}_2^* = 15.54\%$，$\tilde{x}_3^* = 63.86\%$ 和 $\tilde{x}_4^* = 16.84\%$，相应的期望收益率 $\mu(\tilde{x}^*) = 7.07\%$，波动率 $\sigma(\tilde{x}^*) = 4.35\%$。相应地，估计优化组合为：$x_1^* = 0.00\%$，$x_2^* = 12.17\%$，$x_3^* = 70.20\%$ 和 $x_4^* = 17.63\%$，其期望收益率同上，但波动率存在微小差别，$\sigma(x^*) = 4.27\%$。于是我们发现，重采样组合 $\tilde{x}^*$ 不如优化组合 x^* 的集中度高。

法，似乎可以修正一些偏差，但并没有解决关于优化组合的稳健性问题。

1.2.3.3 协方差矩阵的去噪声

这一方法是为了当条件 $T \gg n$ 没有得到验证时，减少估计量 $\hat{\Sigma}$ 的不稳定性。我们来考虑特征分解 $\hat{\Sigma} = V\Lambda V^T$，其中 $\Lambda = \mathrm{diag}(\lambda_1, \cdots, \lambda_n)$ 是特征值对角矩阵，满足 $\lambda_1 > \lambda_2 > \cdots > \lambda_n$，$V$ 是一个正交矩阵。在主成分分析中，内生变量为 $\mathcal{F}_t = \Lambda^{-1/2} V^T R_t$。如果只考虑前 m 种成分，对 Σ 的估计就可以有较低的噪声。主要的难点在于如何确定 m。第一种解决方法是保留那些对资产收益的方差至少能有 $1/n$ 的解释力的变量。于是有

$$m = \sup\{i: \lambda_i \geqslant (\lambda_1 + \cdots + \lambda_n)/n\}$$

拉鲁（Laloux）等人在 1999 年通过使用随机矩阵理论（random matrix theory，RMT）的结果提出了另一种解决方法。他们认为，随机矩阵 M 的特征值具有特殊的概率分布[29]。更确切地说，最大值趋近于下列表达式：

$$\lambda_{\max} = \sigma^2 (1 + n/T + 2\sqrt{n/T})$$

其中，σ^2 是矩阵 M 的方差。如果用这个结果代入我们的问题，则有

$$m = \sup\{i: \lambda_i > \lambda_{\max}\}$$

如果将上述方法用到我们的权益指数例子中，可以得到

$$\hat{C} = \begin{pmatrix} 1.00 & & & & & & & \\ 0.73 & 1.00 & & & & & & \\ 0.72 & 0.76 & 1.00 & & & & & \\ 0.61 & 0.64 & 0.64 & 1.00 & & & & \\ \hline 0.72 & 0.76 & 0.75 & 0.64 & 1.00 & & & \\ 0.71 & 0.75 & 0.74 & 0.63 & 0.74 & 1.00 & & \\ 0.63 & 0.66 & 0.65 & 0.56 & 0.66 & 0.65 & 1.00 & \\ 0.68 & 0.72 & 0.71 & 0.60 & 0.71 & 0.70 & 0.62 & 1.00 \end{pmatrix} \quad (1.23)$$

1.2.3.4 收缩法

收缩法的通常做法是，用一个新的估计协方差矩阵 $\tilde{\Sigma}$ 来修正经验协方差

---

[29] 被称为 Marcenko–Pastur 分布。

矩阵 $\hat{\Sigma}$，从而将一些不确定性考虑在内。一般地，$\tilde{\Sigma}$ 表示为 $\hat{\Sigma}$ 的加权和以及一个修正项的形式。该技术在统计学中已经长期被应用于线性回归，乔瑞（Jorion）则在1986年将该技术引入资产管理中。他建议采用基于单因子模型的贝叶斯—斯坦因（Bayes - Stein）估计量，定义如下：

$$\tilde{\Sigma}_\alpha = \left(1 + \frac{1}{T+\alpha}\right)\hat{\Sigma} + \left(\frac{\alpha}{T(T+\alpha+1)}\right)\frac{\mathbf{1}\mathbf{1}^\top}{\mathbf{1}^\top \hat{\Sigma}^{-1}\mathbf{1}}$$

其中，$\alpha \geq 0$ 是收缩参数。如果 $\alpha = 0$，就有 $\tilde{\Sigma}_\alpha \backsimeq \hat{\Sigma}$。我们还注意到：

$$\lim_{\alpha \to \infty}\hat{\Sigma}_\alpha = \hat{\Sigma} + \frac{1}{T}\frac{\mathbf{1}\mathbf{1}^\top}{\mathbf{1}^\top \hat{\Sigma}^{-1}\mathbf{1}}$$

$\hat{\Sigma}_\alpha$ 是两项之和，第一项是经验协方差矩阵，第二项是共同均值估计误差的修正。

雷多特—沃尔夫（Ledoit - Wolf）方法

经验协方差矩阵 $\hat{\Sigma}$ 是 Σ 的一个无偏估计量，但其收敛速度很慢，尤其是当 n 取值很大时。我们还知道，基于因子模型的估计量 $\hat{\Phi}$ 会更快速地收敛，但它是有偏的。雷多特（Ledoit）和沃尔夫（Wolf）于2003年提出将 $\hat{\Sigma}$ 和 $\hat{\Phi}$ 这两个估计量合成在一起，以获得一个更为有效的估计量。令这个新的估计量为 $\tilde{\Sigma}_\alpha = \alpha\hat{\Phi} + (1 - \alpha)\hat{\Sigma}$。于是，估计 α 的最优值成为了统计上的问题。雷多特和沃尔夫将二次损失 $L(\alpha)$ 定义如下：

$$L(\alpha) = \|\alpha\hat{\Phi} + (1-\alpha)\hat{\Sigma} - \Sigma\|^2$$

通过求解最小化问题 $\alpha^* = \arg\min \mathbb{E}[L(\alpha)]$，得到 α^* 的解析表达式为

$$\alpha^* = \max\left(0, \min\left(\frac{1}{T}\frac{\pi - \varrho}{\gamma}, 1\right)\right)$$

其中，π，ϱ 和 γ 分别都是函数，π 仅取决于 $\hat{\Sigma}$，ϱ 取决于 $\hat{\Phi}$ 和 $\hat{\Sigma}$ 之间的协方

差，γ 则依赖于 $\hat{\Phi}$ 和 $\hat{\Sigma}$ 之间的差异。比如，如果 $\hat{\Phi}$ 是具有恒定相关系数 ρ 的经验协方差[30]，则有

$$\pi = \sum_{i=1}^{n} \sum_{j=1}^{n} \pi_{i,j}$$

$$\varrho = \sum_{i=1}^{n} \pi_{i,i} + \sum_{i=1}^{n} \sum_{j \neq i} \frac{\bar{\rho}}{2} \left(\sqrt{\frac{\hat{\Sigma}_{j,j}}{\hat{\Sigma}_{i,i}}} \vartheta_{i,j} + \sqrt{\frac{\hat{\Sigma}_{i,i}}{\hat{\Sigma}_{j,j}}} \vartheta_{j,i} \right)$$

$$\gamma = \sum_{i=1}^{n} \sum_{j=1}^{n} \left(\hat{\Phi}_{i,j} - \hat{\Sigma}_{i,j} \right)^2$$

满足：

$$\pi_{i,j} = \frac{1}{T} \sum_{t=1}^{n} \left((R_{i,t} - \bar{R}_i)(R_{j,t} - \bar{R}_j) - \hat{\Sigma}_{i,j} \right)^2$$

$$\vartheta_{i,j} = \frac{1}{T} \sum_{t=1}^{n} \left((R_{i,t} - \bar{R}_i)^2 - \hat{\Sigma}_{i,j} \right) \left((R_{i,t} - \bar{R}_i)(R_{j,t} - \bar{R}_j) - \hat{\Sigma}_{i,j} \right)$$

雷多特和沃尔夫（2003）认为，在更为一般的单因子模型中，π 和 γ 的表达式是相同的，而函数 ϱ 则变为

$$\varrho = \sum_{i=1}^{n} \sum_{j=1}^{n} \varrho_{i,j}$$

且满足 $\varrho_{i,i} = \pi_{i,i}$ 和以下关系：

$$\varrho_{i,j} = \frac{1}{T} \sum_{t=1}^{n} \varrho_{i,j,t}$$

$$\varrho_{i,j,t} = \left(\hat{\Sigma}_{j,0} \hat{\Sigma}_{0,0} (R_{i,t} - \bar{R}_i) + \hat{\Sigma}_{i,0} \hat{\Sigma}_{0,0} (R_{j,t} - \bar{R}_j) \right.$$
$$\left. - \hat{\Sigma}_{i,0} \hat{\Sigma}_{j,0} (\mathcal{F}_t - \bar{\mathcal{F}}) \right) (R_{i,t} - \bar{R}_i)(R_{j,t} - \bar{R}_j)(\mathcal{F}_t - \bar{\mathcal{F}}) / \hat{\Sigma}_{0,0}^2 - \hat{\Phi}_{i,j} \hat{\Sigma}_{i,j}$$

---

[30] 这意味着 $\hat{\Phi}_{i,i} = \hat{\Sigma}_{i,i}$，$\hat{\Phi}_{i,j} = \bar{\rho} \sqrt{\hat{\Sigma}_{i,i} \hat{\Sigma}_{j,j}}$。

在 $\varrho_{i,j,t}$ 的表达式中,我们采用了扩展估计量 $\hat{\Sigma}$,该估计量对应于 $(\mathcal{F}_t, R_t)$ 的经验协方差矩阵,并且按照惯常的做法设定 $\mathcal{F}_t$ 为零。[31]

我们继续来看 8 个权益指数的例子。如果我们基于一个常数相关系数矩阵来应用收缩方法,则有

$$\hat{C} = \begin{pmatrix} 1.00 & & & & & & & \\ 0.77 & 1.00 & & & & & & \\ 0.77 & 0.80 & 1.00 & & & & & \\ 0.65 & 0.67 & 0.65 & 1.00 & & & & \\ \hline 0.72 & 0.71 & 0.72 & 0.63 & 1.00 & & & \\ 0.61 & 0.64 & 0.63 & 0.58 & 0.65 & 1.00 & & \\ 0.60 & 0.64 & 0.62 & 0.60 & 0.63 & 0.62 & 1.00 & \\ 0.65 & 0.67 & 0.67 & 0.67 & 0.67 & 0.63 & 0.66 & 1.00 \end{pmatrix} \quad (1.24)$$

收缩参数 α^* 取值为 51.2%。因此,收缩相关系数矩阵就是经验相关系数矩阵和常数相关系数矩阵的平均。同时,相较于经验估计(1.16),上述估计矩阵(1.24)更接近于随机矩阵理论的估计矩阵(1.23)。

惩罚回归技术

如果我们考虑马科维茨模型的二次效用函数:

$$\mathcal{U}(x) = x^\top \mu - \frac{\phi}{2} x^\top \Sigma x$$

则效用最大化问题的解是[32]

$$x^*(\gamma) = (X^\top X)^{-1} X^\top Y = \gamma \hat{\Sigma}^{-1} \hat{\mu}$$

其中,X 是资产收益率矩阵[33],$Y = \phi^{-1} \mathbf{1}$。我们还看到,$\hat{\Sigma} = T^{-1}(X^\top X)$ 是样本协方差矩阵,$\hat{\mu} = T^{-1}(X^\top \mathbf{1})$ 是样本均值。于是,我们可以将这些优化组合(也称特征组合)理解为求解线性回归问题(Scherer,2007)。这就是为什么

---

[31] $\hat{\Sigma}_{0,i}$ 是介于 $\mathcal{F}_t$ 和 $R_{i,t}$ 之间的经验协方差矩阵,$\hat{\Sigma}_{0,0}$ 是因子 $\mathcal{F}_t$ 的经验方差矩阵。

[32] 回想 $\gamma = \phi^{-1}$(见注 1 中关于 γ 问题的定义)。

[33] $X_{t,i} = R_{i,t}$。

我们可以用诸如脊算法（Hoerl and Kennard，1970）或套索算法（Tibshirani，1996）这类线性回归的正则化方法来提升优化组合的稳健性的原因。

如果我们来考虑脊回归（ridge regression），则优化问题变为

$$x^*(\gamma,\lambda) = \arg\min \frac{1}{2}x^\top \Sigma x - \gamma x^\top \mu + \frac{\lambda}{2}x^\top Ax$$

$$= \arg\min \frac{1}{2}x^\top (\Sigma + \lambda A)x - \gamma x^\top \mu$$

其中，λ 是一个正的标量，A 是 $n \times n$ 阶矩阵。布鲁德等 2013 年指出，这个问题的解就是均值—方差优化问题的线性组合：

$$x^*(\gamma,\lambda) = \gamma(\Sigma + \lambda A)^{-1}\mu$$

$$= (I_n + \lambda \Sigma^{-1}A)^{-1}x^*(\gamma)$$

如果 $A = I_n$，该问题的解就相当于用 $\Sigma + \lambda I_n$ 替换协方差矩阵之后得到的均值—方差优化问题的组合。因此，惩罚技术降低了相关性，也减少了波动性方面的差异。于是，这个解法接近于雷多特和沃尔夫（2003）的收缩方法。如果 $A = \mathrm{diag}(\sigma_1^2,\cdots,\sigma_n^2)$，我们得到：

$$x^*(\gamma,\lambda) = \gamma(\Sigma + \lambda A)^{-1}\mu$$

$$= \frac{\gamma}{1+\lambda}\left(\frac{1}{1+\lambda}\Sigma + \left(1 - \frac{1}{1+\lambda}\right)A\right)^{-1}\mu$$

$$= \eta(\eta I_n + (1-\eta)C^{-1})^{-1}x^*(\gamma)$$

其中，$\eta = (1+\lambda)^{-1}$，$C = \Sigma^{-1}A$。于是，$x^*(\gamma,\lambda)$ 是两个均值—方差优化组合的结合，其中一个考虑到相关性，而另一个未考虑相关性。

上述方法可以拓展应用于套索回归[34]：

$$x^*(\gamma,\lambda) = \arg\min \frac{1}{2}x^\top \Sigma x - \gamma x^\top \mu + \frac{\lambda}{2}A^\top |x| \qquad (1.25)$$

其中，A 是 $n \times 1$ 阶向量。如果 $\gamma = 0$，我们得到一个以最小方差为约束条件的组合。这种情况下的优化问题接近于德米格尔等人（DeMiguel et al, 2011）提出的规范约束问题（norm-constrained problem）：

$$x^*(\delta) = \arg\min \frac{1}{2}x^\top \Sigma x$$

---

[34] 见附录 A.1.1，了解如何运用二次规划（QP）算法解决此类问题。

满足 $\sum_{t=1}^{n} |x_i| \leq \delta$

德米格尔等人认为,当 $\delta = 1$ 时,$x^*(1)$ 就是卖空约束下的最小方差组合。我们利用套索回归的精练特性(Tibshirani, 1996),从而使优化问题式(1.25)在资产选择中特别有用(Bruder et al., 2013)。比如,如果我们假定 $\Sigma = I_n$ 且 $A = 1$,则求解得

$$x_i^*(\gamma, \lambda) = \text{sgn}(\mu_i) \cdot \max(0, \gamma|\mu_i| - \lambda)$$

如果增大 λ,那么就会有越来越多的资产其权重变为零。

注15 动态资产配置方法不断得到拓展。

对于套索算法,有

$$x^*(\gamma, \lambda) = \text{argmin} \frac{1}{2} x^\top \Sigma x - \gamma x^\top \mu + \frac{\lambda}{2} A^\top |x - x_0|$$

其中,x_0 为参考组合或当前组合。那么,该问题的解就可以用换手率和交易成本来解释(Scherer, 2007)。对于脊算法,有

$$x^*(\gamma, \lambda) = \text{argmin} \frac{1}{2} x^\top \Sigma x - \gamma x^\top \mu + \frac{\lambda}{2} (x - x_0)^\top A (x - x_0)$$

在这里,参数 λ 可以看作是均值—方差优化组合中投资者的风险厌恶水平,于是脊算法的解为:

$$x^*(\gamma, \lambda) = (\Sigma + \lambda A)^{-1} (\gamma \mu + \lambda A x_0)$$

惩罚技术同时改变了均值 μ 和协方差矩阵 Σ。这就是为什么这种方法类似于坎德隆(Candelon)等人于2012年提出的双收缩方法。

表1.9 均值—方差优化问题的惩罚解

	均值—方差优化		脊算法		套索算法	
	无约束	有约束	静态	动态	静态	动态
x_1^*	112.29	62.09	38.88	51.62	24.41	25.00
x_2^*	48.30	14.17	28.06	36.85	11.36	25.00
x_3^*	48.10	62.21	27.34	29.34	27.78	25.00
x_4^*	-39.69	-38.48	-1.57	-0.47	0.00	20.42

我们再来看例1，设 $\gamma = 0.5, \lambda = 3\%$，计算结果见表1.9。无约束的均值—方差组合对应于公式 $x^* = \gamma \Sigma^{-1} \mu$；我们再将权重之和为1设定为约束条件，得到有约束下的均值—方差组合。我们注意到，引入约束 $\mathbf{1}^\top x = 1$ 已经是一个收缩方法（DeMiguel et al.，2011）。对于脊算法和套索算法，我们考虑静态和动态两种情况：当惩罚项只考虑组合的权重 x 时，称为静态；当惩罚项还取决于当前配置，即等权重组合时，称为动态。图1.18给出了不同 λ 取值下的组合权重的动态变化情况。静态情况下，约束条件 $\mathbf{1}^\top x = 1$ 意味着，当 λ 增加时，组合解不会向零权重收敛。

1.2.4 引入约束条件

前文讨论的正则化方法，尽管该方法很有趣，而且还提升了优化组合的稳健性，但它仍然是不够的。问题主要是，在组合优化问题中最重要的量化关系不是协方差矩阵，而是协方差矩阵的逆矩阵，即统计学中的信息矩阵。信息矩阵存在一些金融解释上的困难。这也是为什么大多数组合经理人更倾向于设置权重约束。

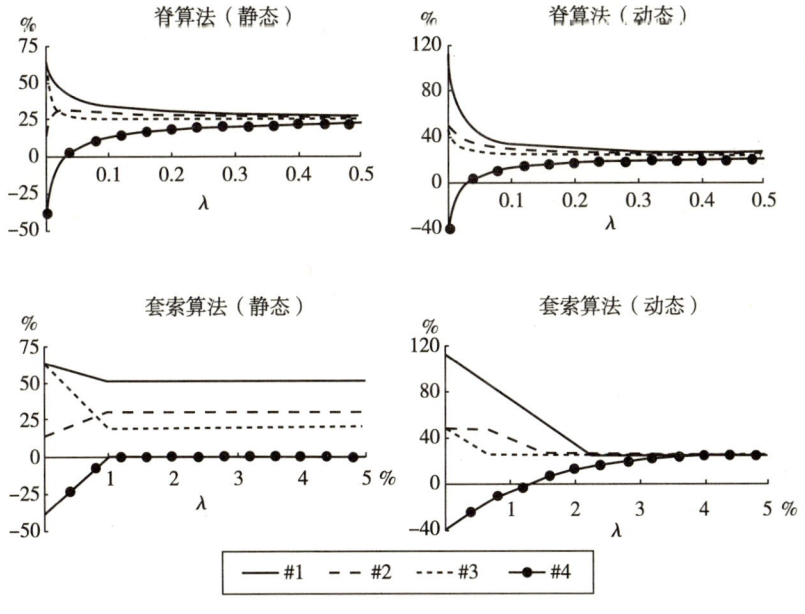

图1.18 均值—方差优化组合的惩罚权重

1.2.4.1 为什么正则化技术还不够

如果我们考虑无约束优化问题的解析解（式1.6），我们知道，最优解为：$x^* \propto f(\Sigma^{-1})$。那么，重要的量化关系是信息矩阵 $\mathcal{I} = \Sigma^{-1}$，而不是协方差矩阵本身（Stevens，1998）。

然而，这两个矩阵是关于特征分解高度相关的。对于协方差矩阵 Σ，有 $\Sigma = V\Lambda V^\top$，其中 $V^{-1} = V^\top$，$\Lambda = (\lambda_1, \cdots, \lambda_n)$，且 $\lambda_1 \geq \cdots \geq \lambda_n$ 为有序的特征值，而信息矩阵的分解为 $\mathcal{I} = U\Delta U^\top$，其中 $\delta_1 \geq \cdots \geq \delta_n$。不过我们有如下关系：

$$\begin{aligned}\Sigma^{-1} &= (V\Lambda V^\top)^{-1} \\ &= (V^\top)^{-1}\Lambda^{-1}V^{-1} \\ &= V\Lambda^{-1}V^\top\end{aligned}$$

由此得到 $U = V$，$\delta_i = 1/\lambda_{n-i+1}$。我们知道，这个信息矩阵的特征向量和协方差矩阵的特征向量是相同的，但信息矩阵的特征值是协方差矩阵的特征值的倒数。这就意味着，它们的风险因子是相同的，但顺序是相反的。

表1.10 协方差矩阵 Σ 的主成分分析

资产/因子	1	2	3
1	65.35%	-72.29%	-22.43%
2	69.38%	69.06%	-20.43%
3	30.26%	-2.21%	95.29%
特征值	8.31%	0.84%	0.26%
累计百分比	88.29%	97.20%	100.00%

让我们来看例3，这个例子已经被用来说明优化组合缺乏稳定性。对协方差矩阵 Σ 的主成分分析结果见表1.10。第一个因子表示市场因素，因为资产的权重都为正，这个因子代表了资产方差的88.29%；第二个因子表示多空组合，即看空第一种资产，看多第二种资产，它解释了资产方差的9%；最后一个因子是另一个多空组合，看空第一种资产和第二种资产，看多第三种资产。现在，如果我们对信息矩阵进行特征分解，结果见表1.11，于是证明了因子相同但顺序相反，协方差矩阵的特征值越小，则信息矩阵的特征值就越大。

表1.11 信息矩阵$\mathcal{I}$的主成分分析

资产/因子	1	2	3
1	−22.43%	−72.29%	65.35%
2	−20.43%	69.06%	69.38%
3	95.29%	−2.21%	30.26%
特征值	379.97	119.18	12.04
累计百分比	74.33%	97.65%	100.00%

让我们来看一个很大的资产域,如富时100指数中的100只股票。图1.19给出了2012年6月底资产协方差矩阵的特征值(%),数据基于之前260个日收益率。因为这个域包含了100只股票,所以有100个主成分分析(PCA)因子。其中一个困难是从金融的角度解释这些因子。第一个因子被认为代表了市场风险;其次,还有一些板块风险因子,一定意义上它们通常代表多空组合,多空股票要么在同一板块上,要么是看多某一板块的股票,同时看空另一板块的股票。最后的一些因子被称为套利因子,因为它们对应于限定数量的股票的组合。这些最后的因子是进行优化组合时最为重要的因素,但问题是,我们并不知道这些最后的因子到底是真的套利因子还是"噪音"。

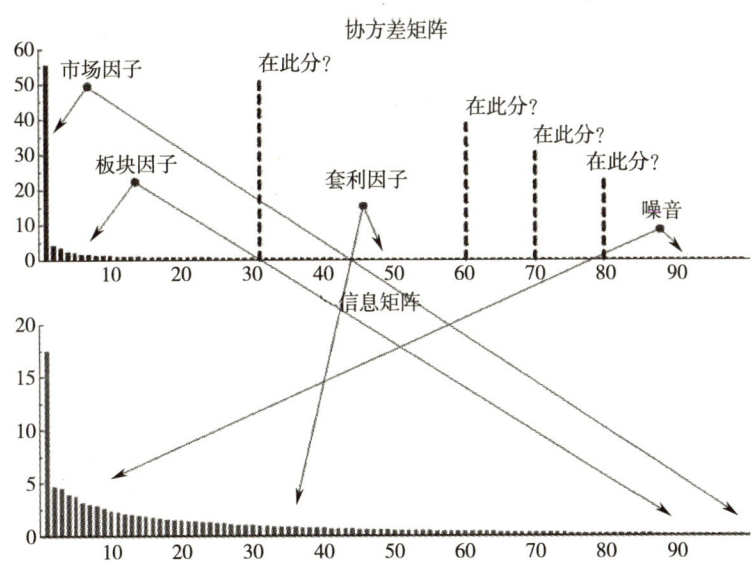

图1.19 主成分分析应用于富时指数的股票(2012年6月)

例5 我们来看具有6种资产的域。波动率分别等于20%,21%,17%,

24%，20%和16%。相关系数矩阵如下：

$$\rho = \begin{pmatrix} 1.00 & & & & & \\ 0.40 & 1.00 & & & & \\ 0.40 & 0.40 & 1.00 & & & \\ 0.50 & 0.50 & 0.50 & 1.00 & & \\ 0.50 & 0.50 & 0.50 & 0.60 & 1.00 & \\ 0.50 & 0.50 & 0.50 & 0.60 & 0.60 & 1.00 \end{pmatrix}$$

为了说明这个问题，我们还是来看前面的例子。我们在卖空约束下计算得到最小方差投资组合。然后，我们去掉一个主成分分析的因子，再次计算优化组合。计算结果见表1.12。我们发现，去掉第一因子（$\lambda_1 = 0$）后所带来的解的变化，要少于去掉最后1个因子[35]（$\lambda_6 = 0$）所带来的变化。因而，当进行组合优化时，具有最小特征值的那些因子是组合优化过程中最重要的因素[36]。

表1.12　去掉一个主成分分析因子的影响

x^*	最小方差	$\lambda_1 = 0$	$\lambda_2 = 0$	$\lambda_3 = 0$	$\lambda_4 = 0$	$\lambda_5 = 0$	$\lambda_6 = 0$
x_1^*	15.29	15.77	20.79	27.98	0.00	13.40	0.00
x_2^*	10.98	16.92	1.46	12.31	0.00	8.86	0.00
x_3^*	34.40	12.68	35.76	28.24	52.73	53.38	2.58
x_4^*	0.00	22.88	0.00	0.00	0.00	0.00	0.00
x_5^*	1.01	17.99	2.42	0.00	15.93	0.00	0.00
x_6^*	38.32	13.76	39.57	31.48	31.34	24.36	97.42

1.2.4.2　如何确定约束条件

我们已经看到，正则化方法并不足以用来获得平稳的解，而且，我们面临着一个悖论。对于组合经理人而言，前面这部分的主成分分析因子最为重要，因为其能够解释这些因子，而对后面的那些因子则没有把握。在组合优化中，就会得到相反的解集。这就是为什么大多数组合经理人更喜欢设定一些约束条件。于是，γ问题变为

---

[35]　如果不设定约束条件$x_i \geq 0$，则$\lambda_6 = 0$时的解集与原来的最小方差组合无关。

[36]　为了理解这一结果，我们假设无约束条件。在这种情况下，优化组合是$x^* = \phi^{-1}\Sigma^{-1}\mu$。利用特征分解$\Sigma = V\Lambda V^\top$，可以推导出$x^* = \phi^{-1}V\Lambda^{-1}V^\top\mu$。令$y^* = V^\top x^*$是解集的$V$-转置。于是有$y^* = \phi^{-1}\Lambda^{-1}v$，其中$v = V\mu$。也就是说，我们用每个主成分分析组合的期望收益除以其特征值来得到资产的权重，因而，小的特征值对解集有很大的影响。

$$x^*(\gamma) = \operatorname{argmin} \frac{1}{2} x^\top \sum x - \gamma x^\top \mu$$

$$\text{满足} \quad \begin{cases} \mathbf{1}^\top x = 1 \\ x \in \Omega \end{cases} \tag{1.26}$$

约束条件可以在整个 Ω 空间中确定。那些优化组合是之前通过二次规划问题求解得到的解集。因为二次规划算法非常强大,即使资产域很大,我们也可以很容易地求解。然而,通过设定约束条件 $x \in \Omega$,优化问题就不再是一个二次规划问题了,我们不得不采用更复杂的算法,这样,数值解的计算就变得困难了。因此,很重要的一点是,组合经理人必须牢牢记住这些数值处理方面的困难,尽可能地设定等价于二次规划的方案。

在传统的资产管理中,无卖空是一个常用的约束条件,这时,$\Omega = [0,1]^n$。按照附录 A.1.1 中的二次规划框架,并且设定下限值 $x_- = \mathbf{0}$,这个约束条件是容易处理的。然而,组合通常会用到更为复杂的一些约束条件。我们来看一个多资产的域,它包含以下指数所代表的八种资产[37]:四个权益指数(标准普尔 500 指数,欧洲斯托克斯指数(Eurostoxx),东京股票价格指数(Topix),MSCI 新兴市场指数(MSCI EM)),两个债券指数(EGBI 指数,US BIG 指数)和两个另类指数(GSCI 指数,EPRA 指数)。假设组合经理人希望的组合敞口是:债券至少 50%,商品低于 10%,新兴市场权益类资产不超过所有权益类敞口的三分之一。于是,约束条件表示如下[38]:

$$\begin{cases} x_5 + x_6 \geqslant 50\% \\ x_7 \leqslant 10\% \\ x_4 \leqslant \dfrac{1}{3}(x_1 + x_2 + x_3 + x_4) \end{cases}$$

我们也可以通过设定二次规划问题的一般约束 $Cx \geqslant D$ 来表示这些约束条件,表示如下:

---

[37] 我们有以下对应关系:标准普尔 500 指数对应美国股市;Eurostoxx 指数代表了欧元区的股票;Topix 指数代表了日本股票;MSCI EM 指数表示新兴市场权益敞口;EGBI 指数是欧元区内主权债券指数;US BIG 指数代表了美国的投资级债券的业绩表现;GSCI 是一个商品指数;EPRA 指数是上市房地产板块的一个基准指数。

[38] 权重 x 的标号按照资产列示的顺序。

$$\begin{pmatrix} 0 & 0 & 0 & 0 & 1 & 1 & 0 & 0 \\ 0 & 0 & 0 & 0 & 0 & 0 & -1 & 0 \\ 1/3 & 1/3 & 1/3 & -2/3 & 0 & 0 & 0 & 0 \end{pmatrix} \begin{pmatrix} x_1 \\ x_2 \\ x_3 \\ x_4 \\ x_5 \\ x_6 \\ x_7 \\ x_8 \end{pmatrix} \geq \begin{pmatrix} 0.50 \\ -0.10 \\ 0.00 \end{pmatrix}$$

让我们再来看一些更难以处理的约束条件。假设相对于当前组合 x_0，我们想限定传统做多策略（long-only）最优组合的换手率。在这种情况下，有 $\Omega = \{x \in [0,1]^n : \sum_{i=1}^{n} |x_i - x_i^0| \leq \tau^+\}$，其中 τ^+ 是最大换手率。为了将这一非线性优化问题转化为二次规划问题，谢勒（Scherer，2007）提出了引入额外的变量 x_i^- 和 x_i^+，满足：

$$x_i = x_i^0 + x_i^+ - x_i^-$$

其中，$x_i^- \geq 0, x_i^+ \geq 0$。$x_i^+$ 表示相对于初始权重 x_i^0 的正向变化，x_i^- 表示相对于初始权重 x_i^0 的负向变化。因为变量 x_i^+ 和 x_i^- 中必定有一个等于零，于是换手率的表达变为

$$\sum_{i=1}^{n} |x_i - x_i^0| = \sum_{i=1}^{n} |x_i^+ - x_i^-| = \sum_{i=1}^{n} x_i^+ + \sum_{i=1}^{n} x_i^-$$

我们也可以将马科维茨的 γ 问题写成如下形式：

$$x^* = \arg\min \frac{1}{2} x^\top \Sigma x - \gamma x^\top \mu$$

$$\text{满足} \begin{cases} \sum_{i=1}^{n} x_i = 1 \\ x_i = x_i^0 + x_i^+ - x_i^- \\ \sum_{i=1}^{n} x_i^+ + \sum_{i=1}^{n} x_i^- \leq \tau^+ \\ 0 \leq x_i \leq 1 \\ 0 \leq x_i^- \leq 1 \\ 0 \leq x_i^+ \leq 1 \end{cases}$$

我们发现，得到了一个维度为 $3n$ 的扩展二次规划问题，而不是之前的 n 维。

令 $X = (x_1, \cdots, x_n, x_1^-, \cdots, x_n^-, x_1^+, \cdots, x_n^+)$，则有

$$X^* = \arg\min \frac{1}{2} X^\top Q X - X^\top R$$

满足 $\begin{cases} AX = B \\ CX \geqslant D \\ 0 \leqslant X \leqslant 1 \end{cases}$

其中，

$$Q = \begin{pmatrix} \Sigma & 0 & 0 \\ 0 & 0 & 0 \\ 0 & 0 & 0 \end{pmatrix}, R = \begin{pmatrix} \mu \\ 0 \\ 0 \end{pmatrix}, A = \begin{pmatrix} \mathbf{1}^\top & 0 & 0 \\ I_n & I_n & -I_n \end{pmatrix}$$

$$B = \begin{pmatrix} 1 \\ x^0 \end{pmatrix}, C = \begin{pmatrix} 0 & -\mathbf{1}^\top & -\mathbf{1}^\top \end{pmatrix} \text{ 以及 } D = -\tau^+$$

再来看例1。设定权重为正。在表1.4中，我们发现在目标波动率为15%时，最优的传统做多策略组合的权重 x^* 为（45.59%，24.74%，29.67%，0.00%）。假设当前组合权重 x^0 为（30%，45%，15%，10%）。如果组合直接从 x^0 变换到 x^*，换手率等于60.53%。如果我们要限制换手率，我们可以采用之前的方法。在这种情况下，我们得到的结果见表1.13。如果我们设定换手率为5%，该优化问题将无解，因为波动率不可能达成15%的目标。如果换手率设定为10%，通过卖出第四种资产的5%，买入第一种资产的5%，就可以重新平衡这个组合。可以证明，当允许更高的换手率时，该问题的解集就越趋近于最优的传统做多策略组合。

表1.13 均值—方差优化组合的换手率限制

τ^+	5.00	10.00	25.00	50.00	75.00	x^0
x_1^*		35.00	36.40	42.34	45.59	30.00
x_2^*		45.00	42.50	30.00	24.74	45.00
x_3^*		15.00	21.10	27.66	29.67	15.00
x_4^*		5.00	0.00	0.00	0.00	10.00
$\mu(x^*)$		5.95	6.06	6.13	6.14	6.00
$\sigma(x^*)$		15.00	15.00	15.00	15.00	15.69

注16 前文讲到的技术，是引入一些额外的变量，从而将优化问题转换为二次规划问题。这种方法也可以用于引入交易成本（Scherer，2007）。令 c_i^- 和 c_i^+ 为买入和卖出的交易成本，则马科维茨的 γ 问题现在就变为

$$x^* = \arg\min \frac{1}{2} x^\top \Sigma x - \gamma\left(\sum x_i \mu_i - \sum x_i^- c_i^- - \sum x_i^+ c_i^+\right)$$

满足
$$\begin{cases} \sum x_i + \sum x_i^- c_i^- + \sum x_i^+ c_i^+ = 1 \\ x_i = x_i^0 + x_i^+ - x_i^- \\ 0 \leq x_i \leq 1 \\ 0 \leq x_i^- \leq 1 \\ 0 \leq x_i^+ \leq 1 \end{cases}$$

如前所述，我们可以得到一个扩展的二次规划问题㊴：

$$R = \begin{pmatrix} \mu \\ -c^- \\ -c^+ \end{pmatrix}, A = \begin{pmatrix} \mathbf{1}^\top & (c^-)^\top & (c^+)^\top \\ I_n & I_n & -I_n \end{pmatrix}$$

以及

$$B = \begin{pmatrix} 1 \\ x^0 \end{pmatrix}$$

在某些情况下可能得不到二次规划问题。例如，指数样本法是一项被广泛使用的跟踪技术，与完全复制法相反，这种方法的目的是使投资组合中的股票数少于指数本身包含的股票数，而完全复制法则是组合中持有指数的所有股票，且各股在组合中的占比完全等同于各股在指数中的权重。相比于完全复制法，指数样本法的交易成本较低，但是跟踪误差较大。复制法的个股选择则取决于对交易成本和跟踪误差之间的权衡。从数学的角度来看，指数样本法可以写成基于某个基准投资组合的优化问题：

$$x^* = \arg\min \frac{1}{2}(x-b)^\top \Sigma (x-b)$$

㊴ Q 矩阵不会改变。

满足 $\begin{cases} \mathbf{1}^\top x = 1 \\ x \geqslant \mathbf{0} \\ \sum_{i=1}^{n} \mathbb{1}\{x_i > 0\} \leqslant n_x \end{cases}$ (1.27)

其中，b 是指数权重的向量。这样做是为了最大限度地减少跟踪误差的波动率，并使组合中股票数 n_x 小于基准组合的股票数 $n_b(n_x < n_b)$。比如，某人想只用 50 只股票来复制标准普尔 500 指数。优化问题式（1.27）可以用混合整数非线性（mixed integer non-linear）优化算法来求解。然而，为这样的算法编程是一项艰难的任务，该算法的收敛性也不能得到保证。这也就是为什么大多数专业人士更喜欢采用回溯算法来求解式（1.27）的原因。回溯算法步骤如下：

1. 算法的初始设定：$\mathcal{N}_{(0)} = \emptyset, x^*_{(0)} = b$。

2. 对于换手率 k，定义股票集合 $\mathcal{I}_{(k)}$，使其在投资组合 $x^*_{(k-1)}$ 中有最小的正权重。然后，根据 $\mathcal{N}_{(k)} = \mathcal{N}_{(k-1)} \cup \mathcal{I}_{(k)}$ 更新集合 $\mathcal{N}_{(k)}$。我们以如下方式定义上限边界 $x^+_{(k)}$：

$$x^+_{(k),i} = \begin{cases} 0, & i \in \mathcal{N}_{(k)} \\ 1, & i \notin \mathcal{N}_{(k)} \end{cases}$$

3. 通过引入上限边界 $x^+_{(k)}$ 求解二次规划问题：

$$x^*_{(k)} = \arg\min \frac{1}{2}(x_{(k)} - b)^\top \Sigma (x_{(k)} - b)$$

满足 $\begin{cases} \mathbf{1}^\top x_{(k)} = 1 \\ \mathbf{0} \leqslant x_{(k)} \leqslant x^+_{(k)} \end{cases}$

4. 重复步骤 2 和步骤 3，直到满足如下收敛原则：

$$\sum_{i=1}^{n} \mathbb{1}\{x^*_{(k),i} > 0\} \leqslant n_x$$

回溯算法类似于逐步回归的"后向消去"的过程，但回溯算法的消除过程采用了最小权重的原则。一个更为自然的原则依据应该是跟踪误差的方差，就此可以得到一种更为复杂的算法。我们同样也可以定义一个类似于逐步回归的"前向选择"过程。对这两种新算法的总结如下：

● 后向消去算法的计算以所有股票为起点，计算得出最优组合，然后删去那些有着最高的跟踪误差方差的股票，并不断重复这一过程，直到优化组合中的股票的数量达到目标值 n_x。

- 前向选择算法的起点为一个空组合,即没有股票,然后将具有最小跟踪误差方差的股票添加进去,并不断重复这一过程,直到优化组合中的股票的数量达到目标值 n_x。

然而,这些算法都增加了计算时间。事实上,对于不同的算法,求解二次规划问题的次数各自不同,采用回溯算法的计算次数为 $n_b - n_x$,采用后向消去算法的计算次数为 $(n_b - n_x)(n_b + n_x + 1)/2$,采用前向选择算法的计算次数为 $n_x(2n_b - n_x + 1)/2$。相比于回溯算法,后两个算法需要求解的二次规划问题的次数大大增加,具体见下表:

n_b	n_x	求解二次规划问题的次数		
		回溯算法	后向消去	前向选择
50	10	40	1220	455
	40	10	455	1220
500	50	450	123975	23775
	450	50	23775	123975
1500	100	1400	1120700	145050
	1000	500	625250	1000500

这就是专业人士偏爱采用回溯算法的原因[40]。为了说明这三种算法之间的差异,我们选用 2012 年 6 月底的 Eurostoxx 50 指数来进行计算[41]。结果见表 1.14、表 1.15 和表 1.16。第一列对应于换手率 k,第二列表示被选择或被消除的股票,第三列和第四列分别显示的是指数中各股的权重以及基于换手率 k 的优化组合的跟踪误差波动率 $\sigma(x_{(k)} | b)$。我们发现,在回溯算法下,诺基亚(Nokia)是第一只被删除的股票[42],接下来被删除的是家乐福(Carrefour)、雷普索尔(Repsol)等。如果我们想用 5 只股票来复制 Eurostoxx 50 指数,那么,优化组合由西班牙对外银行(BBVA)、赛诺菲(Sanofi)、安联(Allianz)、道达尔(Total)和西门子(Siemens)5 只股票组成,相应的跟踪误差波动率为 5.02%。如果我们用后向消去算法,结果有很大的不同,首先去掉了西班牙伊维尔德罗

---

[40] 尽管现如今采用后向消去算法和前向选择算法来计算一个 500 只股票的优化问题只需要几秒钟。

[41] 我们用一年的经验协方差矩阵来估计 Σ。

[42] 因为它在 Eurostoxx 50 指数中的权重最小。

拉公司（Iberdrola），然后是法国电信（France Telecom）、家乐福（Carrefour）等。在这种情况下，$n_x = 5$ 时的优化组合由路易·威登（LVMH）、安联（Allianz）、赛诺菲（Sanofi）、西班牙对外银行（BBVA）和西门子（Siemens）5 只股票组成，跟踪误差波动率则接近于之前的值[43]。在前向选择算法下，计算过程开始于西门子（Siemens），然后桑坦德银行（Banco Santander）、拜耳（Bayer）、埃尼（Eni）、安联（Allianz）等。我们发现，三种算法所得出的排名是不一致的。比如，按照 2012 年 6 月底的 Eurostoxx 50 指数的各股权重，桑坦德银行（Banco Santander）和西班牙对外银行（BBVA）分列第 5 位和第 18 位。如果采用回溯（或后向消去）算法，这两种股票排在第 17 位和第 5 位（或第 31 位和第 2 位）。对于前向选择算法，顺序则是相反的，这两种股票分别排在第 2 位和第 20 位，原因是，这两只股票之间是高度相关的。所以，如果这些股票中的某个股票被最先选中，那么其他的股票也将会在之后被选中。

表 1.14 用回溯算法采样 SX5E 指数

k	股票	b_i	$\sigma(x_{(k)} \mid b)$
1	Nokia	0.45	0.18
2	Carrefour	0.60	0.23
3	Repsol	0.71	0.28
4	Unibail – Rodamco	0.99	0.30
5	Muenchener Rueckver	1.34	0.32
6	RWE	1.18	0.36
7	Koninklijke Philips	1.07	0.41
8	Gencrali	1.06	0.45
9	CRH	0.82	0.51
10	Volkswagen	1.34	0.55
42	LVMH	2.39	3.67
43	Telefonica	3.08	3.81
44	Bayer	3.51	4.33
45	Vinci	1.46	5.02
46	BBVA	2.13	6.53
47	Sanofi	5.38	7.26
48	Allianz	2.67	10.76
49	Total	5.89	12.83
50	Siemens	4.36	30.33

---

[43] 等于 4.99%。

表 1.15　用后向消去算法采样 SX5E 指数

k	股票	b_i	$\sigma(x_{(k)} \mid b)$
1	Iberdrola	1.05	0.11
2	France Telecom	1.48	0.18
3	Carrefour	0.60	0.22
4	Muenchener Rueckver	1.34	0.26
5	Repsol	0.71	0.30
6	BMW	1.37	0.34
7	Generali	1.06	0.37
8	RWE	1.18	0.41
9	Koninklijke Philips	1.07	0.44
10	Air Liquide	2.10	0.48
42	GDF Suez	1.92	3.49
43	Bayer	3.51	3.88
44	BNP Paribas	2.26	4.42
45	Total	5.89	4.99
46	LVMH	2.39	5.74
47	Allianz	2.67	7.15
48	Sanofi	5.38	8.90
49	BBVA	2.13	12.83
50	Siemens	4.36	30.33

表 1.16　用前向选择算法采样 SX5E 指数

k	股票	b_i	$\sigma(x_{(k)} \mid b)$
1	Siemens	4.36	12.83
2	Banco Santander	3.65	8.86
3	Bayer	3.51	6.92
4	Eni	3.32	5.98
5	Allianz	2.67	5.11
6	LVMH	2.39	4.55
7	France Telecom	1.48	3.93
8	Carrefour	0.60	3.62
9	BMW	1.37	3.35
41	Société Générale	1.07	0.50

续表

k	股票	b_i	$\sigma(x_{(k)} \mid b)$
42	CRH	0.82	0.45
43	Air Liquide	2.10	0.41
44	RWE	1.18	0.37
45	Nokia	0.45	0.33
46	Unibail – Rodamco	0.99	0.28
47	Repsol	0.71	0.24
48	Essilor	1.17	0.18
49	Muenchener Rueckver	1.34	0.11
50	Iberdrola	1.05	0.00

图 1.20 给出了针对 Eurostoxx 50 指数和标准普尔 500 指数的采样方法计算结果，这里用的是回溯算法。第一个小图和第二个小图表示的是股票个数 n_x 和跟踪误差波动率 $\sigma(x \mid b)$ 之间的关系。第三个小图则是以 n_x/n_b 比值对这两个指数作比较，其中 n_x 是选中的股票个数，n_b 是基准组合的股票个数。由此，如果 n_x/n_b 比值固定为 20%，则跟踪误差波动率等于 3.2%，变动 52 个基点。相对而言，运用采样方法时，复制标准普尔 500 指数要比复制 Eurostoxx 指数更有效率。

注 17 前面所提到的回溯算法可以扩展到非传统做多的投资组合。一个 130/30 策略表示 130% 的多头头寸和 30% 的空头头寸组合，而组合的净头寸保持在 100%，但是，相比于传统做多策略，这个策略更为灵活（Lo and Patel, 2008）。在传统做多策略中，负向头寸比正向头寸受到更多的约束限制。比如，假设一个股票在基准组合中的权重为 1%，优化组合与基准组合之间的权重差范围在 −1% 到 +99% 之间。这就意味着，如果组合经理人对该股票不看好，他也只能减持最多 1%。这就表明，组合经理人是高度受限于他的负向头寸的，尤其是对于小权重的股票。采用 130/30 策略，组合经理人能够更灵活地来降低那些他们不看好的股票的权重。构建这样的组合可以采用回溯算法，计算过程类似于采样算法（Roncalli, 2010）。

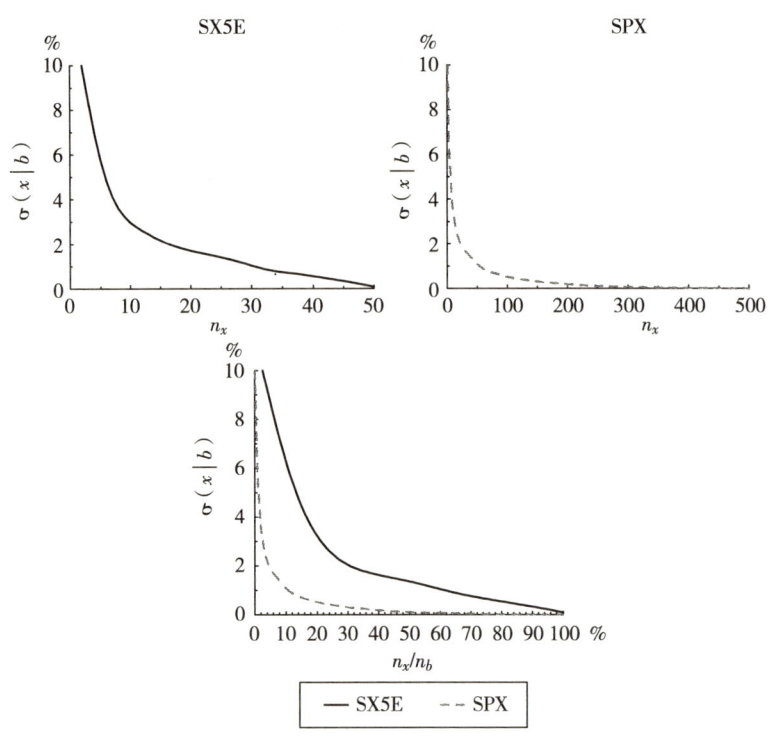

图 1.20 SX5E 指数和 SPX 指数的采样

1.2.4.3 约束条件下解集的收缩解释

我们定义马科维茨问题如下：

$$\min \frac{1}{2} x^\top \Sigma x$$

$$\text{满足} \begin{cases} \mathbf{1}^\top x = 1 \\ \mu^\top x \geq \mu^* \\ x \in \mathcal{C} \end{cases}$$

其中，$\mathcal{C}$ 是一组权重约束。我们考虑两个优化组合：

- 第一个是无约束下的组合 x^* 或 $x^*(\mu, \Sigma)$，满足 $\mathcal{C} = \mathbb{R}^n$。
- 第二个是有约束下的组合 $\tilde{x}$，即资产 i 的权重被限定在下限边界 x_i^- 和上限边界 x_i^+ 之间：

$$\mathcal{C}(x^-, x^+) = \{x \in \mathbb{R}^n : x_i^- \leq x_i \leq x_i^+\}$$

通过研究表明，有约束下的组合也是无约束问题的解（Jagannathan and Ma, 2003）：

$$\tilde{x} = x^*(\tilde{\mu}, \tilde{\Sigma})$$

满足：

$$\begin{cases} \tilde{\mu} = \mu \\ \tilde{\Sigma} = \Sigma + (\lambda^+ - \lambda^-)\mathbf{1}^\top + \mathbf{1}(\lambda^+ - \lambda^-)^\top \end{cases} \quad (1.28)$$

其中，λ^- 和 λ^+ 是关于上限边界和下限边界的拉格朗日系数向量。引入对权重的约束条件，也就等同于采用另一个协方差矩阵 $\tilde{\Sigma}$。当组合经理人对协方差矩阵具有自己的一些判断时，这个过程也可以看作是收缩法或布莱克—李特曼方法。

下面我们来证明这个结果。如果没有权重约束，拉格朗日函数表达式为

$$\mathcal{L}(x;\lambda_0,\lambda_1) = \frac{1}{2}x^\top \Sigma x - \lambda_0(\mathbf{1}^\top x - 1) - \lambda_1(\mu^\top x - \mu^*)$$

其中，$\lambda_0 \geq 0, \lambda_1 \geq 0$。一阶条件是

$$\begin{cases} \Sigma x - \lambda_0 \mathbf{1} - \lambda_1 \mu = \mathbf{0} \\ \mathbf{1}^\top x - 1 = 0 \\ \mu^\top x - \mu^* = 0 \end{cases}$$

通过推导得出，解集 x^* 取决于期望收益向量 μ 和协方差矩阵 Σ，记 $x^* = x^*(\mu, \Sigma)$。如果我们现在设定权重的约束条件为 $\mathcal{C}(x^-, x^+)$，则有

$$\mathcal{L}(x;\lambda_0,\lambda_1,\lambda^-,\lambda^+) = \frac{1}{2}x^\top \Sigma x - \lambda_0(\mathbf{1}^\top x - 1) - \lambda_1(\mu^\top x - \mu^*) - \lambda^{-\top}(x - x^-) - \lambda^{+\top}(x^+ - x)$$

其中，$\lambda_0 \geq 0, \lambda_1 \geq 0, \lambda_i^- \geq 0, \lambda_i^+ \geq 0$。这样，库恩—塔克（Kuhn-Tucker）条件为

$$\begin{cases} \Sigma x - \lambda_0 \mathbf{1} - \lambda_1 \mu - \lambda^- + \lambda^+ = \mathbf{0} \\ \mathbf{1}^\top x - 1 = 0 \\ \mu^\top x - \mu^* = 0 \\ \min(\lambda_i^-, x_i - x_i^-) = 0 \\ \min(\lambda_i^+, x_i^+ - x_i) = 0 \end{cases}$$

以上问题不可能得到一个解析解，但我们可以采用二次规划算法来数值化求

解这个优化问题。假设给定一个有约束的组合 $\tilde{x}$，就有可能找到这样一个协方差矩阵 $\tilde{\Sigma}$，满足 $\tilde{x}$ 是无约束下的均值—方差组合解。令 $\varepsilon = \{\tilde{\Sigma} > 0 : \tilde{x} = x^*(\mu, \tilde{\Sigma})\}$ 表示相应的集合，则有

$$\varepsilon = \{\tilde{\Sigma} > 0 : \tilde{\Sigma}\tilde{x} - \lambda_0 \mathbf{1} - \lambda_1 \mu = \mathbf{0}\}$$

当然，集合 ε 是多个解的集合。从财务角度来看，我们感兴趣的是接近于 Σ 的协方差矩阵 $\tilde{\Sigma}$。杰甘南森（Jagannathan）和马（Ma）在 2003 年发现如下定义的矩阵 $\tilde{\Sigma}$ 是 ε 的一个解：

$$\tilde{\Sigma} = \Sigma + (\lambda^+ - \lambda^-)\mathbf{1}^\top + \mathbf{1}(\lambda^+ - \lambda^-)^\top$$

实际上，我们有

$$\begin{aligned}
\tilde{\Sigma}\tilde{x} &= \Sigma\tilde{x} + (\lambda^+ - \lambda^-)\mathbf{1}^\top \tilde{x} + \mathbf{1}(\lambda^+ - \lambda^-)^\top \tilde{x} \\
&= \Sigma\tilde{x} + (\lambda^+ - \lambda^-) + \mathbf{1}(\lambda^+ - \lambda^-)^\top \tilde{x} \\
&= \lambda_0 \mathbf{1} + \lambda_1 \mu + \mathbf{1}(\lambda_0 \mathbf{1} + \lambda_1 \mu - \Sigma\tilde{x})^\top \tilde{x} \\
&= \lambda_0 \mathbf{1} + \lambda_1 \mu + \mathbf{1}(\lambda_0 + \lambda_1 \mu^* - \tilde{x}^\top \Sigma \tilde{x}) \\
&= (2\lambda_0 - \tilde{x}^\top \Sigma \tilde{x} + \lambda_1 \mu^*)\mathbf{1} + \lambda_1 \mu
\end{aligned}$$

上述推导证明了 $\tilde{x}$ 是无约束优化问题的解[44]，而且，$\tilde{\Sigma}$ 通常是正定矩阵[45]。

由式（1.28）定义的隐含协方差矩阵是非常有趣的，它易于计算，而且有天然的解释。实际上，我们有

$$\tilde{\Sigma}_{i,j} = \Sigma_{i,j} + \Delta_{i,j}$$

其中扰动矩阵的元素是：

---

[44] 无约束问题的拉格朗日系数 λ_0^* 和 λ_1^* 分别是 $2\tilde{\lambda}_0 - \tilde{x}^\top \Sigma \tilde{x} + \tilde{\lambda}_1 \mu^*$ 和 $\tilde{\lambda}_1$，其中 $\tilde{\lambda}_0$ 和 $\tilde{\lambda}_1$ 是有约束问题的拉格朗日系数。

[45] 杰甘南森和马（2003）只在下限边界 x^- 正好为 0 时，针对最小方差组合的情况，证明了这一结果。在其他情况下，很难证明 $\tilde{\Sigma}$ 是正定矩阵。尽管如此，除了一些特殊情况外，这一假定已经在实践中得到验证（见练习题 B.1.12）。

$\Delta_{i,j}$	x_i^-	$]\,x_i^-\,,\,x_i^+\,[$	x_i^+
x_j^-	$-(\lambda_i^- + \lambda_j^-)$	$-\lambda_j^-$	$\lambda_i^+ - \lambda_j^-$
$]\,x_j^-\,,\,x_j^+\,[$	$-\lambda_i^-$	0	λ_i^+
x_j^+	$\lambda_j^+ - \lambda_i^-$	λ_j^+	$\lambda_i^+ + \lambda_j^+$

扰动项 $\Delta_{i,j}$ 可以是负值、零或正值。若优化组合的权重未能满足约束条件 $\tilde{x}_i \neq (x_i^-, x_i^+)$ 和 $\tilde{x}_j \neq (x_j^-, x_j^+)$，则扰动项为零；当一种资产达到其上限边界（或下限边界），而第二种资产未达到其下限边界（或上限边界）时，则扰动项是正值（或负值）。引入权重约束也等价于对协方差矩阵采用收缩法计算（Ledoit and Wolf, 2003）。下限边界对波动率的影响作用为负，而上限边界对波动率的影响作用为正：

$$\tilde{\sigma}_i = \sqrt{\sigma_i^2 + \Delta_{i,i}}$$

对于相关系数的影响作用更为复杂。一般地，有下式成立：

$$\tilde{\rho}_{i,j} = \frac{\rho_{i,j}\sigma_i\sigma_j + \Delta_{i,j}}{\sqrt{(\sigma_i^2 + \Delta_{i,i})(\sigma_j^2 + \Delta_{j,j})}}$$

相关性可能增强或减弱，这取决于参数 $\rho_{i,j}, \sigma_i$ 和 σ_j 的拉格朗日系数的大小。

我们再来回想一下例1。全局最小方差组合为：

$$x^* = \begin{pmatrix} 72.742\% \\ 49.464\% \\ -20.454\% \\ -1.753\% \end{pmatrix}$$

在这个组合中，第一种资产和第二种资产有多头头寸，而第三种资产和第四种资产有空头头寸。假设组合经理人对该优化组合不满意，并决定设定一些约束条件，比如，他可以决定该组合必须包含至少所有资产的10%。计算结果见表1.17。在这个有约束的优化组合中，第三种资产和第四种资产的权重设为10%，为了得到求解，必须降低这两种资产的隐含波动率。事实上，隐含波动率 $\tilde{\sigma}_3$ 等于19.67%，而实际波动率 σ_3 等于25%。至于相关性，我们也发现要比原先的低。继续这个例子，假设组合经理人仍然对这个组合不满意。特别地，他对第一种资产的头寸作出限定，并且设定第一种资产的权重必须小于40%。于是得到表1.18中的组合。它相当于通过提高了波动率和第一种资产的交叉相关性，就降低第一种资产在该组合中的权重。最终，解集完全就是由组合经理人设定的权重约束所确定的。

表1.17　$x_i \geq 10\%$时的最小方差组合

$\tilde{x}_i$	λ_i^-	λ_i^+	$\tilde{\sigma}_i$	$\tilde{\rho}_{i,j}$			
56.195	0.000	0.000	15.00	100.00			
23.805	0.000	0.000	20.00	10.00	100.00		
10.000	1.190	0.000	19.67	10.50	58.71	100.00	
10.000	1.625	0.000	23.98	17.38	16.16	67.52	100.00

表1.18　$10\% \leq x_i \leq 40\%$时的最小方差组合

$\tilde{x}_i$	λ_i^-	λ_i^+	$\tilde{\sigma}_i$	$\tilde{\rho}_{i,j}$			
40.000	0.000	0.915	20.20	100.00			
40.000	0.000	0.000	20.00	30.08	100.00		
10.000	0.915	0.000	21.02	35.32	61.48	100.00	
10.000	1.050	0.000	26.27	39.86	25.70	73.06	100.00

如果我们的目标是期望收益μ^*等于6%，则优化组合为⁴⁶

$$x^* = \begin{pmatrix} 65.866\% \\ 26.670\% \\ 32.933\% \\ -25.470\% \end{pmatrix}$$

通过设定约束条件$10\% \leq x_i \leq 40\%$，得到表1.19中的投资组合。我们发现，

---

⁴⁶　结果见表1.2。

有约束组合 $\tilde{x}$ 和无约束组合 x^* 相差很大。毫无疑问，这些约束条件相当于降低了参数 σ_4、$\rho_{1,4}$ 和 $\rho_{2,4}$ 的值，而其他参数非常接近原先的值。

表1.19 $10\% \leqslant x_i \leqslant 40\%$，$\mu^* = 6\%$ 时的均值—方差组合

$\tilde{x}_i$	λ_i^-	λ_i^+	$\tilde{\sigma}_i$	$\tilde{\rho}_{i,j}$			
40.000	0.000	0.125	15.81	100.00			
30.000	0.000	0.000	20.00	13.44	100.00		
20.000	0.000	0.000	25.00	41.11	70.00	100.00	
10.000	1.460	0.000	24.66	23.47	19.06	73.65	100.00

注18 前文提到的框架可以用在切点组合的情况下。有

$$x^* = \arg\max \frac{x^\top (\mu - r\mathbf{1})}{\sqrt{x^\top \Sigma x}}$$

满足 $\begin{cases} \mathbf{1}^\top x = 1 \\ x \in \mathcal{C} \end{cases}$

我们已经看到，切点组合也是 ϕ 问题的一个解。于是可以得到，对于条件为 $\mathcal{C} = \mathcal{C}(x^-, x^+)$ 的有约束问题，其切点组合 $\tilde{x}$ 是无约束问题的解，即

$$\tilde{x} = x^*(\tilde{\mu}, \tilde{\Sigma}, \tilde{\phi})$$

其中，$\tilde{\phi}$ 是约束优化问题中 ϕ 的最优值。隐含的参数 $\tilde{\mu}$ 和 $\tilde{\Sigma}$ 与之前的相同 [式 (1.28)]。让我们再来看一个特殊的情况，即所有资产具有相同的夏普比率 (Martellini, 2008)，也就是说预期的超额收益率与波动率成一定比例，这种切点组合称为最大夏普比率（MSR）组合。就前面的例子，其相应的解为

$$x^* = \begin{pmatrix} 51.197\% \\ 50.784\% \\ -21.800\% \\ 19.818\% \end{pmatrix}$$

如果我们设定约束条件 $10\% \leqslant x_i \leqslant 40\%$，计算结果如表1.20所示。这些结果很有趣，因为它们显示了设定权重约束条件是如何改变组合理论的基本假设的。在最大夏普比率组合的情况下，其核心的假设是，所有的资产具有相同的夏普比率。然而，这种假设仅在无约束条件下才成立。如果我们设定一

些权重约束，很明显，这一假设就不再成立了。现在的问题是，优化组合偏离基本假设的情况有多远？我们来看表 1.20 中给出的优化组合，如果假定所有资产的夏普比率为 0.50，则第二种资产和第四种资产的隐含夏普比率不变，但第一种资产和第三种资产的夏普比率分别等于 0.44 和 0.53。

表 1.20　$10\% \leqslant x_i \leqslant 40\%$ 时的最大夏普比率组合

$\tilde{x}_i$	λ_i^-	λ_i^+	$\tilde{\sigma}_i$	$\tilde{\rho}_{i,j}$			
40.000	0.000	0.342	17.13	100.00			
39.377	0.000	0.000	20.00	18.75	100.00		
10.000	0.390	0.000	23.39	36.25	66.49	100.00	
10.623	0.000	0.000	30.00	50.44	40.00	79.96	100.00

总之，我们发现，组合经理人通过权重约束的设定，可以改变（或隐含改变）以下变量值：

1. 波动率和（或）波动率的排序；
2. 相关系数、相关系数的符号以及相关性的排序；
3. 理论本身的基本假设。

一个主要问题是关于组合经理人的短视行为，因为他们通常不会意识到并认同这些变化。

第二章 风险预算策略

我们介绍了如何通过采用收缩法或是对权重进行约束来酌情对组合解作出决策。同一个配置方法，由于所选择的约束条件不同，其业绩表现也会有很大的不同。最终导致我们并不清楚哪一个配置方法更好，也不清楚到底是组合方法本身还是约束条件导致的优劣。本章将介绍的配置方法需要更少的自由输入变量，称为风险预算策略，或"风险均衡"（risk parity）策略。风险均衡这个词是资产管理领域的一个技术性术语①。

风险均衡是资产配置的三种预算策略中的一种，另外两种分别是权重预算策略和业绩预算策略。图2.1说明了这三种配置策略的差异。在权重预算（weight budgeting，WB）组合中，我们直接定义权重。举例来说，我们考虑两种资产，并且有30/70的政策规则，也就是说，其中第一种资产的比重是30%，第二种资产的比重是70%；在风险预算（risk budgeting，RB）策略中，我们是对资产的风险预算作选择。在30/70的政策规则下，如果我们希望使投资组合的风险度量等于20%，这就意味着第一种资产的风险预算为6%，第二种资产的风险预算为14%；业绩预算（performance budgeting，PB）策略是为了达到一定的业绩贡献度而调整投资组合的权重。在例子中，假定我们的目标组合收益是10%，则对于两种资产的业绩贡献度分别为3%和7%。本章只着重分析风险预算策略，但我们会发现，这一策略和另外两个策略是有联系的。

本章结构如下：第一节介绍凸性风险度量指标的欧拉分解，并将这种配置原则运用到波动率、风险价值（VaR）以及期望亏空。第二节，我们研究

---

① 或"市场营销"术语。

了风险预算组合的性质。第三节则讨论了等权风险贡献度组合（ERC），然后我们对风险预算策略和权重预算策略作了比较。最后，在分析基于一些风险因子的风险度量时，我们扩展了风险均衡组合的概念。

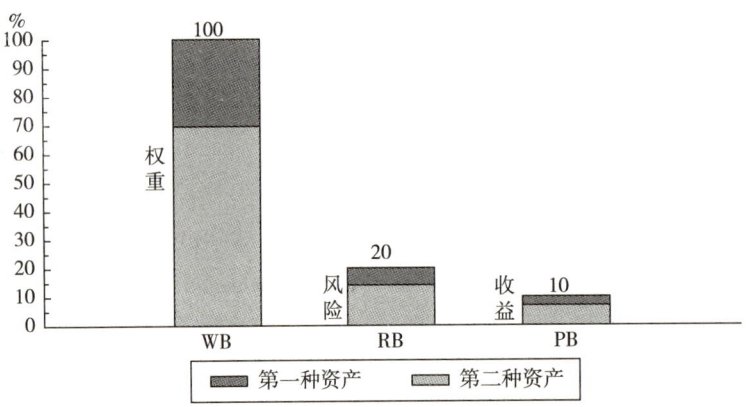

图 2.1　30/70 政策规则下的三种预算策略

2.1　风险配置原则

对投资组合的风险进行管理与度量其风险是非常不同的，尤其是，风险度量仅仅是一个数字，对于理解投资组合的多样性没有很大的帮助。进一步来说，为了说明风险配置原则，我们必须更精确地定义风险贡献度的内涵。需要指出的是，这里所提到的大多数材料都不是专门为资产管理准备的，通常都是为资本配置开发的。

2.1.1　风险度量的性质

令 $\mathcal{R}(x)$ 为资产组合 x 的风险度量。本节中，我们将定义风险度量 $\mathcal{R}(x)$ 的一些不同性质，从而使其适合风险配置原则。

2.1.1.1　风险度量指标的一致性和凸性

阿尔茨纳等（Artzne et al., 1999）认为，如果 $\mathcal{R}$ 满足以下性质，则 $\mathcal{R}$ 是一致性的：

1. 次可加性

$$\mathcal{R}(x_1+x_2) \leq \mathcal{R}(x_1)+\mathcal{R}(x_2)$$

两个投资组合的总风险应当小于两个投资组合的风险分别相加。

2. 齐次性

$$\text{若 } \lambda \geq 0, \text{则 } \mathcal{R}(\lambda x) = \lambda \mathcal{R}(x)$$

对投资组合加杠杆或去杠杆,则投资组合的风险度量以同一幅度增加或减少。

3. 单调性

$$\text{若 } x_1 < x_2, \text{则 } \mathcal{R}(x_1) \geq \mathcal{R}(x_2)$$

如果在所有情景下,投资组合 x_2 的收益总是优于投资组合 x_1 的收益,那么投资组合 x_1 的风险度量 $\mathcal{R}(x_1)$ 总是高于投资组合 x_2 的风险度量 $\mathcal{R}(x_2)$。

4. 平移不变性

$$\text{若 } m \in \mathbb{R}, \text{则 } \mathcal{R}(x+m) = \mathcal{R}(x) - m$$

在投资组合中加入现金头寸 m,则风险度量下降 m。

对一致性风险度量的定义曾引发对风险量化管理的强烈兴趣。弗尔莫(Follmer)和席德(Schied)在 2002 年提出,将齐次性和次可加性条件替换为一个较弱的条件,并称为凸性:

$$\mathcal{R}(\lambda x_1 + (1-\lambda)x_2) \leq \lambda \mathcal{R}(x_1) + (1-\lambda)\mathcal{R}(x_2)$$

这一条件表示,多样化不会增加风险。

通过以上定义可得,投资组合的损失 $L(x) = -R(x)$,其中,$R(x)$ 是组合的收益率。接下来,我们来看不同的风险度量:

- 损失的波动率

$$\mathcal{R}(x) = \sigma(L(x)) = \sigma(x)$$

损失的波动率就是投资组合的波动率。

- 基于标准差的风险度量

$$\mathcal{R}(x) = \text{SD}_c(x) = \mathbb{E}[L(x)] + c \cdot \sigma(L(x)) = -\mu(x) + c \cdot \sigma(x)$$

为得到这一度量,我们用因子 c ($c>0$) 给波动率分级,再减去投资组合的期望收益率。

- 风险价值

$$\mathcal{R}(x) = \text{VaR}_\alpha(x) = \inf\{\ell : \Pr\{L(x) \leq \ell\} \geq \alpha\}$$

风险价值是损失分布 $\mathbf{F}$ 的 α 分位点,记为 $\mathbf{F}^{-1}(\alpha)$。

- 期望亏空

$$\mathcal{R}(x) = \mathrm{ES}_\alpha(x) = \frac{1}{1-\alpha}\int_\alpha^1 \mathrm{VaR}_u(x)\,\mathrm{d}u$$

期望亏空是在 α 及高于 α 水平时的风险价值的平均值（Acerbi and Tasche, 2002）。我们也发现，当损失超过风险价值时，期望亏空也等于预期损失：

$$\mathrm{ES}_\alpha(x) = \mathbb{E}[L(x)\,|\,L(x) \geqslant \mathrm{VaR}_\alpha(x)]$$

可以证明，基于标准差的风险度量和期望亏空都满足前面提到的一致性和凸性条件。对于风险价值，次可加性通常不能成立，而组合风险在这里可能是有意义的，这就产生了问题。更为奇怪的是，由于不能证明波动率符合平移不变性公理，因此波动率也不是一致性风险度量。然而，这些公理是从银行体系的经济（和监管）资本配置角度来设定的。平移不变性公理不完全适用于投资组合管理。因此，我们认为波动率还是符合一致性和凸性的风险度量指标。

假设资产收益率符合正态分布：$R \sim \mathcal{N}(\mu, \Sigma)$，则有 $\mu(x) = x^\top \mu$，$\sigma(x) = \sqrt{x^\top \Sigma x}$。于是基于标准差的风险度量为

$$\mathrm{SD}_c(x) = -x^\top \mu + c \cdot \sqrt{x^\top \Sigma x} \tag{2.1}$$

对于风险价值，有 $\Pr\{L(x) \leqslant \mathrm{VaR}_\alpha(x)\} = \alpha$。根据 $L(x) = -R(x)$ 和 $\Pr\{R(x) \geqslant -\mathrm{VaR}_\alpha(x)\} = \alpha$，可以推出：

$$\Pr\left\{\frac{R(x) - x^\top \mu}{\sqrt{x^\top \Sigma x}} \leqslant \frac{-\mathrm{VaR}_\alpha(x) - x^\top \mu}{\sqrt{x^\top \Sigma x}}\right\} = 1 - \alpha$$

于是有

$$\frac{-\mathrm{VaR}_\alpha(x) - x^\top \mu}{\sqrt{x^\top \Sigma x}} = \Phi^{-1}(1-\alpha)$$

最终可得

$$\mathrm{VaR}_\alpha(x) = -x^\top \mu + \Phi^{-1}(\alpha)\sqrt{x^\top \Sigma x} \tag{2.2}$$

上式是基于标准差的风险度量的特殊形式，其中，$c = \Phi^{-1}(\alpha)$。这就意味着，如果资产收益率符合正态分布，那么风险价值就是符合一致性和凸性的风险

度量指标。期望亏空的表达式为

$$\mathrm{ES}_\alpha(x) = \frac{1}{1-\alpha} \int_{-\mu(x)+\sigma(x)\Phi^{-1}(\alpha)}^{\infty} \frac{u}{\sigma(x)\sqrt{2\pi}} \exp\left(-\frac{1}{2}\left(\frac{u+\mu(x)}{\sigma(x)}\right)^2\right) du$$

令 $t = \sigma(x)^{-1}(u+\mu(x))$，代入上式得

$$\mathrm{ES}_\alpha(x) = \frac{1}{1-\alpha} \int_{\Phi^{-1}(\alpha)}^{\infty} (-\mu(x)+\sigma(x)t) \frac{1}{\sqrt{2\pi}} \exp\left(-\frac{1}{2}t^2\right) dt$$

$$= -\frac{\mu(x)}{1-\alpha}[\Phi(t)]_{\Phi^{-1}(\alpha)}^{\infty} + \frac{\sigma(x)}{(1-\alpha)\sqrt{2\pi}} \int_{\Phi^{-1}(\alpha)}^{\infty} t \exp\left(-\frac{1}{2}t^2\right) dt$$

$$= -\mu(x) + \frac{\sigma(x)}{(1-\alpha)\sqrt{2\pi}} \left[-\exp\left(-\frac{1}{2}t^2\right)\right]_{\Phi^{-1}(\alpha)}^{\infty}$$

$$= -\mu(x) + \frac{\sigma(x)}{(1-\alpha)\sqrt{2\pi}} \exp\left(-\frac{1}{2}[\Phi^{-1}(\alpha)]^2\right)$$

则投资组合 x 的期望亏空为

$$\mathrm{ES}_\alpha(x) = -x^\top \mu + \frac{\sqrt{x^\top \Sigma x}}{(1-\alpha)} \phi(\Phi^{-1}(\alpha)) \tag{2.3}$$

与风险价值一样，这是一个基于标准差的风险度量指标，其中，$c = \phi(\Phi^{-1}(\alpha))/(1-\alpha)$。

在正态的情况下，各种不同的风险度量指标都是基于波动率的。如果我们忽略预期收益那一项，那它们之间都是等价的。一般地，组合经理人都希望建立正收益的资产配置，即 $x^\top \mu > 0$。如果组合经理人有非常乐观的预期，则 $x^\top \mu$ 部分将在很大程度上降低风险度量的值。这就是为什么在资产管理行业中省略均值部分成为了标准做法。

例6 考虑三只股票 A、B 和 C，现价分别为 244 美元、135 美元和 315 美元。假设日期望收益率为 0.50%、0.30% 和 0.20%，其日波动率为 2%、3% 和 1%，各资产之间的收益相关性矩阵如下所示：

$$\rho = \begin{pmatrix} 1.00 & & \\ 0.50 & 1.00 & \\ 0.25 & 0.60 & 1.00 \end{pmatrix}$$

假设投资组合#1 由 2 股 A、1 股 B 和 1 股 C 组成，则该组合的价值为 938 美元，可以推算得到权重 x 向量为（52.03%，14.39%，33.58%），进一步计算得到 $\mu(x) = 0.37\%$，$\sigma(x) = 1.476\%$。表 2.1 给出了在不同

置信水平 α 下通过风险价值和期望亏空计算得到的值。由于这些风险度量值是以式（2.2）和式（2.3）在组合的权重基础上计算出来的，因此所得结果都表示为百分比的形式。比如，置信水平 α = 99% 时的组合风险价值等于[2]：

$$VaR_{99\%}(x) = -0.370\% + 2.326 \times 1.476\% = 3.06\%$$

对于期望亏空，有[3]

$$ES_{99\%}(x) = -0.370\% + 2.667 \times 1.476\% = 3.56\%$$

表 2.1 风险度量 $VaR_\alpha(x)$ 和 $ES_\alpha(x)$ 的计算

组合	$\mathcal{R}(x)$		α			
			90%	95%	99%	99.5%
#1	VaR	(%)	1.52	2.06	3.06	3.43
		($)	14.27	19.30	28.74	32.20
	ES	(%)	2.22	2.67	3.56	3.90
		($)	20.83	25.09	33.44	36.58
#2	VaR	(%)	5.68	7.45	10.76	11.98
		($)	14.94	19.59	28.31	31.50
	ES	(%)	7.98	9.48	12.41	13.52
		($)	21.00	24.94	32.64	35.54

我们也可以将风险度量表示为美元。在这种情况下，将之前公式中的权重 x 替换为名义敞口，在这个例子中，名义敞口是（488 美元，135 美元，315 美元）。在置信水平 α = 99% 时，风险价值（或相应的期望亏空）等于 28.74 美元（或相应的 33.44 美元）。另一种用美元计算风险度量的方法是将损失表示为名义价值的形式：

$$L(x) = P_{t+1}(x) - P_t(x)$$
$$= P_t(x) \cdot (1 + R_{t+1}(x)) - P_t(x)$$
$$= P_t(x) \cdot R_{t+1}(x)$$

其中，$P_t(x)$ 表示 t 时刻投资组合的价值。根据齐次性，可以推导出以美元形式表示的风险度量值等于以百分比表示的风险度量与投资组合当前价

---

[2] 我们有 $\Phi^{-1}(99\%) = 2.326$。
[3] 因为 $\phi(\Phi^{-1}(99\%)) = \phi(2.326) = 2.667\%$。

值的乘积。从而验证了 3.06% × 938 = \$ 28.74。现在再来看投资组合#2，它由 2 股 A、1 股 C 和 1 股 B 的空头组成。计算结果也显示在表 2.1 中。可以发现，在相对形式下，投资组合#2 比投资组合#1 的风险更高。然而，用美元来表示的话，两者的风险则是类似的。问题是，将多空投资组合的风险用百分比来度量并不合适。例如，假设多头头寸和空头头寸在美元价值上完全匹配，那么这一组合的价值就是零，相对风险度量值则为无限。这就是在风险度量指标的计算中，对传统做多策略的投资组合最好采用百分比形式来表示的原因。

2.1.1.2 欧拉配置原则

衡量风险只是投资组合风险管理的第一步，第二步是将风险组合分解为各资产的风险贡献度，这样才算完成整个风险管理过程，这一步骤也被称为风险配置（Litterman，1996）。风险贡献度的概念对于识别风险集中度和理解组合的风险状况是很关键的，有一些不同的方法来定义这些概念。正如蒂诺特（Denault）2001 年提出的，有些方法比另外一些方法更合适，其中欧拉原则当然就是最常用且被人们广为接受的。

令 Π 为投资组合的利润/损失，将其分解为 n 种资产的利润/损失的总和，有

$$\Pi = \sum_{i=1}^{n} \Pi_i$$

记 $\mathcal{R}(\Pi)$ 是与利润/损失相关联的风险度量指标[④]。考虑一个风险调整的业绩衡量指标（RAPM），将其定义为

$$\text{RAPM}(\Pi) = \frac{\mathbb{E}[\Pi]}{\mathcal{R}(\Pi)}$$

塔舍（Tasche，2008）研究了组合的第 i 种资产的 RAPM 指标，将其定义为

$$\text{RAPM}(\Pi_i | \Pi) = \frac{\mathbb{E}[\Pi_i]}{\mathcal{R}(\Pi_i | \Pi)}$$

基于 RAPM 的概念，塔舍（Tasche，2008）提出了风险贡献度的两个性质，这两个性质从经济角度来说是令人满意的：

1. 若满足以下条件，则对于投资组合全局风险 $\mathcal{R}(\Pi)$ 的风险贡献度

---

④ 在将组合的损失定义为风险度量的情况下，采用关系式 $\Pi = -L$。

$\mathcal{R}(\Pi_i|\Pi)$ 满足完全配置属性：

$$\sum_{i=1}^{n}\mathcal{R}(\Pi_i|\Pi)=\mathcal{R}(\Pi) \qquad (2.4)$$

2. 如果存在某些 $\varepsilon_i>0$ 满足以下条件，则对于所有的 $0<h<\varepsilon_i$，风险贡献度 $\mathcal{R}(\Pi_i|\Pi)$ 与 RAPM 是相匹配的[⑤]：

$$\text{RAPM}(\Pi_i|\Pi)>\text{RAPM}(\Pi)\Rightarrow\text{RAPM}(\Pi+h\Pi_i)>\text{RAPM}(\Pi) \qquad (2.5)$$

因此，塔舍（2008）指出，在前文提到的这两个性质式（2.4）和式（2.5）的意义上，如果风险贡献度与 RAPM 是相匹配的，那么 $\mathcal{R}(\Pi_i|\Pi)$ 是唯一确定的，即

$$\mathcal{R}(\Pi_i|\Pi)=\frac{\mathrm{d}}{\mathrm{d}h}\mathcal{R}(\Pi+h\Pi_i)\big|_{h=0} \qquad (2.6)$$

并且，风险度量指标是一次齐次的。在次可加性的风险度量指标中，有如下不等式成立：

$$\mathcal{R}(\Pi_i|\Pi)\leqslant\mathcal{R}(\Pi_i) \qquad (2.7)$$

这表示，第 i 种资产的风险贡献度始终小于该资产单独的风险度量值，这种差异与风险多样化有关。

回到依据权重来定义的风险度量指标 $\mathcal{R}(x)$。前文的讨论表明，资产 i 的风险贡献度可以唯一定义为

$$\mathcal{RC}_i=x_i\frac{\partial\mathcal{R}(x)}{\partial x_i} \qquad (2.8)$$

且风险度量指标满足欧拉分解：

$$\mathcal{R}(x)=\sum_{i=1}^{n}x_i\frac{\partial\mathcal{R}(x)}{\partial x_i}=\sum_{i=1}^{n}\mathcal{RC}_i \qquad (2.9)$$

这一关系式也被称为欧拉配置原则。这是风险均衡投资组合的核心，而且目前被广泛应用于实践中。

注19 一个风险度量指标的风险贡献度总是可以用式（2.8）来定义，但这并不意味着它就满足欧拉分解。

注20 考克布雷纳（Kalkbrener, 2005）就风险贡献度提出了一个原则性方

[⑤] 这一性质意味着，那些风险调整后的业绩表现优于组合本身的资产，如果它们的配置得到小幅提高，那么仍然会得到更优的 RAPM 值。

法。他特别指出，如果风险度量指标是次可加的，那么欧拉配置原则是唯一与多样化原则 (2.7) 相匹配的风险配置方法。

2.1.2 组合资产的风险贡献度

2.1.2.1 风险贡献度的计算

在资产收益率符合高斯分布的情况中，像风险价值或期望亏空这样的风险度量指标是与波动率相关的。我们首先来看两种资产的例子，有公式：

$$\sigma(x) = \sqrt{x_1^2\sigma_1^2 + 2x_1x_2\rho\sigma_1\sigma_2 + x_2^2\sigma_2^2}$$

于是，第一种资产的边际风险为

$$\frac{\partial \sigma(x)}{\partial x_1} = \frac{2x_1\sigma_1^2 + 2x_2\rho\sigma_1\sigma_2}{2\sqrt{x_1^2\sigma_1^2 + 2x_1x_2\rho\sigma_1\sigma_2 + x_2^2\sigma_2^2}}$$

$$= \frac{x_1\sigma_1^2 + x_2\rho\sigma_1\sigma_2}{\sqrt{x_1^2\sigma_1^2 + 2x_1x_2\rho\sigma_1\sigma_2 + x_2^2\sigma_2^2}}$$

$$= \frac{\text{cov}(R_1, R(x))}{\text{var}(R(x))}$$

可以推出第一种资产的风险贡献度为

$$\mathcal{RC}_1 = x_1 \frac{\partial \sigma(x)}{\partial x_1}$$

$$= \frac{x_1^2\sigma_1^2 + x_1x_2\rho\sigma_1\sigma_2}{\sqrt{x_1^2\sigma_1^2 + 2x_1x_2\rho\sigma_1\sigma_2 + x_2^2\sigma_2^2}}$$

可以证明，两种资产的风险贡献度之和等于投资组合的波动率：

$$\mathcal{RC}_1 + \mathcal{RC}_2 = \frac{x_1^2\sigma_1^2 + x_1x_2\rho\sigma_1\sigma_2}{\sqrt{x_1^2\sigma_1^2 + 2x_1x_2\rho\sigma_1\sigma_2 + x_2^2\sigma_2^2}} +$$

$$\frac{x_2x_1\rho\sigma_1\sigma_2 + x_2^2\sigma_2^2}{\sqrt{x_1^2\sigma_1^2 + 2x_1x_2\rho\sigma_1\sigma_2 + x_2^2\sigma_2^2}}$$

$$= \frac{x_1^2\sigma_1^2 + 2x_1x_2\rho\sigma_1\sigma_2 + x_2^2\sigma_2^2}{\sqrt{x_1^2\sigma_1^2 + 2x_1x_2\rho\sigma_1\sigma_2 + x_2^2\sigma_2^2}}$$

$$= \sqrt{x_1^2\sigma_1^2 + 2x_1x_2\rho\sigma_1\sigma_2 + x_2^2\sigma_2^2}$$

$$= \sigma(x)$$

上述公式可以推广到 $n > 2$ 的情况。由于 $\sigma(x) = \sqrt{x^\top \Sigma x}$，边际波动率的向量为

$$\frac{\partial \sigma(x)}{\partial x} = \frac{1}{2}(x^\top \Sigma x)^{-1}(2\Sigma x)$$

$$= \frac{\Sigma x}{\sqrt{x^\top \Sigma x}}$$

则第 i 种资产的风险贡献度为

$$\mathcal{RC}_i = x_i \cdot \frac{(\Sigma x)_i}{\sqrt{x^\top \Sigma x}}$$

与两种资产的例子一样，可以证明完全配置属性：

$$\sum_{i=1}^{n} \mathcal{RC}_i = \sum_{i=1}^{n} x_i \cdot \frac{(\Sigma x)_i}{\sqrt{x^\top \Sigma x}}$$

$$= x^\top \frac{\Sigma x}{\sqrt{x^\top \Sigma x}}$$

$$= \sqrt{x^\top \Sigma x}$$

$$= \sigma(x)$$

于是，可以推导出三个风险度量指标 $\mathrm{SD}_c(x)$，$\mathrm{VaR}_\alpha(x)$ 和 $\mathrm{ES}_\alpha(x)$ 的风险贡献度。对于基于标准差的风险度量 $\mathrm{SD}_c(x)$，有

$$\mathcal{RC}_i = x_i \cdot \left(-\mu_i + c\frac{(\Sigma x)_i}{\sqrt{x^\top \Sigma x}}\right) \tag{2.10}$$

对于风险价值的情况，风险贡献度变成如下形式：

$$\mathcal{RC}_i = x_i \cdot \left(-\mu_i + \Phi^{-1}(\alpha)\frac{(\Sigma x)_i}{\sqrt{x^\top \Sigma x}}\right) \tag{2.11}$$

对于期望亏空的情况，风险贡献度为

$$\mathcal{RC}_i = x_i \cdot \left(-\mu_i + \frac{(\Sigma x)_i}{(1-\alpha)\sqrt{x^\top \Sigma x}}\phi(\Phi^{-1}(\alpha))\right) \tag{2.12}$$

例7 我们来看三种资产的情况。假设它们的期望收益率为零,而波动率分别为30%,20%,15%。资产收益率的相关系数矩阵表示如下:

$$\rho = \begin{pmatrix} 1.00 & & \\ 0.80 & 1.00 & \\ 0.50 & 0.30 & 1.00 \end{pmatrix}$$

我们来看例7情况下的一个投资组合(50%,20%,30%)。由关系式 $\Sigma_{i,j} = \rho_{i,j}\sigma_i\sigma_j$,可以推导出其协方差矩阵⑥为

$$\Sigma = \begin{pmatrix} 9.00 & 4.80 & 2.25 \\ 4.80 & 4.00 & 0.90 \\ 2.25 & 0.90 & 2.25 \end{pmatrix} \times 10^{-2}$$

则组合的方差为

$$\sigma^2(x) = 0.50^2 \times 0.09 + 0.20^2 \times 0.04 + 0.30^2 \times 0.0225 +$$
$$2 \times 0.50 \times 0.20 \times 0.0480 + 2 \times 0.50 \times 0.30 \times 0.0225 +$$
$$2 \times 0.20 \times 0.30 \times 0.0090$$
$$= 4.3555\%$$

于是,波动率为 $\sigma(x) = \sqrt{4.3555\%} = 20.8698\%$,计算边际波动率得

$$\frac{\Sigma x}{\sqrt{x^\top \Sigma x}} = \frac{1}{20.8698\%}\begin{pmatrix} 6.1350\% \\ 3.4700\% \\ 1.9800\% \end{pmatrix} = \begin{pmatrix} 29.3965\% \\ 16.6269\% \\ 9.4874\% \end{pmatrix}$$

最后,将边际波动率与资产权重相乘,得到风险贡献度如下:

$$x \circ \frac{\Sigma x}{\sqrt{x^\top \Sigma x}} = \begin{pmatrix} 50\% \\ 20\% \\ 30\% \end{pmatrix} \circ \begin{pmatrix} 29.3965\% \\ 16.6269\% \\ 9.4874\% \end{pmatrix} = \begin{pmatrix} 14.6982\% \\ 3.3254\% \\ 2.8462\% \end{pmatrix}$$

可以证明,风险贡献度之和等于波动率,即

$$\sum_{i=1}^{3} \mathcal{RC}_i = 14.6982\% + 3.3254\% + 2.8462\% = 20.8698\%$$

---

⑥ 第一种资产和第二种资产之间的协方差为 $\Sigma_{1,2} = 80\% \times 30\% \times 20\% = 4.80\%$。

表 2.2　波动率的风险分解

资产	x_i	MR_i	RC_i	RC_i^*
1	50.00	29.40	14.70	70.43
2	20.00	16.63	3.33	15.93
3	30.00	9.49	2.85	13.64
$\mathcal{R}(x)$			20.87	

表 2.2 总结了各种情况的计算结果[7]。对于价值风险或是期望亏空的情况，边际风险和风险贡献度用相应的 c 值来衡量。表 2.3 和表 2.4 给出了计算结果。我们知道，第一种资产拥有 50% 的权重，但同时占了 70% 的组合风险。类似地，第三种资产占 30% 的权重，但其风险贡献度只有 13.64%。与第一种资产相比，第三种资产产生的风险小于其对应的权重。

表 2.3　风险价值的风险分解

资产	x_i	MR_i	RC_i	RC_i^*
1	50.00	68.39	34.19	70.43
2	20.00	38.68	7.74	15.93
3	30.00	22.07	6.62	13.64
$\mathcal{R}(x)$			48.55	

表 2.4　期望亏空的风险分解

资产	x_i	MR_i	RC_i	RC_i^*
1	50.00	78.35	39.17	70.43
2	20.00	44.31	8.86	15.93
3	30.00	25.29	7.59	13.64
$\mathcal{R}(x)$			55.62	

注 21　即使风险度量指标符合一致性和凸性，它也不一定就满足欧拉配置原则，一个最著名的例子就是投资组合的方差。我们有 $\mathrm{var}(x) = x^\top \Sigma x$ 和 $\partial_x \mathrm{var}(x) = 2\Sigma x$，因此就有 $\sum_{i=1}^{n} x_i \cdot \partial_x \mathrm{var}(x) = \sum_{i=1}^{n} x_i \cdot (2\Sigma x)_i = 2x^\top$

---

[7] MR_i 和 RC_i 代表边际风险和资产 i 的风险贡献，其中，RC_i^* 是用风险度量的百分比来表示风险贡献的：$RC_i^* = \dfrac{RC_i}{\mathcal{R}(x)}$。

$\sum x = 2\text{var}(x) > \text{var}(x)$。在组合方差的情况下，则风险贡献度之和总是大于风险度量本身。

2.1.2.2 关于风险贡献度的说明

有两种方法可以用来解释风险贡献度。第一种是基于边际分析，由李特曼（Litterman，1996）和加曼（Garman，1997）提出。这一方法与风险度量指标的敏感性分析有关。实际上，定义资产 i 的边际风险为

$$\frac{\partial \mathcal{R}(x)}{\partial x_i} = \lim_{h \to 0} \frac{\mathcal{R}(x + he_i) - \mathcal{R}(x)}{h}$$

如果 h 很小，可以得到

$$\mathcal{R}(x + he_i) \simeq \mathcal{R}(x) + h \frac{\partial \mathcal{R}(x)}{\partial x_i} \qquad (2.13)$$

这就是说，如果我们将资产 i 的比重提升一个很小的数额 h，则风险度量值的增加等于 h 和边际风险的乘积。解释风险贡献度的第二种方法是关于业绩分析方法。如果将效用函数定义为 $\mathcal{U}(x) = \mathbb{E}[\mathcal{R}(x)] - \frac{1}{2}\phi\mathcal{R}(x)$，则最优组合满足：

$$\mu_i = \frac{\phi}{2} \frac{\partial \mathcal{R}(x)}{\partial x_i}$$

这表示，业绩贡献度就等于风险贡献度，即

$$\frac{x_i \cdot \mu_i}{\sum_{i=1}^{n} x_i \cdot \mu_i} = \frac{x_i \cdot \partial_{x_i} \mathcal{R}(x)}{\sum_{t=1}^{n} x_i \cdot \partial_{x_i} \mathcal{R}(x)} \qquad (2.14)$$

于是在收益率和风险之间就存在着二元性。业绩分析源自布莱克—李特曼模型（或者 CAPM 模型）。然而，式（2.14）存在关于均衡问题的争论。在风险价值中，我们可以得到二元性且避开这个争论。钱（Qian，2006）发现，风险贡献度与损失贡献度相关[8]，即

$$\mathcal{RC}_i = \mathbb{E}[L_i | L = \text{VaR}_\alpha(L)]$$

当组合的损失达到风险价值时，第 i 种资产的风险贡献度就是第 i 种资产的损失贡献度。

回到例 7，第一种资产的边际波动率如下所示：

---

[8] 这一结果会在下一节中解释。

$$\frac{\partial \sigma(x)}{\partial x_1} = \lim_{h \to 0} \frac{\sigma(x_1+h, x_2, x_3) - \sigma(x_1, x_2, x_3)}{(x_1+h) - x_1}$$

如果 $h = 1\%$ ，则有

$$\frac{\partial \sigma(x)}{\partial x_1} \simeq \frac{21.1639\% - 20.8698\%}{1\%} = 29.4050\%$$

如果 $h = 0.1\%$ ，则有

$$\frac{\partial \sigma(x)}{\partial x_1} \simeq \frac{20.8992\% - 20.8698\%}{0.1\%} = 29.3974\%$$

如果 $h = 0.01\%$ ，则有

$$\frac{\partial \sigma(x)}{\partial x_1} \simeq \frac{20.8728\% - 20.8698\%}{0.01\%} = 29.3966\%$$

可以证明，有限差分会收敛于真实值 29.3965%。表 2.5 显示了 h 对 $\mathcal{R}(x+he_i)$ 的影响。比如，若将第一种资产的 h 设定为 1%，那么波动率就等于 21.1639%。表 2.6 列示了由式（2.13）得出的 $\mathcal{R}(x+he_i)$ 的近似值。比方说，若将第一种资产的 h 设定为 1%，那么波动率的近似值为 21.1638%，因此这与真实值非常接近。

注 22 边际分析方法是理解微观经济分析的关键，尤其是对生产与消费的一般均衡（Varian, 1992）。从这个角度来看，对于稀缺资源的分配通常以边际量为基础，比如边际生产率、边际成本、边际效用、边际消费等。

表 2.5　关于系数 h 的波动率敏感性分析

资产	1 个基点	10 个基点	1%	10%	50%	$-x_i$
1	20.8728	20.8992	21.1639	23.8170	35.6938	6.8593
2	20.8715	20.8865	21.0364	22.5599	29.7077	17.6847
3	20.8708	20.8793	20.9650	21.8495	26.2640	18.3576

表 2.6　关于系数 h 的波动率边际分析

资产	1 个基点	10 个基点	1%	10%	50%	$-x_i$
1	20.8728	20.8992	21.1638	23.8095	35.5681	6.1716
2	20.8715	20.8865	21.0361	22.5325	29.1833	17.5445
3	20.8708	20.8793	20.9647	21.8186	25.6135	18.0236

2.1.3 非正态风险度量指标的应用

2.1.3.1 非正态风险价值和期望亏空

前一节我们给出了当资产收益率符合高斯分布时的公式，而这些表达式都可以扩展到一般形式。对于风险价值，根据古里耶鲁等（Gourieroux et al., 2000）提出的，风险贡献度等于[9]：

$$\begin{aligned}\mathcal{RC}_i &= \mathcal{R}(\Pi_i \mid \Pi) \\ &= -\mathbb{E}[\Pi_i \mid \Pi = -\text{VaR}_\alpha(\Pi)] \\ &= \mathbb{E}[L_i \mid L(x) = \text{VaR}_\alpha(L)]\end{aligned} \quad (2.15)$$

式（2.15）比在高斯分布情况下得到的式（2.11）要更具一般性。实际上，如果我们假定收益是符合高斯分布的，那么就可以重新推得后者。回想一下，投资组合的收益率 $R(x) = \sum_{i=1}^{n} x_i R_i = x^\top R$，组合的损失可定义为 $L(x) = -R(c)$。由此可以推导出：

$$\begin{aligned}\mathcal{RC}_i &= \mathbb{E}[-x_i R_i \mid -R(x) = \text{VaR}_\alpha(x)] \\ &= -x_i \cdot \mathbb{E}[R_i \mid R(x) = -\text{VaR}_\alpha(x)]\end{aligned}$$

由于 $R(x)$ 是 R 的线性组合，随机向量 $(R, R(x))$ 符合高斯分布，则有

$$\begin{pmatrix} R \\ R(x) \end{pmatrix} \sim \mathcal{N}\left(\begin{pmatrix} \mu \\ x^\top \mu \end{pmatrix}, \begin{pmatrix} \Sigma & \Sigma x \\ x^\top \Sigma & x^\top \Sigma x \end{pmatrix} \right)$$

我们知道，$\text{VaR}_\alpha(x) = -x^\top \mu + \Phi^{-1}(\alpha) \sqrt{x^\top \Sigma x}$。则有[10]

$$\begin{aligned}\mathbb{E}[R \mid R(x) = -\text{VaR}_\alpha(x)] &= \mathbb{E}[R \mid R(x) = x^\top \mu - \Phi^{-1}(\alpha) \sqrt{x^\top \Sigma x}] \\ &= \mu + \Sigma x (x^\top \Sigma x)^{-1} \\ &\quad (x^\top \mu - \Phi^{-1}(\alpha) \sqrt{x^\top \Sigma x} - x^\top \mu) \\ &= \mu - \Phi^{-1}(\alpha) \Sigma x \frac{\sqrt{x^\top \Sigma x}}{(x^\top \Sigma x)^{-1}}\end{aligned}$$

---

[9] 同样见 Hallerbach（2003）。
[10] 我们用到第一章脚注 13 的条件期望公式。

$$= \mu - \Phi^{-1}(\alpha) \frac{\Sigma x}{\sqrt{x^\top \Sigma x}}$$

最终可以得到与式（2.11）一样的表达式：

$$\mathcal{RC}_i = - x_i \cdot \left(\mu - \Phi^{-1}(\alpha) \frac{\Sigma x}{\sqrt{x^\top \Sigma x}} \right)_i$$

$$= x_i \cdot \left(-\mu_i + \Phi^{-1}(\alpha) \frac{(\Sigma x)_i}{\sqrt{x^\top \Sigma x}} \right)$$

同样地，塔舍（2002）指出，对于期望亏空的风险贡献度的一般表达式如下：

$$\mathcal{RC}_i = \mathcal{R}(\Pi_i \mid \Pi)$$

$$= -\mathbb{E}[\Pi_i \mid \Pi \leqslant -\mathrm{VaR}_\alpha(\Pi)]$$

$$= \mathbb{E}[L_i \mid L(x) \geqslant \mathrm{VaR}_\alpha(L)] \qquad (2.16)$$

运用贝叶斯定理，可以得到

$$\mathcal{RC}_i = \frac{\mathbb{E}[L_i \cdot \mathbb{1}\{L \geqslant \mathrm{VaR}_\alpha(L)\}]}{1 - \alpha}$$

如果将这一公式应用到高斯分布的情况，可以得到

$$\mathcal{RC}_i = -\frac{x_i}{1-\alpha} \mathbb{E}[R_i \cdot \mathbb{1}\{R(x) \leqslant -\mathrm{VaR}_\alpha(L)\}]$$

我们知道，随机向量 $(R_i, R(x))$ 符合二元正态分布，且满足：

$$\begin{pmatrix} R_i \\ R(x) \end{pmatrix} \sim \mathcal{N}\left(\begin{pmatrix} \mu_i \\ x^\top \mu \end{pmatrix}, \begin{pmatrix} \Sigma_{i,i} & (\Sigma x)_i \\ (\Sigma x)_i & x^\top \Sigma x \end{pmatrix} \right)$$

令 $I = \mathbb{E}[R_i \cdot \mathbb{1}\{R(x) \leqslant -\mathrm{VaR}_\alpha(L)\}]$。记 f 为随机向量 $(R_i, R(x))$ 的密度方程，R_i 和 $R(x)$ 的相关系数 $\rho = \Sigma_{i,i}^{-1/2}(x^\top \Sigma x)^{-1/2}(\Sigma x)_i$。则有

$$I = \int_{-\infty}^{+\infty} \int_{-\infty}^{+\infty} r \cdot \mathbb{1}\{s \leqslant -\mathrm{VaR}_\alpha(L)\} f(r,s) \, \mathrm{d}r \, \mathrm{d}s$$

$$= \int_{-\infty}^{+\infty} \int_{-\infty}^{-\mathrm{VaR}_\alpha(L)} r f(r,s) \, \mathrm{d}r \, \mathrm{d}s$$

令 $t = (r - \mu_i)/\sqrt{\Sigma_{i,i}}$, $u = (s - x^\top \mu)/\sqrt{x^\top \Sigma x}$。推导得出[11]

$$I = \int_{-\infty}^{+\infty} \int_{-\infty}^{\Phi^{-1}(1-\alpha)} \frac{\mu_i + \sqrt{\Sigma_{i,i}}t}{2\pi\sqrt{1-\rho^2}} \exp\left(-\frac{t^2 + u^2 - 2\rho tu}{2(1-\rho^2)}\right) dt du$$

考虑到变量的变换 $(t,u) = \varphi(t,v)$,满足 $u = \rho t + \sqrt{1-\rho^2}v$,则有[12]

$$I = \int_{-\infty}^{+\infty} \int_{-\infty}^{g(t)} \frac{\mu_i + \sqrt{\Sigma_{i,i}}t}{2\pi} \exp\left(-\frac{t^2 + v^2}{2}\right) dt dv$$

$$= \mu_i \int_{-\infty}^{+\infty} \int_{-\infty}^{g(t)} \frac{1}{2\pi} \exp\left(-\frac{t^2 + v^2}{2}\right) dt dv +$$

$$\sqrt{\Sigma_{i,i}} \int_{-\infty}^{+\infty} \int_{-\infty}^{g(t)} \frac{t}{2\pi} \exp\left(-\frac{t^2 + v^2}{2}\right) dt dv$$

$$= \mu_i I_1 + \sqrt{\Sigma_{i,i}} I_2$$

其中,上限 $g(t)$ 定义如下:

$$g(t) = \frac{\Phi^{-1}(1-\alpha) - \rho t}{\sqrt{1-\rho^2}}$$

于是,对于第一部分积分,有[13]

$$I_1 = \int_{-\infty}^{+\infty} \frac{1}{\sqrt{2\pi}} \exp\left(-\frac{t^2}{2}\right) \left(\int_{-\infty}^{g(t)} \frac{1}{\sqrt{2\pi}} \exp\left(-\frac{v^2}{2}\right) dv\right) dt$$

$$= \int_{-\infty}^{+\infty} \Phi\left(\frac{\Phi^{-1}(1-\alpha) - \rho t}{\sqrt{1-\rho^2}}\right) \phi(t) dt$$

$$= 1 - \alpha$$

第二部分积分 I_2 的计算过程要冗长一些,以导函数 $t\phi(t)$ 进行分部积分得到

$$I_2 = \int_{-\infty}^{+\infty} \Phi\left(\frac{\Phi^{-1}(1-\alpha) - \rho t}{\sqrt{1-\rho^2}}\right) t\phi(t) dt$$

---

[11] 因为有 $\Phi^{-1}(1-\alpha) = -\Phi^{-1}(\alpha)$。
[12] 用 $dtdv = \sqrt{1-\rho^2}dtdu$ 是因为包含偏导数 $D\varphi$ 的雅可比矩阵的行列式为 $\sqrt{1-\rho^2}$。
[13] 我们用等式:

$$\mathbb{E}\left[\Phi\left(\frac{\Phi^{-1}(p) - \rho T}{\sqrt{1-\rho^2}}\right)\right] = p$$

其中,$T \sim N(0,1)$。众所周知,这一结果来自《巴塞尔协议 II》中信用风险框架(Roncalli, 2009,第 182 页)。

$$= -\frac{\rho}{\sqrt{1-\rho^2}} \int_{-\infty}^{+\infty} \phi\left(\frac{\Phi^{-1}(1-\alpha) - \rho t}{\sqrt{1-\rho^2}}\right) \phi(t) \mathrm{d}t$$

$$= -\frac{\rho}{\sqrt{1-\rho^2}} \phi(\Phi^{-1}(1-\alpha)) \int_{-\infty}^{+\infty} \phi\left(\frac{t - \rho \Phi^{-1}(1-\alpha)}{\sqrt{1-\rho^2}}\right) \mathrm{d}t$$

$$= -\rho \phi(\Phi^{-1}(1-\alpha))$$

于是就可以推导出 I 的值为

$$I = \mu_i(1-\alpha) - \rho \sqrt{\Sigma_{i,i}} \phi(\Phi^{-1}(1-\alpha))$$

$$= \mu_i(1-\alpha) - \frac{(\Sigma x)_i}{\sqrt{x^\top \Sigma x}} \phi(\Phi^{-1}(\alpha))$$

最后得到

$$\mathcal{RC}_i = x_i \cdot \left(-\mu_i + \frac{(\Sigma x)_i}{(1-\alpha) \sqrt{x^\top \Sigma x}} \phi(\Phi^{-1}(\alpha))\right)$$

这与之前得到的表达式相同。

当收益率不符合高斯分布时,采用式(2.15)和式(2.16)来计算风险贡献度。由于解析式通常很难找到,我们采用蒙特卡洛模拟。令 m 和 $L_i^{(j)}$ 分别为模拟的次数和第 i 个资产的第 j 次模拟损失,那么第 j 次模拟的组合损失就等于 $L^{(j)} = \sum_{i=1}^{n} L_i^{(j)}$。我们来考虑顺序统计[14]:

$$\min(L^{(j)}) = L^{(1:m)} \leq L^{(2:m)} \leq \cdots \leq L^{(m:m)} = \max(L^{(j)})$$

于是风险价值就等于 m_α 顺序统计量:

$$\mathrm{VaR}_\alpha(L) = L^{(m_\alpha:m)}$$

其中[15], $m_\alpha = m\alpha + 1$。根据式(2.15),可以推导出风险贡献度的估计值为

$$\mathcal{RC}_i = L_i^{(m_\alpha:m)}$$

其中,$L_i^{(j:m)}$ 是针对组合损失 m_α 顺序统计量的第 i 个资产的个体损失。对于期望亏空,有

---

[14] 为简化表达式,假设严格不等。
[15] 采用金融界惯例,即 $\mathrm{VaR}_{99\%}(L)$ 对应于 100 个利润和损失样本数据中的最小值,也就是 100 个样本损失数据中的最大值。这一定义与传统的经验分位的统计惯例是不一样的。

$$\mathrm{ES}_\alpha(L) = \frac{1}{m(1-\alpha)} \sum_{j=m_\alpha}^{m} L^{(j:m)}$$

$$= \frac{1}{m(1-\alpha)} \sum_{j=1}^{m} L^{(j)} \cdot \mathbb{1}\{L^{(j)} \geq \mathrm{VaR}_\alpha(L)\}$$

这表示大于等于风险价值的那些损失的平均值。于是,根据式(2.16)计算风险贡献度得到

$$\mathcal{RC}_i = \frac{1}{m(1-\alpha)} \sum_{j=m_\alpha}^{m} L_i^{(j:m)}$$

注23 我们知道,对于风险贡献度的估计,若采用风险价值方法,需要一个观测量;若采用期望亏空法,则需要 $m(1-\alpha)$ 个观测量。显然,风险价值方法的有效性较低。这就是为什么我们可以采用正则化方法的原因(Scaillet,2004),即赋予顺序统计量权重来估计风险价值:

$$\mathrm{VaR}_\alpha(L) = \sum_{j=1}^{m} \varpi_j^m(\alpha) L^{(j:m)}$$

其中, $\varpi_j^m(\alpha)$ 是置信水平 α 下的权重函数。于是,风险贡献度的表达式变为:

$$\mathcal{RC}_i = \sum_{j=1}^{m} \varpi_j^m(\alpha) L_i^{(j:m)}$$

当然,这种简单的方法可以用更复杂的方法来改进,比如重要性抽样方法(Glasserman,2005)。

例8 我们来看具有两种资产的组合。下面是每种资产损失的20个观测值。

j	1	2	3	4	5	6	7	8	9	10
$L_1^{(j)}$	14	3	-4	5	6	8	12	25	23	-9
$L_2^{(j)}$	10	-3	8	7	2	17	14	22	-8	-2
j	11	12	13	14	15	16	17	18	19	20
$L_1^{(j)}$	-50	-17	18	-9	-6	-2	0	17	19	1
$L_2^{(j)}$	-10	12	-12	-19	25	-10	4	12	36	-5

我们用前面的例子来说明之前的估计量。将组合的损失计算成两种资产的损失之和:

j	1	2	3	4	5	6	7	8	9	10
$L^{(j)}$	24	0	4	12	8	25	26	47	15	-11
j	11	12	13	14	15	16	17	18	19	20
$L^{(j)}$	-60	-5	6	-28	19	-12	4	29	55	-4

可推出顺序统计量:

j	1	2	3	4	5	6	7	8	9	10
$L^{(j:m)}$	-60	-28	-12	-11	-5	-4	0	4	4	6
j	11	12	13	14	15	16	17	18	19	20
$L^{(j:m)}$	8	12	15	19	24	25	26	29	47	55

如,第一顺序统计量对应于不同的损失值中的最小值,即第11个观测值,等于 -60。如果 α 等于80%,则风险价值对应于第17个顺序统计量,等于26。我们还发现,风险价值出现在第7个观测值。进一步可以推得风险贡献度 $\mathcal{RC}_1 = 12$, $\mathcal{RC}_2 = 14$。期望亏空的计算如下:

$$\mathrm{ES}_\alpha(L) = \frac{26 + 29 + 47 + 55}{4} = 39.25$$

为了计算风险贡献度,一个很方便的方法是根据顺序统计量将个体损失进行排名,则有

j	1	2	3	4	5	6	7	8	9	10
$L_1^{(j:m)}$	-50	-9	-2	-9	-17	1	3	-4	0	18
$L_2^{(j:m)}$	-10	-19	-10	-2	12	-5	-3	8	4	-12
j	11	12	13	14	15	16	17	18	19	20
$L_1^{(j:m)}$	6	5	23	-6	14	8	12	17	25	19
$L_2^{(j:m)}$	2	7	-8	25	10	17	14	12	22	36

进一步可推得

$$\mathcal{RC}_1 = \frac{12 + 17 + 25 + 19}{4} = 18.25$$

$$\mathcal{RC}_2 = \frac{14 + 12 + 22 + 36}{4} = 21.00$$

可以证明,这两个资产的风险贡献度之和等于期望亏空。现在我们假设采用正则化方法估计风险价值。我们来看如下这个权重函数:

$$\varpi_j^m(\alpha) = \frac{1}{2h+1} \cdot \mathbb{1}\{|j - m_\alpha| \leq h\}$$

该函数对应于区间 $[m_\alpha - h, m_\alpha + h]$ 的均匀核。在上述例子中，令 $h=1$，得

$$\varpi_j^m(\alpha) = \begin{cases} 1/3 & \text{如果 } j = 16,17,18 \\ 0 & \text{其他情况} \end{cases}$$

于是，计算80%置信水平下的风险价值，就等同于计算75%、80%和85%分位点上的平均值，得到：$\text{VaR}_\alpha(L) = 26.67$，$\mathcal{RC}_1 = 12.33$，$\mathcal{RC}_2 = 14.33$。

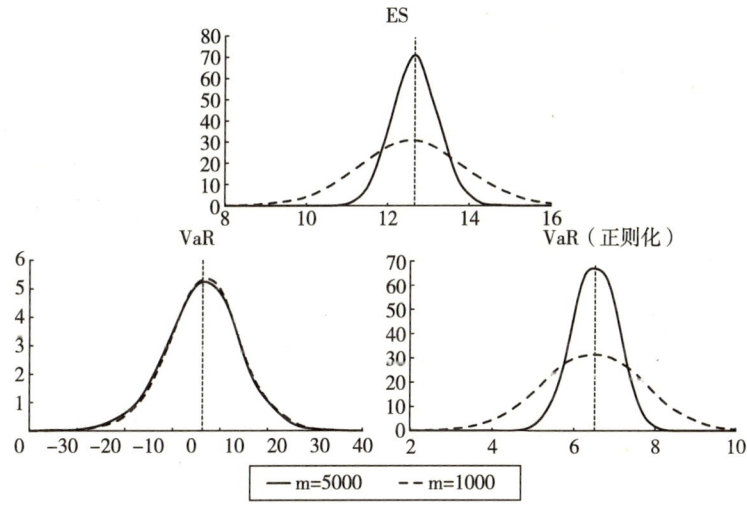

图 2.2　风险贡献度估计量 $\mathcal{RC}_1$ 的密度

为了说明正则化方法的重要性，我们来看一个两种资产的等权重组合。假设资产收益率 $R_i(t)$ 符合 t 分布（即学生分布），即

$$\frac{R_i(t) - \mu_i}{\sigma_i} \sim t_{v_i}$$

两种资产收益率间的相关函数由 Clayton Copula 函数确定：

$$\mathbf{C}(u_1, u_2) = (u_1^{-\theta} + u_2^{-\theta} - 1)^{-1/\theta}$$

为了以数值来说明，我们设定以下参数值：$\mu_1 = 10\%$，$\sigma_1 = 20\%$，$v_1 = 6$，$\mu_2 = 10\%$，$\sigma_2 = 25\%$，$v_2 = 4$，$\theta = 2$；置信水平 α 设定为90%。所有计算结果都以相对于组合初始值的百分比形式来表达。图 2.2 列出了第一种资产的风险贡

献度估计值的密度[16]。可以证明，风险价值法下估计值的方差要比期望亏空方法的估计值方差大。在风险价值法下，模拟次数 m 对估计值的方差几乎没有影响。如果我们采用正则化技术和之前的均匀核[17]，那么就可以改善估计量的效率。例如，下表是当 $m = 5000$ 时得到的结果：

	Vol	VaR	ES	VaR – R
$\mathcal{R}(x)$	24.51	18.32	35.99	18.49
	(0.57)	(0.69)	(1.18)	(0.66)
$\mathcal{RC}_1(x)$	8.95	6.26	12.67	6.51
	(0.23)	(7.65)	(0.55)	(0.54)
$\mathcal{RC}_2(x)$	15.56	12.05	23.32	11.98
	(0.55)	(7.65)	(0.88)	(0.63)

对每个估计量都有一个预期值，括号中的值表示估计量的标准差。对于风险价值的情况，第一种资产风险贡献度估计量的预期值和标准差分别等于 6.26% 和 7.65%，这表明它在统计上不显著。如果我们考虑正则化法的估计量（VaR – R），这些值将变为 6.51% 和 0.54%，标准差降低了 10 倍还多。

注24 在上面的例子中，波动率、风险价值和期望亏空的风险贡献度 $\mathcal{RC}_1(x)$（以风险度量指标的百分比来衡量）分别等于 36.53%、35.22% 和 35.20%。可以证明，这些风险贡献度是不同的，因为资产收益率不是高斯分布的。资产收益率的非高斯分布特性也可以由尺度因子 k 的不同来解释，我们发现，非高斯分布情况下的 k 定义为

$$k = \frac{c(\mathrm{ES}_\alpha(L))}{c(\mathrm{VaR}_\alpha(L))} = \frac{\mathrm{ES}_\alpha(L) + \mu(x)}{\mathrm{VaR}_\alpha(L) + \mu(x)}$$

与以下高斯分布情况下的 k 不同：

$$k = \frac{\phi(\Phi^{-1}(\alpha))}{(1-\alpha)\Phi^{-1}(\alpha)}$$

在我们的例子里，k 值为 1.62，而在高斯分布情况下 k 值为 1.37。而且，由于资产收益率的厚尾特性的影响，这一差别还随着 α 的增加而增加。

---

[16] 采用高斯核函数经过 2000 次重复估计得出。

[17] 参数 $h = 2.5\% \times m$。

2.1.3.2 历史风险价值

历史风险价值是根据一组历史情景,一般是过去 260 个交易日,计算损失经验分布的分位点。因为它不像高斯 VaR 中包括了估计参数,因此也称为非参数法。令 $\hat{\mathbf{F}}$ 为损失组合 $L(x)$ 的经验分布,则历史 VaR 为

$$\text{VaR}_\alpha(L) = \hat{\mathbf{F}}^{-1}(\alpha)$$

为了估计这个量,我们可以像在蒙特卡洛模拟中做的那样,在这里, $m, L_i^{(j)}$ 和 $L^{(j)}$ 分别代表了历史情景的数目、第 j 个情景下的第 i 个资产的损失以及第 j 个情景下的组合损失。我们已经知道,风险价值等于 $m\alpha$ 顺序统计量,即 $\text{VaR}_\alpha(L) = L^{(m_\alpha:m)}$。如果 $m\alpha$ 不是一个整数,我们考虑在置信水平 α 情况下的两个顺序统计量间的内插值。于是有

$$\text{VaR}_\alpha(L) = L^{(m_\alpha:m)} + (m\alpha + 1 - m_\alpha)(L^{(m_\alpha+1:m)} - L^{(m_\alpha:m)})$$

其中, $m_\alpha = [m\alpha + 1]$ 表示 $m\alpha + 1$ 的整数部分。例如,若 $\alpha = 99\%$, $m = 250$ 时,有

$$\begin{aligned}
\text{VaR}_{99\%}(L) &= L^{(248:250)} + \frac{1}{2}\left(L^{(249:250)} - L^{(248:250)}\right) \\
&= -\left(\prod{}^{(3:250)} + \frac{1}{2}\left(\prod{}^{(2:250)} - \prod{}^{(3:250)}\right)\right) \\
&= -\left(\frac{1}{2}\prod{}^{(2:250)} + \frac{1}{2}\prod{}^{(3:250)}\right)
\end{aligned}$$

因此,以 250 个历史情景来计算 99% 置信水平下的风险价值,就相当于第二小和第三小的利润/损失(P&L)的平均数的相反数。

风险贡献度的估计面临着和蒙特卡洛模拟中相同的问题。如果假设资产收益率为椭圆分布,卡罗尔等人(Carroll et al., 2001)认为[18]

$$\mathcal{RC}_i = \mathbb{E}[L_i] + \frac{\text{cov}(L, L_i)}{\sigma^2(L)}(\text{VaR}_\alpha(L) - \mathbb{E}[L]) \tag{2.17}$$

---

[18] 我们证明了风险贡献度之和等于风险价值:

$$\begin{aligned}
\sum_{i=1}^n \mathcal{RC}_i &= \sum_{i=1}^n \mathbb{E}[L_i] + (\text{VaR}_\alpha(L) + \mathbb{E}[L])\sum_{i=1}^n \frac{\text{cov}(L, L_i)}{\sigma^2(L)} \\
&= \mathbb{E}[L] + (\text{VaR}_\alpha(L) - \mathbb{E}[L]) \\
&= \text{VaR}_\alpha(L)
\end{aligned}$$

因此，用历史风险价值方法来估计风险贡献度就比较直截了当，只需应用式（2.17），将统计矩替换成样本统计量，即

$$\mathcal{RC}_i = \bar{L}_i + \frac{\sum_{j=1}^{m}(L^{(j)} - \bar{L})(L_i^{(j)} - \bar{L}_i)}{\sum_{j=1}^{m}(L^{(j)} - \bar{L})^2}(\text{VaR}_\alpha(L) - \bar{L})$$

其中，$\bar{L}_i = m^{-1}\sum_{j=1}^{m}L_i^{(j)}$，$\bar{L} = m^{-1}\sum_{j=1}^{m}L^{(j)}$。

式（2.17）的计算结果可以看作是条件期望$\mathbb{E}[L_i | L = \text{VaR}_\alpha(L)]$在如下线性回归框架下的估计值：

$$L_i = \beta L + \varepsilon_i$$

由于最小二乘估计量是$\hat{\beta} = \text{cov}(L, L_i)/\sigma^2(L)$，则可推得

$$\mathbb{E}[L_i | L = \text{VaR}_\alpha(L)] = \hat{\beta}\text{VaR}_\alpha(L) + \mathbb{E}[\varepsilon_i]$$

$$= \hat{\beta}\text{VaR}_\alpha(L) + (\mathbb{E}[L_i] - \hat{\beta}\mathbb{E}[L])$$

$$= \mathbb{E}[L_i] + \hat{\beta}(\text{VaR}_\alpha(L) - \mathbb{E}[L])$$

艾培林和斯麦丽（Epperlein and Smillie，2006）将式（2.17）扩展到非椭圆分布的情况。如果考虑广义条件期望$\mathbb{E}[L_i | L = x] = f(x)$，其中，函数$f$为未知，其估计由核回归给出[19]：

$$\hat{f}(x) = \frac{\sum_{j=1}^{m}\mathcal{K}(L^{(j)} - x)L_i^{(j)}}{\sum_{j=1}^{m}\mathcal{K}(L^{(j)} - x)}$$

其中，$\mathcal{K}(u)$为核函数。推导可得

$$\mathcal{RC}_i = \hat{f}(\text{VaR}_\alpha(L))$$

然而，艾培林和斯麦丽（2006）发现，这里的风险分解并不满足欧拉原则，所以他们进一步提出了以下修正：

$$\mathcal{RC}_i = \frac{\text{VaR}_\alpha(L)}{\sum_{i=1}^{n}\mathcal{RC}_i}\hat{f}(\text{VaR}_\alpha(L))$$

---

[19] 称$\hat{f}(x)$为Nadaraya–Watson估计量。

$$= \text{VaR}_\alpha(L) \frac{\sum_{j=1}^m \mathcal{K}(L^{(j)} - \text{VaR}_\alpha(L)) L_i^{(j)}}{\sum_{i=1}^n \sum_{j=1}^m \mathcal{K}(L^{(j)} - \text{VaR}_\alpha(L)) L_i^{(j)}}$$
$$= \text{VaR}_\alpha(L) \frac{\sum_{j=1}^m \mathcal{K}(L^{(j)} - \text{VaR}_\alpha(L)) L_i^{(j)}}{\sum_{j=1}^m \mathcal{K}(L^{(j)} - \text{VaR}_\alpha(L)) L^{(j)}} \tag{2.18}$$

专业人员倾向于采用历史风险价值法而不是高斯风险价值法，是因为风险价值（隐含地）依赖于损失分布的所有矩。另一个修正高斯风险价值的方法是将三阶矩和四阶矩纳入考虑范围。令 $\mu_r = \mathbb{E}[(L - \mu(L))^r]$ 为组合损失的 r 阶中心矩[20]，偏度 $\gamma_1 = \mu_3/\mu_2^{3/2}$ 用来衡量损失分布的不对称性[21]。为了刻画损失相对于正态分布是尖峰的还是平坦的，我们采用超值峰度[22] $\gamma_2 = \mu_4/\mu_2^2 - 3$。赞加里（Zangari, 1996）利用分布的柯尼施—费雪（Cornish - Fisher）展开式，提出以下估计风险价值的方法：

$$\text{VaR}_\alpha(L) = -x^\top \mu + z \cdot \sqrt{x^\top \Sigma x}$$

其中，

$$z = z_\alpha + \frac{1}{6}(z_\alpha^2 - 1)\gamma_1 + \frac{1}{24}(z_\alpha^3 - 3z_\alpha)\gamma_2 - \frac{1}{36}(2z_\alpha^3 - 5z_\alpha)\gamma_1^2$$

其中，$z_\alpha = \Phi^{-1}(\alpha)$。这个公式与高斯风险价值的公式是一样的，只是用了其他的尺度参数[23]。推导得出风险贡献度的表达式如下：

$$\mathcal{RC}_i = x_i \cdot \left(-\mu_i + z \cdot \frac{(\Sigma x)_i}{\sqrt{x^\top \Sigma x}} + \partial_{x_i} z \cdot \sqrt{x^\top \Sigma x} \right)$$

首先，可以假设 $\partial_{x_i} z = 0$，因为组合的局部扰动对参数 z 几乎没什么影响。也可以借鉴布特等（Boudt et al., 2008）计算得出的 $\partial_{x_i} z$ 的精确值。约翰多和罗金格（Jondeau and Rockinger, 2006）认为，组合损失的三阶矩和四阶中心矩为

$$\mu_3 = -x^\top M_3 (x \otimes x)$$
$$\mu_4 = x^\top M_4 (x \otimes x \otimes x)$$

---

[20] 数学期望 $\mu(L)$ 等于 $-x^\top \mu$。
[21] 如果 $\gamma_1 < 0$（或 $\gamma_1 > 0$），则风险分布是左偏（或右偏）的，因为左（或右）尾更长。对于高斯分布来说，$\gamma_1 = 0$。
[22] 如果 $\gamma_2 > 0$，损失分布表现为厚尾。
[23] 如果 $\gamma_1 = \gamma_2 = 0$，我们以 $z = \Phi^{-1}(\alpha)$ 重新得到高斯风险价值。

其中，M_3 和 M_4 分别为资产收益率的协偏度和斜峰度矩阵：

$$M_3 = \mathbb{E}[(R-\mu)(R-\mu)^\top \otimes (R-\mu)^\top]$$

$$M_4 = \mathbb{E}[(R-\mu)(R-\mu)^\top \otimes (R-\mu)^\top \otimes (R-\mu)^\top]$$

于是得到

$$\partial_{x_i} z = \frac{1}{6}(z_\alpha^2 - 1)\partial_{x_i}\gamma_1 + \frac{1}{24}(z_\alpha^3 - 3z_\alpha)\partial_{x_i}\gamma_2 - \frac{1}{18}(2z_\alpha^3 - 5z_\alpha)\gamma_1\partial_{x_i}\gamma_1$$

其中，

$$\partial_{x_i}\gamma_1 = 3\mu_3 \frac{(\Sigma x)_i}{(x^\top \Sigma x)^{5/2}} - 3\frac{(M_3(x \otimes x))_i}{(x^\top \Sigma x)^{3/2}}$$

$$\partial_{x_i}\gamma_2 = 4\frac{(M_4(x \otimes x \otimes x))_i}{(x^\top \Sigma x)^2} - 4\mu_4 \frac{(\Sigma x)_i}{(x^\top \Sigma x)^3}$$

例9 考虑一个斜正态分布 $Y \sim \mathcal{SN}(\xi, \omega^2, \beta)$，这个分布将正态分布的情形推广到非零斜度的情形，它的概率密度函数为

$$f(y) = \frac{2}{\omega}\phi\left(\frac{y-\xi}{\omega}\right)\Phi\left(\beta\frac{y-\xi}{\omega}\right)$$

根据阿扎里尼（Azzalini，1985，1986），有

$$\mathbb{E}[Y] = \xi + \omega\mu$$

$$\sigma^2(Y) = \omega^2(1-\mu^2)$$

$$\gamma_1(Y) = \frac{4-\pi}{2}\frac{\mu^3}{(1-\mu^2)^{3/2}}$$

$$\gamma_2(Y) = 2(\pi-3)\frac{\mu^4}{(1-\mu^2)^2}$$

其中，$\mu = \delta\sqrt{2/\pi}$，$\delta = \frac{\beta}{\sqrt{1+\beta^2}}$。

假设利润/损失变量 Π 符合斜正态分布 $\mathcal{SN}(\xi, \omega^2, \beta)$，我们来考虑以下三组参数：

组别	ξ	ω	β
#1	1%	5%	0
#2	−5%	10%	2
#2	15%	20%	−5

图 2.3 显示了变量 Π 在这些不同参数下的概率密度函数,可以推得如下相应的矩:

组别	$\mathbb{E}[\Pi]$	$\sigma^2(\Pi)$	$\gamma_1(\Pi)$	$\gamma_2(\Pi)$
#1	0.01000	0.00250	0.00000	0.00000
#2	0.02136	0.00491	0.45383	0.30505
#3	-0.00648	0.01551	-0.85097	0.70535

于是可以计算出 Cornish–Fisher 的 VaR[24],并与正态 VaR 值和通过 SN 分布的累积分布函数转换得到的精确值进行比较。计算结果列于表 2.7。可以看到,正态 VaR 值和 VaR 的精确值之间会有较大差距,而 Cornish–Fisher 修正改进了这个计算结果。

表 2.7 当利润/损失符合斜正态分布时的风险价值(用%表示)

	α	80%	85%	90%	95%	99%
正态分布	#1	3.21	4.18	5.41	7.22	10.63
	#2	3.76	5.12	6.84	9.39	14.16
	#3	11.13	13.56	16.61	21.14	29.62
Cornish–Fisher	#1	3.21	4.18	5.41	7.22	10.63
	#2	3.80	4.94	6.34	8.34	11.95
	#3	10.63	13.79	17.90	24.20	36.52
斜正态分布	#1	3.21	4.18	5.41	7.22	10.63
	#2	3.86	5.03	6.43	8.41	11.78
	#3	10.67	13.70	17.66	23.80	36.08

注25 斜正态分布在投资组合管理中是很有吸引力的,它可以推广到多变量斜正态分布 MSN(Azzalini and Dalla Valle,1996),这种分布是封闭仿射变换的。如果假设资产收益率服从多变量斜正态分布 MSN,则组合的收益率就服从斜正态分布 SN。另外,甘顿等人(Genton et al.,2001)给出了多个计算多矩矩阵 M_2、M_3 和 M_4 的公式。于是,我们拥有了所有用来计算风险价值和风险贡献度所需的材料。

例 10 我们来看一个两种资产的投资组合:摩根士丹利资本国际世界指数

---

[24] 由于 $L = -\Pi$ 则有 $\mathbb{E}[L] = -\mathbb{E}[\Pi]$ 和 $\gamma_1(L) = -\gamma_1(\Pi)$,而偶数的矩是一。

(MSCI World Index) 和花旗全球公债指数 (Citigroup World Government Bond Index, WGBI)。研究期为 2009 年 7 月至 2012 年 6 月。投资期为一周。

为了计算 VaR，首先要计算周收益率，然后再估计头四个矩矩阵，则有

$$M_1 = \begin{pmatrix} 22.5124 \\ 9.9389 \end{pmatrix} \times 10^{-4}$$

$$M_2 = \begin{pmatrix} 7.0343 & 0.2931 \\ 0.2931 & 0.7641 \end{pmatrix} \times 10^{-4}$$

$$M_3 = \begin{pmatrix} -6.5540 & 0.8548 & 0.8548 & -0.2178 \\ 0.8548 & -0.2178 & -0.2178 & -0.0179 \end{pmatrix} \times 10^{-6}$$

$$M_4 = \begin{pmatrix} 2.099 & 0.022 & 0.022 & 0.049 & 0.022 & 0.049 & 0.049 & 0.006 \\ 0.022 & 0.049 & 0.049 & 0.006 & 0.049 & 0.006 & 0.006 & 0.017 \end{pmatrix} \times 10^{-6}$$

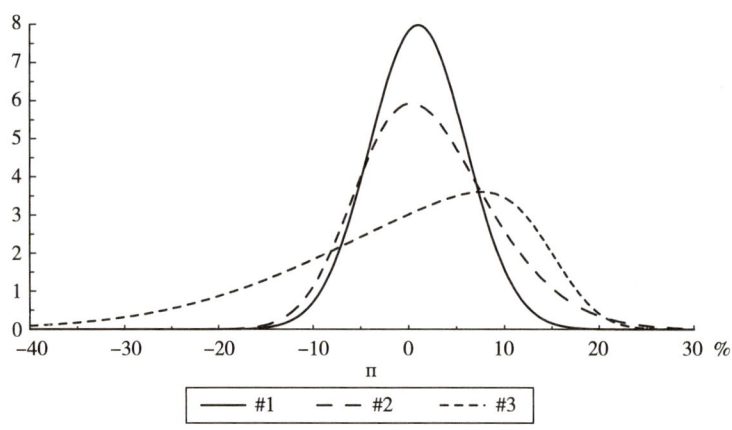

图 2.3　斜正态分布下利润/损失的密度

对于一个给定的组合 x，我们也可以计算损失的均值、方差、偏度和峰度。我们最后推导得出一些不同的导数和风险贡献度。表 2.8 列示了针对几个投资组合的计算结果。比如，当 $x_1 = 50\%$，$x_2 = 50\%$ 时，z 取值为 2.5895，风险价值为 3.59%。主要的风险贡献来自第一种资产，它代表了 97% 的风险；还可以看到，当有大比例的权益资产时，标准风险价值 $\text{VaR}_\alpha^*(L)$ 会低估风险。如果 $x_1 = 75\%$，$x_2 = 25\%$，则 Cornish – Fisher 风险价值等于 5.39%，而标准风险价值等于 4.53%。

2.2 风险预算组合分析

本节将精确定义什么是风险预算（RB）组合。然后，我们来研究这种投资组合的主要特性，特别是它们的存在性和唯一性。本节还讨论了在何种情况下这些组合是最优的，并解释为什么它们比最优投资组合更稳定。

表 2.8 计算 Cornish – Fisher 风险贡献度的统计量　　　　单位:%

投资组合	#1	#2	#3	#4	#5	#6
x_1	0.00	10.00	25.00	50.00	75.00	100.00
x_2	100.00	90.00	75.00	50.00	25.00	0.00
$\mathbb{E}[L]$	-0.10	-0.11	-0.13	-0.16	-0.19	-0.23
$\sigma^2(L)$	0.01	0.01	0.01	0.02	0.04	0.07
$\gamma_1(L)$	2.67	7.73	8.42	19.20	29.18	35.13
$\gamma_2(L)$	-13.05	-21.50	-16.08	58.12	103.97	124.21
$\partial_{x_1}\gamma_1$	94.76	11.12	14.46	24.44	7.68	0.00
$\partial_{x_2}\gamma_1$	0.00	-1.24	-4.82	-24.44	-23.05	-18.14
$\partial_{x_1}\gamma_2$	-44.29	-90.59	159.39	131.49	29.58	0.00
$\partial_{x_2}\gamma_2$	0.00	10.07	-53.13	-131.49	-88.74	-53.28
z	231.52	233.07	234.80	258.95	275.19	282.86
$\partial_{x_1}z$	57.41	-13.65	46.98	45.18	10.88	0.00
$\partial_{x_2}z$	0.00	1.52	-15.66	-45.18	-32.63	-21.00
$\text{VaR}_\alpha(L)$	1.92	1.90	2.19	3.59	5.39	7.28
$\mathcal{RC}_1$	0.00	0.23	1.23	3.49	5.44	7.28
$\mathcal{RC}_2$	1.92	1.67	0.96	0.10	-0.05	0.00
$\text{VaR}_\alpha^*(L)$	1.93	1.89	2.17	3.21	4.53	5.94

2.2.1 风险预算组合的定义

考虑一组给定的风险预算 $\{B_1, \cdots, B_n\}$。这里，B_i 是用美元度量的风险。记 $RC_i(x_1, \cdots, x_n)$ 为组合 $x = (x_i, \cdots, x_n)$ 中资产 i 的风险贡献度。于是，风险预算组合由以下约束条件定义为

103

$$\begin{cases} \mathcal{RC}_1(x_1,\cdots,x_n) = B_1 \\ \quad\vdots \\ \mathcal{RC}_i(x_1,\cdots,x_n) = B_i \\ \quad\vdots \\ \mathcal{RC}_n(x_1,\cdots,x_n) = B_n \end{cases} \quad (2.19)$$

因此，组合 x 的风险贡献度与风险预算相匹配。可以发现，风险预算组合和最优组合之间存在两点主要差异：

1. 风险预算组合不是基于效用最大化的；
2. 风险预算组合不明显依赖于组合的预期业绩。

与马科维茨方法相反，我们只考虑风险维度。主要思路是：由于预测步骤通常不稳健，因此组合业绩维度也会过于复杂而不能被纳入考虑范围。这就是为什么我们在这里只关注投资组合的风险。

注26 这并不意味着在构建风险预算组合时不需要任何关于资产收益率的假设了。实际上，一些风险度量指标，比如标准风险价值，是依赖于资产收益率向量 μ 的。尽管如此，在大多数情况下，为了获得保守的风险度量值，而将 μ 设为零。

例11 假设有三种资产类别，其期望收益率分别为 10%、5% 和 9%，而波动率则等于 30%、20% 和 15%，资产收益率的相关系数由以下矩阵给出：

$$\rho = \begin{pmatrix} 1.00 & & \\ 0.80 & 1.00 & \\ 0.50 & 0.30 & 1.00 \end{pmatrix}$$

来看上面这个例子。投资者的风险度量指标是标准期望亏空，风险限额为每年损失 500000 美元。除全局风险限额外，投资者还有另一个由资产类别决定的风险限额：第一资产类别为 250000 美元，第二资产类别为 100000 美元，第三资产类别为 150000 美元。这里，我们面临一个风险预算问题，并且 $B_1 = 250000$ 美元，$B_2 = 100000$ 美元，$B_3 = 150000$ 美元。如果考虑置信水平为 95% 和 99% 两种情况，其计算结果列于表 2.9 和表 2.10 中。对于每一组合，都列明了名义头寸 x_i、权重 ω_i、边际风险 $\mathcal{MR}_i$、名义风险贡献度 $\mathcal{RC}_i$、标准风险贡献度 $\mathcal{RC}_i^*$。当 α 设为 95%，总头寸则为 1894142 美元，投资组合的构成为（28.21%，19.68%，52.11%）；当 α 等于 99% 时，这些值也会改变,原因是由于预期损失项的存在造成期望亏空指标不满足关于 α 的齐次性。

表2.9 当风险度量指标为期望亏空时的风险预算组合($\alpha=95\%$)

资产	x_i	w_i	MR_i	RC_i	RC_i^*
1	534430	28.21%	46.78%	250000	50.00%
2	372705	19.68%	26.83%	100000	20.00%
3	987007	52.11%	15.20%	150000	30.00%
总计	1894142			500000	

表2.10 当风险度量指标为期望亏空时的风险预算组合($\alpha=99\%$)

资产	x_i	w_i	MR_i	RC_i	RC_i^*
1	391926	29.00%	63.79%	250000	50.00%
2	273737	20.26%	36.53%	100000	20.00%
3	685779	50.74%	21.87%	150000	30.00%
总计	1351441			500000	

2.2.1.1 风险预算组合的适当设置

之前的例子说明,用名义头寸等同于采用组合的权重。令 x 为组合的名义头寸,c 是一个标量,考虑一个新的组合 y,定义 $y = cx$。由于一致性风险度量指标的齐次性,有 $\mathcal{R}(y) = c\mathcal{R}(x)$。则推导可得

$$\sum_{i=1}^{n} y_i \frac{\partial \mathcal{R}(y)}{\partial y_i} = c \sum_{i=1}^{n} x_i \frac{\partial \mathcal{R}(x)}{\partial x_i}$$

$$= \sum_{i=1}^{n} cx_i \frac{\partial \mathcal{R}(x)}{\partial x_i}$$

$$= \sum_{i=1}^{n} y_i \frac{\partial \mathcal{R}(x)}{\partial x_i}$$

这证明了组合 y 的边际风险与组合 x 的相同,即

$$\frac{\partial \mathcal{R}(y)}{\partial y_i} = \frac{\partial \mathcal{R}(x)}{\partial x_i}$$

从中可发现,重新调整风险预算为 $b_i = cB_i$ 后,方程组(2.19)的解为 $y = cx$。布鲁德和龙嘉利(Bruder and Roncalli, 2012)提出用权重来代替名义头寸[25]从而简化这个问题,并用百分比表示的相对风险预算来定义该问题,

---

[25] 这里,有 $c = 1/\sum_{i=1}^{n} x_i$。

他们还指出，可以采用风险预算技术来构建多样化的投资组合。需要说明的是，一些资产有负的风险贡献度，这说明投资组合的风险高度集中于其他资产之上。一般地，我们更倾向于建立传统做多策略组合，也就是说所有的权重为正。所以我们用以下这个非线性方程组来定义一个合适的风险预算组合：

$$\begin{cases} \mathcal{RC}_i(x) = b_i \mathcal{R}(x) \\ b_i \geq 0 \\ x_i \geq 0 \\ \sum_{i=1}^n b_i = 1 \\ \sum_{i=1}^n x_i = 1 \end{cases} \quad (2.20)$$

当一些风险预算被设定为零时，还可能会出现另一个难题。让我们来看以波动率作为风险度量指标的情况。记 Σ 为资产收益率的协方差矩阵，$\Sigma_{i,j} = \rho_{i,j}\sigma_i\sigma_j$，其中，$\sigma_i > 0$ 为资产 i 的波动率，$\rho_{i,j}$ 是资产 i 和资产 j 之间的互相关系数[26]。则有

$$\frac{\partial \sigma(x)}{\partial x_i} = \frac{x_i \sigma_i^2 + \sigma_i \sum_{j \neq i} x_j \rho_{i,j}\sigma_j}{\sigma(x)}$$

假设风险预算 b_k 等于零，也就是说，有

$$x_k\left(x_k\sigma_k^2 + \sigma_k \sum_{j \neq k} x_j\rho_{k,j}\sigma_j\right) = 0$$

我们可以得到两个解。第一个解是 $x'_k = 0$，而第二个解是

$$x''_k = -\frac{\sum_{j \neq k} x_j\rho_{k,j}\sigma_j}{\sigma_k}$$

由于 $x_j \geq 0$，$\sigma_j > 0$，如果对于所有的 j 有 $\rho_{k,j} \geq 0$ 成立，则有 $\sum_{j \neq k} x_j\rho_{k,j}\sigma_j \geq 0$。也就是说，$x''_k \leq 0$ 的意思就是 $x'_k = 0$ 是唯一的正解。最终，唯一能得到 $x''_k > 0$ 的方法是要有一些相关系数 $\rho_{k,j}$ 为负。在这里，也就是有

$$\sum_{j \neq k} x_j\rho_{k,j}\sigma_j < 0$$

如果我们考虑一个三种资产的域，对于 $k = 3$ 以及满足 $\rho_{1,3} < 0$ 和 $\rho_{2,3} < 0$ 的协方

---

[26] 当然有 $\rho_{i,i} = 1$。

差矩阵，可以验证这一约束条件。举例来说，如果 $\sigma_1 = 20\%$，$\sigma_2 = 10\%$，$\sigma_3 = 5\%$，$\rho_{1,2} = 50\%$，$\rho_{1,3} = -25\%$，$\rho_{2,3} = -25\%$，当风险预算为（50%，50%，0%）时，两个解为（33.33%，66.67%，0）和（20%，20%，40%）。

在实践中，第二个解可能不能满足投资者的要求。当投资者将其中一个风险预算设定为零时，表明他预期在他的组合中不会有相对应的资产，因此，设定 $b_i > 0$ 这个严格的约束条件是十分重要的。总而言之，风险预算组合是下列非线性问题的解：

$$x^* = \{x \in [0,1]^n : \sum_{i=1}^{n} x_i = 1, x_i \cdot \partial_{x_i}\mathcal{R}(x) = b_i \mathcal{R}(x)\} \quad (2.21)$$

其中，$b \in [0,1]^n$，$\sum_{i=1}^{n} b_i = 1$。

注27 如果想要将一些风险预算设为零，可以先从资产域中排除掉那些风险贡献度为零的相应资产来降低资产数目，然后求解问题（2.21）。

2.2.1.2 求解风险预算约束下的非线性方程组

除非小概率事件发生，一般情况下，问题（2.21）不太可能有解析解，但总是会有数值解。第一种方法是采用布鲁丹（Broyden）或者是SQRF算法来求解非线性方程组式（2.21），但并不总能收敛。所以，最好是将非线性方程组转换成最优问题：

$$x^* = \arg\min \ f(x;b)$$
$$\text{满足} \quad \mathbf{1}^\top x = 1, 0 \leq x \leq 1 \quad (2.22)$$

比如，定义函数 $f(x;b)$ 如下：

$$f(x;b) = \sum_{i=1}^{n} (x_i \cdot \partial_{x_i}\mathcal{R}(x) - b_i\mathcal{R}(x))^2$$

如果 x^* 是式（2.22）的解，且当 $f(x^*;b) = 0$ 时，很明显 x^* 也是式（2.21）的解。我们发现，也有其他合适的函数 $f(x;b)$ 可以用来定义风险预算组合，如：

$$f(x;b) = \sum_{i=1}^{n}\sum_{j=1}^{n}\left(\frac{x_i \cdot \partial_{x_i}\mathcal{R}(x)}{b_i} - \frac{x_j \cdot \partial_{x_j}\mathcal{R}(x)}{b_j}\right)^2$$

注28 为了求解问题（2.22），我们采用附录A.1.3中介绍的顺序二次规划算法[27]（或SQP）。计算函数 $f(x;b)$ 的解析雅克比（Jacobian）矩阵和黑森

---

[27] 从数值角度来说，在没有 $\mathbf{1}^\top x = 1$ 的限制条件下来求解才是可取的，然后再重新调整解。

（Hessian）矩阵可以帮助减少计算次数，尤其是在资产数目很大的时候。

2.2.2 风险预算组合的一些特征

本节介绍了在以波动率作为风险度量指标的情况下，可以得到一些特殊解，然后证明了风险预算组合是一直存在且唯一的。本节还讨论了这种投资组合的最优性，并解释了当一些风险预算设为零时，方程的解会如何变化。

2.2.2.1 波动率风险度量指标的特殊解

两种资产的情况（$n=2$）

首先分析二元情况下的风险预算组合。令 ρ 为相关系数，$x=(w,1-w)$ 为权重向量，$(b,1-b)$ 为风险预算的向量，风险贡献度为

$$\begin{pmatrix} \mathcal{RC}_1 \\ \mathcal{RC}_2 \end{pmatrix} = \frac{1}{\sigma(x)} \begin{pmatrix} w^2\sigma_1^2 + w(1-w)\rho\sigma_1\sigma_2 \\ (1-w)^2\sigma_2^2 + w(1-w)\rho\sigma_1\sigma_2 \end{pmatrix}$$

满足 $0 \leq w \leq 1$ 的唯一解如下：

$$w^* = \frac{(b-1/2)\rho\sigma_1\sigma_2 - b\sigma_2^2 + \sigma_1\sigma_2\sqrt{(b-1/2)^2\rho^2 + b(1-b)}}{(1-b)\sigma_1^2 - b\sigma_2^2 + 2(b-1/2)\rho\sigma_1\sigma_2}$$

(2.23)

我们看到，这个解是由波动率 σ_1 和 σ_2、相关系数 ρ 以及风险预算 b 所构成的一个复杂函数。

为了对解集的运行状态有所了解，我们来看一些特例。比如，当 $\rho=0$ 时，得到

$$w^* = \frac{\sigma_2\sqrt{b}}{\sigma_1\sqrt{1-b} + \sigma_2\sqrt{b}}$$

于是，资产 i 的权重就与风险预算的平方根成正比，与其波动率成反比。当 $\rho=1$ 时，则解值简化为

$$w^* = \frac{\sigma_2 b}{\sigma_1(1-b) + \sigma_2 b}$$

在这里，资产 i 的权重直接与其风险预算成正比。我们还发现，由于组合的波动率等于零，当 $\rho=-1$ 时，解值并不依赖于风险预算：

$$w^* = \frac{\sigma_2}{\sigma_1 + \sigma_2}$$

还可以看到，资产 i 的权重是风险预算的递增函数，并且是其波动率的减函数。表 2.11 给出了在参数 ρ 和 b 下以%表示的 w^* 值，而 w^* 的运行状态如图 2.4 所示。

表 2.11 在 b 和 ρ 不同取值下风险预算组合的权重 w^*

ρ/b	$\sigma_2 = \sigma_1$				$\sigma_2 = 3 \times \sigma_1$			
	20%	50%	70%	90%	20%	50%	70%	90%
-50%	41.9	50.0	55.2	61.6	68.4	75.0	78.7	82.8
0%	33.3	50.0	60.4	75.0	60.0	75.0	82.1	90.0
25%	29.3	50.0	63.0	80.6	55.5	75.0	83.6	92.6
50%	25.7	50.0	65.5	84.9	51.0	75.0	85.1	94.4
75%	22.6	50.0	67.8	87.9	46.7	75.0	86.3	95.6
90%	21.0	50.0	69.1	89.2	44.4	75.0	87.1	96.1

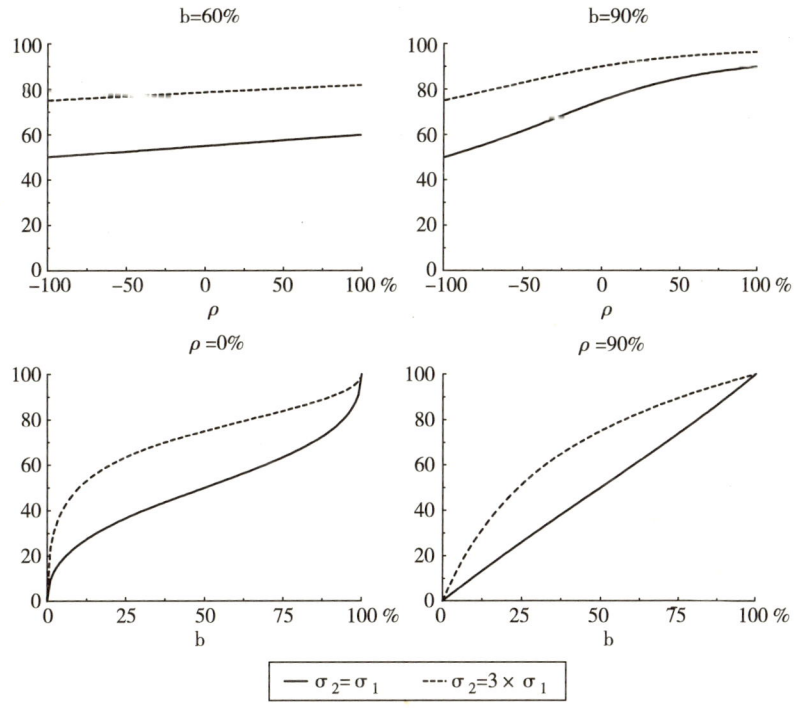

图 2.4 风险预算组合中权重 w^* 关于 b 和 ρ 的演变

一般情况（$n>2$）

当 $n>2$ 时，参数的数量会快速增加，有 n 个单个资产波动率，$n(n-1)/2$ 个二元相关系数。由于两个资产的组合会导致一个复杂解，所以要找到一般情况下的显式解当然是不可能的，但是可以找到一些帮助我们理解风险预算组合运行状态的结果。

让我们来回忆一下风险贡献度的表达式：

$$\mathcal{RC}_i = \frac{x_i \cdot (\Sigma x)_i}{\sigma(x)}$$

$$= \frac{x_i^2 \sigma_i^2 + \sum_{j \neq i} x_i x_j \rho_{i,j} \sigma_i \sigma_j}{\sigma(x)}$$

如果假设资产的相关系数矩阵是恒定不变的（$\rho_{i,j} = \rho$），可以得到

$$\mathcal{RC}_i = \frac{x_i^2 \sigma_i^2 + \rho \sum_{j \neq i} x_i x_j \sigma_i \sigma_j}{\sigma(x)}$$

$$= \frac{x_i^2 \sigma_i^2 + \rho \sum_{j=1}^n x_i x_j \sigma_i \sigma_j - \rho x_i^2 \sigma_i^2}{\sigma(x)} \quad (2.24)$$

$$= \frac{x_i \sigma_i \left((1-\rho) x_i \sigma_i + \rho \sum_{j=1}^n x_j \sigma_j \right)}{\sigma(x)}$$

风险预算组合满足以下非线性方程：

$$x_i \sigma_i \left((1-\rho) x_i \sigma_i + \rho \left(\sum_{j=1}^n x_j \sigma_j \right) \right) = b_i \sigma^2(x)$$

或等价于：

$$(1-\rho) x_i^2 \sigma_i^2 + \frac{x_i \sigma_i}{x_j \sigma_j} (b_j \sigma^2(x) - (1-\rho) x_j^2 \sigma_j^2) = b_i \sigma^2(x) \quad (2.25)$$

我们无法为一般情况下的这个问题求解，但是可以找到三种情况下的解析式，这三种情况是：$\rho=0, \rho=1$ 和 $\rho=-1/(n-1)$，即定义了常相关矩阵的下限。

如果没有相关性，比如 $\rho=0$，资产 i 的风险贡献度就成为 $RC_i = x_i^2 \sigma_i^2 / \sigma(x)$。对于所有 i，由 $RC_i = b_i \sigma(x)$ 定义的风险预算组合，通过简单的代数计算，等价于关系式 $\sqrt{b_j} x_i \sigma_i = \sqrt{b_i} x_j \sigma_j$。结合（正态化）预算约束条件 $\sum_{i=1}^n x_i = 1$，可推导得出

$$x_i = \frac{\sqrt{b_i}\sigma_i^{-1}}{\sum_{j=1}^n \sqrt{b_j}\sigma_j^{-1}} \qquad (2.26)$$

这样，给资产 i 分配的权重与风险预算的平方根成正比，与其波动率成反比。资产的波动率越高，它在风险预算组合中的权重就越低。在完全相关的情况下，比如 $\rho=1$ 的情况，资产 i 的风险贡献度就变成 $\mathcal{RC}_i = x_i\sigma_i(\sum_{j=1}^n x_j\sigma_j)/\sigma(x)$，于是有 $b_j x_i \sigma_i = b_i x_j \sigma_j$，可以推导得出

$$x_i = \frac{b_i \sigma_i^{-1}}{\sum_{j=1}^n b_j \sigma_j^{-1}} \qquad (2.27)$$

与完全相关性截然相反的情况则对应于常相关矩阵的下限，即达到 $\rho = -1/(n-1)$。如果假设 $\sigma(x)=0$，式（2.25）就转换成：

$$x_i \sigma_i = x_j \sigma_j = \varpi$$

让我们来计算组合的方差：

$$\begin{aligned}\sigma^2(x) &= \rho \sum_{i=1}^n x_i\sigma_i\left(\sum_{j=1}^n x_j\sigma_j\right) + (1-\rho)\sum_{i=1}^n x_i^2\sigma_i^2 \\ &= \rho n^2 \varpi^2 + (1-\rho)n\varpi^2 \\ &= \left(-\frac{n^2}{n-1} + \left(1+\frac{1}{n-1}\right)n\right)\varpi^2 \\ &= 0\end{aligned}$$

可以证明，投资组合的波动率等于零，就意味着解可以由 $x_i\sigma_i = x_j\sigma_j$ 得出。当常数相关系数达到下限时，则解为

$$x_i = \frac{\sigma_i^{-1}}{\sum_{j=1}^n \sigma_j^{-1}} \qquad (2.28)$$

然而，当常数相关系数不等于 0、1 和 $-1/(n-1)$ 时，通常是没有解析解的，不过可以找到一个隐式。回顾一下，在常数相关矩阵的情况下，风险预算组合符合如下等式：

$$x_i \sigma_i\left((1-\rho)x_i\sigma_i + \rho\left(\sum_{j=1}^n x_j\sigma_j\right)\right) = b_i\sigma^2(x)$$

若记 $X_i = x_i\sigma_i$，$B_i = b_i\sigma^2(x)$，则之前的等式转换为

$$(1-\rho)X_i^2 + \rho X_i\left(\sum_{j=1}^n X_j\right) = B_i$$

这就是说，一般情况下解的形式可以表示成

$$x_i = \frac{f_i(\rho,b)\sigma_i^{-1}}{\sum_{j=1}^n f_j(\rho,b)\sigma_j^{-1}}$$

函数 $f_i(\rho,b)$ 取决于常数相关系数 ρ 和风险预算矢量 b。特别是还存在：$f_i(-(n-1)^{-1},b) = 1, f_i(0,b) = \sqrt{b_i}, f_i(1,b) = b_i$ 以及 $f_i(\rho,n^{-1}\mathbf{1}) = 1$。

为了说明常相关矩阵的情况，图 2.5 中列举了一些模拟结果。我们来看具有相同波动率的 n 种资产的域。记 b_1 为第一种资产的风险预算，其他资产的风险预算是一样的，都等于 $(1-b_1)/(n-1)$。我们来记录常数相关系数 ρ 对权重 x_1 的影响，尤其是在资产数量 n 特别大时。当资产的数量很小时（小于 10），只有相关系数 ρ 很小（小于 10%）才会产生影响。在其他情况下，式（2.27）是一个较好的近似解[28]。

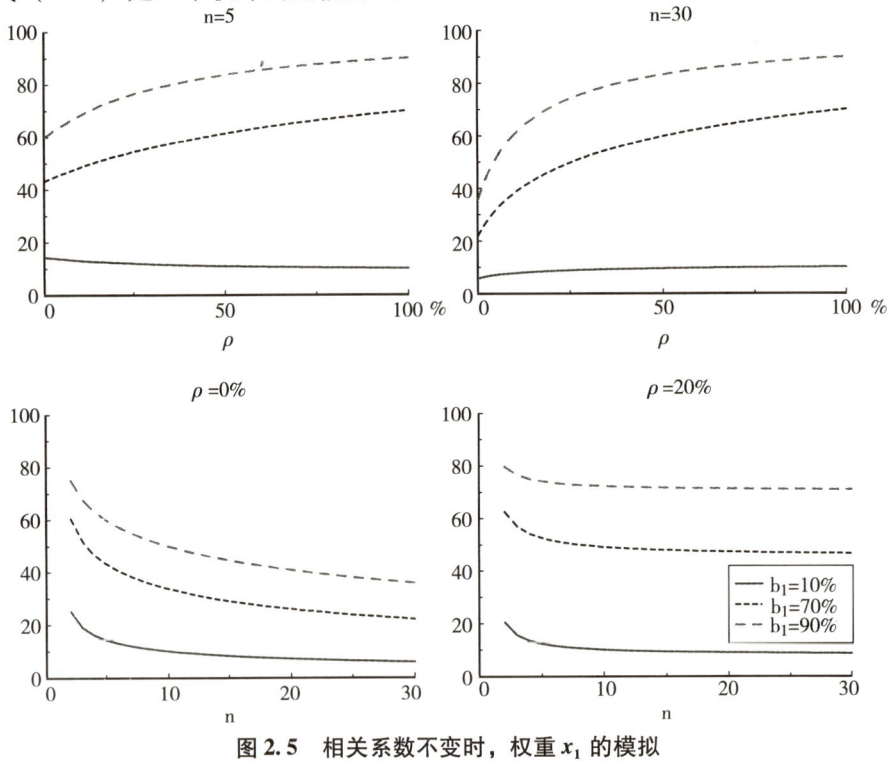

图 2.5 相关系数不变时，权重 x_1 的模拟

---

[28] 令 $x_i(\rho)$ 为风险预算组合中资产 i 的权重，且常数相关系数等于 ρ。更好的近似解为
$$x_i(\rho) \simeq (1-\sqrt{\rho})x_i(0) + \sqrt{\rho}x_i(1)。$$

在其他情况下不可能找出风险预算组合的显式解。尽管如此，我们可以找到风险预算组合在财务上的解释。回想一下，资产收益率和组合 x 之间的协方差等于 Σx，因此，组合 x 中资产 i 的贝塔值 β_i 可定义为协方差项 $(\Sigma x)_i$ 和组合方差 $x^\top \Sigma x$ 的比值：

$$\beta_i = \frac{\text{cov}(R_i, R(x))}{\sigma^2(x)} = \frac{(\Sigma x)_i}{\sigma^2(x)}$$

β_i 表示资产 i 对系统风险的敏感程度，在这里，用组合 x 来代表该系统，这表明，风险贡献度 $\mathcal{RC}_i$ 等于：

$$\mathcal{RC}_i = x_i \beta_i \sigma(x)$$

于是，寻找满足 $\mathcal{RC}_i/b_i = \mathcal{RC}_j/b_j$ 的风险预算组合就意味着如下等式成立：

$$b_j x_i \beta_i = b_i x_j \beta_j$$

最后可以推出：

$$x_i = \frac{b_i \beta_i^{-1}}{\sum_{j=1}^{n} b_j \beta_j^{-1}} \tag{2.29}$$

这样，资产 i 分配到的权重就和它的贝塔值成反比。然而，与式（2.26）、式（2.27）以及式（2.28）正好相反，由于 β_i 是风险预算组合中资产 i 的贝塔值[29]，因此这个解是内生的。

注29　下一节（2.3 节）将对特殊情况下的其他性质进行推导，这里的特殊情况指的是风险预算都相同（等权风险贡献度组合）。

2.2.2.2　风险预算组合的存在性与唯一性

在本小节，我们考虑两种状态：

● 第一种状态是针对风险预算组合，该组合由非线性方程组（2.21）确定。这里，风险预算严格为正。

● 第二种状态是当一些风险预算为零时的情形。

风险预算严格为正的情况

最优化问题（2.22）不是非常适合用来研究这个问题。继梅拉德等人

㉙　根据式（2.29），对于函数 $f_i(\rho, b)$ 有新的解释：

$$f_i(\rho, b) = \frac{b_i}{\beta_i} \sigma_i$$

即风险预算和波动率的乘积除以贝塔值。

（Maillard，2010）的研究之后，布鲁德和龙嘉利（Bruder and Roncalli，2012）提出了一个新的优化问题，定义如下：

$$y^* = \arg\min \; \mathcal{R}(y)$$

$$满足 \quad \begin{cases} \sum_{i=1}^{n} b_i \ln y_i \geq c \\ y \geq 0 \end{cases} \quad (2.30)$$

其中，c 是套利常量，相关的拉格朗日函数如下：

$$\mathcal{L}(y;\lambda,\lambda_c) = R(y) - \lambda^\top y - \lambda_c \left(\sum_{i=1}^{n} b_i \ln y_i - c \right)$$

其中，$\lambda \in \mathbb{R}^n, \lambda_c \in \mathbb{R}$。解集 y^* 满足下列一阶条件：

$$\frac{\partial \mathcal{L}(y;\lambda,\lambda_c)}{\partial y_i} = \frac{\partial \mathcal{R}(y)}{\partial y_i} - \lambda_i - \lambda_c \frac{b_i}{y_i} = 0$$

同时，库恩—塔克条件为

$$\begin{cases} \min(\lambda_i, y_i) = 0 \\ \min(\lambda_c, \sum_{i=1}^{n} b_i \ln y_i - c) = 0 \end{cases}$$

由于当 y_i 为零时 $\ln y_i$ 无效，因此，有 $y_i > 0$ 且 $\lambda_i = 0$。我们看到，由于解集 y^* 不可以为 0，所以约束条件 $\sum_{i=1}^{n} b_i \ln y_i = c$ 一定成立，于是有 $\lambda_c > 0$，且有

$$y_i \frac{\partial \mathcal{R}(y)}{\partial y_i} = \lambda_c b_i$$

可以证明，风险贡献度与风险预算呈比例关系，即

$$\mathcal{RC}_i = \lambda_c b_i$$

另外，需要注意的是，我们面对的是一个著名的最优问题（最小化凸函数符合下凸边界的约束）。可以推得，最优规划式（2.30）有解且是唯一的。

组合 y^* 是一个风险预算投资组合，但它不是由非线性方程组（2.21）所确定的正态风险预算组合，这是因为不存在 $\sum_{i=1}^{n} y_i^* = 1$。然而，正态风险预算组合很容易通过对解集 y^* 缩放比例来获得，即

$$x_i^* = \frac{y_i^*}{\sum_{j=1}^{n} y_j^*}$$

在这种情况下，组合 x^* 是非线性问题式（2.22）的唯一解。

通过运用常量 $c^* = c - \ln(\sum_{i=1}^n y_i^*)$，其中 c 是用来获得 y^* 的一个常量，于是解集 x^* 可以直接从最优问题式（2.30）得到。因此，可以尝试将风险预算组合 x^* 定义为如下修正问题的解：

$$x^*(c) = \arg\min \mathcal{R}(x) \tag{2.31}$$

满足
$$\begin{cases} \sum_{i=1}^n b_i \ln x_i \geq c \\ \mathbf{1}^\top x = 1 \\ x \geq \mathbf{0} \end{cases}$$

则拉格朗日函数变为

$$\mathcal{L}(x; \lambda, \lambda_c) = \mathcal{R}(x) - \lambda_0(\mathbf{1}^\top x - 1) - \lambda^\top x - \lambda_c\left(\sum_{i=1}^n b_i \ln x_i - c\right)$$

其中，$\lambda_0 \in \mathbb{R}$。在最优情况下，有

$$\mathcal{RC}_i = x_i \frac{\partial \mathcal{R}(x)}{\partial x_i} = \lambda_0 x_i + \lambda_c b_i$$

然而，没有理由认为，$\lambda_0 = 0$ 就表示最优问题式（2.31）的解必定不是风险预算组合。实际上，只有一个 c 的值使得 $\lambda_0 = 0$，那就是之前的 c^* 值，这样就确定了风险预算组合。

注 30 我们注意到，风险度量指标的凸性对于风险预算组合的存在性和唯一性是至关重要的。如果 $\mathcal{R}(x)$ 不是凸的，那么前文中的分析就都变得无效了。

将风险预算设为零对解集产生的影响

根据布鲁德和龙嘉利（2012）的研究，对于最优问题式（2.30）的分析也理清了 2.2.1.1 节讨论到的麻烦问题，即当一些资产的风险预算为零时可能存在多个解。之前的分析之所以有效，是因为 $b_i > 0$。如果一个或多个风险预算设为零，则求解将按照如下形式进行修正。令 $\mathcal{N}$ 为一组资产，满足 $b_i = 0$。在这种情况下，其拉格朗日函数变为

$$\mathcal{L}(y; \lambda, \lambda_c) = \mathcal{R}(y) - \lambda^\top y - \lambda_c\left(\sum_{i \notin \mathcal{N}} b_i \ln y_i - c\right)$$

解集 y^* 满足下列一阶条件

$$\frac{\partial \mathcal{L}(y; \lambda, \lambda_c)}{\partial y_i} = \begin{cases} \partial_{y_i}\mathcal{R}(y) - \lambda_i - \lambda_c b_i y_i^{-1} = 0, & i \notin \mathcal{N} \\ \partial_{y_i}\mathcal{R}(y) - \lambda_i = 0, & i \in \mathcal{N} \end{cases}$$

如果 $i \notin \mathcal{N}$，那么之前的分析就是有效的，可以证明，风险贡献度与风险预算

成比例关系:

$$y_i \frac{\partial \mathcal{R}(y)}{\partial y_i} = \lambda_c b_i$$

如果 $i \in \mathcal{N}$,那么就要分两种情况来讨论。若 $y_i = 0$,则意味着 $\lambda_i > 0$,且 $\partial_{y_i} \mathcal{R}(y) > 0$;在另一种情况下,若 $y_i > 0$,就意味着 $\lambda_i = 0$,且 $\partial_{y_i} \mathcal{R}(y) = 0$。于是,解 $y_i (i \in \mathcal{N})$ 是等于零还是大于零,就取决于协方差矩阵 Σ 的结构了。

总而言之,即使一些风险预算设成零,最优问题式(2.30)的解集 y^* 也存在且唯一。与前文一样,正态风险预算组合 x^* 可以通过对解集 y^* 缩放比例来得到。记这个解集为 S_1,满足下列关系:

$$\begin{cases} \mathcal{RC}_i = x_i \cdot \partial_{x_i} \mathcal{R}(x) = b_i & , \; i \notin \mathcal{N} \\ x_i = 0 \quad \text{且} \quad \partial_{x_i} \mathcal{R}(x) > 0 \quad (i) & \\ \qquad\qquad \text{或} & , \; i \in \mathcal{N} \\ x_i > 0 \quad \text{且} \quad \partial_{x_i} \mathcal{R}(x) = 0 \quad (ii) & \end{cases} \quad (2.32)$$

对于 $i \in \mathcal{N}$ 的资产 i,条件 (i) 和 (ii) 是互斥的,但对于所有资产 $i \in \mathcal{N}$ 并不是必要条件。

然而,前文的分析也表明,对于 $i \in \mathcal{N}$,当 $b_i = 0$ 时,非线性方程组式(2.20)可能会有多个解。令 $\mathcal{N} = \mathcal{N}_1 \bigsqcup \mathcal{N}_2$,其中,$\mathcal{N}_1$ 是一组满足式(2.32)中条件 (i) 的资产集,$\mathcal{N}_2$ 是一组满足式(2.32)中条件 (ii) 的资产集。解集的个数㉚等于 2^m,其中,$m = |\mathcal{N}_2|$ 是 $\mathcal{N}_2$ 的集基数。实际上,这就是 k 个资产的组合个数,其中 $k = 0, 1, \cdots, m$。假设 $m = 0$,如果 $b_i = 0$,那么解集 S_1 满足 $x_i = 0$,这正是投资者预期的解集。如果 $m \geq 1$,则有多个解,特别是由最优问题式(2.30)给出的解集 S_1 和另外一个解集 S_2(对于所有资产 $x_i = 0$ 且 $b_i = 0$)。这样会得到一个悖论,这是因为,即使 S_2 是投资者预期的解集,唯一可接受的解集仍然是 S_1。争论的问题很简单。假设令 $b_i = \varepsilon_i$ 且 $\varepsilon_i > 0$,并将 $i \in \mathcal{N}$ 设为一个很小的数。在这种情况下,我们得到了唯一解。如果 ε_i 趋近于零($\varepsilon_i \to 0$),则解会收敛于 S_1,而不是 S_2 或是其他解集 S_j,其中 $j = 2, \cdots, 2^m$。

㉚ 更准确地说,2^m 为解集个数的上限。然而,当把 $\mathcal{N}_2$ 的一些资产权重固定为零时,那么 $\mathcal{N}_2$ 的其他资产权重等于零的可能性就小了。

例 12 我们来看一个有三种资产的域，其中，$\sigma_1 = 20\%$，$\sigma_2 = 10\%$，$\sigma_3 = 5\%$。资产收益率的相关系数矩阵如下所示：

$$\rho = \begin{pmatrix} 1.00 & & \\ 0.50 & 1.00 & \\ \rho_{1,3} & \rho_{2,3} & 1.00 \end{pmatrix}$$

我们希望建立一个风险预算组合，满足以波动率为风险度量指标时的风险预算为 (50%, 50%, 0%)。

这个例子在 2.2.1.1 节中已经用于说明多个解的情况，计算结果见表 2.12。如果 $\rho_{1,3} = \rho_{2,3} = -25\%$，可以得到两个解集 S_1 和 S_2。对于第一个解集，有 $x_1 = 20\%$，$x_2 = 40\%$，$x_3 = 40\%$，而第二个解集中权重分别为 $x_1 = 33.33\%$，$x_2 = 66.67\%$，$x_3 = 0\%$。可以证明，第二个解集的边际风险 $\partial_{x_3}\sigma(x)$ 是负的，说明它不可能是最优问题 (2.30) 的解。因此，第二个解的波动率 (11.55%) 要大于第一个解的波动率 (6.63%)。我们还发现，如果稍微改变一点风险预算，使 $b_1 = 49.5\%$，$b_2 = 49.5\%$，$b_3 = 1\%$，则相对于 S_2 的情况，解集 S'_1 更接近于 S_1，这就进一步确定了解集 S_1 是更加可被接受的。如果所有相关系数皆为正 ($\rho_{1,3} = \rho_{2,3} = 25\%$)，就不会有这个问题，唯一解就是 $x_1 = 33.33\%$，$x_2 = 66.67\%$，$x_3 = 0\%$，而且可以证明，边际风险 $\partial_{x_3}\sigma(x)$ 是正的。图 2.6 显示了组合 (50%, 50%, x_3) 的波动率随权重 x_3 的变动而演变的过程。如果 $\rho_{1,3} = \rho_{2,3} = -25\%$，波动率会降至 $x_3 = 0$ 附近，这表明波动率的最小值出现在 $x_3 = 0$ 之后。如果 $\rho_{1,3} = \rho_{2,3} = 25\%$，波动率会上升至 $x_3 = 0$ 附近，这表明波动率的最小值出现在 $x_3 = 0$ 之前。图形说明了第一种情况下的解 $x_3 > 0$，第二种情况下的解 $x_3 = 0$。

接下来在之前的组合中加入第四种资产，且有 $\sigma_4 = 10\%$，$\rho_{1,3} = \rho_{2,3} = \rho_{1,4} = \rho_{2,4} = -25\%$，$\rho_{3,4} = 50\%$。表 2.13 给出了当风险预算 $b_1 = 50\%$，$b_2 = 50\%$，$b_3 = 0\%$，$b_4 = 0\%$ 时的计算结果。我们来分析解集 S_1 会发现，边际风险和风险预算都是零时，资产的数目 m 为 2，所以可以得到 $2^2 = 4$ 个解。另一种确定解的个数的办法是计算投资者想要的解集 S_2，将 m 设置成边际风险严格为负且风险预算为零时的资产数目。

表 2.12　风险预算 b_3 等于零时风险预算组合的解集

$\rho_{1,3}=\rho_{2,3}$	解集		1	2	3	$\sigma(x)$
-25%	$\mathcal{S}_1$	x_i	20.00%	40.00%	40.00%	6.63%
		$\mathcal{MR}_i$	16.58%	8.29%	0.00%	
		$\mathcal{RC}_i$	50.00%	50.00%	0.00%	
	$\mathcal{S}_2$	x_i	33.33%	66.67%	0.00%	11.55%
		$\mathcal{MR}_i$	17.32%	8.66%	-1.44%	
		$\mathcal{RC}_i$	50.00%	50.00%	0.00%	
	$\mathcal{S}'_1$	x_i	19.23%	38.46%	42.31%	6.38%
		$\mathcal{MR}_i$	16.42%	8.21%	0.15%	
		$\mathcal{RC}_i$	49.50%	49.50%	1.00%	
25%	$\mathcal{S}_1$	x_i	33.33%	66.67%	0.00%	11.55%
		$\mathcal{MR}_i$	17.32%	8.66%	1.44%	
		$\mathcal{RC}_i$	50.00%	50.00%	0.00%	

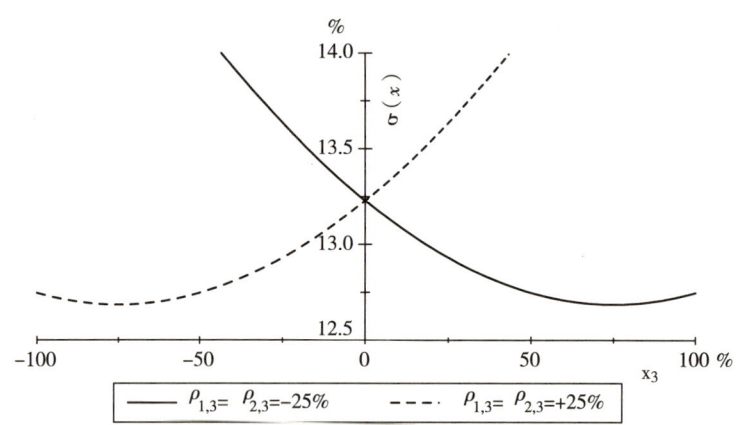

图 2.6　随着 x_3 的改变，组合波动率 $\sigma(x)$ 的演变

表 2.13 风险预算 b_3 和 b_4 等于零时的风险预算组合的解集

解集		1	2	3	4	$\sigma(x)$
S_1	x_i	20.00%	40.00%	26.67%	13.33%	
	$\mathcal{MR}_i$	16.33%	8.16%	0.00%	0.00%	6.53%
	$\mathcal{RC}_i$	50.00%	50.00%	0.00%	0.00%	
S_2	S_i	33.33%	66.67%	0.00%	0.00%	
	$\mathcal{MR}_i$	17.32%	8.66%	-1.44%	-2.89%	11.55%
	$\mathcal{RC}_i$	50.00%	50.00%	0.00%	0.00%	
S_3	x_i	20.00%	40.00%	40.00%	0.00%	
	$\mathcal{MR}_i$	16.58%	8.29%	0.00%	-1.51%	6.63%
	$\mathcal{RC}_i$	50.00%	50.00%	0.00%	0.00%	
S_4	x_i	25.00%	50.00%	0.00%	25.00%	
	$\mathcal{MR}_i$	16.58%	8.29%	-0.75%	0.00%	8.29%
	$\mathcal{RC}_i$	50.00%	50.00%	0.00%	0.00%	

风险预算为负时的风险预算组合

前文提到,将风险预算设为负是不符合现实的,因此下面的分析更为理论化,但可以帮助我们理解为什么负的风险预算会影响风险预算组合的定义。

令 $\mathcal{P}$ 和 $\mathcal{N}$ 分别为满足 $b_i > 0$ 和 $b_i < 0$ 时的资产集合,这里,$y_i > 0$ 时的最优组合问题式(2.30)的库恩—塔克条件就变为

$$\min\left(\lambda_c, \sum_{i\in\mathcal{P}} b_i \ln y_i - \sum_{i\in\mathcal{N}} b_i \ln y_i - c\right) = 0$$

于是,约束条件不再是凸性的,也不一定有 $\lambda_c > 0$。因此,解的存在性不再有保证了。如果 $b_i < 0$ 时,令 $y_i \leq 0$,则约束条件改变为

$$\sum_{i\in\mathcal{P}} b_i \ln y_i + \sum_{i\in\mathcal{N}} b_i \ln(-y_i) \geq c$$

由于约束条件不是凸性的,因此我们面对的是和之前同样的问题。

2.2.3 风险预算组合的最优性

风险预算方法是一种探索式的资产配置方法。在金融学中,我们喜欢通过效用函数最大化问题来得最优组合。比如,梅拉德等人(Maillard et al., 2010)认为,当资产收益率之间的相关系数相同且资产具有相同的夏普比率

时，等权风险贡献度组合和切点组合是一致的。对于风险预算组合来说，要找到这种性质会更困难。然而，如果考虑最优问题式（2.30）的双重性，可以得到

$$x^* = \arg\max \sum_{i=1}^{n} b_i \ln x_i$$

$$\text{满足} \begin{cases} \mathcal{R}(x) \geq c \\ \mathbf{1}^\top x = 1 \\ x \geq \mathbf{0} \end{cases}$$

则目标函数为 $\ln\left(\prod_{i=1}^{n} x_i^{b_i}\right)$。正如布鲁德和龙嘉利（2012）所述的那样："将这个问题解释成效用最大化问题是很有吸引力的，但目标函数并没有显现出效用函数应有的性质。"

另一个寻求风险预算组合最优性的思路是采用以下效用函数[31]：

$$\mathcal{U}(x) = \mu(x) - \frac{\phi}{2}\mathcal{R}^2(x)$$

这是马科维茨效用函数的一般化形式[32]。根据布莱克和李特曼（1992）的研究，如果期望收益率向量满足下列关系，就说组合 x 是最优的[33]：

$$\tilde{\mu} = \frac{\partial \mu(x)}{\partial x} = \phi \mathcal{R}(x) \frac{\partial \mathcal{R}(x)}{\partial x}$$

如果风险预算组合是最优的，可以推得资产 i 的业绩贡献度 $\mathcal{PC}_i$ 与其风险预算呈比例关系，即

$$\mathcal{PC}_i = x_i \tilde{\mu}_i$$
$$= \phi \mathcal{R}(x) \cdot \mathcal{RC}_i$$
$$\propto b_i$$

风险预算的确定使得我们不仅可以决定投资一项资产的风险有多大，而且知道对于该资产预期业绩的分配有多少。如果用波动率来衡量风险，那么之前的等式就变为

---

[31] 隐含假设无风险利率为零。一般化到非零无风险利率是很简单的。

[32] 若定义效用函数为 $\mathcal{U}(x) = \mu(x) - \frac{\phi}{2}\mathcal{R}(x)$，则可以得到同样的结果。

[33] 用符号 $\tilde{\mu}$ 表示当前组合期望收益率的市场价格。

$$\mathcal{PC}_i = \phi \mathcal{R}(x) \cdot \mathcal{RC}_i$$
$$= \phi x_i \cdot (\Sigma x)_i$$

这就是在布莱克—李特曼模型中出现的式（1.10）。绝对业绩贡献取决于对 ϕ 的设定。利用式（1.11），业绩贡献度的另一个表达式为

$$\mathcal{PC}_i = \mathrm{SR}(x|r) \frac{x_i \cdot (\Sigma x)_i}{\sqrt{x^\mathrm{T} \Sigma x}}$$

其中，$\mathrm{SR}(x|r)$ 是风险预算组合的预期夏普比率。

注31 从事前的角度来看，业绩预算和风险预算是等价的。这个结论并不新奇，它已经是布莱克—李特曼模型的核心思想。

例13 我们来看一个四种资产的域，波动率分别为 10%，20%，30%，40%。资产收益率的相关系数矩阵如下所示：

$$\rho = \begin{pmatrix} 1.00 & & & \\ 0.80 & 1.00 & & \\ 0.20 & 0.20 & 1.00 & \\ 0.20 & 0.20 & 0.50 & 1.00 \end{pmatrix}$$

计算结果见表 2.14 和表 2.15，这里是两组风险预算和波动率风险度量数据。假设投资者的目标是使夏普比率达到 0.5，在 $b = (20\%, 25\%, 40\%, 15\%)$ 的情况下，风险预算组合为 $x = (40.91\%, 25.12\%, 25.26\%, 8.71\%)$，其波动率为 14.53%。运用这些数据，可推得 $\phi = 0.58$。还可以计算隐含收益率 $\tilde{\mu}$，它等于 (3.55%, 7.23%, 11.50%, 12.52%)。于是，组合的（隐含）期望收益率为

$$\mu(x) = \sum_{i=1}^{4} x_i \tilde{\mu}_i = 7.27\%$$

我们可以通过业绩贡献度将期望收益率进行分解，得到了 $\mathcal{PC}_1 = 1.45\%$，$\mathcal{PC}_2 = 1.82\%$，$\mathcal{PC}_3 = 2.91\%$，$\mathcal{PC}_4 = 1.09\%$，可以证明，业绩贡献度与风险贡献度在相对值上是等同的。在 $b = (10\%, 10\%, 10\%, 70\%)$ 的情况下，我们发现第四种资产的期望收益率等于 18.37%。我们很容易理解这么高的期望收益率：如果投资人在第四种资产上预算 70% 的风险，即该资产在组合中是风险较高的，那么他相信从这一资产也一定会获得高预期收益。

注32 在本节中，我们是从投资者角度假设组合最优，可以认为这是一个强式假设。然而，当投资者把钱投入组合中时，他当然相信这对于他来说一定是最好的投资[34]。所以，这一投资对他来说是最优的，隐含收益率 $\tilde{\mu}$ 可以被看作是投资者预期的每个收益率的业绩表现。

表2.14 当 $b = (20\%, 25\%, 40\%, 15\%)$ 时的隐含风险溢价

资产	x_i	$\mathcal{MR}_i$	$\tilde{\mu}_i$	$\mathcal{PC}_i$	$\mathcal{PC}_i^*$
1	40.91	7.10	3.55	1.45	20.00
2	25.12	14.46	7.23	1.82	25.00
3	25.26	23.01	11.50	2.91	40.00
4	8.71	25.04	12.52	1.09	15.00
期望收益率					7.27

表2.15 当 $b = (10\%, 10\%, 10\%, 70\%)$ 时的隐含风险溢价

资产	x_i	$\mathcal{MR}_i$	$\tilde{\mu}_i$	$\mathcal{PC}_i$	$\mathcal{PC}_i^*$
1	35.88	5.27	2.63	0.94	10.00
2	17.94	10.53	5.27	0.94	10.00
3	10.18	18.56	9.28	0.94	10.00
4	35.99	36.75	18.37	6.61	70.00
期望收益率					9.45

2.2.4 风险预算方法的稳定性

我们已经看到，最优组合对于输入参数是十分敏感的。在实践中，它们不是很稳定，所以研究者们提出了很多正则化方法，这些方法已经在第一章的1.2.3节介绍过。我们的经验表明，风险预算组合没有碰到这一问题。

例14 我们来看一个三种资产的域，期望收益率分别为 $\mu_1 = \mu_2 = 8\%$，$\mu_3 = 5\%$，波动率为 $\sigma_1 = 20\%$，$\sigma_2 = 21\%$，$\sigma_3 = 10\%$。另外，假设它们之间的互相关系数都相等，有 $\rho_{i,j} = \rho = 80\%$。

这个例子在1.2.3节已经讨论过，用来说明最优组合缺乏稳健性。如果目标设定为使波动率等于15%，则最优组合（或均值—方差最优组合 MVO）为 $x_1 = 38.3\%$，$x_2 = 20.2\%$，$x_3 = 41.5\%$。在这里，风险预算分别为 $b_1 =$

---

[34] 如果他不这么想，他就不会投资到这个组合中去。

49.0%,$b_2 = 25.8\%$,$b_3 = 25.2\%$。当然,对应于这些风险预算设定值的风险预算组合绝对是最优组合。输入变量的微小变化是如何影响这两种组合的呢?我们希望对此作出评价。为此,目标分别为:

- 在 MVO 组合[⑤]中,波动率约束为 15% 下最大化期望收益率;
- 在风险预算组合中达到风险预算为 (49%, 25.8%, 25.2%)。

计算结果见表 2.16 和表 2.17。举例来说,如果一致相关系数为 90%,则 MVO 组合和风险预算组合分别变为 (44.6%, 8.9%, 46.5%) 和 (38.9%, 20.0%, 41.1%),在 MVO 组合中,第二种资产的权重大幅下降。我们如果改变 σ_2 等参数,也会观察到类似现象。

表 2.16 MVO 组合对输入参数的敏感性

ρ		70%	90%		90%	
σ_2				18%	18%	
μ_1						9%
x_1	38.3	38.3	44.6	13.7	0.0	56.4
x_2	20.2	25.9	8.9	56.1	65.8	0.0
x_3	41.5	35.8	46.5	30.2	34.2	43.6

表 2.17 风险预算组合对输入参数的敏感性

ρ		70%	90%		90%	
σ_2				18%	18%	
μ_1						9%
x_1	38.3	37.7	38.9	37.1	37.7	38.3
x_2	20.2	20.4	20.0	22.8	22.6	20.2
x_3	41.5	41.9	41.1	40.1	39.7	41.5

可见,MVO 组合对于输入参数十分敏感,而风险预算组合相对更稳健。对于 MVO 组合来说,风险表达采用边际概念,大量的研究关注于边际波动率;对于风险预算组合,风险的表达则是将权重和边际波动率融合在一起,这样更为全局化。这是对风险预算组合更优表现的第一个解释。

第二个解释则是和最优问题的本质有关。我们已经看到,风险预算组合

---

⑤ 为了比较 MVO 组合和风险预算组合,要求只能做多。

是在权重多样化约束下的风险最小化组合，因此，风险预算组合最优问题隐含着一个正则化约束。让我们来考虑以波动率作为风险度量指标的情况。在 2.2.2.2 小节中，我们已经得到了以下最优问题㊱的解就是风险预算组合 x^*：

$$x^* = \arg\min \frac{1}{2} x^\top \Sigma x$$

$$\text{满足} \sum_{i=1}^{n} b_i \ln x_i \geq c^*$$

这里，可以用贾甘纳坦和马（Jagannathan and Ma, 2003）的研究结果来建立一个收缩协方差矩阵 $\tilde{\Sigma} = \Sigma + \Delta$，于是，$x^*$ 就成为最小方差组合㊲。令 λ_{c^*} 为最优状态下满足多样化约束条件的拉格朗日乘子，则一个解为

$$\tilde{\Sigma}^{(1)} = \Sigma + \alpha_1 \mathbf{1}\mathbf{1}^\top - (\Lambda \mathbf{1}^\top + \mathbf{1}\Lambda^\top)$$

其中，

$$\Lambda = \lambda_{c^*} \begin{pmatrix} b_1/x_1^* \\ \vdots \\ b_n/x_n^* \end{pmatrix}$$

其中，$\alpha_1 > n\lambda_{c^*}$。但是这并不是唯一解。举例来说，另一个可能的 $\tilde{\Sigma}$ 是

$$\tilde{\Sigma}^{(2)} = \Sigma + \alpha_2 D - (\Lambda \mathbf{1}^\top + \mathbf{1}\Lambda^\top)$$

其中，$D = \text{diag}(\Lambda_1, \cdots, \Lambda_n)$，$\alpha_2 > n$。运用之前的两个解，我们总是可以找到其他的解 $\tilde{\Sigma}^{(3)} = \Sigma + \alpha_1 \mathbf{1}\mathbf{1}^\top + \alpha_2 D - (\Lambda \mathbf{1}^\top + \mathbf{1}\Lambda^\top)$ 或 $\tilde{\Sigma}^{(4)} = \alpha_1 \tilde{\Sigma}^{(1)} + \alpha_2 \tilde{\Sigma}^{(2)}$，于是，弗罗贝尼乌斯范数（Frobenious Norm）$\|\tilde{\Sigma} - \Sigma\|$ 达到其最小值。

例15 我们来看一个三种资产的投资域，波动率等于20%，15%和25%，相关系数矩阵为：

㊱ 由于考虑了最优值 c^*，因此这里忽略线性约束 $\mathbf{1}^\top x = 1$。

㊲ 这就意味着 $\tilde{\Sigma} x^*$ 是常向量 $\lambda_0 \mathbf{1}$。

$$\rho = \begin{pmatrix} 1.00 & & \\ 0.70 & 1.00 & \\ 0.40 & 0.50 & 1.00 \end{pmatrix}$$

由 b = （50%，30%，20%）可得，风险预算组合的构成为 x^* = （44.35%，36.82%，18.83%）。由于有 λ_{c^*} = 2.593%，可以得到如表 2.18 和表 2.19 中所示的收缩协方差矩阵。

表 2.18　风险预算组合的收缩协方差矩阵 $\tilde{\Sigma}^{(1)}$

资产	$\tilde{\sigma}_i$	$\tilde{\rho}_{i,j}$		
1	19.13%	100.00%		
2	18.92%	82.54%	100.00%	
3	22.93%	57.69%	68.08%	100.00%

表 2.19　风险预算组合的收缩协方差矩阵 $\tilde{\Sigma}^{(3)}$

资产	$\tilde{\sigma}_i$	$\tilde{\rho}_{i,j}$		
1	18.26%	100.00%		
2	17.93%	67.67%	100.00%	
3	24.40%	33.25%	49.39%	100.00%

2.3　特例：等权风险贡献度（ERC）组合

ERC 组合是一种风险预算组合，其不同资产的风险预算相等，即

$$b_i = \frac{1}{n}$$

在组合经理人对风险预算没有判断时，ERC 组合可以被认为是一种中性组合。因此，它与之前介绍的风险预算组合有相同的特性，但是它也存在一些特有的性质，梅拉德等（Maillard et al.，2010）研究了波动率作为风险度量指标情况下的这些特有性质。

2.3.1　两种资产的情况（$n=2$）

记 σ_i 为第 i 种资产的波动率，ρ 为相关系数，x = $(w, 1-w)$ 表示组合权

重。则边际风险贡献度可以表示为

$$\frac{\partial \sigma(x)}{\partial x} = \frac{\Sigma x}{\sqrt{x^\top \Sigma x}} = \frac{1}{\sigma(x)} \begin{pmatrix} w\sigma_1^2 + (1-w)\rho\sigma_1\sigma_2 \\ (1-w)\sigma_2^2 + w\rho\sigma_1\sigma_2 \end{pmatrix}$$

则 ERC 组合满足下式：

$$w \cdot \frac{(w\sigma_1^2 + (1-w)\rho\sigma_1\sigma_2)}{\sigma(x)} = (1-w) \cdot \frac{((1-w)\sigma_2^2 + w\rho\sigma_1\sigma_2)}{\sigma(x)}$$

我们可以推出：

$$w^2\sigma_1^2 = (1-w)^2\sigma_2^2$$

由于 $0 \leq w \leq 1$，则有唯一解：

$$\begin{aligned} w^* &= \frac{1}{\sigma_1} \bigg/ \left(\frac{1}{\sigma_1} + \frac{1}{\sigma_2}\right) \\ &= \frac{\sigma_2}{\sigma_1 + \sigma_2} \end{aligned} \quad (2.33)$$

ERC 组合的资产权重与其波动率成反比。奇怪的是，资产权重与相关系数 ρ 无关。

注 33 另一种得出这些最优权重的方法是利用等式 (2.23)，计算 $b = \frac{1}{2}$ 时的风险预算组合的解。可以得到：

$$\begin{aligned} w^* &= \frac{-1/2\sigma_2^2 + 1/2\sigma_1\sigma_2}{1/2\sigma_1^2 - 1/2\sigma_2^2} \\ &= \frac{\sigma_2(\sigma_1 - \sigma_2)}{(\sigma_1 - \sigma_2)(\sigma_1 + \sigma_2)} \\ &= \frac{\sigma_2}{\sigma_1 + \sigma_2} \end{aligned}$$

让我们对这个组合与另外两个通过探索式方法得到的组合进行比较：一个是等权重（EW）组合，另一个是最小方差（MV）组合。我们利用参数化的方式，$\sigma_1 = \sigma, \sigma_2 = k\sigma$，其中 $k \geq 0$，则 ERC 组合的波动率可以表示为

$$\sigma(x_{\text{erc}}) = \sqrt{2(1+\rho)} \frac{k}{1+k} \sigma$$

相比较，等权重组合的波动率表示为

$$\sigma(x_{\text{ew}}) = \frac{1}{2}\sigma\sqrt{1 + k^2 + 2\rho k}$$

由以上两个式子，我们可以验证得到 $\sigma(x_{ew}) \geq \sigma(x_{erc})$：当 $k = 1$ 时，也就是 $x_{erc} = x_{ew}$ 时，等式关系成立。回想之前讨论过的两种资产的情况，其最小方差组合表示为

$$x_{mv} = \frac{1}{\sigma_1^2 + \sigma_2^2 - 2\rho\sigma_1\sigma_2}\begin{pmatrix}\sigma_2^2 - \rho\sigma_1\sigma_2\\ \sigma_1^2 - \rho\sigma_1\sigma_2\end{pmatrix}$$

因此，其波动率为

$$\sigma(x_{mv}) = k\sigma\sqrt{\frac{1-\rho^2}{1+k^2-2\rho k}}$$

梅拉德等（2010）最终推出 ERC 组合的波动率介于最小方差组合的波动率与等权重组合的波动率之间，即

$$\sigma_{mv} \leq \sigma_{erc} \leq \sigma_{ew}$$

这一特性在风险均衡方法中起到非常重要的作用（详见 2.4.1）。

例 16 考虑两种资产，$\sigma_1 = 20\%$，$\sigma_2 = 30\%$，资产收益率之间的相关系数为 50%。

表 2.20 给出了等权重组合（EW）、等权风险贡献度组合（ERC）以及最小方差组合（MV）的构成情况，也给出了每个组合的风险贡献度。我们可以看到，$\sigma_{ew} = 21.79\%$，$\sigma_{erc} = 20.78\%$ 和 $\sigma_{MV} = 19.64\%$，这表示不等式 $\sigma_{mv} \leq \sigma_{erc} \leq \sigma_{ew}$ 成立。

表 2.20 EW、ERC 和 MV 组合的风险贡献度

组合	资产	x_i	$\mathcal{MR}_i$	$\mathcal{RC}_i$	$\mathcal{RC}_i^*$
EW	1	50.00	16.06	8.03	36.84
	2	50.00	27.53	13.76	63.16
ERC	1	60.00	17.32	10.39	50.00
	2	40.00	25.98	10.39	50.00
MV	1	85.71	19.64	16.83	85.71
	2	14.29	19.64	2.81	14.29

2.3.2 一般情况（$n > 2$）

正如风险预算组合的情况，当 $n > 2$ 时，我们不可能找到一个解析解。

但在一些特殊情况下我们可以得到一些闭合解，比如，当投资域中的不同资产有相同的相关系数或波动率时。

如果假设常相关系数矩阵，即对所有 i 和 j，都满足 $\rho_{i,j} = \rho$，风险贡献度的表达由式（2.24）给出。由此可以得出 ERC 组合的权重满足如下关系：

$$x_i \sigma_i \left((1-\rho) x_i \sigma_i + \rho \sum_{k=1}^{n} x_k \sigma_k \right) = x_j \sigma_j \left((1-\rho) x_j \sigma_j + \rho \sum_{k=1}^{n} x_k \sigma_k \right)$$

进而有 $x_i \sigma_i = x_j \sigma_j$ 成立。由于 $\sum_{i=1}^{n} x_i = 1$，可以推得：

$$x_i = \frac{\sigma_i^{-1}}{\sum_{j=1}^{n} \sigma_j^{-1}} \tag{2.34}$$

和两种资产的情况一样，资产 i 的权重与其波动率成反比，与相关系数的值无关。并且，这个解集还和最小方差组合相关联。令 $\Sigma = \sigma \sigma^\top \circ C_n(\rho)$ 为协方差矩阵，其中，$C_n(\rho)$ 为常相关系数矩阵。则有 $\Sigma^{-1} = \Gamma \circ C_n^{-1}(\rho)$，其中 $\Gamma_{i,j} = \sigma_i^{-1} \sigma_j^{-1}$，且有：

$$C_n^{-1}(\rho) = \frac{\rho \mathbf{1} \mathbf{1}^\top - ((n-1)\rho + 1) I_n}{(n-1)\rho^2 - (n-2)\rho - 1}$$

可以看到，最小方差组合为 $x = (\Sigma^{-1} \mathbf{1})/(\mathbf{1}^\top \Sigma^{-1} \mathbf{1})$。推导得出最小方差组合的权重表达式为

$$x_i = \frac{-((n-1)\rho + 1) \sigma_i^{-2} + \rho \sum_{j=1}^{n} (\sigma_i \sigma_j)^{-1}}{\sum_{k=1}^{n} \left(-((n-1)\rho + 1) \sigma_k^{-2} + \rho \sum_{j=1}^{n} (\sigma_k \sigma_j)^{-1} \right)}$$

我们知道，当 $\rho = -(n-1)^{-1}$ 时，$C_n(\rho)$ 达到其下限，在这种情况下，解集变为

$$x_i = \frac{\sum_{j=1}^{n} (\sigma_i \sigma_j)^{-1}}{\sum_{k=1}^{n} \sum_{j=1}^{n} (\sigma_k \sigma_j)^{-1}} = \frac{\sigma_i^{-1}}{\sum_{k=1}^{n} \sigma_k^{-1}}$$

由此可以知道，当相关系数达到可能的最小值时，ERC 组合就等同于最小方差组合。

如果现在假设所有资产的波动率都相等，即对所有 i，都有 $\sigma_i = \sigma$ 成立，则风险贡献度变为

$$\mathcal{RC}_i = \frac{\left(\sum_{k=1}^{n} x_i x_k \rho_{i,k} \right) \sigma^2}{\sigma(x)}$$

则 REC 组合可证明为

$$x_i\Big(\sum_{k=1}^{n} x_k \rho_{i,k}\Big) = x_j\Big(\sum_{k=1}^{n} x_k \rho_{j,k}\Big)$$

推导可得：

$$x_i = \frac{\big(\sum_{k=1}^{n} x_k \rho_{i,k}\big)^{-1}}{\sum_{j=1}^{n}\big(\sum_{k=1}^{n} x_k \rho_{j,k}\big)^{-1}} \tag{2.35}$$

资产 i 的权重都与其自身相关系数的加权平均值成反比。与之前的例子正好相反；这个解是内生性的，因为 x_i 直接就是其自身的函数。在一般情况下，当波动率和相关系数不同时，同样的内生性问题自然还是存在的。如果我们将式（2.29）中的 b_i 换成 $1/n$，则可以推得：

$$x_i = \frac{\beta_i^{-1}}{\sum_{j=1}^{n} \beta_j^{-1}}$$

由于 $\sum_{i=1}^{n} x_i \beta_i = 1$，我们最终可以得到：

$$x_i = \frac{1}{n\beta_i} \tag{2.36}$$

例 17 我们来看一个四种资产的投资域，有 $\sigma_1 = 15\%$，$\sigma_2 = 20\%$，$\sigma_3 = 30\%$ 和 $\sigma_4 = 10\%$，资产收益率之间的相关系数矩阵如下所示：

$$\rho = \begin{pmatrix} 1.00 & & & \\ 0.50 & 1.00 & & \\ 0.00 & 0.20 & 1.00 & \\ -0.10 & 0.40 & 0.70 & 1.00 \end{pmatrix}$$

ERC 组合的构成如表 2.21 所示。可以证明，资产 i 的权重与其贝塔值成反比。已知波动率，根据 $\mathcal{RC}_i = \sigma(x)/\mu$，我们还可以推出每个资产的风险贡献度。

表 2.21　ERC 组合的构成

资产	x_i	$\mathcal{MR}_i$	β_i	$\mathcal{RC}_i$	$\mathcal{RC}_i^*$
1	31.34	8.52	0.80	2.67	25.00
2	17.49	15.27	1.43	2.67	25.00
3	13.05	20.46	1.92	2.67	25.00
4	38.12	7.00	0.66	2.67	25.00
波动率				10.68	

2.3.3 ERC 组合的最优性

梅拉德等（2010）认为，当所有资产具有相同的夏普比率，且相关系数矩阵一致时，ERC 组合和切点组合是一致的。

我们来看一下如下定义的切点组合：

$$x^* = \arg\max \frac{\mu(x) - r}{\sigma(x)}$$

其中，$\mu(x) = x^\top \mu$，$\sigma(x) = \sqrt{x^\top \Sigma x}$。优化问题的一阶条件为

$$\frac{\partial_{x_i} \mu(x) - r}{\partial_{x_i} \sigma(x)} = \frac{\mu(x) - r}{\sigma(x)}$$

正如谢勒（Scherer, 2007）指出的，这是个充分条件，因此，也就相当于在说，当组合中所有资产的边际超额收益与边际风险之比都相等，且等于组合的夏普比率时，夏普比率达到最大。最优情况下，组合 x^* 符合如下关系：

$$\mu - r\mathbf{1} = \left(\frac{\mu(x^*) - r}{\sigma(x^*)^2}\right) \Sigma x^*$$

如果假设存在一个常相关系数矩阵，则 ERC 组合可以定义为 $x_i = c\sigma_i^{-1}$，其中 $c = \left(\sum_{j=1}^{n} \sigma_j^{-1}\right)^{-1}$。根据式（2.24），可得：

$$\frac{\partial \sigma(x)}{\partial x_i} = c \frac{\sigma_i((1-\rho) + \rho n)}{\sigma(x)}$$

以及

$$\sigma^2(x) = nc^2((1-\rho) + \rho n)$$

当且仅当下式成立时，ERC 组合与切点组合一致：

$$\mu_i - r = \frac{c \sum_{j=1}^{n} (\mu_i - r)\sigma_i^{-1}}{nc} \sigma_i$$

我们可以将上述条件写成如下形式：

$$\mu_i = r + \mathrm{SR} \cdot \sigma_i$$

其中，

$$\mathrm{SR} = \frac{c \sum_{j=1}^{n} (\mu_i - r)\sigma_i^{-1}}{nc}$$

这意味着，所有资产的夏普比率是相等的。

例18 我们来看一个五种资产的投资域，波动率分别为5%，7%，9%，10%和15%。

在夏普比率相同且相关系数 ρ 一致，且无风险利率为2%的情况下，计算结果如图2.7所示。我们发现，ERC组合正好等于切点组合。图2.8中，我们假设一个更为一般化的相关系数矩阵：

$$\rho = \begin{pmatrix} 1.00 & & & & \\ 0.50 & 1.00 & & & \\ 0.25 & 0.25 & 1.00 & & \\ 0.00 & 0.00 & 0.00 & 1.00 & \\ -0.25 & -0.25 & -0.25 & 0.00 & 1.00 \end{pmatrix}$$

在这种情况下，ERC组合（实心圆表示）并不等于切点组合（星形表示），但它们之间非常接近。

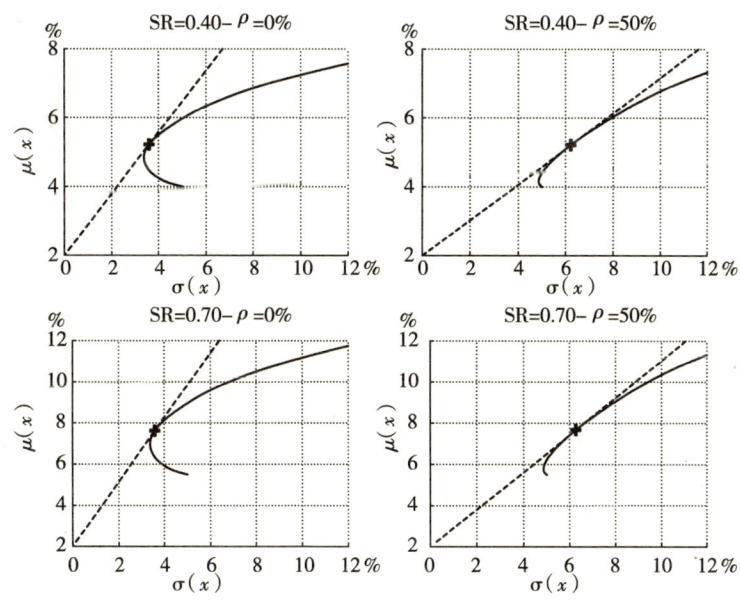

图2.7 当夏普比率相同且资产相关系数一致时，ERC组合在均值—方差图中的位置

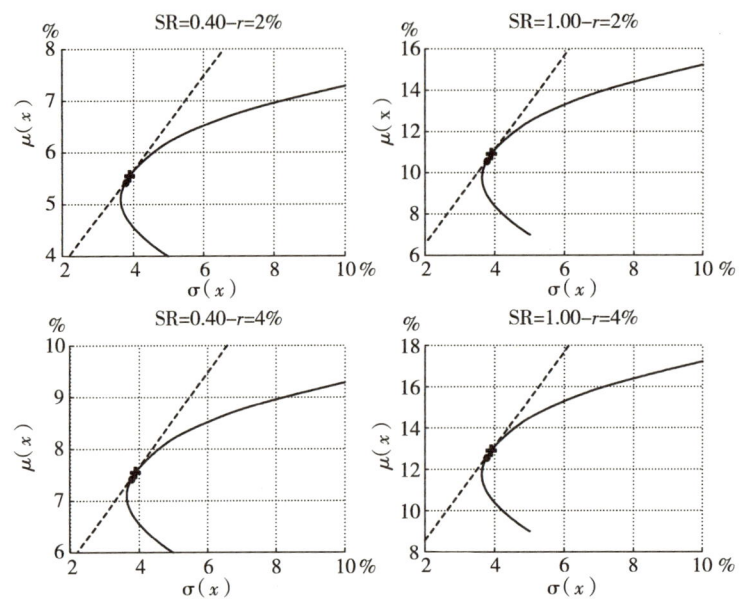

图 2.8 当夏普比率相同且资产相关系数不一致时，ERC 组合在均值—方差图中的位置

2.3.4 回到多样化的概念

多样化的目的在于最优化或降低组合的风险，因此，多样化通常都会和有效前沿联系在一起，尽管对其还没有明确的定义。在本节中，我们将学习几个相关概念，以帮助我们更好地理解多样化概念。

2.3.4.1 多样性指数

塔舍（Tasche，2008）给多样性指数定义如下：

$$\mathcal{D}(x) = \frac{\mathcal{R}(\sum_{i=1}^{n} L_i)}{\sum_{i=1}^{n} \mathcal{R}(L_i)}$$

$$= \frac{\mathcal{R}(x)}{\sum_{i=1}^{n} x_i \mathcal{R}(e_i)}$$

多样性指数指的是组合 x 的风险度量值与资产的加权风险度量值之间的比率。若 $\mathcal{R}$ 是一致性风险度量指标，则有 $\mathcal{D}(x) \leq 1$。若 $\mathcal{D}(x) = 1$，表明损失是

符合共单调性的[38]。比如，若 $\mathcal{R}$ 是以波动率表示的风险度量指标，则有

$$\mathcal{D}(x) = \frac{\sqrt{x^\top \Sigma x}}{\sum_{i=1}^n x_i \sigma_i} \tag{2.37}$$

如果资产收益率之间完全相关，则上式中 x 取值为 1，也就是说，相关系数矩阵为 $C_n(1)$。

注 34 多样性指数式（2.37）与舒维法提和夸尼亚德（Choueifaty and Coignard, 2008）引入的多样性比率互为相反数，他们还定义最分散化组合（MDP）为最小化多样性指数的组合（详见 3.2.3.3 关于这一配置方法的综合描述）。

2.3.4.2 集中度指数

另一个度量多样性的指标是采用集中度指数（或分散度指标）。令 $\pi \in \mathbb{R}^n_+$，满足 $\mathbf{1}^\top \pi = 1$，其中 π 为概率分布。若存在一个观测值 i_0，当 $i \neq i_0$ 时有 $\pi^+_{i_0} = 1$ 且 $\pi^+_i = 0$ 成立，则认为概率分布 π^+ 是完全集中的。当 n 趋于无穷大时，记极限分布为 π^+_∞。相反地，若概率分布 π^- 对所有的 $i = 1,\cdots,n$ 有 $\pi^-_i = 1/n$ 成立，则 π^- 为无集中性。集中度指数是函数 $\mathcal{C}(\pi)$ 的一个映射，因为 $\mathcal{C}(\pi)$ 随着集中度的增加而增加，且符合 $\mathcal{C}(\pi^-) \leqslant \mathcal{C}(\pi) \leqslant \mathcal{C}(\pi^+)$。最后，这个指数可以被归一化，使其满足 $\mathcal{C}(\pi^-) = 0$ 且 $\mathcal{C}(\pi^+_\infty) = 1$。有时，人们更倾向于使用分散度这个概念，而集中度概念正好与之相对立。

举例来说，如果 π 代表组合的权重，则 $\mathcal{C}(\pi)$ 衡量的是集中度权重。若组合是等权重的，则通过构造，$\mathcal{C}(\pi)$ 可以达到最小值。为了衡量组合的风险集中度，定义 π 为风险贡献度的分布。这种情况下，对应于下限 $\mathcal{C}(\pi^-) = 0$ 的组合就是等权风险贡献度（ERC）组合。

最常用的衡量集中度的方法有赫芬达尔指数（Herfindahl Index）和基尼指数（Gini Index）。另一个有趣的统计量是香农熵（Shannon Entropy），它是用来衡量分散度的。下面给出它们的定义：

赫芬达尔指数

关于 π 的赫芬达尔指数定义如下：

---

[38] 若存在随机变量 X，使得对于所有 i，都有 $X_i = f_i(X)$ 成立，其中 $f_i(x)$ 为非递减函数，则称随机变量 $X_1,\cdots,X_n$ 有共单调性。

$$\mathcal{H}(\pi) = \sum_{i=1}^{n} \pi_i^2$$

对于概率分布 π^+，则该指数值为 1；对于均匀概率分布，则其值为 $1/n$。为了将统计量固定在 $[0,1]$，我们将采用标准化指数 $H^*(\pi)$，并作如下定义：

$$\mathcal{H}^*(\pi) = \frac{n\mathcal{H}(\pi) - 1}{n - 1}$$

基尼指数

基尼指数是基于著名的劳伦茨曲线（Lorenz Curve）得来的。令 X、Y 是两个随机变量，则劳伦茨曲线 $y = \mathbb{L}(x)$ 由以下参数化形式定义：

$$\begin{cases} x = \Pr\{X \leq x\} \\ y = \Pr\{Y \leq y \mid X \leq x\} \end{cases}$$

劳伦茨曲线的首次提出是用来衡量财富不均等问题的。在这种情况下，劳伦茨曲线给出了最贫困人口 x 所拥有财富的占比 y。在资产管理中，劳伦茨曲线常常被用来衡量集中度权重（Hereil and Roncalli, 2011）。图 2.9 给出一个例子，我们发现，70% 的资产只代表了组合总体的 34.3% 权重。劳伦茨曲线允许两种极限情况。若组合是完全集中的，则权重的分布将趋向于 π_∞^+；相反地，集中度最低的组合是等权重组合，此时劳伦茨曲线为角平分线 $y = x$。于是，基尼指数定义为

$$\mathcal{G}(\pi) = \frac{A}{A + B}$$

其中，A 的区域位于 $\mathbb{L}_{\pi^-}(x)$ 和 $\mathbb{L}(x)$ 之间，B 的区域位于 $\mathbb{L}(x)$ 和 $\mathbb{L}_{\pi_\infty^+}(x)$ 之间。通过构造，我们有 $\mathcal{G}(\pi^-) = 0, \mathcal{G}(\pi_\infty^+) = 1$，并且满足下式：

$$\mathcal{G}(\pi) = 1 - 2\int_0^1 \mathbb{L}(x) dx$$

在这种情况下，当 π 为离散分布时，我们可以得到下式：

$$\mathcal{G}(\pi) = \frac{2\sum_{i=1}^n i\pi_{i:n}}{n\sum_{i=1}^n \pi_{i:n}} - \frac{n+1}{n}$$

其中，$\{\pi_{1:n}, \cdots, \pi_{n:n}\}$ 是 $\{\pi_1, \cdots, \pi_n\}$ 的顺序统计量。

注 35 基尼系数可以被视为一个标准化的离差统计量，因此，人们有时会用它来代替标准差。例如，沙利特和伊扎奇（Shalit and Yitzhaki, 1984）提出用均值—基尼框架来取代均值—方差框架，并且认为，针对资产收益率非正态

分布的状况下，后者显得更为稳健。

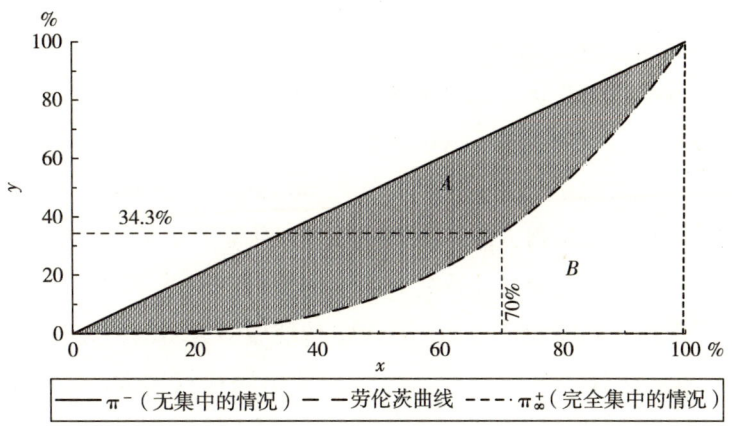

图 2.9　劳伦茨曲线的几何图

香农熵（Shannon Entropy）

香农熵定义如下：

$$\mathcal{I}(\pi) = -\sum_{i=1}^{n} \pi_i \ln \pi_i$$

分散度指数对应于统计量 $\mathcal{I}^*(\pi) = \exp(\mathcal{I}(\pi))$，于是有 $\mathcal{I}^*(\pi^-) = n$ 和 $\mathcal{I}^*(\pi^+) = 1$。

注 36　贝拉和帕克（Bera and Park，2008）通过采用熵度量方式取代了均值—方差模型的目标函数，其动机是为了获得一个"最优分散组合"。有意思的是，权重或风险集中度通常和多样化概念有关，而这两个概念对于很多学者来说是同一个意思。

2.3.4.3　调和不同多样化概念的困难

我们以例 19 来说明之前有关多样化的度量问题。我们分别对不同组合情况进行计算，包括等权重组合（EW）、最小方差组合（MV）、等权风险贡献度组合（ERC）和最分散化组合（MDP）。MDP 组合的多样性指数 $\mathcal{D}(x)$ 最小。

例 19　我们来看一个六种资产的投资域，波动率分别为 25%、22%、14%、30%、40% 和 30%。相关系数矩阵如下所示：

$$C = \begin{pmatrix} 100.00\% & & & & & \\ 60.00\% & 100.00\% & & & & \\ 60.00\% & 60.00\% & 100.00\% & & & \\ 60.00\% & 60.00\% & 60.00\% & 100.00\% & & \\ 60.00\% & 60.00\% & 60.00\% & 60.00\% & 100.00\% & \\ 60.00\% & 60.00\% & 60.00\% & 60.00\% & 20.00\% & 100.00\% \end{pmatrix}$$

该相关系数矩阵比较特别，除了第五种和第六种资产之间的相关系数为20%外，其他所有资产之间的相关系数都等于60%。

以波动率作为风险度量指标，且设定传统做多策略的约束条件，于是得到表2.22所示的计算结果。从马科维茨理论的观点出发，最小方差组合（MV）是最为分散的，因为只有这个组合是落在有效前沿上的；如果我们假设多样性指数是合适的度量指标的话，那么最分散化组合（MDP）会是最好的，事实上，该组合多样性指数为0.77，是所有组合中最低的[39]；依照权重的集中度指标，则等权重组合（EW）优于其他组合；如果考虑风险集中度指标，则等权风险贡献度组合（ERC）最优。这个简单的例子说明，要定义多样化这个概念是一件很困难的事。

表 2.22 MV、ERC、MDP 和 EW 组合的多样化度量

	MV		ERC		MDP		EW	
	x_i	$\mathcal{RC}_i^*$	x_i	$\mathcal{RC}_i^*$	x_i	$\mathcal{RC}_i^*$	x_i	$\mathcal{RC}_i^*$
1	0.00	0.00	15.70	16.67	0.00	0.00	16.67	16.18
2	3.61	3.61	17.84	16.67	0.00	0.00	16.67	14.08
3	96.39	96.39	28.03	16.67	0.00	0.00	16.67	8.68
4	0.00	0.00	13.08	16.67	0.00	0.00	16.67	19.78
5	0.00	0.00	10.86	16.67	42.86	50.00	16.67	24.43
6	0.00	0.00	14.49	16.67	57.14	50.00	16.67	16.86
$\sigma(x)$	13.99		19.53		26.56		21.39	
$\mathcal{D}(x)$	0.98		0.80		0.77		0.80	
$\mathcal{H}^*$	0.92	0.92	0.02	0.00	0.41	0.40	0.00	0.02
$\mathcal{G}$	0.82	0.82	0.17	0.00	0.69	0.67	0.00	0.16
$\mathcal{I}^*$	1.17	1.17	5.71	6.00	1.98	2.00	6.00	5.74

[39] 但是，ERC 组合和 EW 组合的多样性指数比较接近于 MDP 组合的多样性指数。

2.4 风险预算方法与权重预算方法的对比

令 $\{b_1,\cdots,b_b\}$ 为预算向量。在风险预算组合中，我们发现资产权重可以使得风险贡献度和预算相匹配，即

$$\mathcal{RC}_i = b_i \mathcal{R}(x)$$

我们可以将这一组合结构与另一个更加简单的组合——权重预算组合（WB）进行比较。在这个组合中，每个资产的权重都等于其预算，即

$$x_i = b_i$$

在本节中，我们利用第三个组合——最小风险组合（MR）来对上述两个组合作对比，MR 组合表示为

$$x^* = \mathrm{argmin}\ \mathcal{R}(x)$$

$$\text{满足}\quad \mathbf{1}^\top x = 1$$

2.4.1 权重预算组合与风险预算组合的对比

如果我们来看权重预算组合（WB）、最小风险组合（MR）和风险预算组合（RB），它们之间存在以下关系：

$$x_i/b_i = x_j/b_j \quad (\text{wb})$$

$$\partial_{x_i}\mathcal{R}(x) = \partial_{x_j}\mathcal{R}(x) \quad (\text{mr})$$

$$\mathcal{RC}_i/b_i = \mathcal{RC}_j/b_j \quad (\text{rb})$$

在最小风险组合中，资产 i 的边际风险等于资产 j 的边际风险；在权重预算组合中，权重与预算之比对于所有资产都相同；对于风险预算组合，由于以下关系的存在，则综合了以上两种特性：

$$\frac{x_i \cdot \partial_{x_i}\mathcal{R}(x)}{b_i} = \frac{x_j \cdot \partial_{x_j}\mathcal{R}(x)}{b_j}$$

因此，RB 组合可以被视为 MR 组合和 WB 组合之间的一个折中。为了更加详尽地说明这个观点，让我们先来看一下最优问题式（2.31），即

$$x^*(c) = \arg\min \mathcal{R}(x)$$

满足 $\begin{cases} \sum_{i=1}^{n} b_i \ln x_i \geq c \\ 1^\top x = 1 \\ x \geq 0 \end{cases}$

我们注意到，如果 $c_1 \leq c_2$ 则有 $\mathcal{R}(x^*(c_1)) \leq \mathcal{R}(x^*(c_2))$，因为约束条件 $\sum_{i=1}^{n} b_i \ln x_i - c \geq 0$ 对 c_1 的限制性要小于 c_2。例如，若 $c = -\infty$，第一个约束条件就消失了，因此最优解就是最小风险组合 $x^*(-\infty)$。我们知道，式 $\sum_{i=1}^{n} b_i \ln x_i$ 是有边界约束的，且有 $\sum_{i=1}^{n} b_i \ln x_i \leq \sum_{i=1}^{n} b_i \ln b_i$，则对于 $c = \sum_{i=1}^{n} b_i \ln b_i$ 有唯一解 $x_i^* = b_i$，即权重预算组合。则对于 $c \in [-\infty, \sum_{i=1}^{n} b_i \ln b_i]$ 的一般性问题，其解集满足以下关系：

$$\mathcal{R}(x^*(-\infty)) \leq \mathcal{R}(x^*(c)) \leq \mathcal{R}(x^*(\sum_{i=1}^{n} b_i \ln b_i))$$

换句话说，有

$$\mathcal{R}(x_{\text{mr}}) \leq \mathcal{R}(x^*(c)) \leq \mathcal{R}(x_{\text{wb}})$$

然而，在 2.2.2.2 小节我们曾经指出，存在一个常量 c^*，使得 $x^*(c^*)$ 成为风险预算组合（RB），这进一步证明有以下不等式成立：

$$\mathcal{R}(x_{\text{mr}}) \leq \mathcal{R}(x_{\text{rb}}) \leq \mathcal{R}(x_{\text{wb}}) \quad (2.38)$$

这个结果来源于布鲁德和龙嘉利（2012）的研究，是对梅拉德等（2010）提出的著名的不等式的一个扩展，梅拉德等认为，等权风险贡献度组合（ERC）的波动率位于最小方差组合与等权重组合之间：

$$\sigma(x_{\text{mv}}) \leq \sigma(x_{\text{erc}}) \leq \sigma(x_{\text{ew}}) \quad (2.39)$$

注 37 不等式（2.39）是不等式（2.38）的一个特例。不等式（2.38）中，波动率作为风险度量指标，即 $\mathcal{R}(x) = \sigma(x)$，且预算处处相等，即 $b_i = b_j = 1/n$。

例 20 我们来看一个三种资产的投资域。它们的期望收益率分别为 10%、5% 和 5%，波动率分别为 30%、20% 和 15%，资产收益率的相关系数矩阵如下所示：

$$\rho = \begin{pmatrix} 1.00 & & \\ 0.80 & 1.00 & \\ 0.50 & 0.30 & 1.00 \end{pmatrix}$$

我们采用高斯期望亏空来衡量风险。风险预算设为50%、20%和30%，WB、RB和MR三个组合的权重和风险贡献度见表2.23。我们可以发现，这三个组合在风险分解是非常不同的，比如，第一种资产在WB、RB和MR组合风险中分别占了71.40%、50%和0%。我们也可以看到，不等式 $\mathcal{R}(x_{mr}) \leqslant \mathcal{R}(x_{rb}) \leqslant \mathcal{R}(x_{wb})$ 成立。

表2.23 WB、RB和MR组合的风险分解

组合	资产	x_i	$\mathcal{MR}_i$	$\mathcal{RC}_i$	$\mathcal{RC}_i^*$
WB	1	50.00	41.59	20.80	71.40
	2	20.00	24.18	4.84	16.60
	3	30.00	11.65	3.50	12.00
期望亏空		29.13			
RB	1	30.65	39.07	11.97	50.00
	2	21.04	22.76	4.79	20.00
	3	48.32	14.87	7.18	30.00
期望亏空		23.94			
MR	1	0.00	29.11	0.00	0.00
	2	30.34	18.81	5.71	30.34
	3	69.66	18.81	13.10	69.66
期望亏空		18.81			

2.4.2 最小方差组合的新构造

我们引入符号 $x_{wb}(b)$ 和 $x_{rb}(b)$，用于设计权重组合和风险预算组合，其中 b 表示预算向量。按照定义有 $x_{wb}(b) = b$。根据不等式（2.38）进而有 $\sigma(x_{rb}(b)) \leqslant \sigma(x_{wb}(b))$ 成立或如下等价的表达式：

$$\sigma(x_{rb}(b)) \leqslant \sigma(b)$$

给定一个组合 $x^{(0)}$，则可以通过一种简单过程得出具有更小波动率的组合 $x^{(1)}$。于是，以权重 $x^{(0)}$ 作为风险预算，就可以计算得到风险预算组合[40]：

$$\sigma(x^{(1)}) = \sigma(x_{rb}(x^{(0)})) \leqslant \sigma(x^{(0)})$$

---

[40] 我们也可以将这一过程解释为带有交易成本的风险最小化问题（Darolles et al., 2012）。

现在我们来看迭代组合 $x^{(k)}$，其中 k 表示迭代次数。这个组合满足：第 k 次迭代后的风险预算向量 $b^{(k)}$ 相当于第 $k-1$ 次迭代后的权重向量 $x^{(k-1)}$。则有

$$\sigma(x^{(1)}) = \sigma\left(x_{\text{rb}}(x^{(0)})\right) \leq \sigma(x^{(0)})$$

$$\sigma(x^{(2)}) = \sigma\left(x_{\text{rb}}(x^{(1)})\right) \leq \sigma(x^{(1)})$$

$$\vdots$$

$$\sigma(x^{(k)}) = \sigma\left(x_{\text{rb}}(x^{(k-1)})\right) \leq \sigma(x^{(k-1)})$$

可以推出：

$$\sigma(x^{(k)}) \leq \sigma(x^{(k-1)}) \leq \cdots \leq \sigma(x^{(2)}) \leq \sigma(x^{(1)}) \leq \sigma(x^{(0)})$$

最终可以得到：

$$\lim_{k \to \infty} \sigma(x^{(k)}) = \sigma(x_{\text{mv}}) \tag{2.40}$$

如果当 $k \to \infty$ 时允许组合 $x^{(k)}$ 有边界约束，则该组合就等同于最小方差组合（在无卖空约束的情况下）。于是，在风险预算和权重相等时（见下式），传统做多策略的最小方差组合就等同于风险预算组合了：

$$b^{(\infty)} = x^{(\infty)} = x_{\text{mv}}$$

注38 最后这一特性可以通过别的方法找到。我们知道，传统做多策略的最小方差组合满足：

$$\frac{\partial \sigma(x)}{\partial x_i} = \frac{\partial \sigma(x)}{\partial x_j} = \zeta, \text{ 若 } x_i > 0, x_j > 0$$

且

$$\frac{\partial \sigma(x)}{\partial x_i} > \frac{\partial \sigma(x)}{\partial x_j}, \text{ 若 } x_i = 0, x_j > 0$$

欧拉分解表明：

$$\sigma(x) = \sum_{i=1}^{n} x_i \frac{\partial \sigma(x)}{\partial x_i}$$

$$= \zeta \sum_{i=1}^{n} x_i$$

$$= \zeta$$

于是有

$$b_i = \frac{\mathcal{RC}_i}{\sigma(x)}$$

$$= \frac{x_i \cdot \partial_{x_i} \sigma(x)}{\sigma(x)}$$

$$= x_i$$

我们用例 20 来说明等式（2.40）给出的最小方差组合（MV）是一个有边界的组合。我们报告每个组合的权重、绝对风险贡献度及其波动率。令初始值 $x^{(0)} = (50\%, 20\%, 30\%)$，计算结果见表 2.24。随着每次迭代，组合 $x^{(k)}$ 的波动率递减；若初始点为权重预算组合（WB），则 $\sigma(x^{(0)}) = 20.87\%$，第一次迭代时，风险预算设定为组合 $x^{(0)}$ 的权重，则组合 $x^{(1)}$ 的权重构成为 $(31.15\%, 21.90\%, 49.96\%)$，且波动率 $\sigma(x^{(1)}) = 17.49\%$ 在第二次迭代后，这些资产权重会变为风险预算，于是有 $x^{(2)} = (18.52\%, 22.81\%, 58.67\%)$。我们发现，其波动率下降的很快。比如，波动率 $\sigma(x^{(2)}) = 15.58\%$，$\sigma(x^{(3)}) = 14.65\%$，$\sigma(x^{(4)}) = 14.19\%$ 等。向最小方差组合（MV）方向的收敛情况如图 2.10 所示。在六次（或十次）迭代后，风险预算组合（RB）的波动率就等于 13.79%（或 13.60%），已经十分接近最小方差组合的波动率 13.57% 了。

表 2.24　风险预算组合（RB）迭代过程中的权重和风险贡献度

组合	资产	x_i	RC_i^*	组合	资产	x_i	RC_i^*
$x^{(0)}$	1	50.00	70.43	$x^{(1)}$	1	31.15	50.00
	2	20.00	15.93		2	21.90	20.00
	3	30.00	13.64		3	46.96	30.00
	波动率		20.87		波动率		17.49
$x^{(2)}$	1	18.52	31.15	$x^{(3)}$	1	11.04	18.52
	2	22.81	21.90		2	23.71	22.81
	3	58.67	46.96		3	65.25	58.67
	波动率		15.58		波动率		14.65
$x^{(4)}$	1	6.67	11.04	$x^{(5)}$	1	4.07	6.67
	2	24.76	23.71		2	25.86	24.76
	3	68.57	65.25		3	70.07	68.57
	波动率		14.19		波动率		13.94
$x^{(6)}$	1	2.49	4.07	x_{mv}	1	0.00	0.00
	2	26.87	25.86		2	30.34	30.34
	3	70.63	70.07		3	69.66	69.66
	波动率		13.79		波动率		13.57

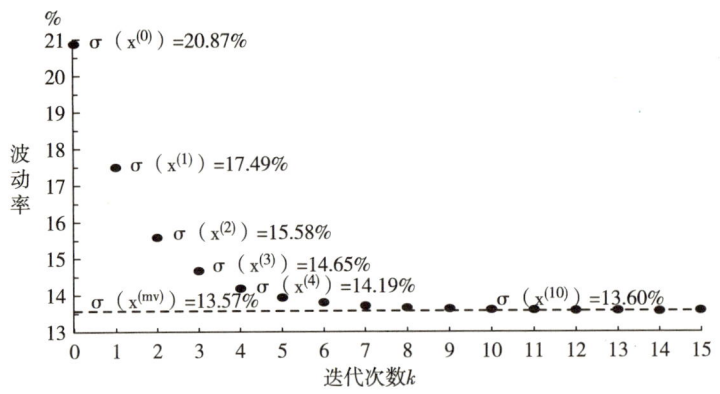

图 2.10 迭代中的风险预算组合（RB）$x^{(k)}$ 向最小方差组合的收敛过程

2.5 用风险因子替代资产

采用风险均衡策略的专业人员通常喜欢通过一些特定因子来控制其风险头寸。有时，通过直接对资产的风险作预算，也还是很难达到控制风险的目的。而且，下文中我们会看到，在某些情况下，直接对资产进行处理并不能达到最优。因此，基于风险因子的风险均衡策略也许会更合适。

2.5.1 基于资产的风险预算策略之陷阱

风险预算策略对域的定义是很敏感的，也就是说，即使我们考虑的投资域等价于原始组合，组合也可能发生变化。因此，苏菲亚特等（Choueifaty et al.，2011）提出了一系列颇受欢迎的、组合必须符合的不变特性。在这些特性中，一些风险预算组合显然并不总是能够满足复制不变性和正向线性组合不变性。

2.5.1.1 复制不变性

让我们来看一个四种资产构成的域，其中每种资产具有相同的波动率，且相关系数一致为 ρ。于是，等权风险贡献度组合（ERC）$x^{(4)}$ 就等同于等权重组合。如果我们在这个域中再加入波动率相同的第五种资产，且该资产与第四种资产完全相关，在这种情况下，等权风险贡献度组合 $x^{(5)}$ 的构成就取决于相关系数的值 ρ。比如，若前四种资产之间的互相关系数 ρ 为 0，则等权风险贡献度组合的构成为：前三种资产的权重为 $x_i^{(5)} = 22.65\%$，而后两种为 $x_i^{(5)} = 16.02\%$。

而这样的结果会使得专业人员感到困惑，因为实际上在投资域中只有四种资产而不是五种[41]。金融专业人员会希望第四种资产和第五种资产的总头寸等于前三种资产的单个头寸，也就是说 $x_4^{(5)} + x_5^{(5)} = 25\%$。因此，第四种资产和第五种资产的权重就应该等于四种资产投资域情况下第四种资产权重的一半，即 $x_4^{(5)} = x_5^{(5)} = x_4^{(4)}/2 = 12.5\%$，然而，这个结果只有当相关系数 ρ 处于最低值时才能成立[42]。

可见，就算我们复制一个资产，等权风险贡献度组合（ERC）也不是不变的。因此，当考虑风险均衡组合时，投资域是一个十分重要的因素。然而，我们发现，如果将相应的风险预算在两个等价资产之间作等分，则风险预算组合（RB）是具有复制不变性的。

以波动率作为风险度量指标，让我们来验证这一特性。我们来看一个 n 种资产的域，记 x 为风险预算组合，其风险预算表示为 $\{b_1,\cdots,b_n\}$。我们复制最后一种资产，记 y 为基于 $n+1$ 种资产域的风险预算组合，其风险预算表示为 $\{b_1',\cdots,b_{n+1}'\}$，满足：

$$\begin{cases} b'_i = b_i &, \text{如果 } i < n \\ b'_n + b'_{n+1} = b_n \end{cases} \quad (2.41)$$

我们假设 $\sigma(x) = \sigma(y)$，有

$$\sum_{i=1}^{n} x_i \cdot \frac{\partial \sigma(x)}{\partial x_i} = \sum_{i=1}^{n+1} y_i \cdot \frac{\partial \sigma(y)}{\partial y_i}$$

我们尝试找到组合 y，要求满足：

$$x_i \cdot \frac{\partial \sigma(x)}{\partial x_i} = y_i \cdot \frac{\partial \sigma(x)}{\partial y_i}, i < n$$

$$x_n \cdot \frac{\partial \sigma(x)}{\partial x_n} = y_n \cdot \frac{\partial \sigma(y)}{\partial y_n} + y_{n+1} \cdot \frac{\partial \sigma(y)}{\partial y_{n+1}}$$

如果 $i < n$，由于 $\rho_{i,n+1} = \rho_{i,n}$，$\sigma_{n+1} = \sigma_n$，$\sigma(x) = \sigma(y)$，则第一个等式等价于：

---

[41] 第四种资产和第五种资产实际上是相同的，因为 $\rho_{4,5} = 1$。

[42] $\rho = -33.33\%$。

$$\sum_{j<n} x_i x_j \rho_{i,j}\sigma_i\sigma_j + x_i x_n \rho_{i,n}\sigma_i\sigma_n = \sum_{j<n} y_i y_j \rho_{i,j}\sigma_i\sigma_j +$$
$$y_i y_n \rho_{i,n}\sigma_i\sigma_n + y_i y_{n+1}\rho_{i,n+1}\sigma_i\sigma_{n+1}$$
$$= \sum_{j<n} y_i y_j \rho_{i,j}\sigma_i\sigma_j +$$
$$y_i(y_n + y_{n+1})\rho_{i,n}\sigma_i\sigma_n$$

对于第二个等式,可得

$$\sum_{j=1}^{n} x_n x_j \rho_{n,j}\sigma_n\sigma_j = \sum_{j=1}^{n+1} y_n y_j \rho_{n,j}\sigma_n\sigma_j + \sum_{j=1}^{n+1} y_{n+1} y_j \rho_{n+1,j}\sigma_{n+1}\sigma_j$$
$$= \sum_{j=1}^{n+1}(y_n + y_{n+1})y_j \rho_{n,j}\sigma_n\sigma_j$$

由于 $\rho_{n,n+1} = \rho_{n,n} = 1$,则有

$$\sum_{j=1}^{n-1} x_n x_j \rho_{n,j}\sigma_n\sigma_j + x_n^2\sigma_n^2 = \sum_{j=1}^{n-1}(y_n + y_{n+1})y_j \rho_{n,j}\sigma_n\sigma_j +$$
$$(y_n + y_{n+1})y_n\sigma_n^2 + (y_n + y_{n+1})y_{n+1}\sigma_n^2$$
$$= \sum_{j=1}^{n-1}(y_n + y_{n+1})y_j \rho_{n,j}\sigma_n\sigma_j +$$
$$(y_n + y_{n+1})^2\sigma_n^2$$

经推导,解集满足以下关系:

$$\begin{cases} y_i = x_i, \text{如果 } i < n \\ y_n + y_{n+1} = x_n \end{cases}$$

由此,我们很容易证明表达式 $\sigma(x) = \sigma(y)$ 为真,这进一步验证了,如果满足条件(2.41),则风险预算组合(RB)满足复制不变性。

注39 由于考虑了等风险预算的系统性规则,我们并不需要考虑投资域的结构问题。我们来看一下多资产类别的域。如果一个域中包含了五个权益指数和五个债券指数,则等权风险贡献度组合(ERC)中权益和债券的风险可以取得很好的平衡。相对地,如果这个域中包含七个权益指数和三个债券指数,则等权风险贡献度组合(ERC)的总风险中,权益类风险就占到70%,即权益和债券的风险非常不平衡。在这种情况下,最好是通过调整风险预算,使得权益类风险与债券类风险相等,从而来构建风险预算组合。另一种方法是采用基于风险因子的风险均衡方法(Roncalli and Weisang, 2012)。

2.5.1.2 正向线性组合不变性

舒维法提等（Choueifaty et al., 2011）给出了"正向线性组合不变性"的如下定义：

"在域中添加已存在的资产的正向线性组合，不会改变原有资产在组合中的权重。"

对于风险预算组合，这个特性可以这么来理解。我们来看一个有 n 种资产的域，并且构建一个风险预算为 $\{b_1,\cdots,b_n\}$ 的风险预算组合 x。然后，我们向该组合中添加由前 n 种资产线性组成的资产 c。对于这个扩张后的域，我们定义一个新的风险预算组合 y，满足：

$$\begin{cases} b'_i + c_i b'_{n+1} = b_i, \text{如果 } i \leq n \\ \mathbf{1}^\top b' = 1 \end{cases}$$

若下式成立，则该组合满足正向线性组合不变性：

$$x_i = y_i + c_i y_{n+1}$$

然而，上述两个等式并不能同时成立[43]，也就是说，风险预算组合不满足正向线性组合不变性。

2.5.1.3 重新设置参数对资产域的影响

投资者感兴趣的风险因素并不是资产，正是由于这点才导致了前面的两个问题。龙嘉利和卫桑（Roncall and Weisang, 2012）也对这个问题作了说明，他们指出，对资产域重新设置参数就意味着对风险预算重新设参数。

我们来看由 m 个初始资产 $(A'_1,\cdots,A'_m)$ 构成的组合，其协方差矩阵为 Ω。现在我们再来定义 n 个合成资产 $(A_1,\cdots,A_n)$ 的组合，合成资产由初始资产构成。记 $W = (w_{i,j})$ 为权重矩阵，其中，$w_{i,j}$ 表示初始资产 A'_j 在合成资产 A_i 中的权重。因此，合成资产可以理解为初始资产构成的一系列组合。例如，A'_j 可能表示一只股票，而 A_i 则可能是一个指数。通过构建，我们有 $\sum_{j=1}^m w_{i,j} = 1$ 成立。于是，合成资产的协方差矩阵 Σ 为 $W\Omega W^\top$。

我们现在来考虑一个用合成资产来定义的组合 $x = (x_1,\cdots,x_n)$。于是，这个组合的波动率 $\sigma(x) = \sqrt{x^\top \Sigma x}$。推导可得，合成资产 i 的风险贡献度为

---

[43] 因为这些等式意味着，对于所有 $n+1$ 种资产，边际风险都相等。

$$\mathcal{RC}_i = x_i \cdot \frac{(\Sigma x)_i}{\sqrt{x^\mathrm{T} \Sigma x}}$$

同样也可以用合成资产来定义这个组合。这里，组合的构成是 $y = (y_1, \cdots, y_m)$，其中，$y_j = \sum_{i=1}^n x_i w_{i,j}$。以矩阵的形式表示，有 $y = W^\mathrm{T} x$。相似地，我们可以计算初始资产 j 的风险贡献度为

$$\mathcal{RC}_j = y_j \cdot \frac{(\Omega y)_j}{\sqrt{y^\mathrm{T} \Omega y}}$$

例 21 我们有六种初始资产，这些资产的波动率分别为 20%、30%、25%、15%、10% 和 30%，且假设这些资产之间不相关。我们来考虑三个等权重的合成资产，有：

$$W = \begin{pmatrix} 1/4 & 1/4 & 1/4 & 1/4 & & \\ & & 1/4 & 1/4 & 1/4 & 1/4 \\ & & & & 1/2 & 1/2 \end{pmatrix}$$

首先，我们来看组合#1，其中，合成资产权重分别为 36%、38% 和 26%，合成资产的风险贡献度见表 2.25。注意到这个组合十分接近于等权风险贡献度组合（ERC），因此，就合成资产的风险而言，这个组合得到了很好的平衡。然而，如果从初始资产的角度分析该组合，有大约 80% 的风险集中于第三种和第四种初始资产上（见表 2.26）。于是这就形成了一个矛盾的局面，根据以上分析，这个组合或者是充分分散化了的组合，或者是一个风险集中的组合。

表 2.25 组合#1 合成资产的风险分解

资产 i	x_i	$\mathcal{MR}_i$	$\mathcal{RC}_i$	$\mathcal{RC}_i^*$
$\mathcal{A}_1$	36.00	9.44	3.40	33.33
$\mathcal{A}_2$	38.00	8.90	3.38	33.17
$\mathcal{A}_3$	26.00	13.13	3.41	33.50

表 2.26　组合#1 初始资产的风险分解

资产 j	y_j	$\mathcal{MR}_j$	$\mathcal{RC}_j$	$\mathcal{RC}_j^*$
$\mathcal{A}'_1$	9.00	3.53	0.32	3.12
$\mathcal{A}'_2$	9.00	7.95	0.72	7.02
$\mathcal{A}'_3$	31.50	19.31	6.08	59.69
$\mathcal{A}'_4$	31.50	6.95	2.19	21.49
$\mathcal{A}'_5$	9.50	0.93	0.09	0.87
$\mathcal{A}'_6$	9.50	8.39	0.80	7.82

现在再来看组合#2，其中，合成资产的权重分别为 48%、50% 和 2%，组合的风险贡献度见表 2.27 所示。在这种情况下，就风险而言，组合得到了很好的平衡，因为前两个资产占据了组合 97% 的风险，而第三种资产的风险贡献度小于 3%。所以，这个组合与等权风险贡献度组合（ERC）相差很远。然而，从初始资产的角度进行的分析表明，这个组合比之前的组合#1 具有更小的集中度（见表 2.28），其平均风险贡献度为 16.67%。我们注意到，在组合#1 中，风险贡献度高于（或低于）这一水平的初始资产，其风险贡献度在组合#2 有所下降（或上升）。

表 2.27　组合#2 合成资产的风险分解

资产 i	x_i	$\mathcal{MR}_i$	$\mathcal{RC}_i$	$\mathcal{RC}_i^*$
$\mathcal{A}_1$	48.00	9.84	4.73	49.91
$\mathcal{A}_2$	50.00	9.03	4.51	47.67
$\mathcal{A}_3$	2.00	11.45	0.23	2.42

图 2.11 给出了初始和合成资产在这两个组合中的风险贡献度的劳伦茨曲线。可以证明，就初始资产的风险而言，组合#2 要更为分散一些。

表 2.28　组合#2 初始资产的风险分解

资产 j	y_j	$\mathcal{MR}_j$	$\mathcal{RC}_j$	$\mathcal{RC}_j^*$
$\mathcal{A}'_1$	12.00	5.07	0.61	6.43
$\mathcal{A}'_2$	12.00	11.41	1.37	14.46
$\mathcal{A}'_3$	25.50	16.84	4.29	45.35
$\mathcal{A}'_4$	25.50	6.06	1.55	16.33
$\mathcal{A}'_5$	12.50	1.32	0.17	1.74
$\mathcal{A}'_6$	12.50	11.88	1.49	15.69

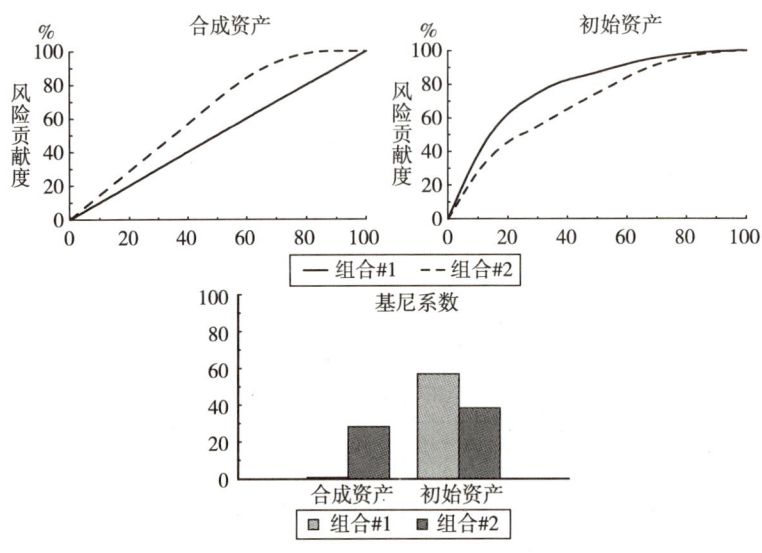

图 2.11 风险贡献度的劳伦茨曲线

2.5.2 关于风险因子的风险分解

上一节强调了风险因子的重要性,并揭示了为什么弄清有关风险因子的投资结构是很重要的。接下来,当构建风险均衡组合时,我们将针对风险因子而不是资产做风险预算,同时我们还将介绍龙嘉利和卫桑(2012)的研究结果。

我们来看一个有 n 种资产的组合 $\{\mathcal{A}_1,\cdots,\mathcal{A}_n\}$ 和一个有 m 个风险因子的集合 $\{\mathcal{F}_1,\cdots,\mathcal{F}_m\}$,令 R_t 为 t 时刻资产收益率的 $n\times 1$ 向量,Σ 表示相应的协方差矩阵,$\mathcal{F}_t$ 为 t 时刻因子收益率的 $m\times 1$ 向量,Ω 表示相应的协方差矩阵。假设有下列的线性因子模型:

$$R_t = A\mathcal{F}_t + \varepsilon_t \tag{2.42}$$

其中,$\mathcal{F}_t$ 和 ε_t 是两个不相关的随机向量,ε_t 为协方差矩阵 $\mathcal{D}$ 的中心随机 $n\times 1$ 向量。A 为 $n\times m$ 载荷矩阵(loadings matrix)。根据式(2.42),很容易推出以下关系式:

$$\Sigma = A\Omega A^\top + D$$

梅乌奇(Meucci,2007,2009)提出,可以按下式利用组合中风险因子头寸 y 来分解组合中的资产头寸 x:

$$x = B^+ y + \widetilde{B}^+ \widetilde{y}$$

其中，B^+ 为 A^T 的摩尔—彭罗斯（Moore-Penrose）逆[44]，$\widetilde{B}^+$ 是跨越 B^+ 左零空间的任意 $n \times (n-m)$ 矩阵。$\widetilde{y}$ 对应于 $n-m$ 个非经济意义的残差（或其他）因子[45]。则有

$$\begin{cases} y = A^\mathrm{T} x \\ \widetilde{y} = \widetilde{B} x \end{cases}$$

其中，$\widetilde{B} = \ker(A^\mathrm{T})^\mathrm{T}$。在这种情况下，资产的边际风险与因子的边际风险之间的相关关系如下式所示：

$$\frac{\partial \mathcal{R}(x)}{\partial x} = \frac{\partial \mathcal{R}(x)}{\partial y} B + \frac{\partial \mathcal{R}(x)}{\partial \widetilde{y}} \widetilde{B}$$

可以推得，第 j 个因子头寸的边际风险表示为

$$\frac{\partial \mathcal{R}(x)}{\partial y_j} = \left(A^+ \frac{\partial \mathcal{R}(x)}{\partial x^\mathrm{T}} \right)_j$$

对于残差因子，有

$$\frac{\partial \mathcal{R}(x)}{\partial \widetilde{y}_j} = \left(\widetilde{B} \frac{\partial \mathcal{R}(x)}{\partial x^\mathrm{T}} \right)_j$$

记 $\mathcal{RC}(\mathcal{F}_j) = y_j \cdot \partial_{y_j} \mathcal{R}(x)$，表示因子 j 关于风险度量指标 $\mathcal{R}$ 的风险贡献度，即

$$\mathcal{RC}(\mathcal{F}_j) = (A^\mathrm{T} x)_j \cdot \left(A^+ \frac{\partial \mathcal{R}(x)}{\partial x^\mathrm{T}} \right)_j$$

$$\mathcal{RC}(\mathcal{F}_j) = (\widetilde{B} x)_j \cdot \left(\widetilde{B} \frac{\partial \mathcal{R}(x)}{\partial x^\mathrm{T}} \right)_j$$

根据梅乌奇（2007）、龙嘉利和卫桑（2012）的研究，这些风险贡献度符合

---

[44] 令 M 为一个 $(r \times c)$ 矩阵，以下是两个简单的例子，展示了 M 的摩尔—彭罗斯逆的解析表达式：

1. 若 M 矩阵的列之间线性不相关，表示 $r > c$ 且 $M^+ = (M^\mathrm{T} M)^{-1} M^\mathrm{T}$；
2. 若 M 矩阵的行之间线性不相关，表示 $c > r$ 且 $M^+ = M^\mathrm{T} (M M^\mathrm{T})^{-1}$。

在其他情况下，我们需要利用基于奇异值分解的数值算法来计算 M^+。

[45] 残差因子的确定并不需要什么特殊的过程，它只是用来计算因子 y 的风险贡献度。因此，解释这些残差因子的风险贡献度是没有意义的。

以下配置原则：

$$\mathcal{R}(x) = \sum_{j=1}^{m} \mathcal{RC}(\mathcal{F}_j) + \sum_{j=1}^{n-m} \mathcal{RC}(\tilde{\mathcal{F}}_j)$$

我们也可以通过运用与资产的欧拉分解相似的方式获得因子的风险分解。

注40 当风险度量指标 $\mathcal{R}(x)$ 采用组合的波动率 $\sigma(x) = \sqrt{x^\top \Sigma x}$ 时，第 j 个因子的风险贡献度为

$$\mathcal{RC}(\mathcal{F}_j) = \frac{(A^\top x)_j \cdot (A^+ \Sigma x)_j}{\sigma(x)}$$

对于残差风险因子 $\tilde{\mathcal{F}}_t$，结果变为

$$\mathcal{RC}(\tilde{\mathcal{F}}_j) = \frac{(\tilde{B}x)_j \cdot (\tilde{B}\Sigma x)_j}{\sigma(x)}$$

例22 我们来看一个含有四种资产和三个因子的域。载荷矩阵 A 为

$$A = \begin{pmatrix} 0.9 & 0.0 & 0.5 \\ 1.1 & 0.5 & 0.0 \\ 1.2 & 0.3 & 0.2 \\ 0.8 & 0.1 & 0.7 \end{pmatrix}$$

三个因子互不相关，其波动率分别是 20%、10% 和 10%。假设对角矩阵 D，其特有的波动率为 10%、15%、10% 和 15%。

利用这个例子，相应的资产收益率相关系数矩阵如下所示（以%表示）：

$$\rho = \begin{pmatrix} 100.0 & & & \\ 69.0 & 100.0 & & \\ 79.5 & 76.4 & 100.0 & \\ 66.2 & 57.2 & 66.3 & 100.0 \end{pmatrix}$$

且其波动率分别为 21.19%、27.09%、26.25% 和 23.04%。还可以得到：

$$A^+ = \begin{pmatrix} 1.260 & -0.383 & 1.037 & -1.196 \\ -3.253 & 2.435 & -1.657 & 2.797 \\ -0.835 & 0.208 & -1.130 & 2.348 \end{pmatrix}$$

$$\tilde{B} = (0.533 \quad 0.452 \quad -0.692 \quad -0.183)$$

于是，等权重组合的风险分解见表 2.29 和表 2.30 所示。我们注意到，

等权重组合是根据资产的风险贡献度来构造风险平衡的组合的,而不是根据因子的风险贡献程度。事实上,第一个因子代表了超过80%的风险。在下一节中,我们将介绍一种方法,利用风险因子来构建更为均衡的组合。

表2.29 等权重组合(EW)按资产的风险分解

资产	x_i	$\mathcal{MR}_i$	$\mathcal{RC}_i$	$\mathcal{RC}_i^*$
1	25.00	18.81	4.70	21.97
2	25.00	23.72	5.93	27.71
3	25.00	24.24	6.06	28.32
4	25.00	18.83	4.71	22.00
波动率			21.40	

表2.30 等权重组合(EW)按风险因子的风险分解

因子	y_j	$\mathcal{MR}_j$	$\mathcal{RC}_j$	$\mathcal{RC}_j^*$
$\mathcal{F}_1$	100.00	17.22	17.22	80.49
$\mathcal{F}_2$	22.5	9.07	2.04	9.53
$\mathcal{F}_3$	35.00	6.06	2.12	9.91
$\widetilde{\mathcal{F}}_1$	2.75	0.52	0.01	0.07
波动率			21.40	

2.5.3 一些说明

2.5.3.1 与风险预算匹配

假设我们要构建一个风险预算组合,使得风险贡献度与给定的风险预算 $\{b_1,\cdots,b_m\}$ 相匹配,即

$$\mathcal{RC}(\mathcal{F}_j) = b_j \mathcal{R}(x)$$

于是,龙嘉利和卫桑(2012)提出求解以下优化问题:

$$(y^*, \widehat{y}^*) = \arg\min \sum_{j=1}^{m} (\mathcal{RC}(\mathcal{F}_j) - b_j \mathcal{R}(x))^2$$

满足 $\mathbf{1}^\top (B^+ y + \widetilde{B}^+ \widetilde{y}) = 1$

如果这个优化问题存在解,并且在最优解时其目标函数为零,则这个解就相

当于匹配问题的解[46]。这样的解被称为风险因子均衡组合（或 RFP）。

注41 如果设定只许做多的约束条件，则我们必须添加如下不等式表示的限制：

$$0 \leqslant B^+ y + \widetilde{B}^+ \widetilde{y} \leqslant 1$$

我们来看例 22。我们已经看到，等权重组合的风险集中在第一个因子之上。我们试图构建一个新的组合，使得在各因子上风险更加均衡分布。例如，若 $b = (49\%, 25\%, 25\%)$，则可以得到表 2.31 和表 2.32 所示的结果。同风险预算相匹配的组合的构成为（15.08%，38.38%，0.89%，45.65%）。

表 2.31 风险因子均衡组合（RFP）关于风险因子的风险分解

因子	y_j	$\mathcal{MR}_j$	$\mathcal{RC}_j$	$\mathcal{RC}_j^*$
$\mathcal{F}_1$	93.38	11.16	10.42	49.00
$\mathcal{F}_2$	24.02	22.14	5.32	25.00
$\mathcal{F}_3$	39.67	13.41	5.32	25.00
$\widetilde{\mathcal{F}}_1$	16.39	1.30	0.21	1.00
波动率			21.27	

表 2.32 风险因子均衡组合（RFP）关于资产的风险分解

资产	x_i	$\mathcal{MR}_i$	$\mathcal{RC}_i$	$\mathcal{RC}_i^*$
1	15.08	17.44	2.63	12.36
2	38.38	23.94	9.19	43.18
3	0.89	21.82	0.20	0.92
4	45.65	20.29	9.26	43.54
波动率			21.27	

注42 并不是一定能保证有解的，尤其是当我们考虑只许做多的组合并且在小因子上配置较大的风险预算时。举例来说，如果我们采用收益率曲线的三个因子（水平、斜率和凸度），对于只许做多的债券组合，其斜率或凸度因

---

[46] 如果我们偏好采用相对范数 $\mathcal{L}_2$，则可以用下式替换目标函数：

$$(y^*, \widetilde{y}^*) = \arg\min_y \sum_{j=1}^m \sum_{k=1}^m \left(\frac{\mathcal{RC}(\mathcal{F}_j)}{b_j} - \frac{\mathcal{RC}(\mathcal{F}_k)}{b_k} \right)^2$$

子不太可能具有较高的风险贡献度[47]。

2.5.3.2 最小化风险因子间的风险集中度

我们现在来考虑以下问题：

$$RC(\mathcal{F}_j) \simeq RC(\mathcal{F}_k)$$

我们的想法是，从一些共同因子的角度，找到一个在风险贡献方面达到较好平衡的组合。首先的一个思路是，令 $b_j = b_k$，并依据之前的框架建立组合；另一个思路是最小化风险贡献度（$RC(\mathcal{F}_1), \cdots, RC(\mathcal{F}_m)$）之间的集中度，在这种情况下，我们可以利用 2.3.4.2 节中给出的集中度指标。

表 2.33 平衡风险因子均衡组合（RFP）关于风险因子的风险分解

因子	y_j	$\mathcal{MR}_j$	$\mathcal{RC}_j$	$\mathcal{RC}_j^*$
$\mathcal{F}_1$	91.97	7.91	7.28	33.26
$\mathcal{F}_2$	25.78	28.23	7.28	33.26
$\mathcal{F}_3$	42.22	17.24	7.28	33.26
$\widetilde{\mathcal{F}}_1$	6.74	0.70	0.05	0.21
波动率			21.88	

我们继续利用例 22 对三个风险因子之间的风险集中度做最小化，计算结果见表 2.33 和表 2.34，其中，$\mathcal{H}^* = 0$，$\mathcal{G} = 0$ 和 $\mathcal{I}^* = 3$。这里，三个指标之间（赫芬达尔指数、基尼指数和香农熵）是等价的。如果我们再设置一些约束条件，则最优组合将随之改变。举例来说，如果假设资产权重大于 10%，则得到最优组合如表 2.35 所示。在这种情况下，三个优化问题就不再是等价的了。

表 2.34 平衡风险因子均衡组合（RFP）关于资产的风险分解

资产	x_i	$\mathcal{MR}_i$	$\mathcal{RC}_i$	$\mathcal{RC}_i^*$
1	0.30	16.11	0.05	0.22
2	39.37	23.13	9.11	41.63
3	0.31	20.93	0.07	0.30
4	60.01	21.09	12.66	57.85
波动率			21.88	

---

[47] 详见 4.3.1 节。

表 2.35 $x_i \geq 10$ 时的平衡风险因子均衡组合（RFP）

指标	$\mathcal{H}(x)$	$\mathcal{G}(x)$	$\mathcal{I}(x)$
x_1	10.00	10.00	10.00
x_2	22.08	18.24	24.91
x_3	10.00	10.00	10.00
x_4	57.92	61.76	55.09
$\mathcal{H}^*$	0.0436	0.0490	0.0453
$\mathcal{G}$	0.1570	0.1476	0.1639
$\mathcal{I}^*$	2.8636	2.8416	2.8643

2.5.3.3 求解复制不变性和正向线性组合不变性

令 $\Sigma^{(n)}$ 为 n 种资产的协方差矩阵，我们来考虑对应于风险预算 $b^{(n)}$ 的风险预算组合 $x^{(n)}$。我们现在假设对最后一种资产进行复制，在这种情况下，$n+1$ 种资产的协方差矩阵为

$$\Sigma^{(n+1)} = \begin{pmatrix} \Sigma^{(n)} & \Sigma^{(n)} \mathbf{e}_n \\ \mathbf{e}_n^\top \Sigma^{(n)} & \Sigma_{n,n}^{(n)} \end{pmatrix}$$

我们设定因子模型有 $\Omega = \Sigma^{(n)}$，$D = \mathbf{0}$，且：

$$A = \begin{pmatrix} I_n \\ \mathbf{e}_n^\top \end{pmatrix}$$

我们考虑组合 $x^{(n+1)}$，满足因子的风险贡献度与风险预算 $b^{(n)}$ 相匹配。于是很容易看到，匹配组合的因子权重满足 $y^* = x^{(n)}$。于是有，若 $i < n$，则 $x_i^{(n+1)} = x_i^{(n)}$，且有 $x_n^{(n+1)} + x_{n+1}^{(n+1)} = x_n^{(n)}$。这个结果也证明了，如果风险预算以因子而非资产来表达，则风险预算组合满足复制不变性。

现在我们来引入第 $n+1$ 种资产，它是由前 n 种资产线性组合而成的，在这种情况下，$n+1$ 种资产的协方差矩阵为

$$\Sigma^{(n+1)} = \begin{pmatrix} \Sigma^{(n)} & \Sigma^{(n)} c \\ c^\top \Sigma^{(n)} & c^\top \Sigma^{(n)} c \end{pmatrix}$$

我们设定因子模型有 $\Omega = \Sigma^{(n)}$，$D = \mathbf{0}$，且：

$$A = \begin{pmatrix} I_n \\ c^\top \end{pmatrix}$$

我们考虑组合 $x^{(n+1)}$，满足因子的风险贡献度与风险预算 $b^{(n)}$ 相匹配。于是很容易看到，匹配组合的因子权重满足：

$$y^* = x^{(n)}$$

于是有 $A^\top x^{(n+1)} = x^{(n)}$，也就是说，若 $i \leq n$，有 $x_i^{(n)} = x_i^{(n+1)} + c_i x_{n+1}^{(n+1)}$ 成立。这一结果表明，如果风险预算以因子而非资产来表达，则风险预算组合（等权风险贡献度组合也是一样）满足正向线性组合不变性。

注 43 我们于是发现，复制不变性就是正向线性组合不变性在 $c = \mathbf{e}_n$ 时的一个特例。

第二部分

风险均衡方法的应用

　　本部分主要介绍风险均衡方法的不同应用途径。第三章，我们以权益类资产的风险指数化为主题。我们特别将等风险贡献度（ERC）指数化方法与一些探索式方法进行了比较，诸如最小方差组合和最分散化组合等。第四章，我们介绍了如何运用风险预算方法来优化管理债券组合的利率和信用风险。第五章，我们讨论了风险均衡技术在另类资产投资中的应用，尤其是针对商品及对冲基金。最后，我们介绍风险均衡方法是如何成为管理多资产组合的成功策略的。

第三章 风险指数

市值加权指数化（capitalization - weighted indexation，CW）方法是获取大型权益类产品市场业绩的一条最常见的途径。这一方法常常要追溯到现代组合理论的研究成果。在资本资产定价模型（CAPM）框架下，最优投资策略就是持有市场组合，该组合就相当于在特定假设条件下的市值加权组合。正是由于这个有效性假定，市值加权指数化方法在投资领域起到非常核心的作用。首先，市值加权指数化是一种方便实用的投资方案，指数基金以及最近出现的交易所交易的基金（ETF）的增长，这恰恰说明了投资人和被动型管理人对市值加权指数化的极大兴趣，而他们占据了资产管理领域的很大一部分。其次，市值加权指数代表了主动型投资管理的基准。因此，产生相对于市值加权指数的超额收益，这一目标对于所有权益类组合的主动型投资管理人来说都是一个挑战。

然而，许多实证研究显示，市值加权指数通常并不是最优组合。其原因之一就是资本资产定价模型（CAPM）的前提假设不一定与实际相符。其他的批评还涉及动量偏差（momentum bias）、成长偏差（growth bias）以及风险多样化缺失（lack of risk diversification），这些都可能对市值加权指数产生影响。在此背景下，近来又出现了另类加权指数化（alternative - weighted indexation，AW）方法，引起了学术界和市场专业人士的极大兴趣。所谓另类加权指数，是指其资产不以市场资本化价值来赋予权重的一种指数，可分为两类：基本面指数（fundamental indexation）和风险指数。基本面指数是以经济指标函数来确定权重，比如股利或收益等经济指标，而风险指数则以个别风险和共同风险的函数来确定权重（Lee，2011）。鉴于这些新指数的成功推出，资产管理领域也创造出一种被动型资产管理产品，称为智能指数（smart indexing）或智能贝塔（smart beta）。

本章中，我们将回顾市值加权指数背后的基本原理，然后我们聚焦基于风险均衡方法的另类加权指数，并与其他基于风险的方法进行比较，这些方法包括等权重组合、最小方差组合和最分散化组合。我们还将介绍一个基于欧洲斯托克50指数（Eurostoxx 50）的应用案例。结果表明，风险均衡指数化方法对于市值加权指数来说是一个不错的选择。

3.1 市值加权指数

在第一节中，我们将介绍基于市场资本价值的权益指数理论，接着探讨权益指数的一般构造，最后一节我们将列出这种指数的优缺点。

3.1.1 理论支撑

分离定理认为，切点组合是投资者唯一持有的风险资产组合。1964年，威廉·夏普（William Sharpe）假设投资者的预期收益呈均匀分布且所有投资者的利率都相等，为了解释这一前提下的市场证券价格，他提出了资本资产定价模型（CAPM）。CAPM理论的主要含义是，如果市场是均衡的，那么市场资本组合就是切线点组合。这就是我们现在将"切点组合"和"市场组合"这两个术语混用的原因。

法马（Fama，1965）提出了有效市场假说（efficient market hypothesis，EMH），该理论主张价格反映了所有可获得的信息。因此，人们不可能击败市场并且持续获得超过平均市场收益水平的超额收益。这一理论向主动型投资管理领域提出了质疑。一些针对共同基金业绩的早期研究已经显现出相互矛盾的结果。夏普（1966）采用夏普比率（Sharpe ratio）来衡量基金的业绩，他分别对1944—1953年和1954—1963年两个时期的基金进行排名，并发现这两个排名时期之间存在正相关关系。相反地，詹森（Jensen，1968）采用詹森阿尔法（α）指标对1945—1964年的115只共同基金业绩进行度量，并证实了这些共同基金的业绩并没有超出买入市场组合策略。他得出结论：几乎没有证据表明，任何一只基金的业绩会明显好于仅仅以随机方式投资的预期收益。

迈克尔·詹森（Michael Jensen）的开创性研究对于被动型投资管理的发展产生了巨大影响。如果共同基金没有 α 且切点组合是市场组合，这就意味着在买入市场组合中存在一个有效的投资。这些研究结果给了约翰·麦克考（John McQuown）以启发，他于 20 世纪 70 年代早期在美国富国银行（Wells Fargo）创建了第一只机构指数基金（Bernstein，2007），这是市场资本指数基金的开端。自 20 世纪 90 年代以来，被动型投资管理迅速发展起来，巴克莱国际投资管理公司（BGI）、先锋基金公司（Vanguard）和道富银行（State Street）的成功，以及过去几年交易型开放式指数基金（ETF）的惊人发展，使这类指数基金成为权益市场的共同代表，并使投资者分享了市场的发展。在此背景下，市场价值指数是一种适当的投资方式，它代表了主动型投资管理的一个基准①，并且难以超越。

3.1.2　权益指数的构造和复制

让我们来看一个由 n 只股票组成的指数。令 $P_{i,t}$ 为第 i 只股票的价格，$R_{i,t}$ 为该股票在 $t-1$ 至 t 期间相应的收益率，即

$$R_{i,t} = \frac{P_{i,t}}{P_{i,t-1}} - 1$$

定义 t 时刻指数价值 B_t 为

$$B_t = B_{t-1} \sum_{i=1}^{n} w_{i,t}(1 + R_{i,t})$$

其中，$w_{i,t}$ 是第 i 只股票在指数中的权重，且满足 $\sum_{i=1}^{n} w_{i,t} = 1$。在日内交易基础上，指数价值 B_t 的计算是在收盘时间 t 进行的。然而，这个计算是纯理论的。为了复制这个指数，我们必须创建一个主要以股票投资为主的套期保值策略。令 S_t 是这个策略（或指数基金）的价值，则有

$$S_t = \sum_{i=1}^{n} n_{i,t} P_{i,t}$$

---

① 自从卡哈特（Carhart，1997）的研究之后，人们很大程度上都承认，平均而言，主动型管理的权益类基金不会产生阿尔法，并且其业绩的持久性也未得到验证。这表明，过去时期具有很强业绩的基金并不一定在未来能持续保持超人业绩。

其中，$n_{i,t}$ 是 $t-1$ 到 t 期间持有股票 i 的数量。我们定义跟踪误差等于策略收益率和指数收益率之间的差值，即

$$e_t(S|B) = R_{S,t} - R_{B,t}$$

复制过程的质量通常由跟踪误差的波动率 $\sigma(e_t(S|B))$ 来衡量，我们可以区分以下几种情况：

1. 跟踪误差波动率较低（少于 10 个基点）的指数基金。这可以通过纯物理复制来实现（即通过每次以适当的权重购买指数成分股票），或者通过合成复制（synthetic replication）（即与投资银行签订一个互换协议）。

2. 跟踪误差波动率中等（在 10~50 个基点之间）的指数基金。比如，通过抽样技术生成的指数基金可能就会是这种情况。

3. 跟踪误差波动率较高（大于 50 个基点）的指数基金，这种情况或者是的存在一些有流动性问题的域，或者是作为主动型投资管理一部分的增强型指数基金。

区分可投资指数和不可投资指数也是十分重要的，但区分这两类指数的边界并不清晰。从理论上讲，复制可投资指数时的跟踪误差波动率可能会接近于零，不可投资指数却不可能被完全复制。比如，主要市场的股指是可投资的，标准普尔 500 指数（S & P500）、德国法兰克富指数（DAX）、法国巴黎 CAC 指数和日经指数（Nikkei indices）就是这种情况；而私募股权指数（private equity indices）、一些小盘指数以及一些难以投资的特定市场（比如中东地区）就是不可投资的了。比较有趣的是一些全球性的股票指数，比如摩根士丹利资本国际世界指数（MSCI World index）或者道琼斯伊斯兰市场指数（DJ Islamic Market index），这些指数中包含了许多股票（上述两种指数中有超过 2000 只股票），并且涵盖了许多国家。

根据定义，市值加权指数中的权重可以通过下式计算得到：

$$w_{i,t} = \frac{N_{i,t}P_{i,t}}{\sum_{j=1}^{n} N_{j,t}P_{j,t}}$$

其中，$N_{i,t}$ 是第 i 只股票的已发行股份数。我们知道，$C_{i,t} = N_{i,t}P_{i,t}$ 是第 i 只股票的市值。于是，权重 $w_{i,t}$ 就相当于第 i 只股票的市值 $C_{i,t}$ 占指数总市值 $\sum_{j=1}^{n} C_{j,t}$ 的比重。通常，股票数量是固定不变的，即 $N_{i,t} = N_{i,t-1}$，或者很少变动。因此我们就有

$$w_{i,t} = \frac{N_{i,t}P_{i,t}}{\sum_{j=1}^{n} N_{j,t}P_{j,t}}$$

$$= \frac{N_{i,t-1}P_{i,t}}{\sum_{j=1}^{n} N_{j,t-1}P_{j,t}}$$

$$\neq w_{i,t-1}$$

无论股票数量是否改变,由于价格的影响,市值加权指数的权重每天都在变动,得到:

$$w_{i,t} \geq w_{i,t-1} \Leftrightarrow \frac{C_{i,t}}{\sum_{j=1}^{n} C_{j,t}} \geq \frac{C_{i,t-1}}{\sum_{j=1}^{n} C_{j,t-1}}$$

$$\Leftrightarrow \frac{C_{i,t}}{C_{i,t-1}} > \frac{\sum_{j=1}^{n} C_{j,t}}{\sum_{j=1}^{n} C_{j,t-1}}$$

$$\Leftrightarrow R_{i,t} \geq R_{B,t}$$

3.1.3 市值加权指数的优缺点

人们对市值加权指数有着大量的论证支持,主要从这种组合结构的代表性、有效性及其跟踪记录的角度进行讨论。然而从20世纪90年代开始,出现了一些对这类指数的质疑,提到的缺陷主要跟资本资产定价模型(CAPM)理论有关,比如很难以实证方法来检测和验证(Roll,1977),以及这类指数固有的动量偏差特征。

通过构造,市值加权指数成为了最具市场代表性的组合,因为它明确了市场供求之间的均衡。市值加权指数因而反映了所有市场参与者累积起来的敞口,更进一步地说,它是唯一一个符合有效市场假说的组合。它的另一个优点是在指数构造上的简单性和客观性。基础资产是可在交易所(即集中有组织的金融市场)进行买卖的交易证券,正因为如此,股票价格随时易得,并且能够顺利地精确定义指数规则。这些对于指数代表性和客观性的论证自然而然地使主动型投资管理领域接纳了市值加权指数,并将其作为共同基金的基准。

另一个强有力的论证是围绕成本结构的有效性展开的。如果市场结构保持不变(或 $N_{i,t} = N_{i,t-1}$),那么套期保值策略组合就不会改变。我们可以证明：
$$n_{i,t} = n_{i,t-1}$$
由于以下关系存在，我们不需要调整套利组合：
$$n_{i,t}P_{i,t} \propto w_{i,t}P_{i,t}$$
这个性质是市值加权指数的一个主要优点，它意味着低交易成本。事实上，由于资本增长、首次公开募股以及整体的变化都会使得市场结构发生改变，而市值加权指数始终在管理的简洁性、资金周转和交易成本方面是最为高效的投资。

最后，也是最重要的论证，是被动型和主动型管理的历史数据对比（Malkiel，2003）。20世纪80年代出现的一些基于詹森阿尔法的研究对美国股票型基金业绩的持续性作出了总结（Lehmann and Modest，1987；Grinblatt and Titman，1989），20世纪90年代前期的一些学术研究也支持了共同基金业绩的正向持续性的观点（Grinblatt and Titman，1992；Hendricks et al.，1993；Goetzmann and Ibbotson，1994）。在一篇关键的论文中，卡哈特（Carhart，1997）将Fama-French三因子模型进行了扩展。几年后，这个模型成为了大多数股票型基金研究中的标准模型。虽然一些研究结果还只是赞成一年持续性的观点，卡哈特的结论还是对先前的研究作出了根本性突破：

"我证实了股票收益和投资成本的一些共同因子几乎完全解释了股票型共同基金的均值和风险调整收益的持续性。亨德里克斯等（Hendricks et al.，1993）'热手效应'（hot hands）的研究结果主要受到杰格迪什和蒂特曼（Jegadeesh and Titman，1993）的一年动量效应（momentum effect）的影响［……］唯一没有得到解释的一个明显的持续性现象就是最差收益共同基金中严重的低业绩状况。这个结果并不能说明有能力或消息灵通的组合经理人的存在。"

如今，这个观点已被富有经验的投资人广泛接受，如机构投资者和养老基金，而且它也已经得到大量学术文献的认可（Barras et al.，2010）。更为有趣的是，我们发现最古老的基金都是被动型基金，而非主动型基金。从这个意义上，也就很容易解释被动型基金比主动型基金成长更为迅速的现象了。

另一方面，我们可以把对市值加权指数的质疑分为两类：第一类是拒绝接受CAPM理论，而第二类则是对组合构造本身。我们来回顾CAPM，它是指：
$$\mathbb{E}[R_i] - r = \beta_i(\mathbb{E}[R_m] - r)$$

其中，R_i、r 和 R_m 分别代表资产 i 的收益率、无风险收益率和市场组合收益率。这个模型也称单因子定价模型，因为股票收益完全由市场代表②的一个风险因子所决定。根据法玛和弗兰奇（Fama and French，2004）所述，这个模型成为了 MBA 投资学课程中的重点内容，并且被广泛应用于金融实践，尽管大量学术文献中都证明了这个模型是无效的：

"CAPM 理论的诱人之处就在于，它为度量风险以及描述预期收益与风险之间的关系提供了强有力和直观的预测方法。但不幸的是，这个模型的实证结果却非常糟糕——糟糕到很难有效地应用到实践中"（Fama and French，2004）。

法玛和弗兰奇（1992）研究了几个解释平均收益的因子（规模、市盈率 E/P、杠杆率和账面市值比），并在 1993 年又扩展了他们的实证研究，提出了一个三因子模型：

$$\mathbb{E}[R_i] - r = \beta_i^m(\mathbb{E}[R_m] - r) + \beta_i^{sml}\mathbb{E}[R_{smb}] + \beta_i^{hml}\mathbb{E}[R_{hml}]$$

其中，R_{smb} 是小盘股收益率减大盘股收益率，R_{hml} 是高账面市值比的股票收益率减去低账面市值比的股票收益率。而一些试图挽救 CAPM 理论的尝试最终无果而终（Black，1993；Kothari et al.，1995）。这个模型得到大量实证研究的支持，成为当今资产管理领域的标准模型。Fama - French 模型意味着市值加权组合是无效的。

"……因为 CAPM 模型在实证中的失败，甚至于被动型管理的股票组合，当他们的投资策略倾向于 CAPM 所存在的那些问题时，就会产生异常收益（Elton et al.，1993）。比如，即使基金经理不具备特殊的选股才能，相对于 Sharpe - Lintner CAPM 模型预测的收益，基金只要集中于低 β 值、小盘股或是价值型股票的，都将产生正向异常收益"（Fama and French，2004）。

第二个质疑点是市值加权指数的组合构造。市值加权指数通过构造成为了一种趋势跟踪策略，也就是说，它包含了动量偏差，造成绩优股权重增加而绩差股权重减少，从而导致泡沫敞口风险（bubble exposure risk）。这也说

---

② 贝塔系数 β_i 衡量了资产 i 相对于市场组合的系统性风险。

明了市值加权指数通常存在着成长偏差,原因是,在同等收益的情况下,高估值的多个股票的权重会比低估值的多个股票的权重要大,结果之一就是造成指数风险多样化缺失。于是指数会暴露在特殊风险和很高的赎回风险之中。证明这点最著名的例子就是互联网公司泡沫。另一个重要的相关问题是基础组合的集中度。表3.1给出了一些权益指数的基尼系数和劳伦茨曲线$\mathbb{L}(x)$的值(也可见图3.1)。我们注意到一些不同之处。确实,欧洲斯托克50指数的基尼系数占30.8%的权重,而其风险贡献度占26.3%的权重。如果我们考虑劳伦茨曲线,可以得到以下结论:10%(或25%、50%)的股票代表了24%(或48%、71%)的累积权重和19%(或40%、69%)的累积风险。如果我们考虑西班牙IBEX指数,则得到不同的数值。比如,其基尼系数占64.9%的权重,而其风险贡献度占68.3%。因此,无论在敞口方面还是风险方面,IBEX指数都要比斯托克50指数更为集中。

表3.1 一些权益指数的权重和风险贡献度(2012年6月29日)

指数	权重				风险贡献度			
	$\mathcal{G}(x)$	$\mathbb{L}(x)$			$\mathcal{G}(x)$	$\mathbb{L}(x)$		
		10%	25%	50%		10%	25%	50%
SX5P	30.8	24.1	48.1	71.3	26.3	19.0	40.4	68.6
SX5E	31.2	23.0	46.5	72.1	31.2	20.5	44.7	73.3
INDU	33.2	23.0	45.0	73.5	35.8	25.0	49.6	75.9
BEL20	39.1	25.8	49.4	79.1	45.1	25.6	56.8	82.5
DAX	44.0	27.5	56.0	81.8	47.3	27.2	59.8	84.8
CAC	47.4	34.3	58.3	82.4	44.1	31.9	57.3	79.7
HSCEI	54.8	39.7	69.3	85.9	53.8	36.5	67.2	85.9
SMI	58.1	44.2	70.0	87.8	49.1	30.3	60.2	85.1
NKY	60.2	47.9	70.4	87.7	61.4	49.6	70.9	88.1
UKX	60.8	47.5	73.1	88.6	60.4	46.1	72.8	88.7
SXXE	61.7	49.2	73.5	88.7	63.9	51.6	75.3	90.1
SPX	61.8	52.1	72.0	87.8	59.3	48.7	69.9	86.7
MEXBOL	64.6	48.2	75.1	91.8	65.9	45.7	78.6	92.9
IBEX	64.9	51.7	77.0	90.2	68.3	58.2	80.3	91.4
NDX	66.3	58.6	77.0	89.2	64.6	56.9	74.9	88.6
KOSPI	86.5	80.6	93.9	98.1	89.3	85.1	95.8	98.8

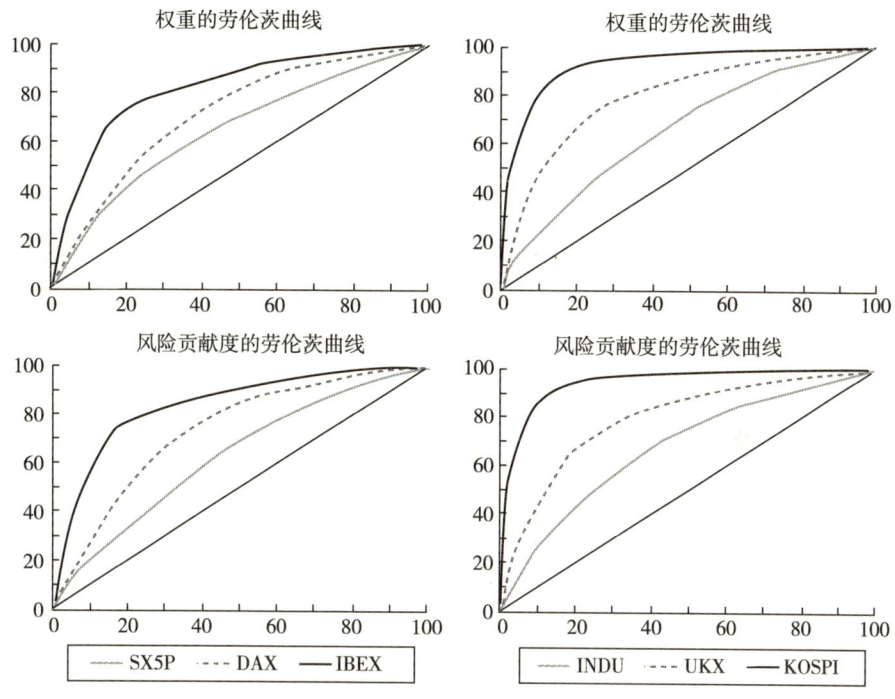

图 3.1　一些权益指数的劳伦茨曲线（2012 年 6 月 29 日）

3.2　另类加权指数（AW）

另类加权指数与基于市场价值来衡量权重的指数不同，其目的在于对市值加权指数的风险收益框架有所改善。通常我们将另类加权指数分为两类：基本面指数和风险指数。基本面指数认为，市场价值不能作为衡量公司经济规模的正确统计量，于是将权重定义为一个经济变量矩阵的函数，比如销售额、股息或利润这些经济变量。在风险指数的情况下，其权重则被定义为个体或共同风险的函数。根本的想法就是为了更准确地捕捉到权益风险溢价，而构建一个比市值加权组合更为多样化的组合。

3.2.1　另类加权指数的理想性质

这里，我们罗列适合另类加权指数（AW）的几个必要的性质。在下文中，市值加权指数（CW）作为参考指数。

- AW 指数的构造规则有明确的定义，指数价值的计算由多个第三方来实施。
- AW 指数的资产域应包含在 CW 指数的资产域中，即

$$\mathcal{U}_{AW} \subseteq \mathcal{U}_{CW}$$

也就是说，AW 指数中的资产都是属于相应的参考指数中的资产。这是使得 AW 指数成为被动型策略并且使 AW 指数和 CW 指数之间的风格偏差达到最小化的关键性质。

- 从长期来看，AW 指数的业绩表现必定比 CW 指数更好，或者说，AW 指数的波动率必定要低于 CW 指数的波动率。相对于 CW 指数，很明显，AW 指数肯定是具有阿尔法指数或贝塔指数特征的。

- AW 指数和 CW 指数业绩之间的相关性严格不为 1。相关性越低，对 AW 指数的兴趣就会越高。这一点是 AW 指数的主要依据。希望对 AW 指数和 CW 指数都进行投资的投资人并不一定是为了寻求更好的业绩收益，而是想充分分散风险，从而获得一个更佳的风险—收益构架。

当然，上述第一点是核心，同时也提出了指数如何构造的问题。随着资产管理人和投资银行不断推出专属指数（proprietary indices）和定制指数（custom indices），这个问题很难有一个精确的回答。我们可以说，指数是不同投资人的一种共同利益，也就是说，指数的规则不存在模棱两可的定义，这就意味着对于权重的计算可以被投资人反复检验，尤其是排除了自由裁量权（discretionary rules），也不包括那些未能完整定义的数学模型。上述第二点是关于基准的建立。与相应的 CW 指数保持紧密联系是非常重要的，如果不是这样，AW 指数的表现将不会受到现实基准的挑战，这一点是与最后的两点相关的。AW 指数的意义就在于提供好于 CW 指数或对其有所互补的风险—收益构架。

AW 指数的一个例子是价格加权指数。前面我们看到，CW 指数的动态变化有两个组成部分：一是份额部分，二是价格部分。通常，随着时间变化，份额部分是非常稳定的，而价格部分却是每天都在变化的，也就是说，CW 指数的高频动态变化完全是由价格的动态变化决定的。价格加权指数（PW）就是运用了这个思想，其指数价值等于：

$$B_t = B_{t-1} \frac{\sum_{i=1}^{n} P_{i,t}}{\sum_{i=1}^{n} P_{i,t-1}}$$

日经指数和道琼斯工业平均指数就是两个著名的 PW 指数。

3.2.2 基本面指数

在基本面指数中,我们将权重定义为有关企业规模的基本面(或经济)指标的函数。经济指标的一个基本例子是股息率,比如,2003 年 11 月道琼斯发布了道琼斯美国精选红利指数(DJ US Select Dividend index),随后又发布了其他国家和地区的红利指数,同年,伍德和埃文斯(Wood and Evans, 2003)用收益指标定义了一个另类加权标普 100 指数,巴克莱全球投资者(BGI)是第一个基于道琼斯指数提出基本面加权 ETF 的资产管理公司(Siracusano, 2007)。然而,基本面指数的一次突破性进展则是在阿诺特等(Arnott et al., 2005)发表的研究中,他们提出通过多个不同的基本面指标的结合来构建指数:

"我们用收入总额、股份账面价值、总销售额、总股息、现金流以及雇员总数来得到权重,从而构造指数。如果市值是'华尔街'所定义的企业规模的话,那么这些特质显然就是'主街'③(Main Street)的衡量指标了。当宣布一项并购事件时,华尔街日报也许会报道合并后的市值,而纽约邮报将会关注合并后的销售额或是总的雇员人数。"

他们对 1964 年以来的综合指数和一些不同的子指数进行了模拟,研究结果表明,存在潜在的超额收益:

"我们发现,基本面加权指数,而非基于市值的指数,在保留了很多传统指数的优点的同时,相比于传统的市值加权股票市场指数,其风险更低且能持续提供更高的收益"(Arnott et al., 2005)。

在这篇文章之后又涌现出许多这方面的研究,绝大多数研究都证实了基本面指数的业绩要优于市值加权指数(Estrada, 2008; Hemminki and Puttonen, 2008; Walkshäusl and Lobe, 2010; Hsieh et al., 2012)。对基本面组合在市场组合中的优越性的解释也形成了一套理论,该理论基于噪声市场假

---

③ 译者注:意指普通民众。

说（noisy market hypothesis），认为股票的市场价格会偏离公允价值，而相比于市值权重，基本面权重是更少偏离公允价值的估计量④（Hsu, 2006; Arnott and Hsu, 2008）。然而，基本面指数也受到一些质疑（Perold, 2007; Kaplan, 2008; Blitz and Swinkels, 2008）。这些基本面指数的构造并不总是显而易见的，一些实务界人士将它们和价值选股策略联系在一起，从而组合构成被动型投资策略，也就是说，基本面指数能捕获 Fama – French 模型中的价值或规模溢价。此外，贝霍尔德（Perold, 2007）和卡普兰（Kaplan, 2008）认为，噪声市场假说并不表示基本面组合比市场组合的均值—方差更有效：

"基本面指数的支持者声称，噪声市场假说意味着基本面权重一定优于市值权重。贝霍尔德（Perold, 2007）用不同的方法论证了这些支持者的推理是有瑕疵的。……基本面指数的支持者并没有一个清晰的理论来支撑他们的观点，而只是在猜想，市场估价的误差应该是可变的，而不是公允价值的倍数。他们可能在很长的历史时期内是正确的，正如对他们的策略进行回测后所成功显示的那样，但他们应该对其断言保持更为谦逊的态度。特别地，他们可以认为，运用他们的权重规则来给组合引入价值偏差，会比通过剔除低收益股票要来得更好一些"（Kaplan, 2008）。

尽管有这些质疑，但随着其在投资领域中的众多成功案例，基本面指数得到迅猛发展。比如，WisdomTree 公司是一家专业从事红利和收益指数化的 ETF 提供商，2012 年 6 月 30 日，该公司旗下管理了 150 亿美元资产，同时在全球大约管理着 1000 亿美元的资产，其所采用的投资策略是由 Research Affiliate 公司⑤研发的。图 3.2 给出了由 Research Affiliate 公司研发并由富时（FTSE）公司计算的 RAFI® 指数。我们给出了这一基本面指数自 2000 年以来的出色业绩表现，并且发现该指数业绩好于标准普尔 500 指数。尽管这个指数在 2007 年和 2008 年并未表现出明显的超人业绩，但在 2009 年表现稳定。

---

④ 在这个理论中，股票的市场价格和公允价值的误差是由均值回归过程模拟产生。在此例中，市值加权组合并不理想，因为估值高的股票权重会比估值低的股票大。

⑤ 该公司由罗伯特·阿诺特于 2002 年创建。

图3.2　2000年1月以来RAFI指数的业绩

3.2.3　风险指数

基本面指数的目标在于带来阿尔法，而风险指数则在多样化方面更有潜力。从某种意义上讲，两种方法的差异来源于修正风险调整收益率的方式。换句话说，就是在基本面指数的情况下，人们希望通过创造相对于CW指数的阿尔法来获得超人收益；而在风险指数的情况下，则希望在绝对或相对量上减少组合风险。AW指数会比CW指数有更低的风险；或者说，AW指数和CW指数的结合可以产生更低的风险，因为它们之间不是完全相关的。

来看一个指数组合，其中CW指数占$(1-w)\%$，AW指数占$w\%$。记两种指数的收益波动率分别为σ_{CW}和σ_{AW}，相关系数为ρ。如果我们假定这两个指数有相同的期望收益，那么就可以算出最优组合。当且仅当$\sigma_{CW} < \rho\sigma_{AW}$成立时，才会有$w=0$。因此，从金融理论上解释了，如果两个指数有相同的期望收益率，那么，同时投资两种指数比只投资CW指数要更好，除非CW指数的波动率相比于AW指数特别地小。图3.3给出了在$\sigma_{CW}=18\%$情况下的几个例子。在第一个例子中（$\sigma_{AW}=20\%$且$\rho=95\%$），由于不等式$\sigma_{CW} > \rho\sigma_{AW}$不成立，因此没有必要对组合进行多样化处理。在其他例子中，如果相关系数很低，则投资者会对多样化特别感兴趣。

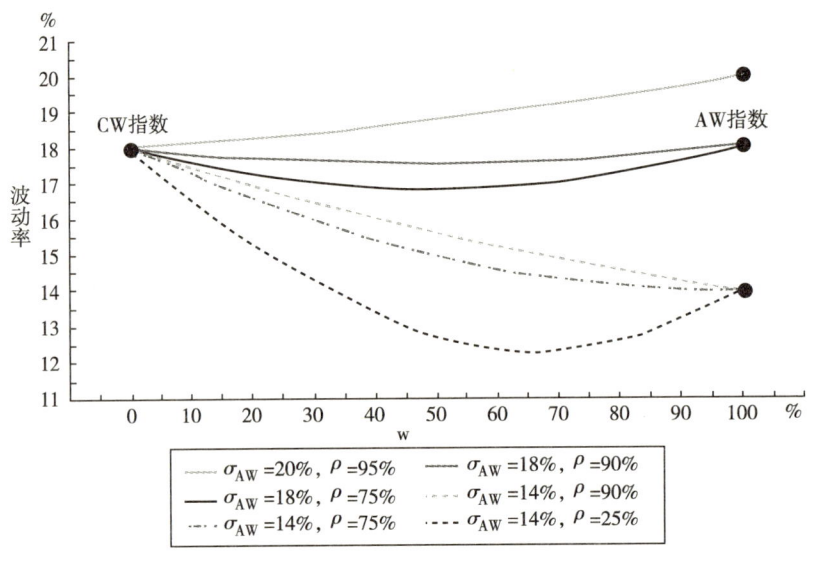

图 3.3　AW 指数分散化效应的图解

本节我们重点讨论基于以下一些组合结构的风险指数方法：等权重组合（EW）、最小方差组合（MV）、最分散化组合（MDP）、等权风险贡献度组合（ERC）。这些指数方法已经在投资领域得到应用。尽管如此，我们应该知道，还存在其他更为复杂的组合方案，诸如最大熵组合（Bera and Park, 2008）。

3.2.3.1　等权重组合（EW）

等权重或"$1/n$"组合的思想是为了定义一个独立于样本估计量和股票性质的组合（Bernartzi and Thaler, 2001; Windcliff and Boyle, 2004）。如果我们假设收益和风险是不可预测的，那么，对组合中所有的成分赋予相等的权重就成为了自然的选择。组合的结构只取决于股票的数量 n，因为权重相等且一致：

$$x_i = x_j = \frac{1}{n}$$

由于这种指数构造规则简单，因此很容易理解。它对应于一个获利反转策略，因为如果股票在两个再平衡日之间获得实质性收益的话，它们的权重将在下一个再平衡日重设为 $1/n$。而在 CW 指数中则是相反的情况：股票收益越高，权重越大。等权重指数的一个吸引人的性质就是它在权重方面的集中度最低。因此，赫芬达尔指数和基尼指数应用到权重方面，在等权重组合的情况下达到最小值。此外，德米格尔等（DeMiguel et al., 2009）认为，由于估计误差的存在，使得等权重组合成为一般不太有效的最优组合的重要基准：

"相对于朴素的 $1/n$ 组合，我们来评价基于样本的均值—方差模型的样本外业绩，以及为了降低估计误差的一些扩展。在 14 个模型中，我们对 7 组实证数据进行了评价，在夏普比率、确定性—等价收益或是换手率几个指标方面，没有一个模型一直优于 $1/n$ 规则模型，这表明，在样本之外，最优多样化所带来的好处要大于估计误差所造成的不良影响。"

于是，等权重指数的主要弱点成为了其主要强项：它不考虑单个的风险和这些风险之间的相关性，也就意味着在均值—方差框架下很难为这种组合定位。从理论上讲，如果假设股票的期望收益率和波动率都相等且相关系数一致，则等权重组合就是完全符合有效组合的。如果基本满足这些假设，我们就可以认为，等权重组合近似于有效组合。

3.2.3.2 最小方差组合（MV）

我们先前已经知道，最小方差组合对应于以下最优规划：

$$x^* = \arg\min \frac{1}{2} x^\top \Sigma x$$

满足 $\mathbf{1}^\top x = 1$

解得

$$x^* = \frac{\Sigma^{-1} \mathbf{1}}{\mathbf{1}^\top \Sigma^{-1} \mathbf{1}} \tag{3.1}$$

如果假设相关系数矩阵为常数，即 $C = C_n(\rho)$，则最优权重由下列相关式得出：

$$x_i \propto \frac{((n-1)\rho + 1)}{\sigma_i^2} - \frac{\rho}{\sigma_i} \sum_{j=1}^{n} \frac{1}{\sigma_j}$$

特别地，如果资产之间是不相关的（$\rho = 0$），则有

$$x_i = \frac{\sigma_i^{-2}}{\sum_{j=1}^{n} \sigma_j^{-2}}$$

在这种情况下,我们观察到权重和资产方差之间呈负向关系。最小方差组合是唯一一个定位在有效前沿之上且不依赖于期望收益假设的组合(见图 3.4)。当且仅当所有股票的期望收益率相等时,它也是切点组合⑥。如果相关性是一致的,那么权重可能为负,我们必须设定传统做多策略的约束:$0 \leqslant x \leqslant 1$。

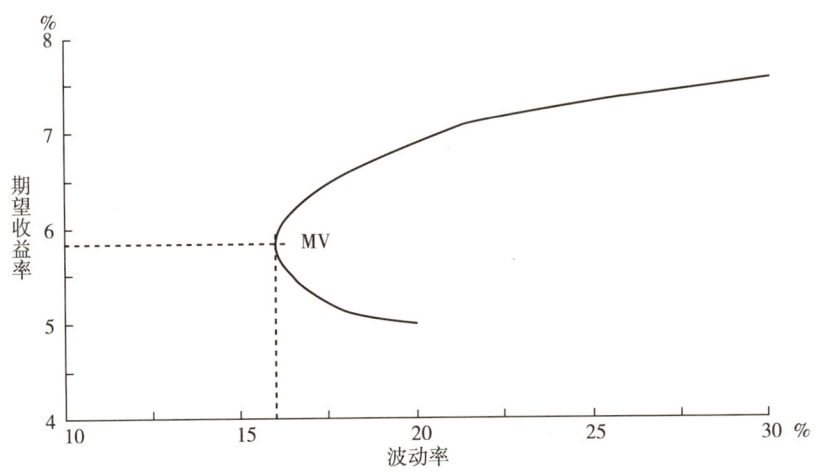

图 3.4 最小方差组合在有效前沿上的位置

例 23 我们来看一个四种资产的域,它们的波动率分别为 4%、6%、8% 和 10%,还假设相关系数矩阵 C 是一致的且等于 $C_n(\rho)$。

表 3.2 和表 3.3 分别给出了在不同的 ρ 取值下最小方差组合的构成情况(%)。我们注意到,当相关系数增加时,传统做多策略组合与多空组合的表现十分不同。如果设定权重为正,我们会看到波动率随相关系数的增大而增大。在多空组合中,波动率先是增加,而当相关系数很高时波动率开始下降⑦。事实上,当相关系数很高时,我们常常可以通过做空高波动率资产来对冲低波动率资产的多头敞口。

---

⑥ 在没有卖空约束的情况下,我们可以证明,每一个在有效前沿上的最优组合都包含一定比例的最小方差组合。但是,当我们增加了一个不可卖空约束条件后,这个结论就不成立了。

⑦ 特别地,如果相关系数为 1,则波动率等于零。

表 3.2 无约束的最小方差组合

资产	ρ						
	-20%	0%	20%	50%	70%	90%	99%
1	44.35	53.92	65.88	90.65	114.60	149.07	170.07
2	25.25	23.97	22.36	19.04	15.83	11.20	8.38
3	17.32	13.48	8.69	-1.24	-10.84	-24.67	-33.09
4	13.08	8.63	3.07	-8.44	-19.58	-35.61	-45.37
$\sigma(x^*)$	1.93	2.94	3.52	3.86	3.62	2.52	0.87

表 3.3 传统做多策略的最小方差组合

资产	ρ						
	-20%	0%	20%	50%	70%	90%	99%
1	44.35	53.92	65.88	85.71	100.00	100.00	100.00
2	25.25	23.97	22.36	14.29	0.00	0.00	0.00
3	17.32	13.48	8.69	0.00	0.00	0.00	0.00
4	13.08	8.63	3.07	0.00	0.00	0.00	0.00
$\sigma(x^*)$	1.93	2.94	3.52	3.93	4.00	4.00	4.00

有大量关于最小方差组合业绩的学术文献，通常都给出这样的结论：在一个完整经济周期中，最小方差组合显示出一些良好的样本外业绩（Haugen and Baker, 1991; Clarke et al., 2006）。其主要原因在于一个被称作低波动率效应的异常现象（Ang et al., 2006; Blitz and van Vliet, 2007），所谓低波动率效应（Low Volatility Effect），就是在风险收益框架下，高特质波动股票比低特质波动股票的回报要低[8]。

为了说明最小方差组合和低波动率效应之间的联系，我们来看谢勒（Scherer, 2011）的分析。在 CAPM 理论中，协方差矩阵 Σ 可被分解为

$$\Sigma = \beta\beta^{\top}\sigma_m^2 + D$$

其中，$\beta = (\beta_1, \cdots, \beta_n)$ 是贝塔值向量，σ_m^2 是市场组合的方差，$D = \text{diag}(\widetilde{\sigma}_1^2, \cdots, \widetilde{\sigma}_n^2)$

---

[8] 此结果可以解释为低 β 值效应的一个新的表达（Black et al., 1972），所谓低 β 值效应，就是指低 β 值的股票产生正的阿尔法。

是特殊方差的对角矩阵。利用 Sherman – Morrison – Woodbury 公式[9]，可以推导出协方差矩阵的逆为

$$\Sigma^{-1} = D^{-1} - \frac{\sigma_m^2}{1 + \sigma_m^2 \kappa}\tilde{\beta}\tilde{\beta}^\top$$

其中，$\tilde{\beta}_i = \beta_i/\tilde{\sigma}_i^2$，$\kappa = \tilde{\beta}^\top \beta$。解式（3.1）变为

$$x^* = \sigma^2(x^*)\left(D^{-1}\mathbf{1} - \frac{\sigma_m^2}{1 + \sigma_m^2 \kappa}\tilde{\beta}\tilde{\beta}^\top \mathbf{1}\right)$$

用这个新的表述式，谢勒（2011）得出

$$x_i^* = \frac{\sigma^2(x^*)}{\tilde{\sigma}_i^2}\left(1 - \frac{\beta_i}{\beta^*}\right) \tag{3.2}$$

其中，

$$\beta^* = \frac{1 + \sigma_m^2 \kappa}{\sigma_m^2 \tilde{\beta}^\top \mathbf{1}}$$

由此公式可以看出，最小方差组合适用于低波动率和低 β 值股票，更确切地说，若资产 i 的贝塔值 β_i 小于 β^*，则该资产的权重为正（$x_i^* > 0$）；若 $\beta_i > \beta^*$，则 $x_i^* < 0$。克拉克等（Clarke et al., 2010）将公式（3.2）推广到传统做多策略的情况，设定临界值 β^* 为

$$\beta^* = \frac{1 + \sigma_m^2 \sum_{\beta_i < \beta^*} \tilde{\beta}_i \beta_i}{\sigma_m^2 \sum_{\beta_i < \beta^*} \tilde{\beta}_i}$$

在这种情况下，若 $\beta_i > \beta^*$，则 $x_i^* = 0$。

注 44 相对于市值加权指数，我们也可以指望最小方差组合表现出低相关性，那么，最小方差组合就成为创建另类加权指数[10]的重要备选。

例 24 我们来看一个五种资产的投资域。它们的贝塔值分别为 0.9，0.8，1.2，0.7 和 1.3。而它们各自的波动率分别为 4%，12%，5%，8% 和 5%。

---

[9] 设 u 和 v 是两个向量，A 是一个可逆方阵。有

$$\left(A + uv^\top\right)^{-1} = A^{-1} - \frac{1}{1 + v^\top A^{-1} u} A^{-1} uv^\top A^{-1}$$

于是，当 $A = D$ 且 $u = v = \sigma_m \beta$ 时，可得 Σ^{-1} 的表达式。

[10] 尽管有这些优点，最小方差组合还是存在一个严重的缺陷：有多样化的波动率，但没有多样化的权重。这意味着组合集中在相对较少的几只股票上。

我们还假设市场组合的波动率等于25%。

我们利用这些数值来计算最小方差组合的构成，计算结果如表3.4所示。表中第二列对应于 β_i 的值，第三列是 $\tilde{\beta}_i$ 的值，第四列、第五列分别是无约束下的最小方差组合权重（%）和传统做多策略下的最小方差组合权重（%）。在无约束组合中，有 $\kappa = 1879.26$，$\beta^* = 1.0972$。于是可以推导得出，多头敞口在第一种、第二种、第四种资产，而空头敞口在第三种、第五种资产。对于传统做多策略组合，我们有 $\kappa = 121.01$，$\beta^* = 0.8307$，这表明只有第二种、第四种资产在传统做多策略的最小方差组合中出现。

表 3.4 最小方差组合的构成

资产	β_i	$\tilde{\beta}_i$	x_i^*	
			无约束	传统做多策略
1	0.90	562.50	147.33	0.00
2	0.80	55.56	24.67	9.45
3	1.20	480.00	-49.19	0.00
4	0.70	109.37	74.20	90.55
5	1.30	520.00	-97.01	0.00
波动率			11.45	19.19

3.2.3.3 最分散化组合（MDP）

舒维法提和夸尼亚德（Choueifaty and Coignard，2008）引入了分散化率的概念，相应的表达式如下：

$$\mathcal{DR}(x) = \frac{\sum_{i=1}^{n} x_i \sigma_i}{\sigma(x)} = \frac{x^\top \sigma}{\sqrt{x^\top \Sigma x}} \qquad (3.3)$$

$\mathcal{DR}(x)$ 是加权平均波动率与组合波动率的比值。当我们不考虑相关性引起的分散化效应时[11]，则分子部分是组合的波动率。通过构造，一个完全投资于单一资产的组合，其分散化率等于1，有

$$\mathcal{DR}(e_i) = 1$$

而在通常情况下，它是大于1的，有

---

[11] 由第2.3.4.1小节中的定义可知，分散化率是多样性指数的倒数。

$$\mathcal{DR}(x) \geq 1$$

于是,最分散化组合定义为最大化分散化率或最大化等价的对数值的组合,即

$$x^* = \operatorname{argmax} \ln \mathcal{DR}(x)$$

$$\text{满足} \begin{cases} \mathbf{1}^\top = 1 \\ \mathbf{0} \leq x \leq 1 \end{cases} \tag{3.4}$$

当我们考虑传统做多策略组合时,会加入第二个约束条件 $\mathbf{0} \leq x \leq \mathbf{1}$。于是,相应的拉格朗日函数为

$$\mathcal{L}(x;\lambda_0,\lambda) = \ln(x^\top \sigma) - \frac{1}{2}\ln(x^\top \Sigma x) + \lambda_0(\mathbf{1}^\top x - 1) + \lambda^\top x$$

其中,$\lambda_0 \in \mathbb{R}$,$\lambda \in \mathbb{R}^n$。解集 x^* 也满足一阶条件:

$$\frac{\partial \mathcal{L}(x;\lambda_0,\lambda)}{\partial x} = \frac{\sigma}{x^\top \sigma} - \frac{\Sigma x}{x^\top \Sigma x} + \lambda_0 \mathbf{1} + \lambda = 0$$

而库恩—塔克条件为 $\min(\lambda_i, x_i) = 0$,其中 $i = 1,\cdots,n$。我们知道,约束条件 $\mathbf{1}^\top x - 1$ 总是成立,因为组合成倍变化不会改变其分散化率[12]。舒维法提等人(Choueifaty et al., 2011)推导出最分散化组合满足下式:

$$\Sigma x^* = \frac{\sigma^2(x^*)}{x^{*\top}\sigma}\sigma + \lambda\sigma^2(x^*)$$

$$= \frac{\sigma(x^*)}{\mathcal{DR}(x^*)}\sigma + \lambda\sigma^2(x^*)$$

如果我们不考虑传统做多策略的约束,那么之前的分析仍是有效的。在这种情况下,我们有 $\lambda = \mathbf{0}$。

组合 x 和最分散化组合 x^* 之间的相关系数由下式得到:

$$\rho(x,x^*) = \frac{x^\top \Sigma x^*}{\sigma(x)\sigma(x^*)}$$

$$= \frac{1}{\sigma(x)\mathcal{DR}(x^*)}x^\top\sigma + \frac{\sigma(x^*)}{\sigma(x)}x^\top\lambda$$

$$= \frac{\mathcal{DR}(x)}{\mathcal{DR}(x^*)} + \frac{\sigma(x^*)}{\sigma(x)}x^\top\lambda$$

---

[12] 对于常数 c,我们有 $\mathcal{DR}(c \cdot x) = \mathcal{DR}(x)$。

如果 x^* 是传统做多策略的最分散化组合,则有[13]

$$\rho(x, x^*) \geqslant \frac{\mathcal{DR}(x)}{\mathcal{DR}(x^*)} \tag{3.5}$$

而对于无约束的最分散化组合,有

$$\rho(x, x^*) = \frac{\mathcal{DR}(x)}{\mathcal{DR}(x^*)}$$

式(3.5)被舒维法提等(2011)称为最分散化组合的"核心性质":

"传统做多策略的最分散化组合就是满足以下条件的传统做多策略组合:任何其他的传统做多策略组合与其自身之间的相关系数大于或等于它们的分散化率之比。"

如果我们现在考虑资产 i 和最分散化组合之间的相关性,则有

$$\rho(e_i, x^*) = \frac{\mathcal{DR}(e_i)}{\mathcal{DR}(x^*)} + \frac{\sigma(x^*)}{\sigma(e_i)} e_i^\top \lambda$$

$$= \frac{1}{\mathcal{DR}(x^*)} + \frac{\sigma(x^*)}{\sigma_i} \lambda_i$$

于是可以推导出[14]:

当 $x_i^* > 0$ 时,$\rho(e_i, x^*) = \frac{1}{\mathcal{DR}(x^*)}$;

当 $x_i^* = 0$ 时,$\rho(e_i, x^*) \geqslant \frac{1}{\mathcal{DR}(x^*)}$

舒维法提等(2011)得出结论:

"任何不属于最分散化组合的股票与最分散化组合的相关性总是要高于任何属于最分散化组合的股票与该组合的相关性。更进一步地说,所有属于最分散化组合的股票与该组合之间有相同的相关关系。……这个性质说明,所有在投资域中的资产都能有效地代表最分散化组合,即使组合中并未真正包含它们。……这正符合这样一个观念,即最分散化组合是不可分散的。"

当取消了传统做多策略的约束后,有 $\rho(e_i, x^*) = \rho(e_j, x^*)$,也就是说,所有资产与最分散化组合之间的相关系数都是相同的。

例25 我们来看一个四种资产的域。它们的波动率分别为20%,10%,20%

---

[13] 因为 $\lambda \geqslant 0$。

[14] 因为有:若 $x^* > 0$,则 $\lambda_i = 0$;若 $x^* = 0$,则 $\lambda_i > 0$。

和 25%。资产收益率的相关系数矩阵如下：

$$\rho = \begin{pmatrix} 1.00 & & & \\ 0.80 & 1.00 & & \\ 0.40 & 0.30 & 1.00 & \\ 0.50 & 0.10 & -0.10 & 1.00 \end{pmatrix}$$

计算结果如表 3.5 所示。可以证明，所有资产与无约束的最分散化组合之间相关系数都是相同的。对于传统做多策略的最分散化组合，这个性质只适用于那些存在于组合中的资产。

表 3.5 最分散化组合的构成

资产	无约束		传统做多策略	
	x_i^*	$\rho(e_i, x^*)$	x_i^*	$\rho(e_i, x^*)$
1	-18.15	61.10	0.00	73.20
2	61.21	61.10	41.70	62.40
3	29.89	61.10	30.71	62.40
4	27.05	61.10	27.60	62.40
$\sigma(x^*)$	9.31		10.74	
$\mathcal{DR}(x^*)$	1.64		1.60	

舒维法提和夸尼亚德（2008）发现了另一个有趣的性质，仍然是关于最分散化组合的最优性的。如果所有资产有相等的夏普比率，即

$$\frac{\mu_i - r}{\sigma_i} = \text{SR}$$

组合 x 的分散化率与夏普比率之间呈比例关系，有

$$\begin{aligned} \mathcal{DR}(x) &= \frac{1}{\text{SR}} \frac{\sum_{i=1}^{n} x_i(\mu_i - r)}{\sigma(x)} \\ &= \frac{1}{\text{SR}} \frac{x^\top \mu - r}{\sigma(x)} \\ &= \frac{\text{SR}(x \mid r)}{\text{SR}} \end{aligned}$$

于是，最大化分散化率就等价于最大化夏普比率。因此，最分散化组合就是切点组合。这就是最分散化组合（MDP）与最大化夏普比率组合（MSR）是一回事的原因了（Martellini, 2008）。

注45 阿曼克等（Amenc et al., 2010）假设一种资产的风险溢价与其下行风险相关，从而扩展了最大化夏普比率组合的理念。比如，他们提出用小于零一边的半方差开平方根来代替波动率 σ_i（有时称作半离差 ς_i）：

$$\varsigma_i = \sqrt{\mathbb{E}[\min(0, R)]^2}$$

在这种情况下，最大化夏普比率组合的目标函数变为

$$x^* = \arg\max \frac{x^\top \varsigma}{\sqrt{x^\top \Sigma x}}$$

利用 3.2.3.2 小节中的 CAPM 理论框架，克拉克等（Clarke et al., 2012）找到了一个近似于之前最小方差组合的表达式。这样，最分散化组合的权重等于：

$$x_i^* = \mathcal{DR}(x^*) \frac{\sigma_i \sigma(x^*)}{\widetilde{\sigma}_i^2}\left(1 - \frac{\rho_{i,m}}{\rho^*}\right)$$

其中，$\sigma_i = \sqrt{\beta_i^2 \sigma_m^2 + \widetilde{\sigma}_i^2}$ 是资产 i 的波动率，$\rho_{i,m} = \beta_i \sigma_m / \sigma_i$ 是资产 i 和市场组合之间的相关系数，ρ^* 是相关系数的临界值，其公式为

$$\rho^* = \left(1 + \sum_{i=1}^n \frac{\rho_{i,m}^2}{1 - \rho_{i,m}^2}\right) \Big/ \left(\sum_{i=1}^n \frac{\rho_{i,m}}{1 - \rho_{i,m}^2}\right)$$

若 $\rho_{i,m} < \rho^*$，则权重严格为正。克拉克等（2012）也发现，由于最分散化组合对特质波动率[15] $\widetilde{\sigma}_i$ 的倒数（近似）敏感，而最小方差对特质方差 $\widetilde{\sigma}_i^2$ 的倒数敏感，因此，最分散化组合的集中度小于最小方差组合的集中度。

3.2.3.4 等权风险贡献度组合（ERC）

最后要讨论的构造是等权风险贡献度组合，这在第二章已经作过详细介绍。我们知道，等权风险贡献度组合中每只股票的风险贡献度都相等，这就是最简单的风险预算规则。如果我们假设可以合理预测波动率和相关性，但资产收益不可预测，那么，也就自然而然地会赋予所有组合成分相等的风险预算。

等权风险贡献度的配置方法具有以下主要优点：

---

[15] 其正确的值是 $\sigma_i / \widetilde{\sigma}_i^2$。

1. 它定义了一个风险和权重都得以分散化的组合；
2. 类似于前文中提到的三种探索式方法，它不依赖于任何对期望收益的假设；
3. 它对协方差矩阵的微小变化的敏感度要弱于最小方差组合和最分散化组合（Demey et al., 2010）。

类似于等权重组合，在均值—方差框架下也很难给等权风险贡献度组合定位，但当资产的相关系数一致且夏普比率相等时，该组合就相当于最优组合了。这就是为什么当相关系数一致时等权风险贡献度组合与最分散化组合相同的原因。

同最小方差组合和最分散化组合一样，克拉克等（2012）发现了以下这个有用的分解式[16]：

$$x_i^* = \frac{\sigma^2(x^*)}{\tilde{\sigma}_i^2}\left(\sqrt{\frac{\beta_i^2}{\beta^{*2}} + \frac{\tilde{\sigma}_i^2}{n\sigma^2(x^*)}} - \frac{\beta_i}{\beta^*}\right)$$

其中，

$$\beta^* = \frac{2\sigma^2(x^*)}{\beta(x^*)\sigma_m^2}$$

他们接着论证了权重随资产 β 值而递减，特质风险对权重大小几乎没有影响。然而，不同于之前提到的分解，这里的分解更难解释。

3.2.3.5 基于风险的配置方法的比较

接下来，我们的分析将限定在传统做多策略组合上，因为，在 AW 指数中，权重一定为正。

几个性质

尽管上述四种方法基于不同的路径，但它们有相似之处。德姆西等（Demey et al., 2010）在权重和边际波动率两个方面对它们进行了比较：

$$x_i = x_j \quad (\text{EW})$$

$$\frac{\partial \sigma(x)}{\partial x_i} = \frac{\partial \sigma(x)}{\partial x_j} \quad (\text{MV})$$

$$\frac{1}{\sigma_i} \cdot \frac{\partial \sigma(x)}{\partial x_i} = \frac{1}{\sigma_j} \cdot \frac{\partial \sigma(x)}{\partial x_j} \quad (\text{MDP})$$

---

[16] 见 Jurczenko 等（2013）另一个相似的分解式。

$$x_i \cdot \frac{\partial \sigma(x)}{\partial x_i} = x_j \cdot \frac{\partial \sigma(x)}{\partial x_j} \quad \text{(ERC)}$$

等权重组合（EW）中权重都相等，而最小方差组合（MV）中边际波动率都相等。在等权风险贡献度组合（ERC）中，则是权重乘以边际风险的乘积都相等。对于最分散化组合（MDP），是边际风险除以波动率的结果相等[17]（这个度量指标可以称为相对边际波动率或比例边际波动率）。我们发现，在最小方差组合或最分散化组合及最大夏普比率组合（MSR）中，相等关系只对非零权重资产才成立。

另一个重要的结论是：最小方差组合（MV）、等权风险贡献度组合（ERC）以及等权重组合（EW）中，波动率大小排列次序为（Maillard et al., 2010）：

$$\sigma_{mv} \leqslant \sigma_{erc} \leqslant \sigma_{ew}$$

于是，ERC 组合可以被看作是 MV 组合和 EW 组合的折中。当然，在 MDP 组合的情况下，我们有 $\sigma_{mv} \leqslant \sigma_{mdp}$，但 ERC 组合和 EW 组合却无法与 MDP 组合进行比较，MDP 组合与 ERC 组合及 EW 组合相比，其波动率可大可小。

基于风险的指数化方法可分为两类：

$$\forall i: x_i > 0 \quad \text{(EW/ERC)}$$

$$\exists i: x_i = 0 \quad \text{(MV/MDP)}$$

在第一类中，因为权重严格为正，所有资产都存在于组合中。在第二类中，一些资产不能被投资到组合中。因此，很明显，MV 和 MDP 组合比 EW 和 ERC 组合具有更大的不确定性。这就是 EW 和 ERC 组合比 MV 和 MDP 组合在相对于市值加权指数（CW）的跟踪误差波动率方面要更小的原因。

---

[17] 对于无约束的最分散化组合，我们知道一阶条件为

$$\frac{\partial \mathcal{L}(x; \lambda_0, \lambda)}{\partial x_i} = \frac{\sigma_i}{x^\top \sigma} - \frac{(\Sigma x)_i}{x^\top \Sigma x} = 0$$

由此可以得出，比例边际波动率（scaled marginal volatility）等于最分散化组合中分散化率的倒数：

$$\frac{1}{\sigma_i} \cdot \frac{\partial \sigma(x)}{\partial x_i} = \frac{1}{\sigma_i} \cdot \frac{(\Sigma x)_i}{\sqrt{x^\top \Sigma x}}$$

$$= \frac{1}{\mathcal{DR}(x)}$$

还有一点值得一提：当资产收益率的相关系数一致时，ERC 和 MDP 组合是相同的（Maillard et al.，2010）。在这种情况下，第 i 只股票的权重 x_i 和它的波动率 σ_i 成反比。当各资产波动率 σ_i 相等时，MDP 组合相当于 MV 组合（Choueifaty and Coignard，2008）。奇怪的是，当相关系数一致且等于下限值 $\rho = -1/(n-1)$ 时，也就是说当相关性的分散度最大时，ERC 和 MV 组合是一样的（Maillard et al.，2010）。

一些例子

为了更好地理解这四种风险组合的特征及其在实际使用中面临的问题，我们在这里通过几个数值举例来说明它们的性质。为了方便比较，定义规则如下：

- $\mathcal{H}^*(x)$ 是关于权重的赫芬达尔指数修正。它是最优解，且在等权重组合下取值为零。
- $\sigma(x)$ 是组合的波动率，在最小方差组合中取最小值。
- $\mathcal{DR}(x)$ 是分散化率，在 MDP 组合中取最大值。
- 用测量风险贡献的赫芬达尔指数 $\mathcal{H}^*(\mathcal{RC})$ 来度量风险集中度。ERC 组合没有风险集中的说法，因此 $\mathcal{H}^*(\mathcal{RC})$ 取值为零。

对于每个组合，我们还会说明其权重和相应的风险贡献度，即在均衡状态下的（事前）业绩贡献。除分散化率外，所有数值都以百分数表示。

例 26 我们来看一个四种资产的投资域。假设四种资产的波动率 σ_i 都相等且为 20%，相关系数矩阵 C 为

$$C = \begin{pmatrix} 100\% & & & \\ 80\% & 100\% & & \\ 0\% & 0\% & 100\% & \\ 0\% & 0\% & -50\% & 100\% \end{pmatrix}$$

计算结果如表 3.6 所示。我们可以证明，由于资产的波动率都相同，因此 MDP 组合等同于 MV 组合。检验还得出，MV 组合的边际风险 $\mathcal{MR}_i$ 都相等[18]，同时 ERC 组合的风险贡献度 $\mathcal{RC}_i$ 也都相等。我们还注意到，MV 和 ERC 组合的权重相近似，但 ERC 组合的权重集中度比 MV 组合要小。EW、MV 和 MDP 组合的风险集中度是相等的。

---

[18] 四种资产的 $\mathcal{MR}_i = 8.8\%$。

表 3.6 权重和风险贡献度（例 26）

资产	EW		MV		MDP		ERC	
	x_i	$\mathcal{RC}_i$	x_i	$\mathcal{RC}_i$	x_i	$\mathcal{RC}_i$	x_i	$\mathcal{RC}_i$
1	25.00	4.20	10.87	0.96	10.87	0.96	17.26	2.32
2	25.00	4.20	10.87	0.96	10.87	0.96	17.26	2.32
3	25.00	1.17	39.13	3.46	39.13	3.46	32.74	2.32
4	25.00	1.17	39.13	3.46	39.13	3.46	32.74	2.32
$\mathcal{H}^*(x)$	0.00		10.65		10.65		3.20	
$\sigma(x)$	10.72		8.85		8.85		9.26	
$\mathcal{DR}(x)$	1.87		2.26		2.26		2.16	
$\mathcal{H}^*(\mathcal{RC})$	10.65		10.65		10.65		0.00	

注 46 对于最小方差组合，风险贡献度与权重呈比例关系，因为所有权重为正的资产的边际波动率都相等[19]，即

$$\mathcal{RC}_i = x_i \cdot \partial_{x_i} \sigma(x)$$
$$\propto x_i$$

这就意味着 $\mathcal{H}^*(x) = \mathcal{H}^*(\mathcal{RC})$，也就是说，在最小方差组合中，权重集中度等于风险集中度。

例 27 我们将上个例子的波动率修改为不等值，分别为 10%、20%、30% 和 40%。相关系数矩阵同例 26。

我们来看表 3.7 的计算结果。由于 MV 组合中第一种资产的波动率很低，所以组合的权重集中于第一种资产；虽然第二种资产的波动率小于第三种、第四种资产，但它与第一种资产的相关性很高，所以其权重为零。可以证明，MV 组合中非零权重资产的边际风险 $\mathcal{MR}_i$ 都相等（都等于 8.6%）。ERC 和 MDP 组合的权重分布更为均衡。在本例中，我们检验了不等式 $\sigma_{\text{mv}} \leqslant \sigma_{\text{erc}} \leqslant \sigma_{\text{ew}}$ 成立，然而与先前例子结果不同的是，这里，MDP 组合的波动率要比 ERC 组合的波动率大。我们还发现，本例中，EW、MV 和 ERC 组合关于分散化率的排序与例 26 的相反。

---

[19] 如果 $x_i = 0$，有 $\mathcal{RC}_i = 0$。因此，通常情况下，权重和风险贡献度的比例关系成立。

表 3.7 权重和风险贡献度（例 27）

资产	EW		MV		MDP		ERC	
	x_i	$\mathcal{RC}_i$	x_i	$\mathcal{RC}_i$	x_i	$\mathcal{RC}_i$	x_i	$\mathcal{RC}_i$
1	25.00	1.41	74.48	6.43	27.78	1.23	38.36	2.57
2	25.00	3.04	0.00	0.00	13.89	1.23	19.18	2.57
3	25.00	1.63	15.17	1.31	33.33	4.42	24.26	2.57
4	25.00	5.43	10.34	0.89	25.00	4.42	18.20	2.57
$\mathcal{H}^*(x)$	0.00		45.13		2.68		3.46	
$\sigma(x)$	11.51		8.63		11.30		10.29	
$\mathcal{DR}(x)$	2.17		1.87		2.26		2.16	
$\mathcal{H}^*(\mathcal{RC})$	10.31		45.13		10.65		0.00	

例 28 现在我们将例 27 的波动率顺序倒过来，即分别为 40%、30%、20% 和 10%。

计算结果如表 3.8 所示。MV、ERC 和 MDP 组合的权重相似。除了 EW 组合的波动率相对于其他三个组合较高外，相应组合的波动率都差不多。这种情况主要源于第一种、第二种资产的波动性较大且相关性较高，也就是说分散化效应较小。我们还发现，MV 和 MDP 组合表现出一定程度的权重集中，而 MV 和 EW 组合表现出一定程度的风险集中。对于 EW 组合，我们观察到第四种资产的风险贡献度恰好为零，这归因于它的波动性很低且与其他资产之间并非正相关。如果第四种资产在组合中的权重小于 25% 的话，那么它的风险贡献度甚至会为负。

表 3.8 权重和风险贡献度（例 28）

资产	EW		MV		MDP		ERC	
	x_i	$\mathcal{RC}_i$	x_i	$\mathcal{RC}_i$	x_i	$\mathcal{RC}_i$	x_i	$\mathcal{RC}_i$
1	25.00	9.32	0.00	0.00	4.18	0.74	7.29	1.96
2	25.00	6.77	4.55	0.29	5.57	0.74	9.72	1.96
3	25.00	1.09	27.27	1.74	30.08	2.66	27.66	1.96
4	25.00	0.00	68.18	4.36	60.17	2.66	55.33	1.96
$\mathcal{H}^*(x)$	0.00		38.84		27.65		19.65	
$\sigma(x)$	17.18		6.40		6.80		7.82	
$\mathcal{DR}(x)$	1.46		2.13		2.26		2.16	
$\mathcal{H}^*(\mathcal{RC})$	27.13		38.84		10.65		0.00	

例29 我们来看一个四种资产的投资域,波动率分别为15%,30%、45%和60%。相关系数矩阵 C 为

$$C = \begin{pmatrix} 100\% & & & \\ 10\% & 100\% & & \\ 30\% & 30\% & 100\% & \\ 40\% & 20\% & -50\% & 100\% \end{pmatrix}$$

这个例子非常有趣,因为 MDP 组合有时趋同于最小方差 MV 组合。表 3.9 的计算结果显示, MDP 和 MV 组合的构成会完全不同, MV 组合选择了第一种、第二种资产,而 MDP 组合却选择了第三种、第四种资产。在这种情况下, MDP 组合的波动率大约是 MV 组合波动率的两倍。这个例子说明了分散化率的一个缺陷,因为它主要关注相关性而较少关注波动率。例如,如果我们将第三种、第四种资产的波动率乘以一个倍数, MDP 组合的构成并不会改变。事实上,当资产的波动率分别为 15% 、30% 、450% 和 600% 时, MDP 组合的权重仍保持不变,这意味着此时 MDP 组合的波动率为 257.1% ,而 MV 组合的波动率仍保持在 13.92% !

表 3.9　权重和风险贡献度(例 29)

资产	EW		MV		MDP		ERC	
	x_i	$\mathcal{RC}_i$	x_i	$\mathcal{RC}_i$	x_i	$\mathcal{RC}_i$	x_i	$\mathcal{RC}_i$
1	25.00	2.52	82.61	11.50	0.00	0.00	40.53	4.52
2	25.00	5.19	17.39	2.42	0.00	0.00	22.46	4.52
3	25.00	3.89	0.00	0.00	57.14	12.86	21.12	4.52
4	25.00	9.01	0.00	0.00	42.86	12.86	15.88	4.52
$\mathcal{H}^*(x)$	0.00		61.69		34.69		4.61	
$\sigma(x)$	20.61		13.92		25.71		18.06	
$DR(x)$	1.82		1.27		2.00		1.76	
$\mathcal{H}^*(\mathcal{RC})$	7.33		61.69		33.33		0.00	

例30　现在我们来看一个六种资产的例子。波动率分别为 25% 、20% 、15% 、18% 、30% 和 20% ,相关系数矩阵如下:

$$C = \begin{pmatrix} 100\% & & & & & \\ 20\% & 100\% & & & & \\ 60\% & 60\% & 100\% & & & \\ 60\% & 60\% & 60\% & 100\% & & \\ 60\% & 60\% & 60\% & 60\% & 100\% & \\ 60\% & 60\% & 60\% & 60\% & 60\% & 100\% \end{pmatrix}$$

这个相关系数矩阵很特别,除第一种、第二种资产之间的相关系数为 20% 外,其余相关系数都一致为 60%。计算结果令人感到意外:MV 组合的权重集中在第三种、第四种资产上,而 MDP 的权重集中在第一种、第二种资产上。ERC 组合中第三种资产的权重尤其高,但权重与 EW 组合的相近。在本例中,MDP 组合有最大的波动率。很有趣的是,在这个例子中我们还发现,MV 组合对特殊波动率风险(specific volatility risk)很敏感,而 MDP 组合对特殊相关性风险(specific correlation risk)很敏感。

表 3.10 权重和风险贡献度(例 30)

资产	EW		MV		MDP		ERC	
	x_i	$\mathcal{RC}_i$	x_i	$\mathcal{RC}_i$	x_i	$\mathcal{RC}_i$	x_i	$\mathcal{RC}_i$
1	16.67	3.19	0.00	0.00	44.44	8.61	14.51	2.72
2	16.67	2.42	6.11	0.88	55.56	8.61	18.14	2.72
3	16.67	2.01	65.16	9.33	0.00	0.00	21.84	2.72
4	16.67	2.45	22.62	3.24	0.00	0.00	18.20	2.72
5	16.67	4.32	0.00	0.00	0.00	0.00	10.92	2.72
6	16.67	2.75	6.11	0.88	0.00	0.00	16.38	2.72
$\mathcal{H}^*(x)$	0.00		37.99		40.74		0.83	
$\sigma(x)$	17.14		14.33		17.21		16.31	
$\mathcal{DR}(x)$	1.24		1.14		1.29		1.25	
$\mathcal{H}^*(\mathcal{RC})$	1.36		37.99		40.00		0.00	

例 31 为了说明 MV 和 MDP 组合对特殊风险的敏感程度,我们来看一个由 n 种资产构成的域,资产波动率都为 20%。相关系数矩阵的结构如下:

$$C = \begin{pmatrix} 100\% & & & & \\ \rho_{1,2} & 100\% & & & \\ 0 & \rho & 100\% & & \\ \vdots & \vdots & \ddots & 100\% & \\ 0 & \rho & \cdots & \rho & 100\% \end{pmatrix}$$

第一种资产只与第二种资产相关,第二种至第 n 种资产之间的相关系数一致且都等于 ρ,第一种、第二种资产之间的相关系数设为 $\rho_{1,2}$。相关系数矩阵更为特别,因为除了第一种资产外,基本上是一个相关系数恒定的矩阵。图 3.5 给出了不同 ρ 和 $\rho_{1,2}$ 的取值下相对于资产数量 n 的 $x_1 + x_2$ 的分布状况。有趣的是,一边的 MV 与 MDP 组合[20]和另一边的 ERC 与 EW 组合存在明显的差别。对于 ERC 和 EW 组合,$x_1 + x_2$ 下降较快,而对于 MV 和 MDP 组合下降较慢。比如,在 $\rho = 70\%$,$\rho_{1,2} = 20\%$ 的情况下,当 $n = 4$ 时,$x_1 + x_2$ 分别为 58.6%(MV 和 MDP)、54.3%(ERC)和 50%(EW)。当 $n = 50$ 时,$x_1 + x_2$ 分别变为 54.1%(MV 和 MDP)、18.1%(ERC)和 4%(EW)。资产的数量只对 MV 和 MDP 组合的权重产生边际影响,因为它们只依赖于协方差矩阵,权重集中于波动率小或相关性低的资产上。由于 ERC 组合的隐性多样化约束,因此当资产数量上升时,各资产权重也就自然在各组成成分间得到稀释。

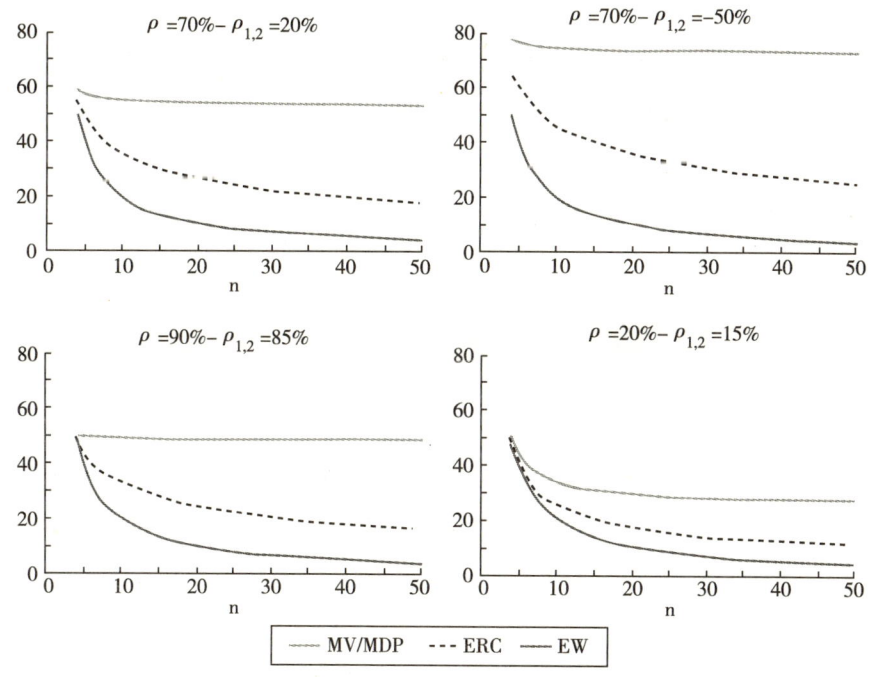

图 3.5　AW 组合中前两项资产的权重(例 31)

---

[20]　由于波动率相等,所以它们是相同的。

例32 我们假设资产收益率满足单因子CAPM模型,所有资产的特质波动率 $\tilde{\sigma}_i$ 均设为5%,而市场组合的波动率 σ_m 等于25%。

图3.6显示了50种资产在不同组合下的构成。β_i 的值是在-1和3之间按均匀分布模拟得到的。主要结果取自克拉克等(Clarket, et al., 2012)的文献。

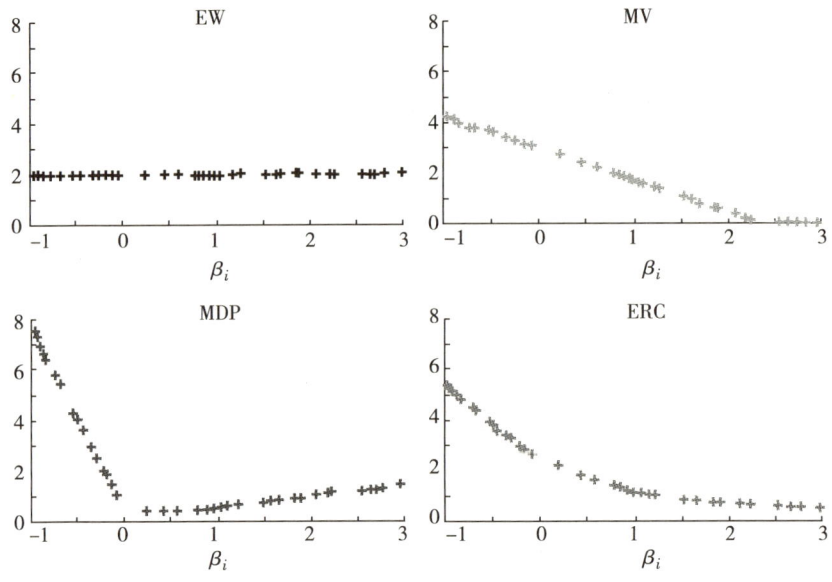

图3.6　相对于资产贝塔值 β_i 下的权重(例32)

3.3　一些说明

本节中,我们基于欧洲斯托克50指数,按照德姆西等(Demey et al., 2010)所作的模拟,重新对四种风险指数进行回测。我们还讨论了关于换手率、集中度和一些风险策略稳定性在实践中的问题,然后将结果与其他现存的实证结果进行对比,并研究风险组合与Fama – French模型因子的关系。

3.3.1　风险指数模拟

我们将欧洲斯托克50指数从1992年12月31日到2012年12月28日的数据作为研究对象。即使研究结果对选取的数据很敏感,我们相信还是可以用这个具体例子得到一些有趣的结论的。为了达到研究目的,我们构建了满足以下特征的风险指数：
- 每个月，我们只考虑欧洲斯托克 50 指数内的股票。
- 我们采用日收益率和一年滚动窗口计算经验协方差矩阵。
- 组合在次月第一个交易日重新平衡。
- 用日价格指数计算风险指数。

表 3.11 列出了以欧洲斯托克 50 指数为基准的主要统计量[21]。我们首先注意到，四种风险指数的业绩超过欧洲斯托克 50 指数。但是我们必须记得，我们在这里并没有考虑交易成本，这一问题我们将在以后讨论。我们发现，除了 EW 组合外，风险指数组合有更低的波动率或最大回撤率，但对于偏度和峰度指标并不是这样。最后，基于欧洲斯托克 50 指数，我们给出了 AW 指数的收益率相关系数和 β 值。相关程度最低的是 MV 组合，其次是 MDP 组合。

表 3.12 列示了按日历年模拟的业绩。我们可以作两项点评。第一，相对于市值加权指数（CW），风险指数的业绩表现依赖于市场环境。事实上，风险指数在熊市阶段（1994，2000—2002 年，2008 年和 2011 年）的业绩要好于市值加权指数，但在牛市阶段（如在 1990 年）的业绩却大不如市值加权指数。第二，我们还发现，风险指数的表现并不随时间保持同质状态。如果将 2009 年与 2005 年、1996 年相比，这个现象特别明显，CW 指数业绩在这些年是相似的，但 AW 指数业绩却不相同。

表 3.11　AW 指数的主要统计量（1993 年 1 月至 2012 年 9 月）

	CW	EW	MV	MDP	ERC
$\mu(x)$	4.47	6.92	7.36	10.15	8.13
$\sigma(x)$	22.86	23.05	17.57	20.12	21.13
SR $(x\mid r)$	0.05	0.16	0.23	0.34	0.23
$\sigma(x\mid b)$		4.18	14.85	12.79	5.65
IR $(x\mid b)$		0.56	0.19	0.42	0.62
$MDD(x)$	−66.88	−61.67	−56.04	−50.21	−56.85

---

[21]　它们分别是：年收益率 $\mu(x)$（以%表示），波动率 $\sigma(x)$（以%表示），夏普比率 SR $(x\mid r)$，跟踪误差波动率 $\sigma(x\mid b)$（以%表示），信息比率 IR $(x\mid r)$，最大回撤率（maximum drawdown）$MDD(x)$（以%表示），日偏度系数 $\gamma_1(x)$ 和月偏度系数 $\gamma_1^*(x)$，日超值峰度（excess kurtosis）$\gamma_2(x)$ 和月超值峰度 $\gamma_2^*(x)$，与基准的相关系数 $\rho(x\mid b)$（以%表示）和贝塔值 $\beta(x\mid b)$。

续表

	CW	EW	MV	MDP	ERC
$\gamma_1(x)$	0.10	0.11	1.83	2.91	0.23
$\gamma_2(x)$	5.28	6.06	49.88	74.13	7.13
$\gamma_1^*(x)$	-0.46	-0.41	-1.00	-0.54	-0.50
$\gamma_2^*(x)$	0.63	1.33	2.21	0.97	1.09
$\rho(x\mid b)$		98.35	76.03	83.02	97.00
$\beta(x\mid b)$		0.99	0.58	0.73	0.90

表 3.12　AW 组合年度模拟业绩　　　　单位：%

年份	CW	EW	MV	MDP	ERC
1993	38.7	44.5	38.3	45.5	43.5
1994	-7.9	-2.6	-3.9	7.7	-1.9
1995	14.1	13.2	16.8	19.2	14.7
1996	22.8	30.3	28.1	34.9	30.0
1997	36.8	44.5	38.8	45.7	44.9
1998	32.0	34.2	47.5	50.6	35.1
1999	46.7	41.0	20.8	25.6	35.9
2000	-2.7	2.4	4.3	3.8	5.5
2001	-20.2	-17.6	-11.5	-10.7	-13.8
2002	-37.3	-34.8	-34.7	-29.2	-32.9
2003	15.7	23.3	4.3	25.0	18.8
2004	6.9	8.0	15.6	8.3	10.0
2005	21.3	20.4	16.9	16.1	20.0
2006	15.1	18.3	17.1	16.5	18.6
2007	6.8	5.2	-2.3	-2.5	5.0
2008	-44.4	-44.3	-15.7	-20.1	-36.3
2009	21.1	29.4	-5.2	16.9	25.5
2010	-5.8	-3.3	-5.8	0.0	-2.5
2011	-17.1	-18.0	1.6	-15.5	-15.3
2012	5.9	5.4	11.1	5.1	6.6

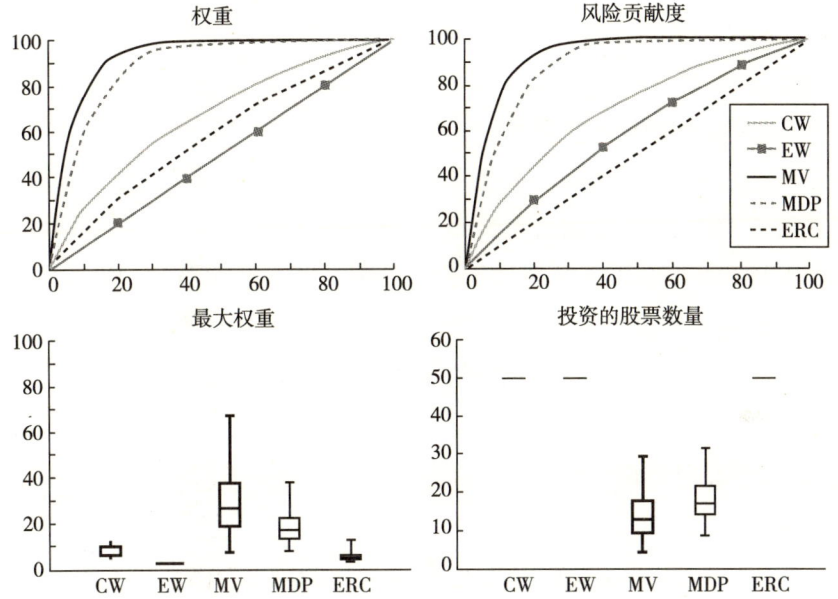

图 3.7　AW 组合的集中度统计量

3.3.2　风险指数的实际问题

图 3.7 显示了有关集中度的一些统计量。左上象限对应于所有权重的劳伦茨曲线的平均。MV 和 MDP 组合的集中度比 CW 指数要高,但 ERC 组合却不是这样。当然,EW 组合表现出最低的集中度。如果以风险贡献度(右上象限)构建劳伦茨曲线,就会得到相同的结论:MV 和 MDP 组合是集中度最高的指数。左下象限是所有 238 个月再平衡日的最大权重箱线图[22]。我们观察到,MV 和 MDP 组合的权重可能高度集中于一只股票。事实上,MV(或 MDP)指数的最大权重高达 66.8%(或 37.2%)。最后,右下象限是有关投资股票数量的箱线图。对于 CW、EW 和 ERC 指数,组合中总是会有 50 只股票;而对于 MV 和 MDP 组合,股票数量的中位数在 12~17 只,最大值也不会超过 30 只股票,从专业角度来看,这种组合显然是不合适的。原因

---

[22]　在箱线图中,我们列示了最大值、最小值、中位数、25% 分位数和 75% 分位数共五个统计量。

有二：第一，投资者对这种高度集中的组合可能缺乏信心，尤其是在被动型投资管理时；第二，高度集中的优化组合可能会因为换手率引起一些稳定性问题。

这些观察得到的结论告诉我们，如果想要获得一个有用的投资策略，就必须给 MV 和 MDP 指数引入一些约束条件，所以我们在模拟这两个策略时增加了 10% 或 5% 的上限约束。表 3.13 显示了基于月权重计算的年化换手率。在协方差矩阵的一年估计中（这是我们的默认状况），EW[23]、ERC、MV 和 MDP 指数的换手率分别为 19%、63%、330% 和 343%。MV 和 MDP 组合的换手率相对较高，但通过增加上限约束，可以降低这个换手率。事实上，若上限设为 5%，换手率就变为 161% 和 197%。另一个降低换手率的方法是拉长协方差矩阵估计的时间窗口。比如，若我们采用 3 年滚动窗口，那么换手率将会减半。

表 3.13　AW 组合的年化月度换手率　　　　　　　　单位：%

滞后期	EW	ERC	MV			MDP		
				10%	5%		10%	5%
1M	19	551	1765	1401	969	1779	1571	1098
2M	19	290	1234	911	620	1313	1061	718
3M	20	195	909	681	462	985	806	539
1Y	19	63	330	248	161	343	290	197
2Y	19	43	202	152	101	223	196	127
3Y	18	34	149	113	73	164	147	95

注 47　高换手率并不一定意味着高交易成本。例如，在欧洲斯托克 50 指数中，交易成本大约为 2 个基点，所以 300% 的换手率意味着不到 10 个基点的交易成本。但是，当我们考虑低流动性的大型投资域时，换手率确实会是一个负面因素。在这种情况下，投资者很难接受高于 100% 的换手率。

---

[23]　由于有股票进入或退出投资域，所以 EW 组合的换手率并不会为零。

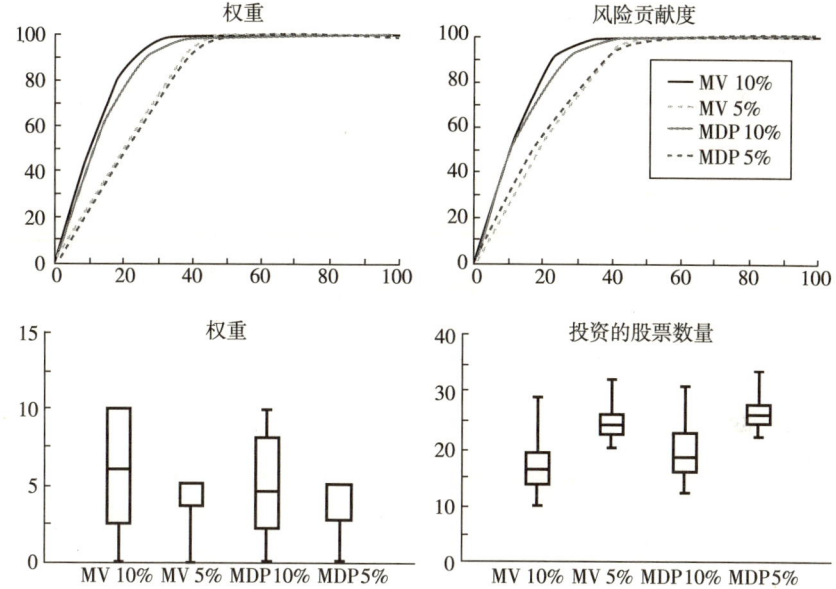

图 3.8 有约束的 MV 和 MDP 指数的集中度统计量

表 3.14 有约束的 MV 和 MDP 指数的主要统计量
（1993 年 1 月至 2012 年 9 月）

	MV			MDP		
		10%	5%		10%	5%
$\mu(x)$	7.36	8.49	8.57	10.15	9.72	9.32
$\sigma(x)$	17.57	17.34	17.79	20.12	19.03	19.52
SR $(x\mid r)$	0.23	0.30	0.30	0.34	0.34	0.31
$\sigma(x\mid b)$	14.85	11.67	8.91	12.79	9.40	7.52
IR $(x\mid b)$	0.19	0.33	0.44	0.42	0.53	0.62
$MDD(x)$	-56.04	-55.10	-50.35	-50.21	-49.73	-51.04
$\gamma_1(x)$	1.83	0.79	0.14	2.91	0.11	0.02
$\gamma_2(x)$	49.88	17.32	7.00	74.13	5.50	5.43
$\gamma_1^*(x)$	-1.00	-0.71	-0.67	-0.54	-0.42	-0.52
$\gamma_2^*(x)$	2.21	1.25	0.95	0.97	0.64	1.06
$\rho(x\mid b)$	76.03	86.65	93.41	83.02	91.52	94.91
$\beta(x\mid b)$	0.58	0.66	0.73	0.73	0.76	0.81

图 3.8 列出了有上限约束条件下各个指数的集中度统计量的情况。我们发现，即使提高所投资股票的数量，集中度仍保持很高的水平[24]，其原因在于，在加入权重约束后，许多所投资股票的权重都达到了这个约束限值。让我们来分析一下左下象限所显示的所有投资股票的箱线图。在 MV 组合中，当设定权重上限为 5% 时，75% 所投资股票的权重大于 4%。在此情况下，MV 方法更像是一个选股过程而非配置过程，但我们发现，增加约束条件会改善结果[25]（见表 3.14）。比如，在增加权重约束后，MV 策略的夏普比率会变得更优，这种约束条件会使跟踪误差波动率降低。关于业绩，我们发现了一个非常奇怪的现象：增加上限约束会提升 MV 指数的业绩，却会使 MDP 指数的收益率降低。

另一个重要的问题是有关估计协方差矩阵的统计方法。在 1.2.3.4 小节，相对于经验协方差矩阵下的传统方法，我们回顾了几种更为稳健的估计量。表 3.15 中我们对以下五种估计量进行了比较：

- EMP 对应于经验协方差矩阵。
- CCM 是基于常数相关系数矩阵的估计量。
- RMT 是利用随机矩阵理论对经验协方差矩阵进行去噪（Laloux et al., 1999）。
- CCS 是具有一致相关系数的原始收缩估计量（Ledoit and Wolf, 2003）。
- FSE 是将雷多特和沃尔夫（Ledoit and Wolf, 2004）提出的基于多因子的一般收缩估计量与主成分分析中的出噪因子相结合。

对于每一种估计量和风险方法，我们列出了年换手率 $\tau(x)$（以%表示）、平均权重基尼系数 $\mathcal{G}(x)$、平均风险贡献基尼系数 $\mathcal{G}(\mathcal{RC})$ 和信息比率 $IR(x|b)$。所有估计量都采用 1 年窗口滞后期。我们发现，采用更为稳健的协方差矩阵进行估计时，通常能够降低换手率，而对于信息比率的影响不那么明显。事实上，稳健的估计量提升了 MDP 组合的业绩，但对 MV 组合却不一定有这个效果。此外，我们还观察到，除了 CCM 估计量适用于 MDP 方法[26]外，其他估计量都不足以解决集中度问题。

---

[24] 在 5% 的上限约束下，MV 和 MDP 组合的平均股票数在 18 和 25 只。
[25] 权重约束的收缩效应可以解释这个结果（Jagannathan and Ma, 2003）。
[26] 当相关系数一致时，MDP 组合等同于 ERC 组合，所以这个结果是可预知的。

表 3.15 协方差估计量的影响

统计量		ERC	MV		MDP	
			10%	5%	10%	5%
EMP	$\tau(x)$	63	330	248	161	343	290	197
	$\mathcal{G}(x)$	0.18	0.86	0.77	0.59	0.79	0.74	0.59
	$\mathcal{G}(\mathcal{RC})$	0.01	0.86	0.77	0.61	0.78	0.74	0.62
	$IR(x\mid b)$	0.62	0.19	0.33	0.44	0.42	0.45	0.41
CCM	$\tau(x)$	47	289	210	132	47	47	47
	$\mathcal{G}(x)$	0.14	0.87	0.77	0.59	0.14	0.14	0.14
	$\mathcal{G}(\mathcal{RC})$	0.01	0.87	0.76	0.60	0.01	0.04	0.01
	$IR(x\mid b)$	0.60	0.08	0.26	0.32	0.60	0.60	0.60
RMT	$\tau(x)$	64	262	198	144	260	228	168
	$\mathcal{G}(x)$	0.19	0.86	0.77	0.59	0.77	0.74	0.58
	$\mathcal{G}(\mathcal{RC})$	0.01	0.86	0.77	0.61	0.76	0.74	0.61
	$IR(x\mid b)$	0.65	0.23	0.32	0.46	0.54	0.54	0.55
CCS	$\tau(x)$	57	314	233	148	304	266	194
	$\mathcal{G}(x)$	0.16	0.86	0.77	0.59	0.74	0.71	0.57
	$\mathcal{G}(\mathcal{RC})$	0.01	0.86	0.77	0.60	0.73	0.70	0.59
	$IR(x\mid b)$	0.68	0.16	0.32	0.39	0.46	0.49	0.43
FSE	$\tau(x)$	63	306	231	155	309	267	187
	$\mathcal{G}(x)$	0.18	0.86	0.77	0.59	0.77	0.74	0.58
	$\mathcal{G}(\mathcal{RC})$	0.01	0.86	0.77	0.61	0.76	0.73	0.62
	$IR(x\mid b)$	0.62	0.21	0.32	0.43	0.48	0.47	0.42

3.3.3 其他实证研究成果

3.3.3.1 什么是最优的另类加权指数

对不同的另类加权指数方法做对比的实证研究有不少，可以列举的就有阿诺特等（Arnott et al.，2010）（以下简称 AKMS）、周等（Chow et al.，2011）（以下简称 CHKL）、舒维法提等（Choueifaty et al.，2011）（以下简称 CFR）、卡瓦柳等（Carvalho et al.，2012）（以下简称 CLM）、NBIM（2012）、罗尔等（Lohre et al.，2012）（以下简称 LNZ）。下表列出了不同研究者对另类加权指数 AW 的测试情况：

作者	EW	MV	MDP	ERC	MSR	RP	FW
AKMS	✓	✓					✓
CHKL	✓	✓	✓		✓		✓
CFR	✓	✓	✓	✓		✓	
CLM	✓	✓	✓	✓			
NBIM	✓	✓	✓	✓		✓	✓
LNZ	✓	✓	✓	✓			

MSR 表示最大夏普比率组合的一个变形,其资产的预期收益和负向半波动率成比例[27](Amenc et al., 2010),RP 是常数相关系数矩阵[28]下的 ERC 组合,FW 则对应于基本面加权指数。比较这些不同的研究,一个难点便是组合构造的异质性。比如,绝大多数研究采取一年对组合进行一次再平衡,而其余的研究有采用半年一次、一个季度一次或每月一次的。如果我们观察协方差估计值,我们也会遇到同样的异质性问题。一些研究采用月收益率,其他有采用周收益率的,还有一些采用收缩方法的,等等。另一个不同点来自组合优化过程中定义的约束条件。事实上,学者们可能采用上限或者下限约束,造成研究结果之间的巨大差异。

作者	研究期间	域	频率	窗口期
AKMS	1993—2009 年	发达国家世界指数	每年	
CHKL	1964—2009 年	美国	每年	五年
	1987—2009 年	全球	每年	五年
CFR	1999—2010 年	摩根士丹利资本国际世界指数	每半年	
CLM	1997—2010 年	摩根士丹利资本国际世界指数	每季度	两年
NBIM	1999—2011 年	富时世界指数	每年	五年
LNZ	1989—2011 年	标普 500 指数	每个月	五年

在这种情况下,很难界定出某个方法是否优于其他组合构造。例如,如果考虑夏普比率,则最小方差组合无疑是最好的方法之一;但如果考虑信息比率

---

[27] 令 X 为中心随机变量,则 X 的半方差定义为
$$\text{sv}(X) = \mathbb{E}[\min(0, X)^2]$$
它就是 X 在取负值部分时的方差,半波动率也就直接等于半方差开平方根,在金融学中,它对应于负收益一边的波动率。

[28] 于是权重就和波动率成比例,这种权重方案就是原始的风险均衡组合。

的话，那么最小方差组合就会是最差的方法之一。然而，我们注意到，另类加权指数的业绩通常要比市值加权指数好。当然，我们必须谨慎对待这一结论，因为回溯模拟测试的结果和现实情况总是会有差距的。正如周等（Chow et al., 2011）提出的："除了管理复杂指数组合策略的费用和支出外，超额换手率、组合流动性下降、投资能力的下降，都可能会大量削弱预期业绩优势。"

注48 考虑"一个另类加权指数是否比另外的方法更优"这样的问题，这根本就是无意义的，因为最终答案取决于投资者的视角。比如，对于被动型管理组合，它们的投资人会认为较高的跟踪误差波动率是不可接受的风险。相反地，另一些投资人却恰恰被智能指数[29]所吸引，这类指数基本上完全不同于市值加权指数。如今，大量机构投资者所关心的问题不再是寻找最好的智能指数，而是关心如何在不同智能指数之间进行配置，这其中也包括市值加权指数在内。

3.3.3.2 另类加权指数的风格分析

如果对不同的另类加权指数（AW）的投资风格进行分析，那么这样的研究都是从相同的视角出发，也都符合法玛—弗兰奇—卡哈特（Fama - French - Carhart）四因子模型。回归分析结果显示，R^2高且回归系数显著，说明这些因子解释了 AW 指数出色业绩的很大一部分。更令人惊奇的是，这些线性回归的截距在统计上并不显著，也就是说，业绩出色的主要原因就在于这些指数都落在 Fama - French - Carhart 模型的因子中。因此，周等（Chow et al., 2011）总结道：

"我们通过卡哈特（Carhart）的四因子模型发现，出色业绩源自于价值和规模因子以及风险调整的阿尔法在统计上不是非零的。……这个发现使我们进一步得出结论，尽管这些策略的支持者强调独特的投资眼光和成熟的技术，但业绩却还是直接与朴素的等权重策略相关，即通过偏重价值和规模因子来得到出色的业绩。虽然如此，由于传统风格的指数倾向于产生负的 French - Carhart 阿尔法，而且直接复制 French - Carhart 因子在实践中往往不可行且成本过高，因此，另类贝塔值就成为获得价值和规模溢价的一种有效且低成本的

---

[29] 我们记得，智能指数（或智能 β）是设计另类加权指数的另一种表达。

方式。"

从某种意义上来看，智能指数可以被看作是另一种能发掘系统风险溢价（市场、价值、小市值和趋势）的系统方法。然而，与主动型管理相反，这些投资的超额业绩与它们的贝塔风险相关，而不被认为是净阿尔法。

第四章 债券组合上的应用

债券指数的计算通常是基于经典的市值加权框架进行的。然而，随着欧洲主权债务危机的不断发展，传统的指数债券管理方式开始受到越来越强烈的质疑。一般而言，债券组合的管理自从 2008 年信贷危机开始就受到重挫，这是因为，在过去的那些年中，债券组合管理把重心放在逐利之上，很少考虑应该如何管理信用风险。

债券的风险溢价从 21 世纪之初就保持了很高的水平。这是由于在 21 世纪伊始的这些年中，通货膨胀风险不断降低导致了利率一直在不断地下降。如今，情况却大不相同，在欧洲，利率已经逼近零点，主要的风险已经转移到新的通胀模式和名义利率的增长之上。基于这种情况之，我们很难确定债券市场在未来十年的表现能否还如过去十年一样。基于这一背景，过去的购买持有策略（buy – and – hold strategy）已经不再适用，同时，风险管理在未来将变得更加重要。

本章我们将展示风险均衡策略在债券组合风险度量和管理中有哪些有趣的应用。第一节我们将讨论债券组合风险管理的一些相关问题。第二节，我们将定义债券组合的各种风险，并展示如何度量这些风险。我们会特别对收益曲线作解释，并运用利率期限结构来定义风险因子，我们还将进一步对此分析进行扩展，加入违约风险。最后，我们将给出两个风险预算框架的应用案例：收益率曲线风险因子的管理和主权信用风险的管理。

4.1 债券管理的相关问题

4.1.1 债务加权指数

传统上，债券指数的构建方法是根据市值来给定权重，也就是说，指数是根据每个债券发行人的债务余额①赋予其权重比例的。该方法简单明了，而且人们也认可将市值加权指数作为市场组合，这都促成了该方法的成功。但从直观来看，我们很容易发现这种配置方法的基本漏洞，因为它给予债务量大的发行人以更大的权重，却忽视了他们的偿债能力。当一个发行人面临财务困境并且为了维持其偿付能力而身陷债务旋涡时，它在指数中的权重应该会上升，直到整个机制崩溃且该发行人被剔除出指数为止。根据指数的不同，除名的情况可能是由某些特殊的事件导致的，如降级，或者更糟糕的情况，如违约事件。

为了避免这些问题，指数提供商更倾向于使用债务的市场价格而不是债务的名义价格。然而，债券通常都是在场外而不是在交易所进行交易的，与股票市场不同，对债券市场而言，仅仅有收盘价是不够的，因为在这种情况下，同一债券在不同指数提供商那里的盯市价格会有所不同。另一方面，场外交易市场上较难获得价格信息，这就是绝大多数指数提供商都是投资银行的原因，如巴克莱银行、花旗集团和JP摩根。从这一点来说，价格调整过程就成为十分关键的问题了（Katz，1974）。但是，就这一话题的学术文献却极少（Brennan and Schwartz，1982；Hotchkiss and Ronen，2002），因此，我们很难证明债券市场可以像股票市场那样有效且对所有信息作出快速反应。如果我们考虑主权债务，那么这个问题就会变得更加有趣了，雷曼兄弟公司违约后的欧债市场表现就说明了债券价格中并没有反映出信用风险的存在。

希腊的例子进一步证实了上文的两点论述。从2008年国际金融危机伊始，希腊就陷入高额债务和再融资的泥潭之中。随着希腊越来越深地依赖于对外借债，希腊债券在欧债指数中的权重越来越高，直到希腊被降级，进而被剔除出一些主要指数。于是，被动型投资者没有别的选择，只能将手中的不良债券抛向萧条的市场，从而遭受巨额损失。从有效市场理论的视角来看，如果有额外的收益来补偿，使不同国家的债券间达到相似的风险调整收益，那么这样的风险是可以被接受的，然而，正如罗伯特·阿诺特（Robert Arnott，2010）指出的，这种情况在实践中并没有得到证实。有感于债券指数

---

① 在本章其余部分，"基于市值的"（capitalization‑based）和"基于债务的"（debt‑based）（或"市值加权"（capitalization‑weighted）和"债务加权"（debt‑weighted））可互相替换使用，都表示这种权重计算方式。

的这些缺陷，拖雷（Toloui，2010）撰写了一篇题为《是时候重新审视债券指数了吗》（*Time To Rethink Bond Indexes?*）的著名文章。

然而，债券指数的结构性问题并不仅仅限于主权债务指数，它同样体现在公司债券、高收益或全球集合指数产品中（Reilly et al.，1992）。例如，戈尔茨和坎帕尼亚（Goltz and Campani，2011）梳理了以美元和欧元计价的市场上的投资级公司债券指数，他们对这些指数的异质性进行了分析，并得出以下结论：

"这些指数的久期、收益率和到期期限等都在不断变动，而这种变动在债券数量最少的两个债券指数（也是可投资性最强的指数）中表现更为明显。简而言之，指数的可投资性越强，其可靠程度（稳定程度）就越弱。对投资者而言，稳定的风险敞口很重要，只有这样，配置决策才不会被相应的债券组合中风险敞口的不可控变动所左右。"

4.1.2 收益率和风险

债券组合管理的另一问题就是业界在过去的几年中不断追求更高的收益而忽视了风险管理，特别是信用风险管理。大多数投资者都忘记了债务意味着风险，有时则会发生违约。几年前，基金经理们更倾向于投资意大利债券而不是德国债券，他们解释说，因为意大利债券市场存在着套利机会。然而，事实上，那不是套利头寸（arbitrage position），而是信用风险的持有头寸（carry position）。

在资产管理界和机构投资者中存在广泛传播的一条理念：在债券市场上比在股票市场上更加容易创造阿尔法收益。这就是为什么股票市场上大多数机构投资者采取被动性策略，而债券组合管理则更多为主动型管理策略。从20世纪90年代开始就有学者研究这个问题，尽管有关债券基金的学术研究要比股票基金的研究少很多。和股票基金的研究结果相类似，布雷克等（Blake et al.，1993）和德茨勒（Detzler，1999）指出，债券基金的业绩表现平均而言比市场标准要差一些，并且这个差距大约等于管理费。而关于业绩表现的持续性，结论却没有那么清晰。布雷克等（1993）没有找到任何有关持续性的证据，他们推论，主动型债券基金之间的业绩表现差异可能来源于久期的差异或是信用风险溢价的差异。在更为近期的研究中，黑和德瓦尔

(Huij and Derwall, 2008) 得出了不同的结论。他们采用了从 1990 年到 2003 年间债券基金的大量数据,并运用三因子模型②来衡量基金的业绩,他们发现,在过去有良好(或是不良)业绩表现的基金会在未来延续其良好业绩(或是不良业绩)。自 2008 年国际金融危机以来,主动型策略的基金业绩更加难以观测到,因为在过去的这段时间里,经济环境发生了巨大变化,这对基金的相对业绩表现产生了很大的影响③。例如,2008 年,防御风格的分散化债券基金(风险敞口于政府债券而不是公司债券)的业绩要大大超过那些更为激进的分散化债券基金,但在 2009 年情况又变得完全相反。

事实上,在危机之前,人们认为主权债券是一种安全资产,然而过去几年中,波动的不断加剧正表明了业绩和风险之间的再平衡过程。这正是风险管理在债券组合管理中变得越来越重要的原因。

4.2 债券组合管理

本节我们将介绍利率的期限结构,并讨论债券的定价,说明如何将违约风险考虑在内。最后,我们将研究如何用不同的模型来衡量和管理债券组合的信用风险。

4.2.1 利率的期限结构

令 r_t 为瞬时利率,则零息债券④的价格等于:

$$B_t(T) = \mathbb{E}\left[e^{-\int_t^T r_s ds} \mid \mathcal{F}_t\right]$$

其中,T 是债券的到期期限,$\mathcal{F}_t$ 是随机过程 r_t 的适当滤波。定义零息票利率(或即期利率)如下:

$$R_t(T) = -\frac{1}{T-t}\ln B_t(T)$$

---

② 三因子分别是投资等级指数、高回报率指数、抵押债券指数。
③ 2011 年 SPIVA (Standard & Poor's Indices Versus Active Funds Scorecard,标准普尔指数与主动投资业绩对比)显示,国债收益率曲线多头端的主动型投资经理人中,有 96.7% 未能胜过市场基准收益率。
④ 零息债券是一种没有息票的债券。在债券期限内不派发利息,面值一般标准化为 1。

到期期限 $T \geq t$ 时的这组零息票利率 $R_t(T)$，就被称为利率的期限结构或收益率曲线。通常，我们将收益率曲线划分为三种基本类型：

1. 当长期利率等于短期利率时，收益率曲线为平坦的；
2. 当长期利率大于短期利率时，收益率曲线表现为正常形态，即为一条递增曲线；
3. 当短期利率大于长期利率时，我们称期限结构是反向的。

令 $F_t(T,m)$ 为 $[T, T+m]$ 期间 t 时点的远期利率。它满足以下关系式：

$$B_t(T+m) = e^{-mF_t(T,m)} B_t(T)$$

推导可得 $F_t(T,m)$ 的表达式为

$$F_t(T,m) = -\frac{1}{m}(\ln B_t(T+m) - \ln B_t(T))$$

于是，瞬时远期利率的公式可表示为

$$F_t(T) = F_t(T,0) = -\frac{\partial \ln B_t(T)}{\partial T}$$

对收益率曲线建模包括：定义利率随机过程的模型和刻画零息票利率 $R_t(T)$。例如，如果我们假设利率 r_t 是常数且等于 r，就有 $B_t(T) = e^{-r(T-t)}$，于是就有 $R_t(T) = r$，这就意味着收益率曲线是平坦的。另一个例子是瓦希切克（Vasicek，1977）的随机模型，该模型假设利率遵循奥恩斯坦—乌仑贝克（Ornstein–Uhlenbeck）过程：

$$dr_t = a(b - r_t)dt + \sigma dW_t$$

其中，W_t 符合标准布朗运动。如果 $a > 0$，那么这个模型就是一个均值回复过程，因为 r_t 倾向于回到均衡点 b。Vasicek 模型非常著名，因为我们有了这个封闭形式的公式来刻画零息票利率 $R_t(T)$。这个模型在两个方向上得到了扩展：

1. 一些模型采用更加复杂的随机微分公式来刻画 r_t（如 Cox et al.，2005；Chan et al.，1992；Hull and White，1993）；

2. 另一些模型考虑采用因子模型来定义利率变化过程（如 Heath et al.，1992；Duffie and Kan，1992；Ahn et al.，2002）。

校准收益率曲线的方法就是用零息票债券的市场价格为零息票利率 $R_t(T)$ 估计参数模型或是非参数函数。最著名的模型之一就是由尼尔森和西格尔（Nelson and Siegel，1987）提出的简约函数形式：

$$R_t(T) = \theta_1 + \theta_2 \left(\frac{1 - \exp(-(T-t)/\theta_4)}{(T-t)/\theta_4} \right) +$$

$$\theta_3 \left(\frac{1 - \exp(-(T-t)/\theta_4)}{(T-t)/\theta_4} - \exp(-(T-t)/\theta_4) \right)$$

这个模型有四个参数：θ_1 为水平参数，θ_2 为转动参数，θ_3 主导着曲线的形状，θ_4 则可以对曲线的断点定位。我们还注意到有：$R_t(t) = \theta_1 + \theta_2$，$R_t(\infty) = \theta_1$。

例33 我们来看由 Nelson–Siegel 模型产生的利率期限结构，其中 $\theta_1 = 5\%$，$\theta_2 = -5\%$，$\theta_3 = 6\%$，$\theta_4 = 10$。

我们推导得出，从第一年到第五年的零息票利率分别等于 0.52%，0.99%，1.42%，1.80% 和 2.15%。图 4.1 显示了收益率曲线和远期利率的期限结构。

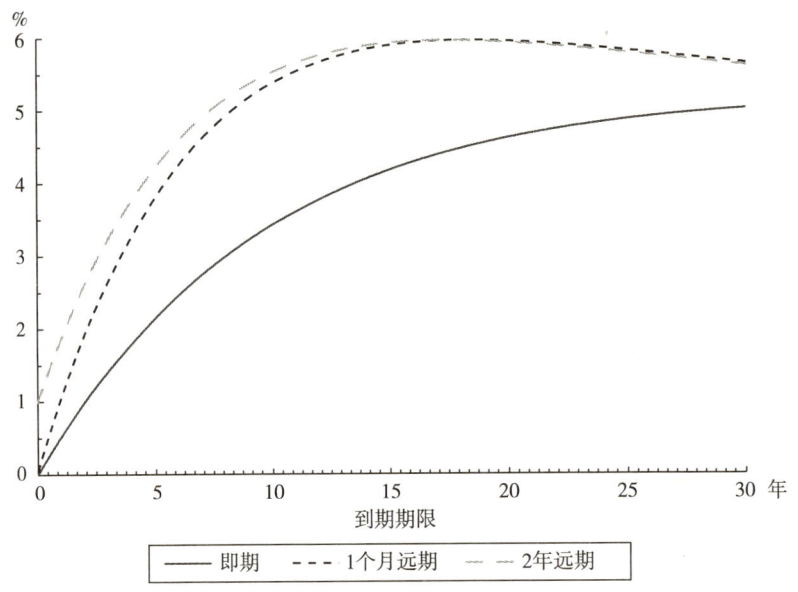

图 4.1　即期和远期利率的期限结构

注49 李特曼和施可曼（Litterman and Scheinkman, 1991）提出了另一种收益率曲线的表达方式，他们建议用主成分分析（PCA）方法来刻画各因子。例如，图 4.2 中展示了美元收益率曲线⑤的前三个因子。对每一种到期期限，我们给

---

⑤ 主成分分析（PCA）是基于 2003 年 1 月至 2012 年 6 月的每日零息票利率作出的，这些零息票利率由 Datastream 计算得到。

出了它相对于各因子的敏感程度。我们提取出了 Litterman – Scheinkman 模型的三个因子，分别为：普通水平因子、斜率因子和凸度（或凹度）因子。

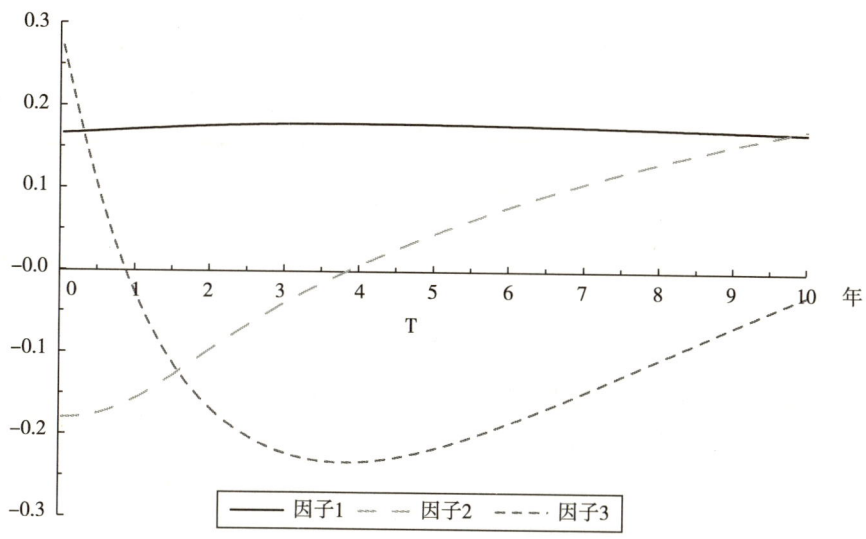

图 4.2　美元收益率曲线的主成分分析因子（2003 年 1 月至 2012 年 6 月）

4.2.2　债券定价

4.2.2.1　无违约风险的情况

我们假设，债券在固定日期 t_m 支付息票 $C(t_m)$，在到期日 T 支付名义价格 N（或面值）。图 4.3 给出了一个现金流计划的例子。有了收益率曲线，债券在 0 时点的价格就等于所有预期支付的息票和面值的现值之和，即

$$P_0 = \sum_{m=1}^{M} C(t_m) B_0(t_m) + N B_0(T)$$

若估价日并非发行日，只要我们将应计利息（accrued interests）⑥考虑在内，上述公式就仍然有效。利率的期限结构影响着债券价格，通常我们将收益率

---

⑥　当 $t>0$ 时，债券买方就享有下一期的息票支付，则债券的价格满足：

$$P_t + AC_t = \sum_{t_m \geq t} C(t_m) B_t(t_m) + N B_t(T)$$

这里，AC_t 就是应计的息票：

$$AC_t = C(t_c) \cdot \frac{t - t_c}{365}$$

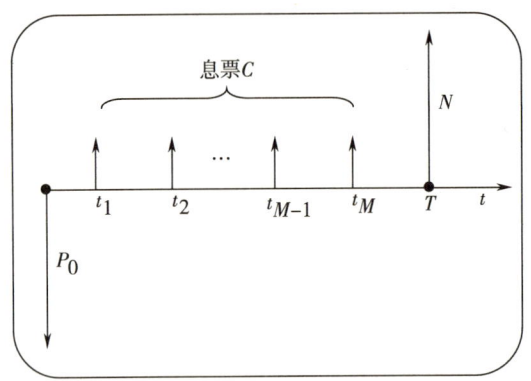

图 4.3　有固定息票收益率的债券的现金流

曲线的变化区分为三种变化形式：

1. 水平移动，即利率的水平移动；
2. 收益率曲线斜度的转向，表示长期利率和短期利率之间的利差出现变化；
3. 收益率曲线的曲度变化会影响到利率期限结构的凸度。

例 33 和图 4.4 给出了收益率曲线的所有这些变化形式。

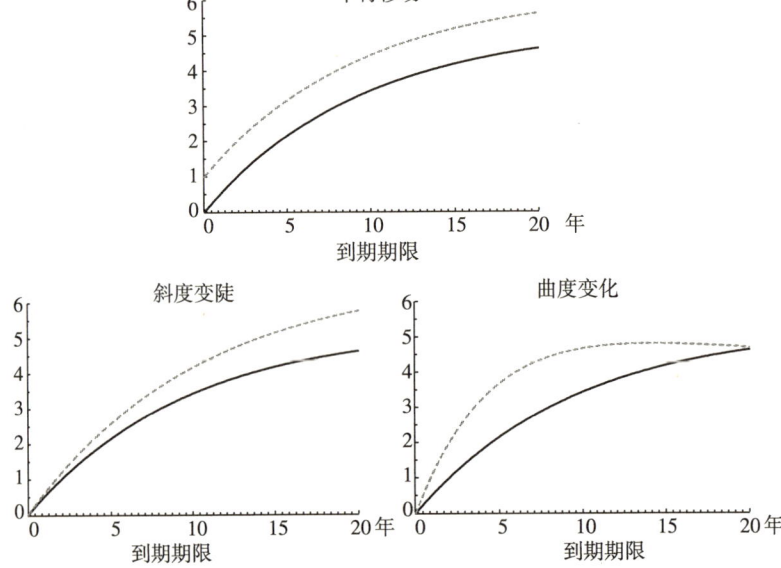

图 4.4　收益率曲线的不同变化形式

债券的到期收益率 r^* 等于获得其市场价格的折现率，即

$$\sum_{t_m \geq t} C(t_m) e^{-(t_m-t)r^*} + N e^{-(T-t)r^*} = P_t + AC_t$$

我们还定义债券价格的敏感度[7] S 等于债券的净价 P_t 对到期收益率 r^* 的求导，即

$$S = \frac{\partial P_t}{\partial r^*}$$

$$= -\sum_{t_m \geq t} (t_m - t) C(t_m) e^{-(t_m-t)r^*} - (T-t) N e^{-(T-t)r^*}$$

它表示当到期收益率发生变化时，多头持有债券的损益情况将会如何变化：

$$\mathrm{PnL} \simeq S \cdot \Delta r^*$$

由于 $S < 0$，因此债券价格是关于利率的递减函数，也就是说，利率的上升会降低债券组合的价值。

表 4.1 债券的价格、到期收益率和敏感度

T	$R_0(T)$	$B_0(T)$	P_0	r^*	S
1	0.52	99.48	104.45	0.52	-104.45
2	0.99	98.03	107.91	0.98	-210.86
3	1.42	95.83	110.50	1.39	-316.77
4	1.80	93.04	112.36	1.76	-420.32
5	2.15	89.82	113.63	2.08	-520.16

根据例 33 中给出的收益率曲线，我们在表 4.1 中给出了一个到期期限为 T（以年表示）、年化息票利率为 5% 的债券的价格，我们还列出了到期收益率 r^*（%）和相应的敏感度 S。我们来看直接在零息票利率（或到期收益率）之上平行移动 Δr^*（以基点表示）的情况，设 $\widetilde{P}_0$（或 $\widehat{P}_0$）为此时的债券价格。表 4.2 给出了基于到期期限为 5 年的债券的计算结果。我们验证了基于敏感度的计算给出了较好的近似值。

---

[7] 这个敏感度也被叫作 $ - 久期或 DV01。

表4.2 收益率曲线平行移动对到期期限为5年的债券的影响

Δr^*（基点）	$\breve{P}_0$	ΔP	$\hat{P}_0$	ΔP	$S \cdot \Delta r^*$
-50	116.26	2.63	116.26	2.63	2.60
-30	115.20	1.57	115.20	1.57	1.56
-10	114.15	0.52	114.15	0.52	0.52
0	113.63	0.00	113.63	0.00	0.00
10	113.11	-0.52	113.11	-0.52	-0.52
30	112.08	-1.55	112.08	-1.55	-1.56
50	111.06	-2.57	111.06	-2.57	-2.60

4.2.2.2 存在违约风险的情况

在上一节中，我们隐含假定了不存在违约风险。如果发行人在到期日 T 之前的时点 τ 违约，那么就会有一些息票和面值得不到支付。图4.5是一个现金流的例子，在这个例子中，债券购买者收回了部分面值。记 $\Re$ 为相应的回收率，于是很容易得到债券的价格公式变为

$$P_t + AC_t = \sum_{t_m \geq t} C(\iota_m) B_t(\iota_m) \mathbf{S}_t(t_m) + N B_t(T) \mathbf{S}_t(T) +$$

$$N\Re \int_t^T B_t(u) f_t(u) \mathrm{d}u \tag{4.1}$$

其中，$\mathbf{S}_t(u)$ 是时点 u 时的生存函数，$f_t(u)$ 则是相应的密度函数[8]。

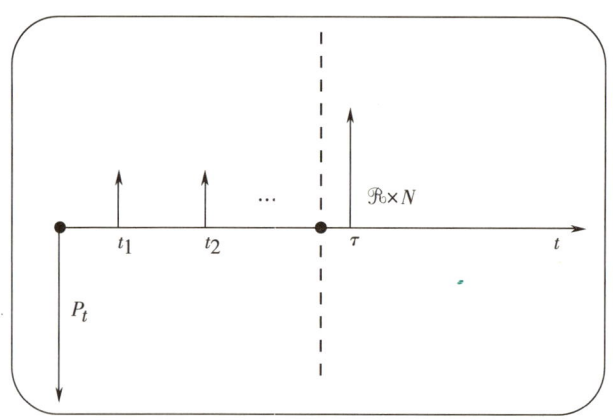

图4.5 存在违约风险情况下的债券现金流

---

[8] 我们有 $\mathbf{S}_t(u) = \mathbb{E}[1\{\tau > u\} | \tau > t] = \Pr\{\tau > u | \tau > t\}$，则密度函数为 $f_t(u) = -\partial_u \mathbf{S}_t(u)$。

注 50 如果我们假设违约时间服从参数为 λ 的指数分布，即 $\tau \sim \varepsilon(\lambda)$，则有

$$P_t + AC_t = \sum_{t_m \geq t} C(t_m) B_t(t_m) e^{-\lambda(t_m-t)} + NB_t(T) e^{-\lambda(T-t)} +$$

$$\lambda N \Re \int_t^T B_t(u) e^{-\lambda(u-t)} du$$

如果我们假定收益率曲线为平坦的，即 $R_t(u) = r$，则有

$$P_t + AC_t = \sum_{t_m \geq t} C(t_m) e^{-(r+\lambda)(t_m-t)} + Ne^{-(r+\lambda)(T-t)} +$$

$$\frac{\lambda}{r+\lambda} N \Re (1 - e^{-(r+\lambda)(T-t)})$$

例 34 我们来看一个到期期限为 10 年的债券。面额为 100 美元，年化票面利率为 4.5%。

如果我们假定 $r = 0$，无风险债券的价格为 145 美元。当 $r = 5\%$ 时，价格变为 95.19 美元。现在让我们将违约风险考虑进来。假设回收率 $\Re$ 为 40%。当 $\lambda = 2\%$（或 10%）时，风险债券的价格为 86.65 美元（或 64.63 美元）。如果收益率曲线不是平坦的，我们就必须采用通用式（4.1）来计算债券的价格。在这种情况下，积分的估计是由数值积分程序完成的，通常采用 Gauss – Legendre 积分法。例如，如果我们考虑例 33 中定义的收益率曲线，在无风险情况下债券价格等于 110.13，而当 $\lambda = 2\%$ 时债券价格等于 99.91，当 $\lambda = 10\%$ 时债券价格等于 73.34。

对于有违约风险的债券，其到期收益率的计算方法同无违约风险的情况完全相同。于是，信用利差 $\hat{s}$ 就定义为有违约风险下的到期收益率 $\tilde{r}^*$ 和无违约风险下的到期收益率 r^* 之间的差额，即

$$\hat{s} = \tilde{r}^* - r^*$$

这个利差就是信用风险的度量指标，并且是违约风险的递增函数。再来看那个具有平坦收益率曲线和违约时间服从指数分布的简单模型[9]。如果回收率 $\Re$ 等于零，我们可以推导得出：可违约风险债券的到期收益率 $\tilde{r}^* = r + \lambda$，于是，信用利差就等于指数分布下的参数 λ。而且，如果 λ 相对较小（小于

---

[9] 见第四章注 50。

20%），则年化的违约概率为

$$p = S_t(t+1)$$
$$= 1 - e^{-\lambda}$$
$$\simeq \lambda$$

在这种情况中，信用利差约等于年化违约概率（$\mathcal{s} \simeq p$）。

如果我们重新将例33中定义的收益率曲线用在之前的例子中，计算结果见表4.3。例如，在无违约风险情况下，债券的到期收益率等于3.24%；如果 λ 和 $\mathfrak{R}$ 设定为200个基点和0%，则到期收益率变为5.22%，也就意味着信用利差等于198.1个基点；如果回收率上升，则信用利差会下降。事实上，当 λ 等于200个基点时，若 $\mathfrak{R}$ =40%则信用利差等于117.1个基点，若 $\mathfrak{R}$ = 80%则信用利差只有41.7了。

表4.3 信用利差 $\mathcal{s}$ 的计算

$\mathfrak{R}$ (%)	λ (基点)	PD (基点)	P_t ($)	$\tilde{r}^*$ (%)	s (基点)
0	0	0.0	110.1	3.24	0.0
	10	10.0	109.2	3.34	9.9
	200	198.0	93.5	5.22	198.1
	1000	951.6	50.4	13.13	988.9
40	0	0.0	110.1	3.24	0.0
	10	10.0	109.6	3.30	6.0
	200	198.0	99.9	4.41	117.1
	1000	951.6	73.3	8.23	498.8
80	0	0.0	110.1	3.24	0.0
	10	10.0	109.9	3.26	2.2
	200	198.0	106.4	3.66	41.7
	1000	951.6	96.3	4.85	161.4

4.2.3 债券组合的风险管理

让我们来看一个有 n 只债券的组合。该组合的价值可由下式得到

$$V_t = \sum_{i=1}^{n} \varpi_i \left(P_t^{(i)} + AC_t^{(i)} \right)$$

其中，ϖ_i 是组合中债券 i 的持有数量⑩。推导可得

$$V_t = \sum_{i=1}^n \varpi_i \sum_{t_m \geq t} C^{(i)}(t_m) B_t(t_m) \mathbf{S}_t^{(i)}(t_m) + \sum_{i=1}^n \varpi_i N_i B_t(T_i) \mathbf{S}_t^{(i)}(T_i) +$$

$$\sum_{i=1}^n \varpi_i N_i \Re_i \int_t^{T_i} B_t(u) f_t^{(i)}(u) \mathrm{d}u$$

其中，$\{t_m \geq t\}$ 是所有定息日的集合⑪。我们必须分清两种情形：

1. 若无违约风险存在，则有

$$V_t = \sum_{i=1}^n \sum_{t_m \geq t} \varpi_i C^{(i)}(t_m) B_t(t_m) + \sum_{i=1}^n \varpi_i N_i B_t(T_i)$$

于是，该债券组合可被看作是由复杂现金流计划的紧密结合。

2. 在存在违约风险的情况下，由于违约时间 $(\tau_1,\cdots,\tau_n)$ 的相互依赖性，风险的度量就变得更加复杂。

因此，债券组合的风险管理和股票组合的风险管理是相似的，主要的不同之处就在于对因子的定义，固定收益产品的因子十分特别。对于股票组合，股票收益率通常作为其一系列因子的代表，而对债券组合来说，则是由收益率曲线来确定其各因子。再者，将信用风险纳入考量后，也使得对这类组合的风险管理变得更加复杂。

4.2.3.1 以收益率曲线作为风险因子

如果不存在违约风险，我们推导得出在 t 和 $t+h$ 期间的损益 Π 表示为

$$\Pi = V_{t+h} - V_t$$

$$= \sum_{i=1}^n \sum_{t_m \geq t} \varpi_i C^{(i)}(t_m)(B_{t+h}(t_m) - B_t(t_m)) +$$

$$\sum_{i=1}^n \varpi_i N_i (B_{t+h}(T_i) - B_t(T_i))$$

---

⑩ 我们用指数 i 来区分不同的债券。

⑪ 例如，我们假设有一只债券 $C(1) = C(2) = 5$，另一只债券有 $C(0.5) = C(1.5) = 3$，则有 $t_m \in \{0.5,1,1.5,2\}$。对第一只债券，我们推导得出 $C^{(1)}(0.5) = 0$，$C^{(1)}(1) = 5$，$C^{(1)}(1.5) = 0$ 和 $C^{(1)}(2) = 5$，而对于第二只债券，则有 $C^{(2)}(0.5) = 3$，$C^{(2)}(1) = 0$，$C^{(2)}(1.5) = 3$ 和 $C^{(2)}(2) = 0$。

如果我们将债券的面值也看作是息票的话[12]，则损益的另一种表达形式为

$$\Pi = \sum_{t_m \in \mathcal{T}} \sum_{i=1}^{n} \varpi_i C^{(i)}(t_m)(B_{t+h}(t_m) - B_t(t_m))$$

其中，$\mathcal{T}$ 是所有定息日和到期期限的集合[13]。利用上式，将零息票利率作为因子，我们就可以轻松地计算出不同历史情景或模拟情景下的损益值 Π，于是就可以直接计算出历史的风险价值或是期望亏空。如果我们希望得到风险价值的解形式，则表达如下：

$$D_t(u) = \lim_{\Delta R_t(u) \to 0} -\frac{\Delta B_t(u)}{\Delta R_t(u)} \bigg/ B_t(u)$$

$$= -\frac{\partial \ln B_t(u)}{\partial R_t(u)}$$

$$= u - t$$

推导得

$$\Pi \simeq \sum_{t_m \in \mathcal{T}} \delta(t_m) \Delta_h R_t(t_m)$$

其中，

$$\delta(u) = -D_t(u) B_t(u) \sum_{i=1}^{n} \varpi_i C^{(i)}(u)$$

$\delta(u)$ 是相对于因子 $\Delta_h R_t(u)$ 的损益风险敞口。如果我们假设零息票利率的波动服从高斯正态分布 $\mathcal{N}(\mu, \Sigma)$，我们推导得出风险价值等于：

$$\text{VaR}_\alpha(L) = -\delta^\top \mu + \Phi^{-1}(\alpha) \sqrt{\delta^\top \Sigma \delta} \qquad (4.2)$$

其中，δ 是由 $\delta(t_m)$ 的各个值定义的向量。于是我们得到一个考虑了零息票利率的风险敞口额 $\delta(t_m)$ 的风险价值公式。我们注意到，损益的另一个表达形式为

$$\Pi \simeq \sum_{i=1}^{n} \varpi_i Z_i$$

其中，

$$Z_i = \sum_{t_m \in \mathcal{T}} -D_t(t_m) B_t(t_m) C^{(i)}(t_m) \Delta_h R_t(t_m)$$

那么，Z_i 是债券 i 的损益。令 $Z = (Z_1, \cdots, Z_n)$ 为 n 只债券的损益向量。

---

[12] 在这种情况下，有 $C^{(i)}(T_i) = N_i$。

[13] 即 $\{T_1, \cdots T_n\} \subset \mathcal{T}$。

第四章 债券组合上的应用

推导可得

$$Z \sim \mathcal{N}(A\mu, A\Sigma A^\top)$$

其中，A 代表 $(A_{i,j})$ 的矩阵，系数 j 对应第 j 个定息日 t_m，且有

$$A_{i,j} = -D_t(t_m) B_t(t_m) C^{(i)}(t_m)$$

则另一个风险价值的表达式为

$$\text{VaR}_\alpha(L) = -\varpi^\top A\mu + \Phi^{-1}(\alpha) \sqrt{\varpi^\top A\Sigma A^\top \varpi} \tag{4.3}$$

这样，我们就得到一个考虑了债券风险敞口 ϖ_i 的风险价值公式。

例35 我们假设一只债券在2012年6月29日的风险敞口为100万美元。债券的面额为100美元，息票为5美元，还有5年到期，定息日为6月的最后一天。

图4.6给出了2010年6月到2012年6月美元零息票收益率[14]的历史变动趋势。2012年6月底，有 $R_t(1) = 0.4930$，$R_t(2) = 0.5441$，$R_t(3) = 0.6256$，$R_t(4) = 0.7733$ 和 $R_t(5) = 0.9598$，这就意味着债券价格等于119.76美元（计算详情见表4.4），并且可以推导得出债券组合中包含8350只债券。现在我们来计算在99%置信水平和一天持有期条件下的一些风险度量指标，计算结果见表4.5。G1是根据式（4.2）计算的高斯（正态分布）风险价值；G2和G1相类似，除了忽略了均值效应（$\mu = 0$），ES是期望亏空。H1、H2和H3分别代表了采用不同方法计算出来的历史风险价值：H1采用顺序统计，H2采用统一窗口平滑法（见第二章注23），H3遵循协方差原则（见式（2.17））。对每一种风险度量指标，我们都给出了5年零息票收益率的值及其相应的风险分解[15]。我们注意到，高斯风险价值指标值比历史风险价值要小。我们还发现，大多数风险都集中在五年零息票收益率中。当我们观察传统的历史风险价值H1时会发现，一年零息票收益率的风险贡献度为负值，这个很奇怪。出现这一现象的原因，我们认为是由于仅仅采用了一个观测量进行的估计。通过采用统一窗口平滑方法或协方差原则，风险贡献度会变为正值，这样结果就比较贴近实际了。

---

[14] 这些数据来源于Datastream数据库。到期期限为 yy 年和 mm 月的零息票收益率，对应的变量表示为 USyyYmm。

[15] 对H1、H2、H3和ES来说，计算风险贡献度的公式在第二章中已经给出。对G1和G2，有

$$\mathcal{RC}(t_m) = \delta(t_m) \cdot \left(-\mu + \Phi^{-1}(\alpha) \frac{\Sigma\delta}{\sqrt{\delta^\top \Sigma\delta}} \right)_m。$$

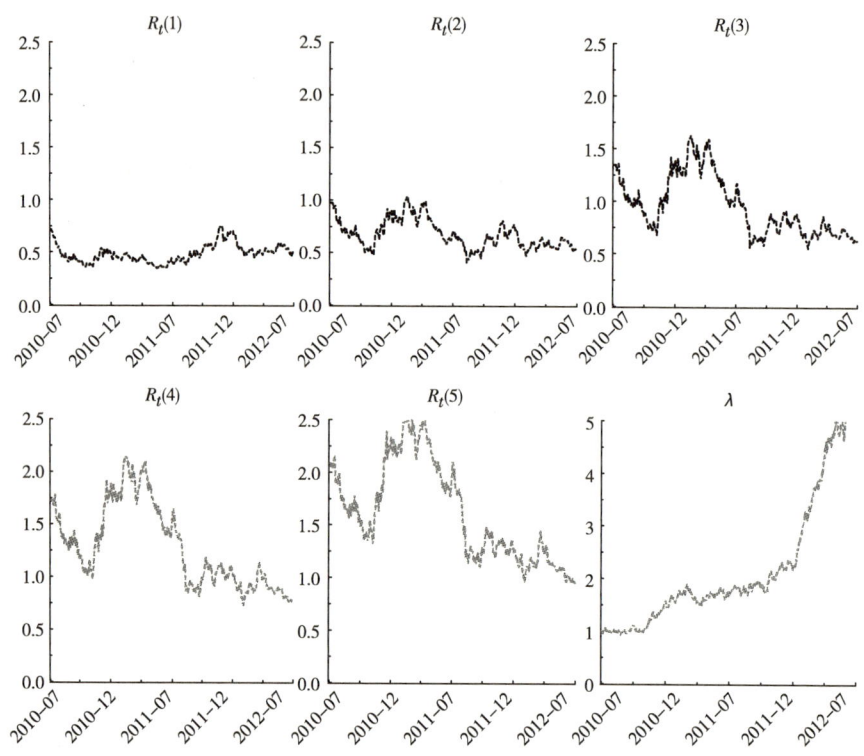

图 4.6 零息票收益率的演变和趋势（2010 年 6 月至 2012 年 6 月）

表 4.4 债券定价

t_m	$C(t_m)$	$R_t(t_m)$	$B_t(t_m)$	$\delta(t_m)$
1	5	0.493	0.995	−4.975
2	5	0.544	0.989	−9.892
3	5	0.626	0.981	−14.721
4	5	0.773	0.970	−19.391
5	105	0.960	0.953	−500.400

表 4.5 债券敞口的风险度量和风险分解

t_m	G1	G2	H1	H2	H3	ES
1	6.3	6.5	−1.6	7.2	6.4	15.1
2	41.6	42.3	29.4	50.1	46.7	81.7
3	100.7	102.4	102.4	121.7	114.2	172.6
4	169.8	172.8	195.1	206.6	193.0	271.0
5	4941.7	5032.2	5658.7	5928.3	5623.6	7399.3
$\mathcal{R}$	5260.2	5356.3	5984.0	6313.9	5984.0	7939.6

第四章 债券组合上的应用

例36 我们来看一个有三只债券的组合，下表给出了这三只债券在2012年6月29日的一些特征信息：

债券	面额	息票	到期期限	定息日
#1	100	5	5.0	6月底
#2	100	2	4.5	12月底
#3	100	3	2.0	6月底

组合的构成为 $\varpi_1 = 3340$，$\varpi_2 = 3193$，以及 $\varpi_3 = 1907$。

根据历史数据，我们发现这三只债券的价格分别为119.76美元，125.25美元和104.87美元，可以推得相对的权重为40%、40%和20%。表4.6给出了不同风险度量指标下的值。在之前的例子中，我们也给出了一系列到期期限下的不同风险贡献度。而且，我们还可以在这三只债券之间配置风险[16]。例如，如果我们考虑风险价值方法G1，则第一只债券（或第二只和第三只债券）风险占比49.5%（或45.7%和4.8%）。我们注意到，相对于组合中权重占比20%而言，第三只债券的风险贡献度较小。实际上，在采用风险价值指标的情况下，第三只债券的风险贡献度介于2.9%到4.8%，但在期望亏空（ES）指标下，第三只债券的风险贡献度大幅上升至5.9%。

注51 我们在两个维度上对风险贡献度进行了计算：零息票收益率和债券。然而，我们还可以采用其他的维度来计算。比如，我们可以根据主成分分析法（PCA）中的因子来配置风险。在上例的情况下作计算，结果见表4.7。98.9%的高斯风险价值可以由第一个主成分因子或是水平因子来解释，而斜度因子和凸度因子仅仅解释了0.9%和0.1%的组合风险。对于历史风险价值指标而言，水平因子的解释度占比要小些，只有92.8%。我们发现，斜度因子和凸度因子可能会出现负的风险贡献度，这种情况会出现在期望亏空指标（ES）的情况下，此时，其风险贡献度分别为 -2.1% 和 -0.7%。

---

[16] 对高斯风险价值，我们有

$$\mathcal{RC}_i = \varpi_i \cdot \left(-A\mu + \Phi^{-1}(\alpha) \frac{A \Sigma A^\top \varpi}{\sqrt{\varpi^\top A \Sigma A^\top \varpi}} \right)_i \circ$$

表 4.6 债券组合的风险配置

	G1	G2	H1	H2	H3	ES
$\mathcal{R}$	4244.6	4321.0	4749.2	5114.1	4749.2	6552.3
$R_t(t_m)$ 的风险贡献						
0.5	0.2	0.2	−0.3	0.1	0.1	0.3
1.0	3.8	3.9	−0.9	3.8	3.8	8.1
1.5	3.2	3.2	1.0	3.5	3.4	6.4
2.0	221.3	224.8	150.1	255.6	244.6	417.0
2.5	10.9	11.1	9.5	12.7	12.2	19.3
3.0	41.1	41.8	41.0	48.7	45.9	69.0
3.5	20.9	21.2	22.8	25.0	23.3	34.0
4.0	68.4	69.6	78.0	82.6	76.5	108.4
4.5	1904.4	1938.5	2184.5	2310.6	2132.3	2930.2
5.0	1970.5	2006.7	2263.5	2371.3	2207.2	2959.7
合计	4244.6	4321.0	4749.2	5114.1	4749.2	6552.3
ϖ_i 的风险贡献						
#1	2100.2	2138.6	2393.6	2525.5	2351.6	3175.8
#2	1939.5	1974.2	2217.5	2351.9	2171.3	2990.1
#3	205.0	208.2	138.2	236.6	226.4	386.4
合计	4244.6	4321.0	4749.2	5114.1	4749.2	6552.3
ϖ_i 的风险贡献度（%）						
#1	49.5	49.5	50.4	49.4	49.5	48.5
#2	45.7	45.7	46.7	46.0	45.7	45.6
#3	4.8	4.8	2.9	4.6	4.8	5.9

表 4.7 关于主成分因子的债券组合风险分解

因子	G1	G2	H1	H2	H3	ES
1	4198.4	4274.7	4406.2	4974.6	4406.2	6718.0
2	39.0	39.0	475.3	120.6	475.3	−139.8
3	6.0	6.0	−66.1	25.2	−66.1	−42.8
4	1.1	1.1	−57.5	−11.3	−57.5	25.2
5	0.1	0.1	−0.4	2.9	−0.4	−4.3
6	0.0	0.0	0.1	−0.1	0.1	0.0
7	0.0	0.0	−5.8	−2.3	−5.8	−2.2

续表

因子	G1	G2	H1	H2	H3	ES
8	0.0	0.0	0.9	2.9	0.9	-0.6
9	0.0	0.0	0.2	0.2	0.2	0.2
10	0.0	0.0	-3.5	1.4	-3.5	-1.3
合计	4244.6	4321.0	4749.2	5114.1	4749.2	6552.3

4.2.3.2 引入违约风险

引入违约风险后，在 t 和 $t+h$ 期间的损益表达方式就依赖于第 i 个发行人的生存函数 $\mathbf{S}_t^{(i)}(t_m)$ 了[17]，于是风险因子对应于不同发行人的收益率曲线和违约时间。然而，我们还是很难将损益分解为这些风险因子的线性方程。这就是为什么同前文中提到的正好相反，我们不能就风险价值给出解析式。但是，历史风险价值方法或是蒙特卡洛风险价值方法还是容易运用的。唯一的难点就在于定义违约风险的因子。

我们再来看例 35，但是这次我们假设债券价格中存在信用风险，为此，我们假定 2012 年 6 月底时 λ 和 $\Re$ 分别等于 5.55% 和 50%。图 4.6 给出了零息票收益率和违约参数 λ 的历史演变情况。我们回顾一下，在无违约债券上的 100 万美元风险敞口，其历史风险价值等于 5984 美元。如果我们考虑违约风险[18]，则风险价值变成 10658 美元，较之前显著提升了 75% 还多。如果我们进一步考虑回收风险，并假设回收率均匀分布在 45% 和 55% 区间，那么我们得到的风险价值为 16436 美元。图 4.7 给出了不同历史情景下的每日损失密度估计。我们注意到了违约和回收风险的巨大影响力。

就风险价值和期望亏空的计算而言，在历史情景下对债券组合的计算并

---

[17] 在 t 和 $t+h$ 期间的损益表达式变为：

$$\Pi = \sum_{i=1}^{n}\sum_{t_m \geqslant t} \varpi_i C^{(i)}(t_m) \left(B_{t+h}(t_m)\mathbf{S}_{t+h}^{(i)}(t_m) - B_t(t_m)\mathbf{S}_t^{(i)}(t_m) \right) +$$
$$\sum_{i=1}^{n} \varpi_i N_i \left(B_{t+h}(T_i)\mathbf{S}_{s+h}^{(i)}(T_i) - B_t(T_i)\mathbf{S}_t^{(i)}(T_i) \right) +$$
$$\sum_{i=1}^{n} \varpi_i N_i \Re_i \int_t^{T_i} \left(B_{t+h}(u)f_{t+h}^{(i)}(u) - B_t(u)f_t^{(i)}(u) \right) du$$

[18] 对于每个历史情景，我们采用给予违约参数 λ 一次冲击来给债券定价。这个冲击指的是两个连续交易日间的相对波动。

不比对单一债券的计算更加复杂。然而，当我们考虑采用蒙特卡洛模拟的时候，事情就变得有些棘手了，问题来自对多元违约时间（还有潜在的多元回收率）的确定。为此，我们采用附录 A.2 中的连接（Copula）函数。令 $\mathbf{S}(t_1,\cdots,t_n) = \Pr\{\tau_1 > t_1,\cdots,\tau_n > t_n\}$ 为多元生存函数。我们总是可以将 $\mathbf{S}$ 分解成边际量 $\mathbf{S}_i$ 和生存连接函数 $\mathbf{C}$：

$$\mathbf{S}(t_1, \cdots, t_n) = \mathbf{C}(\mathbf{S}_1(t_1), \cdots, \mathbf{S}_n(t_n))$$

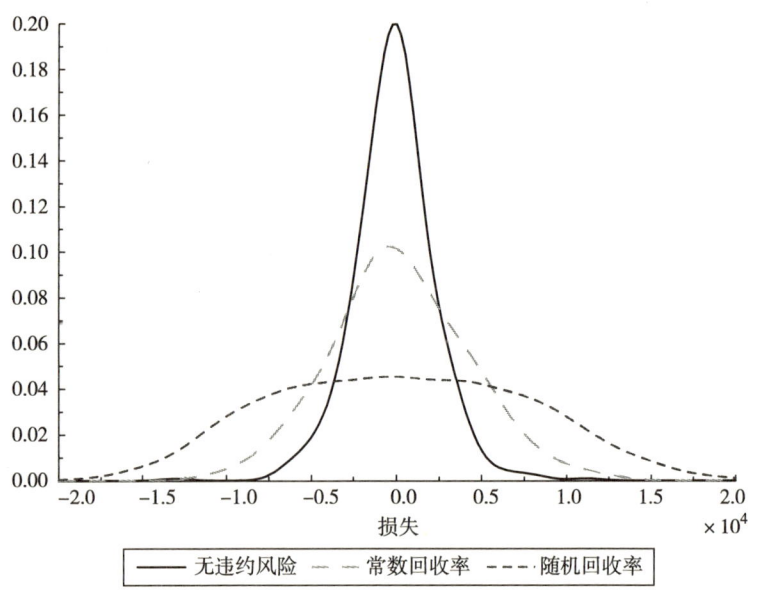

图 4.7　存在与不存在违约风险下债券组合的损失分布

按照这个表述，就可以直接对违约时间进行模拟了，算法如下：

1. 根据连接函数 $\mathbf{C}$ 模拟随机矢量 $(u_1,\cdots,u_n)$；
2. 根据下式模拟违约时间 $(\tau_1,\cdots,\tau_n)$：

$$\tau_i = \mathbf{S}_i^{-1}(u_i)$$

如果只考虑信用风险，而不考虑利率风险等其他风险，我们就可以用连接函数的方法得到解析式。通常，我们以如下方式定义组合的信用损失[19]：

$$L = \sum_{i=1}^{n} x_i G_i D_i \tag{4.4}$$

---

[19]　在这个等式中，G_i 和 D_i 是两个随机变量，而 x_i 是标量。

其中，x_i，G_i 和 D_i 分别是权重、给定违约情况下的损失[20]和第 i 个发行人的违约指标。令 T_i 为第 i 只信用债券的到期期限。违约指标和违约时间遵从以下关系：

$$D_i = \begin{cases} 1, \tau_i \leq T_i \\ 0, \tau_i > T_i \end{cases}$$

我们注意到，损失的定义式（4.4）对应于那些到期时返还面额的产品。我们作出以下假设：

1. 违约时间 τ_i 取决于一组服从分布 $\mathbf{H}$ 的风险因子 Y。令 $p_i(y)$（或是 p_i）为 $Y = y$ 时的条件（或非条件）违约概率。
2. 违约时间 τ_i 独立于给定违约情况下的损失 G_i。
3. 信用组合是可以被无限细分的，也就是说，有

$$\lim_{n \to \infty} \sum_{i=1}^{n} x_i^2 = 0$$

在给定风险因子 y 的前提下，违约指标 $D_i = \mathbb{1}\{\tau_i \leq T_i\}$ 是参数为 $p_i(y)$ 的伯努利随机变量，于是有

$$\mathbb{E}[L | Y = y] = \sum_{i=1}^{n} x_i \mu(G_i) p_i(y)$$

其中，$\mu(G_i) = \mathbb{E}[G_i]$，且

$$\sigma^2(L | Y = y) = \sum_{i=1}^{n} x_i^2 (\mu^2(G_i) p_i(y)(1 - p_i(y)) + \sigma^2(G_i) p_i(y))$$

如果组合是无限细分的，则有 $\sigma^2(L | Y = y) = 0$（Wilde, 2001）。在给定风险因子的前提下，一个可无限细分的组合的损失就等于它的条件期望损失

$$g(y) = \mathbb{E}[L | Y = y]$$

$$= \sum_{i=1}^{n} x_i \mu(G_i) p_i(y)$$

令 $\mathbf{F}$ 为非条件损失分布，则有

$$\mathbf{F}(\ell) = \Pr\{L \leq \ell\}$$

$$= \Pr\{g(Y) \leq \ell\}$$

$$= \int \cdots \int \mathbb{1}\{g(y) \leq \ell\} \mathrm{d}\mathbf{H}(y)$$

---

[20] 这个给定违约情况下的损失可视为回收率的互补，即 $G_i = 1 - \Re_i$。

这个表达式对采用蒙特卡洛模拟来估算 $\mathbf{F}(\ell)$ 非常有用，但它并不支持得到有关组合风险价值 $\mathrm{VaR}_\alpha(x)$ 或期望亏空 $\mathrm{ES}_\alpha(x)$ 的解析式。

让我们再来看只有一个风险因子的情况。风险价值的定义表明等式 $\Pr\{g(Y) \leq \mathrm{VaR}_\alpha(x)\} = \alpha$ 成立。如果 $g(y)$ 是一个非递减函数，则有 $\Pr\{Y \leq g^{-1}(\mathrm{VaR}_\alpha(x))\} = \alpha$ 成立。推导可得 $g^{-1}(\mathrm{VaR}_\alpha(x)) = \mathbf{H}^{-1}(\alpha)$。那么，风险价值的表达式为[21]

$$\mathrm{VaR}_\alpha(x) = g(\mathbf{H}^{-1}(\alpha))$$

$$= \sum_{i=1}^{n} x_i \mu(G_i) p_i(\mathbf{H}^{-1}(\alpha))$$

这个公式很有意思，因为这个风险价值满足欧拉配置原则。推导可得第 i 只信用债券的风险贡献度 $\mathcal{RC}_i$ 为

$$\mathcal{RC}_i = x_i \mu(G_i) p_i(\mathbf{H}^{-1}(\alpha))$$

如果风险度量指标为期望亏空的话，则有[22]

$$\mathrm{ES}_\alpha(x) = \mathbf{E}[L \mid L \geq \mathrm{VaR}_\alpha(x)]$$

$$= \mathbf{E}[L \mid g(Y) \geq \mathrm{VaR}_\alpha(x)]$$

$$= \mathbf{E}[L \mid Y \geq g^{-1}(\mathrm{VaR}_\alpha(x))]$$

$$= \mathbf{E}\left[\sum_{i=1}^{n} x_i \mu(G_i) p_i(Y) \mid Y \geq \mathbf{H}^{-1}(\alpha)\right]$$

$$= \sum_{i=1}^{n} x_i \mu(G_i) \mathbf{E}[p_i(Y) \mid Y \geq \mathbf{H}^{-1}(\alpha)]$$

那么，关于期望亏空的第 i 个信用债券的风险贡献度则为

$$\mathcal{RC}_i = x_i \mu(G_i) \mathbf{E}[p_i(Y) \mid Y \geq \mathbf{H}^{-1}(\alpha)]$$

为了得到更为综合的解析式，我们通常会参考默顿（Merton，1974）开创性的模型。在这个信用模型中，当公司资产的价值 Z_i 降至某临界值 B_i（也称作违约边界）之下时，就会发生公司违约，即

$$D_i = 1 \Leftrightarrow Z_i \leq B_i$$

---

[21] 如果 $g(y)$ 为非递增函数，风险价值的表达式变为

$$\mathrm{VaR}_\alpha = \sum_{i=1}^{n} x_i \mu(G_i) p_i(\mathbf{H}^{-1}(1-\alpha))$$

[22] 如果 $g(y)$ 为非递增函数，则条件变为 $Y \leq \mathbf{H}^{-1}(1-\alpha)$。

瓦希切克（Vasicek，2002）提出将资产价值 Z_i 和一个共同风险因子 Y 以及一个特殊风险因子 ε_i 联系在一起，即

$$Z_i = \sqrt{\rho}Y + \sqrt{1-\rho}\varepsilon_i$$

假设 Y 和 ε_i 是满足标准正态分布 $\mathcal{N}(0,1)$ 的高斯随机变量，于是 Z_i 也服从分布 $\mathcal{N}(0,1)$。因为违约概率 p_i 满足下式：

$$\begin{aligned}p_i &= \Pr\{D_i = 1\}\\ &= \Pr\{Z_i \leq B_i\}\\ &= \Phi(B_i)\end{aligned}$$

于是我们得到结论：违约边界 B_i 等于 $\Phi^{-1}(p_i)$。于是，条件违约概率为[23]

$$\begin{aligned}p_i(y) &= \Pr\{D_i = 1 \mid Y = y\}\\ &= \Pr\{Z_i < B_i \mid Y = y\}\\ &= \Pr\{\sqrt{\rho}y + \sqrt{1-\rho}\varepsilon_i < B_i\}\\ &= \Pr\left\{\varepsilon_i < \frac{B_i - \sqrt{\rho}y}{\sqrt{1-\rho}}\right\}\\ &= \Phi\left(\frac{\Phi^{-1}(p_i) \quad \sqrt{\rho}y}{\sqrt{1-\rho}}\right)\end{aligned}$$

我们很容易证明，违约时间有条件地独立于风险因子 Y。由于 $\sum_{i=1}^{n} x_i\mu(G_i)p_i(y)$ 是非递增函数[24]，于是我们得到以风险价值作为风险度量指标时的风险贡献度为

$$\mathcal{RC}_i = x_i\mu(G_i)\Phi\left(\frac{\Phi^{-1}(p_i) + \sqrt{\rho}\Phi^{-1}(\alpha)}{\sqrt{1-\rho}}\right) \tag{4.5}$$

---

[23] 这个因子模型有非常简单的连接函数形式。我们令资产价值矢量服从概率分布 $\mathcal{N}(0,\Sigma)$，其中，Σ 等于常数相关系数矩阵 $C_n(\rho)$。我们可以将多元生存函数分解如下：

$$\begin{aligned}S(t_1,\cdots,t_n) &= \Pr\{\tau_1 > t_1,\cdots,\tau_n > t_n\}\\ &= \Pr\{Z_1 > \Phi^{-1}(p_1),\cdots,Z_n > \Phi^{-1}(p_n)\}\\ &= \mathbf{C}(1-p_1,\cdots,1-p_l;\Sigma)\\ &= \mathbf{C}(\mathbf{S}_1(t_1),\cdots,\mathbf{S}_n(t_n);\Sigma)\end{aligned}$$

于是，在参数矩阵 $C_n(\rho)$ 下，就有了标准生存连接（Copula）函数。

[24] 假设权重 x_i 为正，且有 $\mu(G_i) \geq 0$ 和 $\partial_y p_i(y) \leq 0$。

注52 如果我们以参数 EAD_i（exposure at default，违约敞口）、LGD_i（loss given default，给定违约情况下的损失）和 PD_i（probability of default，违约概率）来替代等式（4.5）中的参数 x_i、$\mu(G_i)$ 和 p_i，我们就会得到《巴塞尔协议Ⅱ》框架中的内部评级法（internal-rating，IRB）公式：

$$\mathcal{RC}_i = EAD_i \cdot LGD_i \cdot \Phi\left(\frac{\Phi^{-1}(PD_i) + \sqrt{\rho}\Phi^{-1}(\alpha)}{\sqrt{1-\rho}}\right)$$

如果我们希望采用期望亏空，则需要计算条件期望违约概率㉕ $\bar{p} = \mathbf{E}[p_i(Y)|Y \leq \Phi^{-1}(1-\alpha)]$：

$$\begin{aligned}
\bar{p} &= \mathbf{E}\left[\Phi\left(\frac{\Phi^{-1}(p_i) - \sqrt{\rho}Y}{\sqrt{1-\rho}}\right) \bigg| Y \leq \Phi^{-1}(1-\alpha)\right] \\
&= \int_{-\infty}^{\Phi^{-1}(1-\alpha)} \Phi\left(\frac{\Phi^{-1}(p_i)}{\sqrt{1-\rho}} + \frac{-\sqrt{\rho}}{\sqrt{1-\rho}}y\right) \frac{\phi(y)}{\Phi(\Phi^{-1}(1-\alpha))} dy \\
&= \frac{1}{1-\alpha}\Phi_2(\Phi^{-1}(1-\alpha), \Phi^{-1}(p_i); \sqrt{\rho}) \\
&= \frac{1}{1-\alpha}\mathbf{C}(1-\alpha, p_i; \sqrt{\rho})
\end{aligned}$$

其中，$\mathbf{C}$ 是标准连接 Copula 函数。最终，我们获得了风险贡献度的表达式如下：

$$\mathcal{RC}_i = \frac{1}{1-\alpha}x_i\mu(G_i)\mathbf{C}(1-\alpha, p_i; \sqrt{\rho})$$

这个结果是由皮赫金（Pykhtin，2004）得到的。

注53 前文用以计算信用风险的指标框架已经被推广到不可分的资产组合中。比如，埃梅尔和塔什（Emmer and Tasche，2005）给出了在单因子模型（Gordy，2003）下的近似公式。皮赫金（Pykhtin，2004）采用相似的方法，对无限细分组合的多因子模型作出了一些调整。

例37 我们来看一个包含五只债券的组合，其特征信息详见表4.8。x_i 是组

㉕ 我们采用通常的形式：

$$\int_{-\infty}^{c} \Phi(a + by)\phi(y)dy = \Phi_2\left(c, \frac{a}{\sqrt{1+b^2}}; \frac{-b}{\sqrt{1+b^2}}\right)$$

其中，$\Phi_2(x,y;\rho)$ 是标准二元正态密度的累积分布函数，其相关系数为 ρ，区间为 $[-\infty, x] \times [-\infty, y]$（低尾）。

合中第 i 只债券的权重。假设违约时间服从指数分布，于是，违约概率 p_i 等于 $1-\exp(-\lambda_i D_i)$，其中 λ_i 表示发行人的信用利差，D_i 表示债券的久期。表中的最后一列，我们还列出了给定违约情况下的期望损失 $\mu(G_i)$。

表 4.8 债券组合的特征信息

债券	$x_i(\%)$	D_i(年)	λ_i(基点)	$p_i(\%)$	$\mu(G_i)(\%)$
1	20.00	5.00	100	4.88	70.00
2	30.00	6.00	120	6.95	70.00
3	10.00	8.00	85	6.57	50.00
4	15.00	7.00	115	7.73	50.00
5	25.00	5.00	250	11.75	50.00

表 4.9 显示了在不同参数 (ρ,α) 下对于标准风险贡献度的计算结果。比如，若 $\rho=30\%$，$\alpha=99\%$，债券组合的信用风险价值就等于组合价值的 24.9%，其中，33.9%来自第二只债券，而第三只债券仅仅代表了 7.8%的组合风险。当然，我们已经确证了 $\text{ES}_\alpha(x)>\text{VaR}_\alpha(x)$。我们还发现，风险分解对于参数相关系数 ρ 和置信区间 α 都很敏感。当 α 趋近于无穷大时，风险度量指标 $\text{VaR}_\alpha(x)$ 和 $\text{ES}_\alpha(x)$ 都将收敛于损失的最大值 L^+，即 $\sum_{i=1}^n x_i \mu(G_i)$。在这个例子中，$L^+$ 占了总体价值的 60%。

表 4.9 债券组合的标准风险贡献度 $\mathcal{RC}_i^*$ 单位:%

债券	(30%, 99%)		(50%, 99%)		(30%, 99.9%)	
	VaR	ES	VaR	ES	VaR	ES
1	18.2	19.0	19.1	20.2	19.8	20.3
2	33.9	34.2	34.4	34.7	34.5	34.6
3	7.8	7.9	8.0	8.1	8.0	8.1
4	12.9	12.9	12.9	12.8	12.8	12.8
5	27.1	26.0	25.6	24.2	24.9	24.1
$\mathcal{R}(x)$	24.9	30.1	36.2	42.8	36.6	40.4

4.3 一些说明

本节我们介绍了利用风险均衡策略对债券组合进行管理的两种应用途

径。第一种应用是考虑风险因子的预算，其中风险因子是通过对收益率曲线的主成分分析来确定的；在第二种应用中，我们给出了管理债券组合的信用风险的方法，这个方法可以被看作是一种基于风险的指数化方法。对于债券，有着不同形式的另类加权指数化方法，对此我们将进一步讨论并加以比较。

4.3.1 管理收益率曲线的风险因子

前文中我们已经看到，利率受到三个主要因素的影响：利率的总体水平，收益率曲线的斜率和凸度。于是，我们就可以根据这些因素来分析债券组合的风险了。为此，我们将这些因子构建到主成分分析中，并采用第 2.5 节中提到的风险均衡组合的因子分析框架。

让我们来看一个本息分离债券组合，它由 10 只零息票债券组成，各债券的到期期限分别从 1 年到 10 年。2012 年 6 月 30 日对债券进行估价，同时，风险度量指标采用的是之前讨论过的高斯风险价值 G2。令 R_t 为零息票收益率向量 $\{R_t(t+1), \cdots, R_t(t+10)\}$。则因子模型表示如下：

$$\Delta_h R_t = A \mathcal{F}_t + \varepsilon_t$$

其中，$\Delta_h R_t = R_t - R_{t-h}$，$\Sigma = \mathrm{cov}(\Delta_h R_t)$，$\Omega = \mathrm{cov}(\mathcal{F}_t)$，$D = \mathrm{cov}(\varepsilon_t)$。记 $\hat{\Sigma}$ 为 $\Delta_h R_t$ 的经验协方差矩阵。我们利用对美元收益率曲线进行的主成分分析结果（见图 4.2），并计算 $\hat{\Sigma}$ 的特征分解：

$$\hat{\Sigma} = V \Lambda V^\top$$

其中，$V = (v_1, \cdots, v_{10})$ 是特征向量矩阵，λ_j 是关于特征向量 v_j 和 $\Lambda = \mathrm{diag}(\lambda_1, \cdots, \lambda_{10})$ 的特征值[26]。于是，包含前三个主成分因子 $\mathcal{F}_1$，$\mathcal{F}_2$ 和 $\mathcal{F}_3$ 的模型表达如下[27]：

$$A = (v_1 \quad v_2 \quad v_3), \Omega = \mathrm{diag}(\lambda_1, \lambda_2, \lambda_3), 以及 D = \hat{\Sigma} - A\Omega A^\top$$

---

[26] 假设特征值按降序排列：$\lambda_1 \geqslant \lambda_2 \geqslant \cdots \geqslant \lambda_{10}$。

[27] 我们推导得出这个结果，是因为主成分因子是 $V^\top \Delta_h R_t$，并且 $V^{-1} = V^\top$。

对每一个组合，我们得到了相对于该组合"长腿债券"面值的构成比例 v_i [28]、每个零息票债券的相对风险贡献 $\mathcal{RC}_i^*$ 以及关于水平因子、斜度因子和凸度因子的相对风险贡献 $\mathcal{RC}^*(\mathcal{F}_j)$ [29]：

$$\mathcal{RC}^*(\mathcal{F}_j) = \frac{1}{\mathcal{R}(x)}(A^\top x)_j \cdot \left(A^+ \frac{\partial \mathcal{R}(x)}{\partial x}\right)_j$$

其中，

$$x_i = -\varpi_i D_t(t+i) B_t(t+i)$$

图 4.8 对应于等权重组合 $\varpi_i = 1$。我们发现，零息债券的风险贡献度会随着到期期限的延长而上升，原因是存在久期敏感度。所以，大多数的风险都集中在长期资产上，也就是说，水平因子对组合风险有超过 99% 的解释作用。那么，我们来看三个多空组合：

到期期限	1	2	3	4	5	6	7	8	9	10
#1	1	1	1	1	1	1	1	1	1	1
#2	−2	−2	−2	−2	−2	1	1	1	1	1
#3	10	10	10	10	10	−4	−4	−4	−4	−4
#4	53	−8	−7	−6	−5	−4	0	3	3	3

结果显示于图 4.9、图 4.10 和图 4.11 中。组合 #2 风险主要敞口于水平因子和斜度因子；再看组合 #3，90% 的风险都可以由收益率曲线的斜度来解释，而组合 #4 的主要风险来自凸度因子。

注 54 在前文的这些例子中，由于我们考虑的是多空组合，因此斜度和凸度的风险贡献是很显著的。对于只做多组合，很难再敞口于这两个因子，因为此时水平因子才是其业绩表现的主要贡献因子。事实上，正如前面提到的 10 只零息债券，在传统做多策略组合的情况下，其斜度因子和凸度因子的风险贡献度达到其最大值，即 32.5% 和 2.9%。然而，我们得到了十分奇特的组合。如果我们设定最大权重为 25%，则斜度和凸度因子的风险贡献度将变为 13.9% 和 0.5%。

要实现组合对利率水平的免疫，传统方法就是采用"哑铃"策略。当

---

[28] 令 ϖ_i 为组合中第 i 只零息票债券的数量。v_i 的值等于：

$$v_i = \frac{\varpi_i P_t^{(i)}}{\sum_{i=1}^n \max(0, \varpi_i P_t^{(i)})}$$

其中，$P_t^{(i)} = B_t(t+i)$ 是第 i 只零息票债券的盯市价格。

[29] 因子 4+ 的风险贡献相当于其他因子的剩余风险贡献，即 $\mathcal{RC}(\mathcal{F}_{4+}) = \mathcal{R}(x) - \sum_{i=1}^3 \mathcal{RC}(\mathcal{F}_j)$。

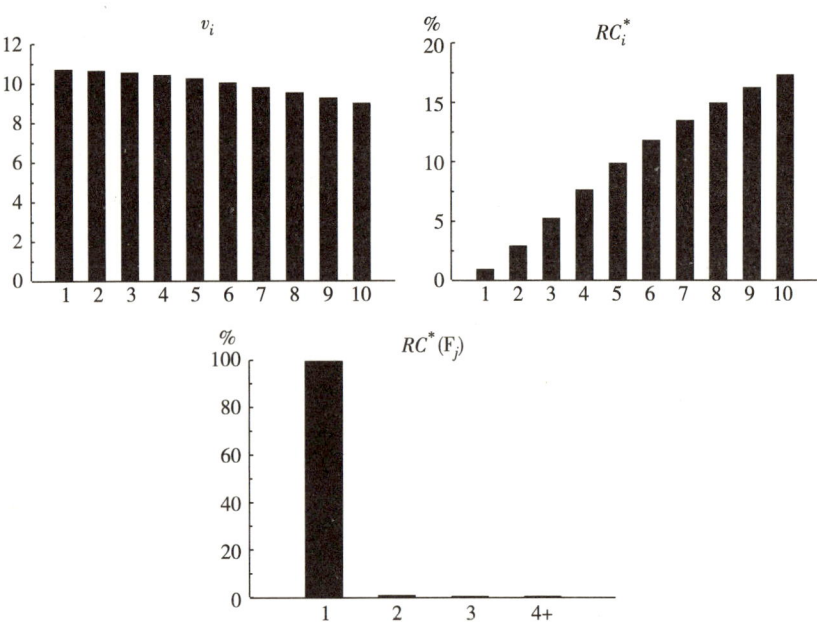

图4.8 等权重（EW）组合#1 的风险因子贡献度

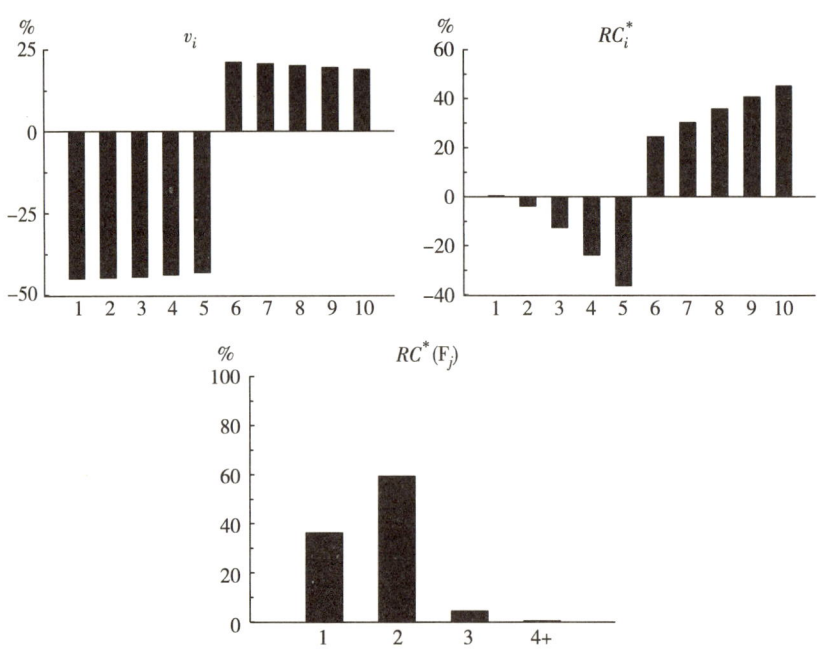

图4.9 多空组合#2 的风险因子贡献度

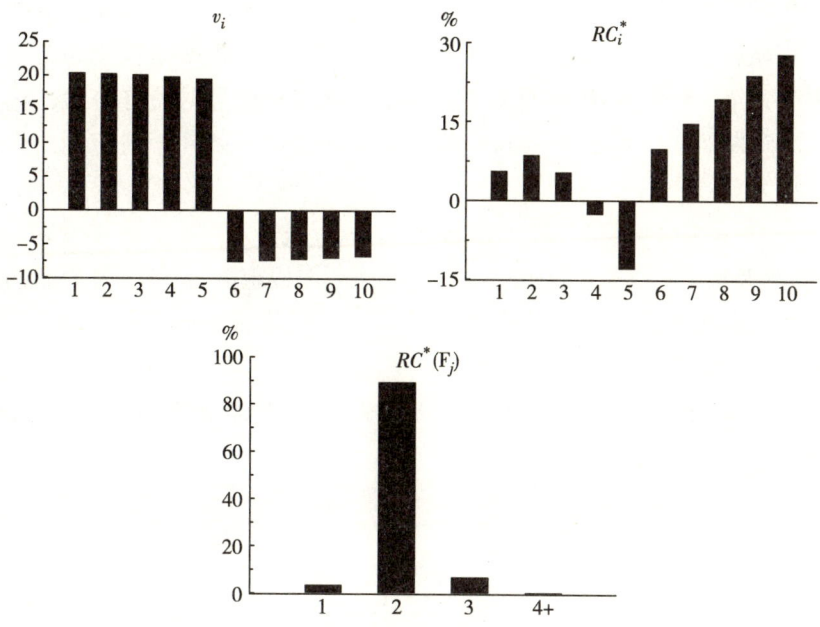

图 4.10 多空组合#3 的风险因子贡献度

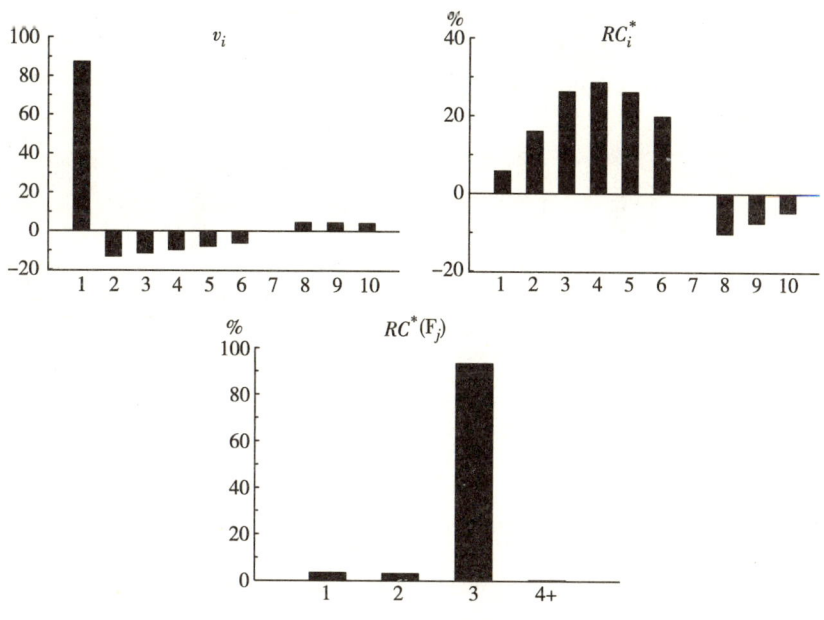

图 4.11 多空组合#4 的风险因子贡献度

人们在研究收益率曲线的情境时，特别是期限结构陡峭的情况，这些"哑铃"策略就会变得非常有趣。一个典型的"哑铃"策略是投资于到期期限分别为2年、5年和10年的债券，令ϖ_i为第i只债券的持有份额，记T_i为各自的到期期限，且有$T_1 < T_2 < T_3$。如果满足以下条件，则债券组合的敏感度将为零：

$$\varpi_1 S_1 + \varpi_2 S_2 + \varpi_3 S_3 = 0$$

其中，S_i是第i只债券的敏感度。习惯上，ϖ_2取固定值为-1。为了确定ϖ_1和ϖ_3，我们必须设置其他的约束条件。马特里尼等（Martellini et al., 2003）设想了四种方式：

1. 在50/50的哑铃组合中，两只长腿债券的敏感度相等：$\varpi_1 S_1 = \varpi_3 S_3$。可以推导得出：

$$\begin{cases} \varpi_1 = -\dfrac{1}{2}\varpi_2 \dfrac{S_2}{S_1} \\ \varpi_3 = -\dfrac{1}{2}\varpi_2 \dfrac{S_2}{S_3} \end{cases}$$

2. 如果哑铃组合的初始价值为零，则此哑铃组合是现金中性的（cash-neutral 或 CN）。

$$\varpi_1 P_t(T_1) + \varpi_2 P_t(T_2) + \varpi_3 P_t(T_3) = 0$$

3. 在期限加权（maturity-weighted 或 MW）组合中，有

$$\begin{cases} \varpi_1 = -\varpi_2 \left(\dfrac{T_2 - T_1}{T_3 - T_1}\right) \dfrac{S_2}{S_1} \\ \varpi_3 = -\varpi_2 \left(\dfrac{T_3 - T_2}{T_3 - T_1}\right) \dfrac{S_2}{S_3} \end{cases}$$

4. 回归加权（regression-weighted，RW）组合将两只长腿债券的波动率纳入考察范围，则有

$$\varpi_1 S_1 = \beta \varpi_3 S_3$$

其中，β表示线性回归的系数：

$$R_t(T_2) - R_t(T_1) = \beta(R_t(T_3) - R_t(T_2)) + \varepsilon_t$$

我们来看图4.1中给出的Nelson-Siegel收益率曲线，三只债券分别对应于到期期限为2年、5年和10年的零息债券。采用上述公式，我们

可以推出在不同哑铃组合下的权重㉚。我们发现,四个组合的构成差异非常之大。然而,当我们用常数值代替每个债券的到期收益率 r^* 来计算组合的损益 Π 时,我们发现,损益值接近于零(见图 4.12)。于是,我们可以认为,这些组合对斜度和凸度因子比对水平因子更为敏感。如果我们考虑之前美元收益率曲线的主成分因子,我们会得到图 4.13 给出的风险贡献度状态。总而言之,第二个和第三个因子的敏感度在不同的哑铃组合之间差别较大。更令人惊讶的是,水平因子的风险贡献度并不只是残余部分!

表 4.10 哑铃组合的构成

到期期限	50/50	CN	MW	RW
2 年	1.145	0.573	0.859	0.763
5 年	-1.000	-1.000	-1.000	-1.000
10 年	0.316	0.474	0.395	0.422

4.3.2 管理主权信用风险

养老基金和机构投资者将大量的资金投放在债券上,尤其是主权债券。长期以来,发达国家的主权债券被认为是安全资产,因此,对这类资产的管理就简化为对债券组合的收益率、久期和评级的管理。随着最近欧债危机的演化,组合经理人对主权信用风险有了重新认识㉛。为了管理这个风险,人们开发出了很多不同的模型,但是它们中的绝大多数并没有很强的数学和金融基础㉜。事实上,为了管理主权债券组合的信用风险,第一步就是要对风险进行精确的计量。接下来要介绍的风险预算方法将回答这个问题。风险预算方法最初是由布鲁德等(Bruder et al., 2011)提出的。

㉚ β 设定为50%。

㉛ 然而,主权违约风险由来已久。近期债务危机,如 1982 年墨西哥和拉丁美洲债务危机,1997—1998 年的俄罗斯和亚洲债务危机,2001 年阿根廷和土耳其债务危机,都集中在新兴市场。不管怎样,"发达"国家的违约已经有数十年没有发生过了。根据莱茵哈特和罗戈夫(Reinhart and Rogoff, 2009)的研究,自 1800 年以来,总共有至少 250 次的主权外债违约和 68 次本国公共债务违约。

㉜ 它们多是选债券模型(bond picking model)。

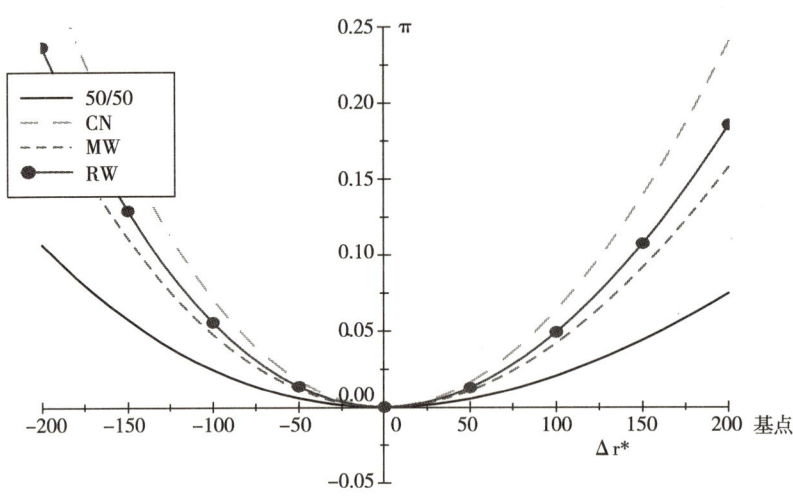

图 4.12 到期收益率变动下的哑铃组合的损益

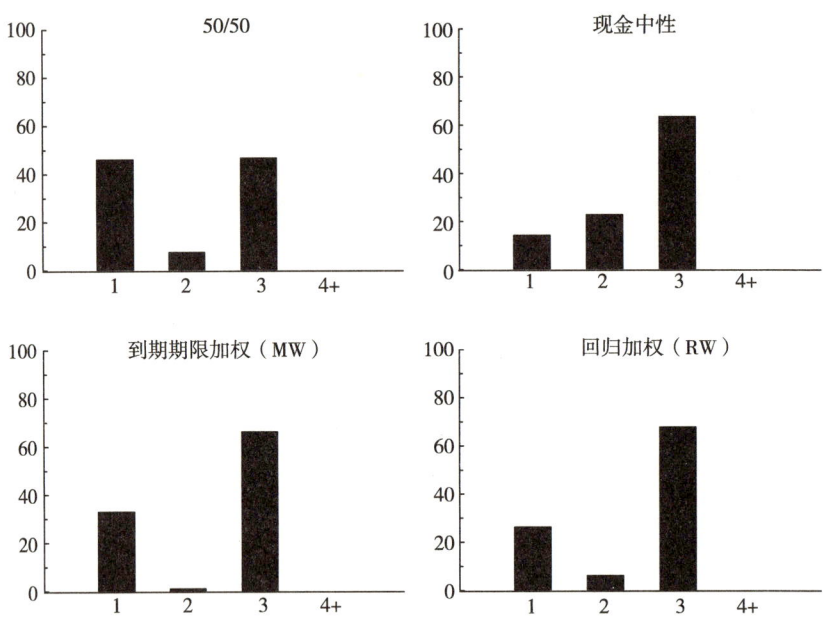

图 4.13 哑铃组合的风险因子贡献度

注 55 这个实例基于花旗集团的欧洲政府债券指数（EGBI）。该指数由欧元区 11 个国家的主权债券组成，这些国家是：奥地利、比利时、芬兰、法国、德国、希腊、爱尔兰、意大利、荷兰、葡萄牙和西班牙㉝。研究期间为2008年1月至2012年6月底。

4.3.2.1 度量主权债券组合的信用风险

传统上常采用价格收益率的波动率作为权益风险的度量指标，但该指标并不适用于主权债券，因为这个波动率不仅仅测量主权国家的特定风险，还反映了利率收益曲线的全局性变动。即使我们假设一个主权债券组合遵循单一的一条收益率曲线，其中的债券也会因为具有不同的敏感度（久期和凸度），从而对利率的变化作出不同的反应。例如，不考虑信用风险的话，相对于久期长的债券，久期短的债券表现出持续较低的波动率。当采用价格收益率并通过计算相关性来度量债券之间的联动时，我们会得到相同的结论。由于我们的兴趣是要辨别不同国家的信用风险，而不是发行人的个体特征，因此我们必须采用其他的风险度量手段。表4.11中列出了度量国家风险的一些常用方法。第一列是评级机构的评级方法，常见的评级机构有标准普尔评级服务公司、穆迪投资者服务公司和惠誉评级公司；第二列对应于欧洲货币国家风险指数（Euromoney Country Risk Index，ECR指数）。这两种度量指标都很有意思，但是却难以给出量化的风险值。比如，ECR指数并不能精确地度量主权债务的违约风险。对于度量违约风险这一目的来说，评级要更好一些，但是我们可以观察到，在这些评级的编制过程中存在一定的惯性。此外，有证据显示评级的变化要滞后于市场指标（Di Cesare，2006）。在表4.11中，我们还列出了几个国家从2011年9月1日至10月4日的信用违约互换（credit default swap，CDS）价差（以基点表示）。例如，10月前两周对西班牙和意大利的降级似乎已经被CDS市场预测到了。更广泛来讲，以市场为基础的指标能更好地度量主权债券组合的信用风险。例如，债券的收益率价差（或资产互换价差）也是很好的度量指标，因为它们表现为增量收益，是对投资者所承担的发行人风险的补偿。在其他条件保持不变的前提下，收益率价差越高，则信用风险越大。对于这种市场为基础的指标，难就难在这种信息是非公开的；实际上只有少数几家投资银行能获得这些数据信息。作为债券收益率价差的一种替代方案，我们还可以考虑CDS价差，它相当于投资者为规避发行

㉝ 这些国家的ISO代码分别是AT，BE，FI，FR，DE，GR，IE，IT，NL，PT和ES。

人的违约风险所愿意支付的价值[34]。因此，此类方法可以将发行人的主权信用风险分离出来，而且不需要考虑货币、收益率曲线或到期期限[35]。

表4.11 一些国家风险的度量（2011年10月）

国家	评级	ECR		CDS 价差	
		得分	排名	2011/9/1	2011/10/4
奥地利	AAA	84.01	13	123	186
比利时	AA+	77.81	19	249	309
芬兰	AAA	86.96	8	64	85
法国	AAA	80.90	16	163	201
德国	AAA	84.98	11	76	122
希腊	CCC	52.38	65	2291	5736
爱尔兰	BBB+	62.33	43	781	726
意大利	A	71.20	30	384	487
荷兰	AAA	86.67	9	80	117
葡萄牙	BBB-	61.35	44	957	1167
西班牙	AA	66.71	36	376	391
挪威	AAA	93.44	1	44	52
瑞士	AAA	90.31	3	58	79
丹麦	AAA	89.21	4	100	153
瑞典	AAA	88.74	5	54	66
英国	AAA	80.22	17	76	102
美国	AA+	82.10	15	52	52
日本	AA-	74.66	25	102	155

令 $\mathcal{S}_i(t)$ 表示第 i 个国家的信用利差，假设它遵循一个一般扩散过程[36]：

$$d\mathcal{S}_i(t) = \sigma_i^{\mathcal{S}} \mathcal{S}_i(t)^{\beta_i} dW_i(t)$$

其中，$W_i(t)$ 表示标准布朗运动，$\sigma_i^{\mathcal{S}}$ 为波动率参数。此外，我们假定各布朗运动之间是相关的，记 $\rho_{i,j} = \mathbb{E}[W_i(t)W_j(t)]$ 为 $W_i(t)$ 和 $W_j(t)$ 之间的互相关系数。指数 β_i 定义了分布的形状：

---

[34] 这个方法的一个缺点是，CDS 市场的流动性弱于债券市场。
[35] 这个方法最近常用于有关该话题的研究中（Longstaff et al., 2011）。
[36] 这个过程已经在 SABR 模型中使用过（Hagan et al., 2002）。

1. 如果 $\beta_i = 0$，我们假设信用利差服从高斯正态分布，风险因子对应于信用利差的绝对变动；

2. 如果 $\beta_i = 1$，我们假设信用利差服从对数正态分布，风险因子变为信用利差的相对变动。

采用 CDS 价差的历史观测数据，我们可以用最大似然法来校准参数 β_i[37]。计算结果见表 4.12。我们在 99% 的置信水平上拒绝了对所有国家的假设 $\mathcal{H}_0: \beta_i = 0$。我们还发现，估计值在 0.78～1.22 的区间内变动，其均值接近于 1。[38] 这就是我们认为价差服从对数正态分布的原因，也就是说，价差变动相对于价差的绝对水平成比例。

表 4.12 参数 β_i 的极大似然估计（2008 年 1 月至 2012 年 6 月）

国家	AT	BE	FI	FR	DE	GR
$\hat{\beta}_i$	0.953	0.969	0.780	0.806	0.853	1.219
$\hat{\sigma}(\beta_i)(\%)$	1.015	1.410	1.415	1.085	1.638	0.462
国家	IE	IT	NL	PT	ES	AC
$\hat{\beta}_i$	0.786	1.033	0.790	0.911	1.042	0.922
$\hat{\sigma}(\beta_i)(\%)$	0.633	1.697	0.870	0.950	1.776	1.178

此外，假设 $\mathcal{H}_1: \beta_i = 1$ 简化了对参数 σ_i^s 和 $\rho_{i,j}$ 的估计。事实上，可以采用 CDS 价差相对波动的经验协方差矩阵来估计这两个参数。表 4.13 和表 4.14 给出了价差值和这些年的年初时价差波动性的估计值 σ_i^s。我们发现，CDS 价差水平有大幅增长。在 2008 年初，价差的中位数等于 12 个基点，5 年后变为之前的 25 倍，而价差波动率的变动要比价差水平的变动慢。事实上，均值在 52% 和 93% 之间波动。更有意思的是相关系数的动态变化，在图 4.14 中我

---

[37] 假设我们在某些已知日期 $t_0, \cdots, t_m$ 来观测利差。令 $\mathfrak{s}_i(t_j)$ 为第 i 个国家在日期 t_j 时被观测到的利差，则第 i 个国家的对数似然函数表示如下：

$$\ell(\sigma_i^s, \beta_i) = -\frac{m}{2}\ln(2\pi) - m\ln\sigma_i^s - \frac{1}{2}\sum_{j=1}^m \ln(t_j - t_{j-1}) -$$

$$\beta_i \sum_{j=1}^m \ln\mathfrak{s}_i(t_{j-1}) - \frac{1}{2}\sum_{j=1}^m \frac{(\mathfrak{s}_i(t_j) - \mathfrak{s}_i(t_{j-1}))^2}{(t_j - t_{j-1})(\sigma_i^s \mathfrak{s}_i^{\beta_i}(t_{j-1}))^2}$$

我们采用最大化集中对数似然函数的方法来估计系数 β_i。

[38] AC 列对应着所有国家的平均值。

们给出了不同国家群组的平均相关系数。我们观测到一些有意思的现象：第一，2008年9月雷曼兄弟公司的违约事件导致全球相关系数发生移动[39]，该相关系数几乎一直持续上升，直到2010年中期才停止；第二，我们还观察到，GIIPS五国[40]之间的相关性在2010年10月达到最大，然后开始下降；第三，安全国家间（芬兰、德国和荷兰）的相关性近期有所增加，表明处于安全投资转移（flight to quality）阶段（Ilmanen，2003）。

表4.13 价差 $\mathcal{S}_i(t)$　　　　单位：基点

国家	2008年1月	2009年1月	2010年1月	2011年1月	2012年1月
奥地利	6	128	85	100	190
比利时	12	83	54	218	316
芬兰	6	57	27	33	78
法国	7	54	32	101	222
德国	6	45	27	58	104
希腊	22	228	282	1074	8786
爱尔兰	15	177	160	615	726
意大利	21	165	108	238	503
荷兰	6	83	32	63	122
葡萄牙	18	92	91	500	1093
西班牙	20	103	113	350	394
中位数	12	92	85	218	316

我们现在来定义债券的风险度量指标。记 $B_i(t, D_i)$ 为国家 i 的到期期限（或久期）为 D_i 的零息债券的价格。假设回收率为零，有

$$d \ln B_i(t, D_i) = -D_t dr_t - D_i d\mathcal{S}_i(t)$$

其中，r_t 是无风险利率。如果假设信用利差与无风险利率不相关，则推导可得

$$\sigma^2(d \ln B_i(t, D_i)) = D_i^2 \sigma^2(dr_t) + D_i^2 \sigma^2(d\mathcal{S}_i(t))$$

---

[39] 这个现象在如芬兰、德国和荷兰等"安全"国家表现得更明显。
[40] GIIPS 代表希腊、爱尔兰、意大利、葡萄牙和西班牙。

表4.14 波动率 σ_i^s 的估计值　　　　　　　　单位:%

国家	2008年1月	2009年1月	2010年1月	2011年1月	2012年1月
奥地利	56.6	96.0	72.4	76.3	69.7
比利时	65.8	70.2	83.4	73.2	74.1
芬兰	103.9	107.6	80.9	61.7	66.7
法国	50.2	92.5	97.1	77.5	68.5
德国	69.2	96.8	76.2	72.3	65.0
希腊	60.4	57.3	64.4	89.3	85.2
爱尔兰	76.5	97.4	63.2	78.1	52.1
意大利	48.8	65.5	62.8	90.6	74.3
荷兰	81.7	108.6	78.3	61.2	66.5
葡萄牙	56.6	64.4	84.2	106.6	54.8
西班牙	67.7	63.7	69.2	92.0	72.8
均值	67.0	83.6	75.6	79.9	68.1

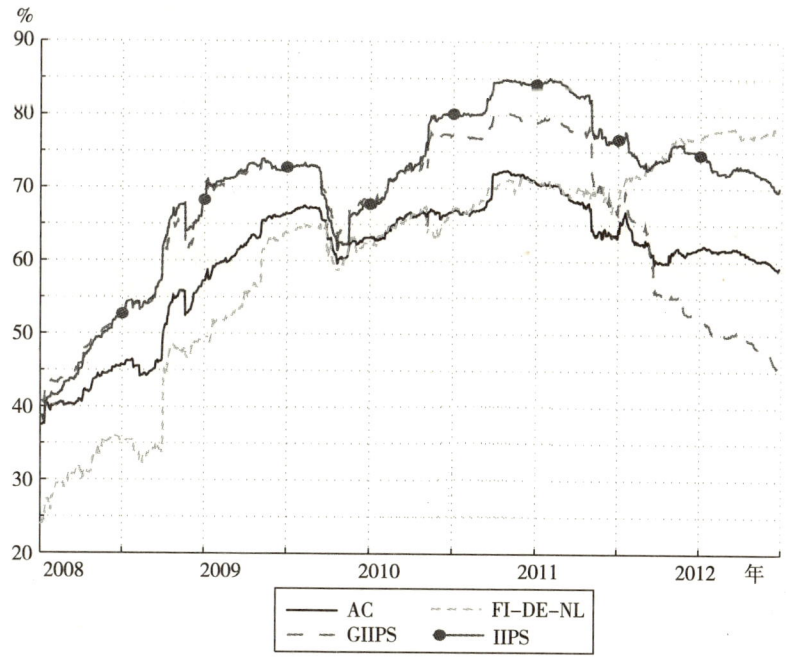

图4.14 信用利差的平均相关系数

可违约债券的风险可以被分解为以下两部分：利率风险成分和信用风险成分。由于我们想要对信用风险进行管理，我们定义债券的信用风险指标如下：

$$\mathcal{R}(B_i) = \sqrt{D_i^2 \sigma^2(\mathrm{d}\mathcal{S}_i(t))}$$
$$= D_i \sigma_i^s \mathcal{S}_i(t) \mathrm{d}t$$
$$\propto D_i \sigma_i^s \mathcal{S}_i(t)$$

于是，债券信用风险指标 $\sigma_i^c = D_i \sigma_i^s \mathcal{S}_i(t)$ 可以用久期 D_i、利差波动率 σ_i^s 和利差水平 $\mathcal{S}_i(t)$ 来估计。对于权重为 $(x_1, \cdots, x_n)$ 的债券组合，我们得到[41]

$$\mathcal{R}(x) = \sigma\left(\sum_{i=1}^{n} -x_i D_i \mathrm{d}\mathcal{S}_i(t)\right)$$
$$= \sqrt{\sum_{i=1}^{n}\sum_{j=1}^{n} x_i x_j D_i D_j \sigma_i^s \sigma_j^s \mathcal{S}_i(t)\mathcal{S}_j(t)\rho_{i,j} \mathrm{d}t}$$
$$\propto \sqrt{x^\top \Sigma x}$$

其中，$\Sigma_{i,j} = \rho_{i,j}\sigma_i^c\sigma_j^c$。我们发现，$\mathcal{R}(x) = \sqrt{x^\top \Sigma x}$ 可以被解读为一篮子 CDS 的整体波动性，这一篮子 CDS 用于对冲掉债券组合的信用风险。于是，$\mathcal{R}(x)$ 就是债券组合的信用风险度量指标，它具有两个诱人的特性：

1. 它基于很少的几个参量：两个"组合"参数 x_i 和 D_i，和三个"基于市场"的参数 $\mathcal{S}_i(t)$，σ_i^s 和 $\rho_{i,j}$。
2. 它满足欧拉配置原则，因为它是波动率风险的度量。

注56 之前的分析针对的是零息债券组合。我们认为此分析对带息债券同样适用。

例38 我们来看一个含有四只债券的组合：
- 一只德国债券（价值 = 1200 万欧元，久期 = 8.2 年）
- 一只法国债券（价值 = 1500 万欧元，久期 = 7.1 年）
- 两只意大利债券（价值分别为 1600 万欧元和 800 万欧元，久期分别为 6.5 年和 5.9 年）

这些债券的价值为 2012 年 3 月 1 日的市场价格。表 4.15 给出了当天有关信用风险的市场参数。

---

[41] 我们忽略了 $\mathrm{d}t$，该项为常数。

第四章 债券组合上的应用

表 4.15 市场参数（2012 年 3 月 1 日）

国家	$\tilde{s}_i(t)$（基点）	σ_i^s（%）	$\rho_{i,j}$		
德国	76	66.0	1.00		
法国	166	70.9	0.86	1.00	
意大利	356	74.2	0.73	0.80	1.00

表 4.16 计算一个债券的信用风险指标 σ_i^c

债券	国家	B_i	D_i	σ_i^c（%）
1	德国	12	8.2	4.11
2	法国	15	7.1	8.36
3	意大利	16	6.5	17.17
4	意大利	8	5.9	15.58

首先，我们计算单只债券的信用风险值，计算结果见表 4.16。例如，德国债券的 σ_i^c 值是 4.11%[42]。如果我们只考虑前三只债券构成的组合的话，则其信用风险值为 9.84%（见表 4.17）。在这一组合中，德国债券占组合权重 27.91%，但其信用风险仅占 9.85%。而四只债券构成组合的情况特别值得关注，主要因为有特殊的相关系数矩阵 ρ，表示如下：

$$\rho = \begin{pmatrix} 1.00 & & & \\ 0.86 & 1.00 & & \\ 0.73 & 0.80 & 1.00 & \\ 0.73 & 0.80 & 1.00 & 1.00 \end{pmatrix}$$

事实上，两个意大利债券之间的相关系数等于 1，因为它们面临相同的信用利差。于是我们得到的计算结果如表 4.18 所示。

表 4.17 由三只债券构成的组合的信用风险值

债券	x_i	$\mathcal{MR}_i$	$\mathcal{RC}_i$	$\mathcal{RC}_i^*$
1	27.91	3.48	0.97	9.85
2	34.88	7.65	2.67	27.12
3	37.21	16.67	6.20	63.03
风险值		9.84		

---

[42] 我们有：

$$\sigma_i^c = 8.2 \times 0.66 \times 0.0076 = 0.04113。$$

237

表 4.18 由四只债券构成的组合的信用风险值

债券	x_i	$\mathcal{MR}_i$	$\mathcal{RC}_i$	$\mathcal{RC}_i^*$
1	23.53	3.39	0.80	7.45
2	29.41	7.47	2.20	20.55
3	31.37	16.87	5.29	49.52
4	15.69	15.31	2.40	22.47
风险值	10.69			

表 4.19 含有意大利联合债券的组合的信用风险值

债券	x_i	$\mathcal{MR}_i$	$\mathcal{RC}_i$	$\mathcal{RC}_i^*$
1	23.53	3.39	0.80	7.45
2	29.41	7.47	2.20	20.55
3'	47.06	16.35	7.70	71.99
风险值	10.69			

如果组合中同时有一个国家的几只债券，可以通过将各债券风险敞口分组，并根据权重计算久期的平均值，从而得到信用风险值。比如，意大利债券的风险敞口是 2400 万欧元，加权平均久期是 6.3 年。利用这个联合债券 3'，我们得到表 4.19 所示的计算结果。我们证明了表 4.19 的结果等同于表 4.18。

我们将上述信用风险度量方法应用到花旗集团的 EGBI 指数上。表 4.20 给出了 EGBI 指数在某些日期的权重以及风险贡献的构成。2008 年 1 月，意大利债券占到欧元区债务的 22.6%，但却占到 EGBI 组合风险的 42.1%；与此同时，德国债券的占比为 24.3%，但风险贡献仅占 12.3%。此时，信用风险值非常低，仅为 30 个基点。四年后形势完全不同。事实上，2012 年 1 月，信用风险值等于 10.7%。为了更好地理解这些变化，图 4.15 显示了从 2008 年初开始不同国家债券的信用风险贡献度的演变过程。我们首先注意到雷曼兄弟公司违约事件对安全国家（如奥地利、法国、德国等）风险贡献度的影响，我们还观察到从 2008 年起希腊风险贡献度的上升。2010 年 4 月 27 日，标准普尔将希腊的信用评级降至 BB+级，从而希腊丧失了它可投资级别的状态，并在 EGBI 的下一个调整日退出了该指数[43]。2010 年 7 月后，葡萄牙、爱尔兰、意大利和西班牙的信用风险出现大幅度上升，而最近爱尔兰和葡萄牙

---

[43] 希腊的风险贡献度在 2010 年 4 月 30 日时达到最大值 28.5%。在 2010 年 6 月底，就在它退出指数之前，其风险贡献度还保持在 26% 的高位。

的信用风险有所下降。我们同样也观察到 2011 年以来法国信用风险的上升。

表 4.20　EGBI 组合的权重和风险贡献度　　　　单位：%

国家	2008 年 1 月		2010 年 1 月		2011 年 1 月		2012 年 1 月	
	x_i	$\mathcal{RC}_i^*$	x_i	$\mathcal{RC}_i^*$	x_i	$\mathcal{RC}_i^*$	x_i	$\mathcal{RC}_i^*$
奥地利	3.9	1.7	3.8	4.5	4.0	1.9	4.2	2.8
比利时	6.3	6.7	6.1	4.8	6.3	6.1	6.2	7.5
芬兰	1.3	0.4	1.2	0.3	1.3	0.1	1.5	0.3
法国	19.9	10.4	20.2	9.6	22.1	11.7	23.5	19.6
德国	24.3	12.3	21.6	7.2	22.9	5.8	23.4	8.0
希腊	5.2	8.5	5.0	15.6	0.0	0.0	0.0	0.0
爱尔兰	1.0	1.0	1.9	3.0	2.1	6.2	1.7	2.2
意大利	22.6	42.1	23.1	35.2	23.4	38.3	20.8	40.3
荷兰	5.5	1.8	5.3	2.1	6.1	1.4	6.5	2.6
葡萄牙	2.2	2.7	2.4	2.8	2.1	7.4	1.5	2.6
西班牙	7.8	12.4	9.5	14.9	9.6	21.1	10.7	14.0
$\mathcal{R}(x)$	0.3		2.8		8.3		10.7	

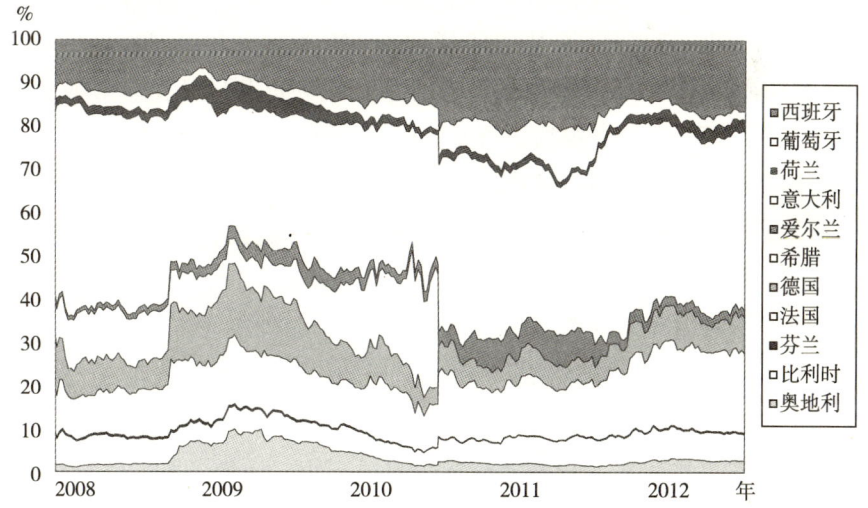

图 4.15　风险贡献度的动态演变（EGBI 组合）

4.3.2.2　债务加权指数、GDP 加权指数和风险加权指数的比较

和股票一样，对债券也是可以定义不同的备选加权方案的。市值加权指数就相当于债务加权方法。令 $DEBT_i$ 为第 i 个国家债务的市场价值，则权重

x_i 定义如下：

$$x_i = \frac{\text{DEBT}_i}{\sum_{j=1}^{n} \text{DEBT}_j}$$

例如，EGBI 指数就在这一方法上增加了投资级别约束条件。在债券组合的情况下更难定义基础指数，基本做法就是将国家的权重和它的还债能力联系在一起。例如，拖雷（Toloui，2010）建议采用 GDP 作为一个基准[44]：

"市值加权方法的一个替代方案就是采用 GDP 而不是市值来衡量全球债券指数中国家风险敞口的权重。……与市值加权方法相反，GDP 加权方法不会因为债券发行人债务水平高而给它增加权重；通常来讲，相比于市值加权指数，在 GDP 加权指数中，债务/GDP 的水平越高的国家在指数中的代表水平就越低。"

在这种情况下，就有

$$x_i = \frac{\text{GDP}_i}{\sum_{j=1}^{n} \text{GDP}_j}$$

其中，GDP_i 表示第 i 个国家的国民生产总值（GDP）。更具体而言，如果我们考虑花旗集团 EGBI 的 11 个国家子指数，GDP 加权方法就是在每个再平衡日[45]，将组合中第 i 个子指数的权重修正为该国 GDP 占 11 个国家 GDP 总额的比重。于是，每个子指数被视作一只债券。这个方法的优点就是可以保持同原指数相同的久期和利率风险。

于是，债务加权（DEBT - WB）方法和 GDP 加权（GDP - WB）方法就成为了权重预算方法的特例[46]。利用 EGBI 的子指数，我们对这两种方法进行了模拟，计算结果见表 4.21 和表 4.22。对债务加权组合而言，我们得到的 2010 年 7 月希腊退出之前的结果与 EGBI 组合相同。然而，若在 2012 年 1 月仍将希腊债券保留在组合中，则主权风险值上升 1%。在 GDP 加权指数方法下，希腊所占配比要比在债务加权指数方法下小。比如，按市值加权方法，2008 年 1 月希腊的权重为 5.2%（见表 4.21），但在 GDP 加权指数方法下只

---

[44] 还存在更复杂的基础指数化方法，但是这些方法实施起来很困难（Arnott et al.，2010；Brodsky et al.，2011）。
[45] 本小节中的所有模拟，都是以月度为基础进行再平衡的。
[46] 这个通用方法在 2.4.1 节中有说明。

有 2.6%（见表 4.21）。我们在意大利和葡萄牙债券上也观察到了同样的现象。然而，我们发现 GDP 加权方法也会提升一些高风险国家的权重。例如，GDP 加权指数下，西班牙的权重就高于债务加权指数下的权重，这是因为，这个国家的债务/GDP 比值低于平均水平。我们认为，在构造风险平衡组合时，基于 GDP 的指数化方法要比基于债务的指数化方法更有优势，但风险还是会集中在少数一些国家。另一点让人失望的就是，这两种方法呈现出相似的信用风险值，比如，2012 年 1 月，GDP 加权指数方法下的信用风险值等于 11.3%，这个数值同债务加权方法下的 11.1% 和 EGBI 指数下的 10.7% 十分接近。风险贡献度的变动情况见图 4.16 和图 4.17。我们发现，直到 2011 年 9 月，不同方法下的动态变化还都非常相似，这是由于债务指标和 GDP 指标的相对惯性造成的，但从此以后，我们观测到这两个指标出现了背离，这是因为希腊债券的市值在该期间大幅缩水，而希腊的 GDP 却保持基本稳定。事实上，2012 年 1 月至 2012 年 6 月，希腊债务市值缩水了 4/5，在 2012 年 6 月底，希腊债务仅占 11 个国家债务总和的 0.2%，同时，在 GDP 加权组合中，希腊债务占比 2.3%。由于希腊债务持续的巨大风险敞口，绝大部分的风险都被解释为源自该类头寸（见图 4.17）。事实上，2012 年 6 月底，债务加权组合下，希腊债务配置代表了风险的 2.9%，而在 GDP 加权组合下，则占到风险的 72.6%。

表 4.21 债务加权指数方法下的权重与风险贡献度   单位:%

国家	2008 年 1 月		2010 年 1 月		2011 年 1 月		2012 年 1 月	
	x_i	$\mathcal{RC}_i^*$	x_i	$\mathcal{RC}_i^*$	x_i	$\mathcal{RC}_i^*$	x_i	$\mathcal{RC}_i^*$
奥地利	3.9	1.7	3.8	4.5	3.9	1.6	4.2	2.6
比利时	6.3	6.7	6.1	4.8	6.0	5.0	6.1	7.1
芬兰	1.3	0.4	1.2	0.3	1.2	0.1	1.5	0.3
法国	19.9	10.4	20.2	9.6	21.2	9.4	23.3	18.4
德国	24.3	12.3	21.6	7.2	21.9	4.7	23.2	7.5
希腊	5.2	8.5	5.0	15.6	4.3	19.2	1.0	5.3
爱尔兰	1.0	1.0	1.9	3.0	2.0	5.1	1.7	2.1
意大利	22.6	42.1	23.1	35.2	22.4	30.6	20.6	38.3
荷兰	5.5	1.8	5.3	2.1	5.9	1.1	6.5	2.5
葡萄牙	2.2	2.7	2.4	2.8	2.0	6.1	1.5	2.5
西班牙	7.8	12.4	9.5	14.9	9.2	17.0	10.6	13.3
$\mathcal{R}(x)$	0.3		2.8		9.7		11.1	

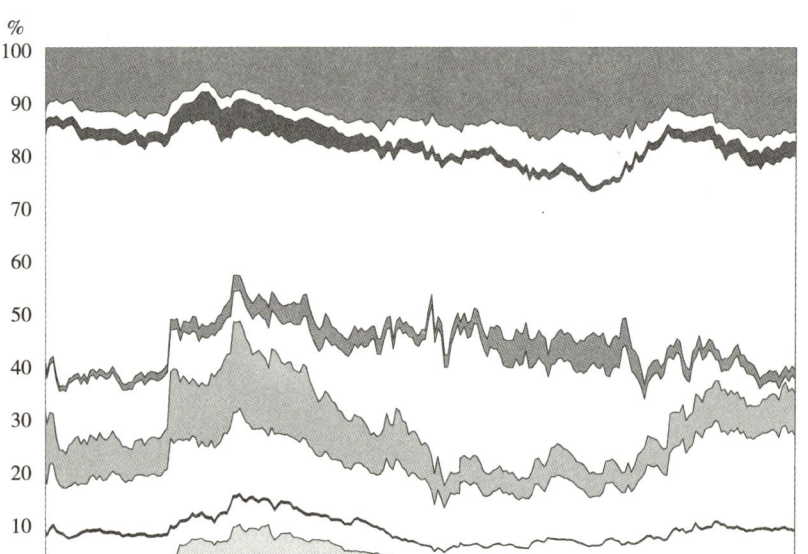

图 4.16 风险贡献度的动态变化（债务加权指数方法）

表 4.22 GDP 加权指数方法下的权重与风险贡献度　　　单位:%

国家	2008 年 1 月		2010 年 1 月		2011 年 1 月		2012 年 1 月	
	x_i	$\mathcal{RC}_i^*$	x_i	$\mathcal{RC}_i^*$	x_i	$\mathcal{RC}_i^*$	x_i	$\mathcal{RC}_i^*$
奥地利	3.1	1.4	3.1	4.2	3.2	1.5	3.3	1.9
比利时	3.8	4.3	3.9	3.5	4.0	3.7	4.0	4.3
芬兰	2.0	0.7	2.0	0.5	2.1	0.2	2.1	0.4
法国	21.3	11.8	21.5	12.1	21.5	11.0	21.7	15.6
德国	27.4	15.1	27.5	10.8	27.8	6.9	28.1	8.3
希腊	2.6	4.2	2.7	9.1	2.5	12.2	2.3	19.9
爱尔兰	2.1	2.3	1.8	3.2	1.6	4.7	1.7	2.1
意大利	17.4	32.5	17.2	29.5	17.1	26.7	17.0	29.0
荷兰	6.5	2.4	6.5	2.9	6.6	1.5	6.5	2.3
葡萄牙	1.9	2.4	1.9	2.6	1.9	6.5	1.8	3.0
西班牙	12.0	22.9	11.9	21.5	11.8	25.2	11.5	13.3
$\mathcal{R}(x)$	0.3		2.5		8.5		11.3	

第四章 债券组合上的应用

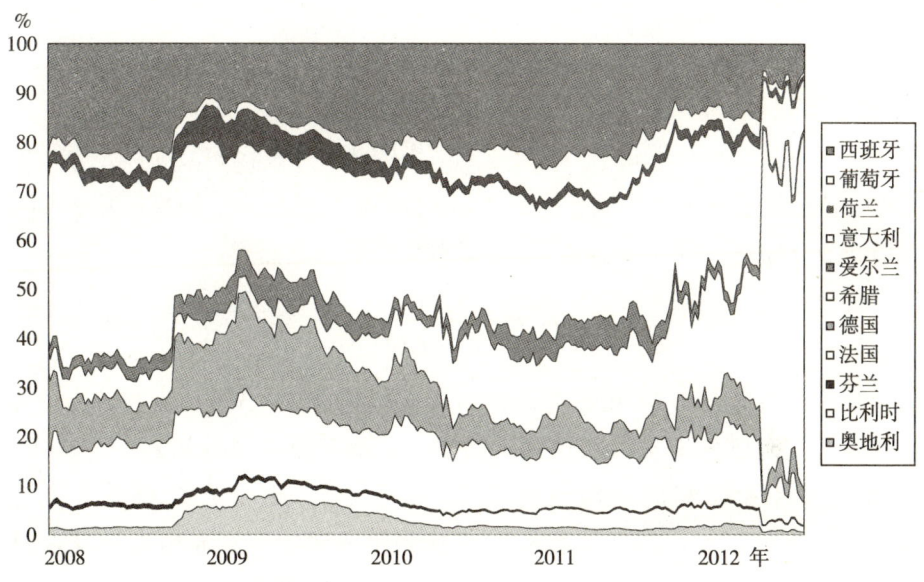

图 4.17 风险贡献度的动态变化（GDP 加权指数方法）

债务加权组合和 GDP 加权组合都有明显的缺陷。布鲁德等（Bruder et al，2011）建议采用风险预算方法，在这种情况下，组合权重得以优化，从而和一些给定的风险预算相匹配。我们有

$$\mathcal{RC}_i = b_i \cdot \mathcal{R}(x)$$

其中，b_i 为分配给第 i 个国家的风险预算，$\mathcal{R}(x)$ 为信用风险值。之前提到的权重预算方法存在一个问题，就是配置的动态性较低，这是因为债务和 GDP 的统计数据具有相对惯性。这个问题在风险预算方法中将不复存在，因为，即便风险预算固定不变，随着每个国家的风险的波动，都会导致组合权重随时间不断变化。换句话说，当一个国家的形势发生恶化，就会在该国的利差[47]上反映出来，进而影响到该国风险，最终会导致该国权重的降低。因此，风险预算方法能帮助投资者随时控制风险的分布。然而，这个方法并没有告诉我们如何选择合适的风险预算。我们可以考虑一个等权风险贡献度组合（ERC），但这个指数方法忽略了流动性问题。此外，大小国家之间设定相同的风险预算并不合理。因此，布鲁德等（2011）提出，根据各个国家的经济

---

[47] 例如，价差的波动性会上升。

规模来设定每个国家的风险预算。事实上，如果我们关注于债务，则风险预算 b_i 与债务成比例，即

$$b_i = \frac{\text{DEBT}_i}{\sum_{j=1}^n \text{DEBT}_j}$$

这个方法给出了基于债务风险指数（DEBT-RB）的定义。同样，基于 GDP 风险指数（GDP-RB）的方法则由如下风险预算构建而成：

$$b_i = \frac{\text{GDP}_i}{\sum_{j=1}^n \text{GDP}_j}$$

计算结果见表 4.23 和表 4.24。与权重预算指数（WB）不同，为了校准权重，我们要先定义风险预算。例如，在基于债务风险指数的方法下，2008 年 1 月意大利的风险预算为 22.6%，因为此时意大利债务占比 22.6%。因此，表 4.23（或表 4.24）所列出的风险预算 b_i 相当于表 4.21（或表 4.22）中所列的权重 x_i。我们发现，由于主权信用风险的存在，这样获得的权重和权重预算方法（WB）下的组合结果完全不同。事实上，2008 年 1 月，意大利的基于债务风险的权重为 10.0%，而在 EGBI 组合和债务加权组合中的权重为 22.6%。另一个例子是德国（或是其他安全国家，如芬兰和荷兰）的权重，在风险预算组合下其权重要高于在权重预算组合下的权重。我们还发现，在采用风险均衡方法后，信用风险值有所下降。此外，我们观测到组合配置随时间变化很大，这取决于主权风险的市场定价（同见图 4.18 和图 4.19）。在风险规避阶段，如 2011 年 11 月，基于债务风险指数的组合与债务加权指数组合之间的差异就更大，而当主权风险被关注程度相对较低期间，比如 2009 年 7 月，上述两种组合就会较为接近。举例来说，在基于债务风险指数的方法下，希腊债务相比于 2010 年以来的残余权重状态，其在 2008 年 1 月占到组合的 2.5%。西班牙的情况也很有意思，2010 年初，西班牙的权重有所增长，然后直到 2011 年中期都在下降，最终一直到 2011 年底才得以恢复。如果我们对基于债务风险的方法和基于 GDP 风险的方法进行比较，会发现，从静态的视角出发，两者之间是不同的，但它们的动态情形却很相似。

表 4.23　基于债务风险指数方法下的风险预算和权重　　　　单位:%

国家	2008 年 1 月		2010 年 1 月		2011 年 1 月		2012 年 1 月	
	b_i	x_i	b_i	x_i	b_i	x_i	b_i	x_i
奥地利	3.9	6.3	3.8	2.2	3.9	4.4	4.2	3.9
比利时	6.3	4.2	6.1	5.1	6.0	3.3	6.1	3.6
芬兰	1.3	2.6	1.2	3.1	1.2	5.5	1.5	5.3
法国	19.9	26.1	20.2	24.5	21.2	19.8	23.3	19.3
德国	24.3	31.6	21.6	38.5	21.9	43.4	23.2	42.7
希腊	5.2	2.5	5.0	1.1	4.3	0.5	1.0	0.2
爱尔兰	1.0	0.7	1.9	0.8	2.0	0.4	1.7	0.8
意大利	22.6	10.0	23.1	10.4	22.4	7.3	20.6	7.5
荷兰	5.5	10.6	5.3	8.8	5.9	12.8	6.5	11.1
葡萄牙	2.2	1.4	2.4	1.3	2.0	0.3	1.5	0.5
西班牙	7.8	3.9	9.5	4.1	9.2	2.4	10.6	5.1
$\mathcal{R}(x)$	0.2		1.8		4.4		7.3	

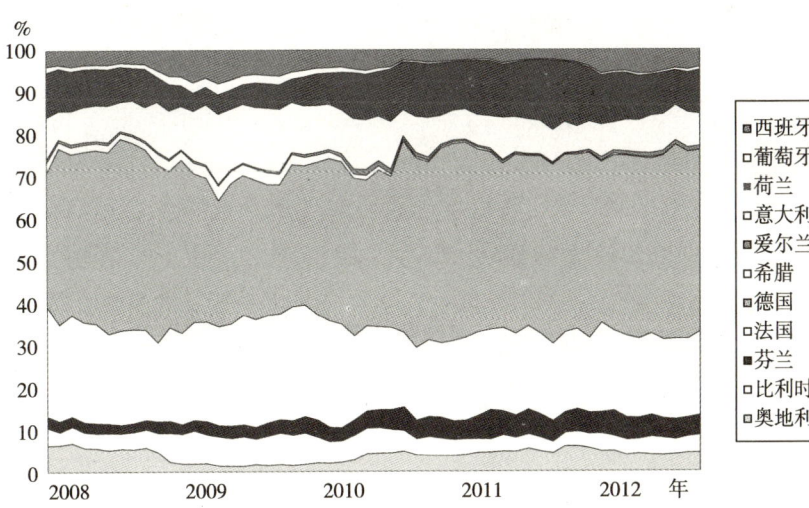

图 4.18　权重的演变（基于债务风险指数）

表 4.24　基于 GDP 风险指数方法下的风险预算和权重　　　　单位：%

国家	2008年1月		2010年1月		2011年1月		2012年1月	
	b_i	x_i	b_i	x_i	b_i	x_i	b_i	x_i
奥地利	3.1	4.8	3.1	1.7	3.2	3.2	3.3	2.9
比利时	3.8	2.5	3.9	3.0	4.0	1.9	4.0	2.2
芬兰	2.0	4.0	2.0	4.6	2.1	8.0	2.1	6.6
法国	21.3	26.9	21.5	23.3	21.5	17.8	21.7	16.8
德国	27.4	33.6	27.5	43.6	27.8	48.0	28.1	47.8
希腊	2.6	1.3	2.7	0.6	2.5	0.3	2.3	0.3
爱尔兰	2.1	1.4	1.8	0.7	1.6	0.3	1.7	0.8
意大利	17.4	7.7	17.2	7.3	17.1	5.1	17.0	5.9
荷兰	6.5	11.2	6.5	9.7	6.6	12.6	6.5	10.5
葡萄牙	1.9	1.2	1.9	1.0	1.9	0.3	1.8	0.6
西班牙	12.0	5.4	11.9	4.7	11.8	2.7	11.5	5.5
$\mathcal{R}(x)$	0.2		1.7		3.9		6.8	

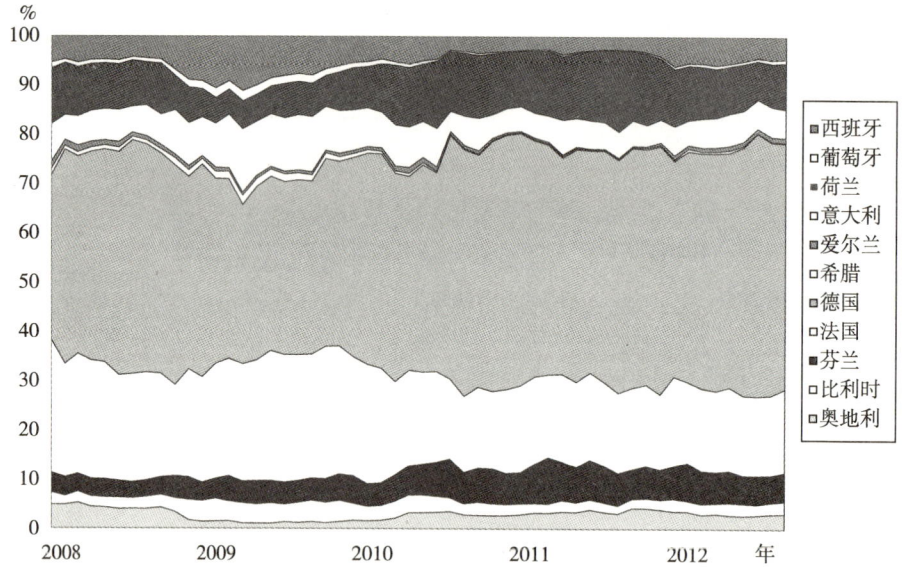

图 4.19　权重的演变（基于 GDP 风险指数）

现在我们来对比一下这四种加权方法。图 4.20 显示了信用风险值的演化过程。我们发现，正如所预期的那样，基于风险的指数方法给出较低的主权风险。

事实上，图 4.20 就是这个著名不等式[48]的图解，该不等式内容是：在相同的预算 b_i 的基础上，风险预算组合的风险值总是小于权重预算组合的风险值，即

$$\mathcal{R}(x_{\mathrm{mr}}) \leqslant \mathcal{R}(x_{\mathrm{rb}}) \leqslant \mathcal{R}(x_{\mathrm{wb}})$$

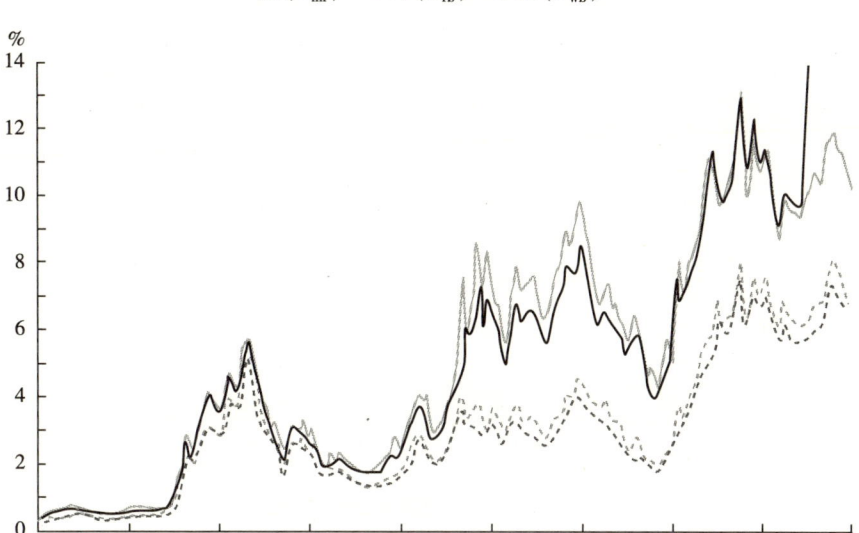

图 4.20　信用风险值的动态变化

更加令人惊讶的是，采用基于债务还是基于 GDP 的方法对信用风险值没有实质上的影响。如果来看 GIIPS 五国的风险贡献情况，我们可以得到同样的结论。从图 4.21 中我们观察到风险预算方法和权重预算方法之间存在实质性的不同，但在基于债务的方法和基于 GDP 的方法之间只有很小的区别。

通过模拟演算，我们可以验证这个普遍的结果。图 4.22 中我们观测了两组数据。第一组由 EGBI 指数、债务加权指数和 GDP 指数组成，第二组由基于风险的指数构成。因此，最重要的不是在基于债务的方法还是基于 GDP 方法之间进行选择，而是在权重预算方法还是风险预算方法之间作选择。表 4.25 列出了一些主要的统计数据，其中以 EGBI 指数作为基准[49]。在使用风险

---

[48]　见式 (2.38)。

[49]　它们是年化收益率 $\mu(x)$（以%表示）、波动率 $\sigma(x)$（以%表示）、夏普比率 $SR(x|r)$、最大亏损 $MDD(x)$（以%表示）、跟踪误差波动率 $\sigma(x|b)$（以%表示）、信息比率 $IR(x|b)$，与基准之间的相关系数 $\rho(x|b)$（以%表示）和贝塔值 $\beta(x|b)$。

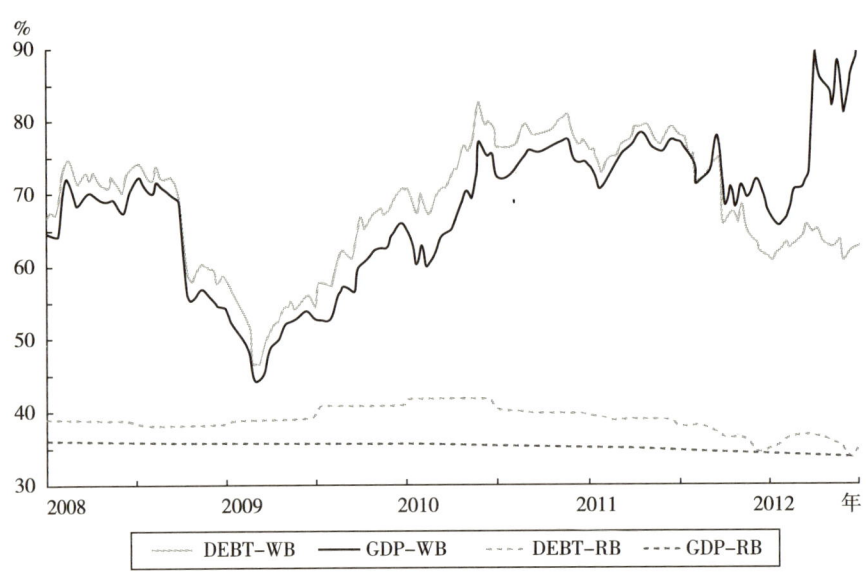

图 4.21　GIIPS 五国风险贡献度的演变过程

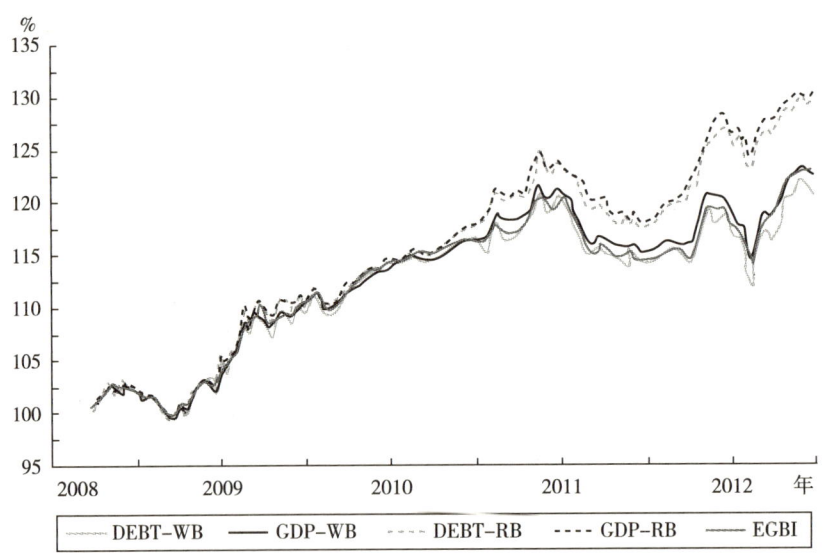

图 4.22　债券指数的模拟业绩

预算指数时,我们得到的业绩表现更好,同时波动率和亏损也更小。

表 4.25　债券指数的主要统计数据（2008 年 1 月至 2012 年 6 月）

统计量	权重预算 WB			风险预算 RB	
	EGBI	DEBT	GDP	DEBT	GDP
$\mu(x)$	4.81	4.52	4.75	6.26	6.43
$\sigma(x)$	4.60	4.63	4.49	4.44	4.49
$SR(x\mid r)$	0.70	0.63	0.70	1.05	1.07
$MDD(x)$	-6.80	-7.94	-6.90	-6.29	-6.34
$\sigma(x\mid b)$	0.00	0.35	0.67	2.18	2.48
$IR(x\mid b)$		-0.79	-0.08	0.63	0.62
$\rho(x\mid b)$		99.71	98.93	88.47	85.10
$\beta(x\mid b)$		1.00	0.96	0.85	0.83

为了理解风险预算方法的优异表现，我们在图 4.23 中展示了在整个周期中，一些国家的权重和平均权重之间的差异。于是，我们可以看到法国、德国、意大利和西班牙存在低于和高于平均配置的现象。我们发现，风险预算方法下的配置比权重预算方法更加动态。事实上，对于债务加权指数（DEBT - WB）、GDP 加权指数（GDP - WB）、基于债务风险指数（DEBT - RB）和基于 GDP 风险指数（GDP - RB）来说，年化收益率分别等于 11%、2%、89% 和 85%。总之，风险预算方法正是得益于它的动态性，当主权风险提高时，它会对风险敞口去杠杆，当主权风险下降时，它会承担更多的风险。

我们从晨星（Morning Star）数据库中"欧元政府债券"栏目中提取了 205 只活跃基金数据，在此基础上对权重预算策略和风险预算策略的业绩作比较，结果见图 4.24。更确切地说，我们得到了这些基金不同业绩分位点（10%、50% 和 90%）的情况，以及 EGBI 指数和基于债务风险组合的业绩状况。我们证实了一条学术规律，即主动型管理策略的平均业绩等于市场基准业绩减去费用[50]。还有件有趣的事情是，基于风险的指数表现毫不逊色于主动型管理策略基金中的前 10%。这个结论表明，风险均衡策略具有针对性，它通过持续不断地管理债券组合的信用风险来创造阿尔法（alpha）。

---

[50] 使用共同基金中位业绩和 EGBI 指数作为基准，我们得到的年隐含费用率为 57 个基点。

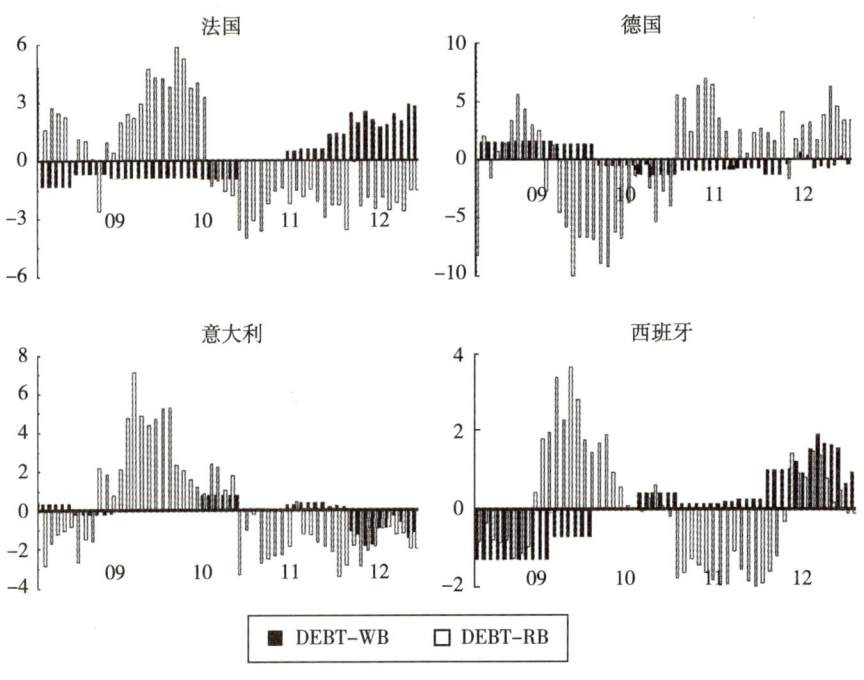

图 4.23　四个国家动态配置的比较

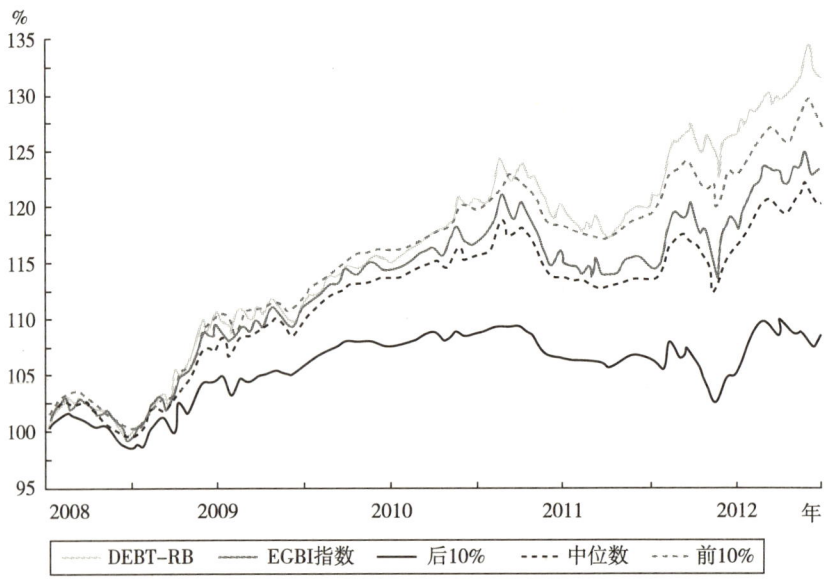

图 4.24　与主动型管理策略作比较

第五章 风险均衡策略在另类投资中的应用

风险均衡策略与另类投资之间存在很强的联系。事实上，对冲基金管理人在风险均衡技术的运用方面早已是先行者。比如，桥水公司（Bridgewater）的 All Weather 基金通常被认为是首个风险均衡基金。实际上，风险均衡策略使一些对冲基金被认为是传统型资产管理人，如 AQR 资本管理公司（AQR Capital Management）。这两个例子表明，风险均衡策略成为全球宏观多样化基金的一种新模式。然而，风险均衡在另类投资中的运用并不局限于该策略。因此，期货基金（CTA）和股票市场中性对冲基金（equity market neutral hedge funds）已经有很长一段时间在使用风险预算方法来调整其投资规模了。①

本章的目的是介绍一些风险预算技术在另类投资领域的应用。除了波动率这一风险度量指标外，本章也讨论其他风险度量工具，因为波动率对另类资产并不是那么适用。

第一节是关于商品，我们将介绍如何设计一个只做多（long-only）的商品投资组合。特别是，我们将引入多元化收益（diversification return）的概念，这是理解商品期货的风险溢价的关键因素。这种多元化收益通常可以通过等权重组合得到，但我们也介绍了等权风险贡献度组合（ERC），它是构

---

① 例如，最著名的交易模型之一——海龟交易系统吸引了无数专业与非专业交易人员，该系统就是采用风险均衡策略来进行头寸配置的。见文献"最初海龟交易原则"（The Original Turtle Trading Rules）的第四章，可从以下网址下载：http：//www.dailystocks.com/turtlerules.pdf。

建这种获取超额收益配置结构的另一种选择。这种组合可以作为应对商品市场多样化风险的一种形式,但也可用于动态策略下的一种中性组合。

第二节重点讨论对冲基金。在讨论了风险均衡策略为什么被广泛用于股票市场的中性决策之后,我们进一步来介绍对冲基金策略中的配置问题。为此,我们采用非高斯风险度量指标对 ERC 组合和风险因子均衡组合(RFP)进行比较。这个配置问题特别有意思,因为在这里,基础资产的流动性比股票和债券市场中观察到的流动性要低得多。于是,流动性管理就隐含地给换手率加上了一些约束条件,我们将探讨如何在实践中处理这个问题。

5.1 关于商品的案例

5.1.1 为什么投资商品有所不同

在叙述有关商品的风险均衡配置问题之前,我们先要回忆一下这一资产类别的一些重要特征。

5.1.1.1 商品期货市场

与传统的资产不同,商品是实物资产而非金融资产。投资商品难度更大,是因为它需要大量的基础设施配套,比如仓储、运输和市场准入。然而,自 20 世纪 70 年代以来,期货市场的发展使得商品实现了"金融化"。商品以期货合约的形式成为了金融资产,如今,商品期货得到对冲基金和机构投资者的广泛应用。[②]

正如劳特利奇等(Routledge et al., 2000)所解释的那样,与其他传统金融资产(股票、债券)作比较,商品表现出不同的特征:
- 期货价格难以估值,也就是说,其期限结构的表现十分复杂;
- 对于很多商品,现货和期货的价格都表现为均值回复特性;
- 商品的价格具有强烈的异方差性。

商品期货的定价没有公认的模型。首先,我们必须考虑商品的仓储成本 s。令 S_t 为现货价格,那么交货期为 T 的远期价格可由下式表示:

---

② 我们通常区分对冲(生产者和消费者)和投资(交易者)。一个投机者并不生产或使用商品,但是为了通过价格变动获取收益而进行投资。

$$F_t(T) = S_t e^{(r+s)(T-t)}$$

物理存储会产生成本,但在特定情况下也会有一些优势(Gibson and Schwartz,1990)。需要注意的是,当库存量少但需求高时就是这种情况。便利收益(convenience yield)c 就是用来衡量这种效应的,它也可以被理解为一种流动性溢价。则有

$$F_t(T) = S_t e^{(r+s-c)(T-t)}$$

该式揭示了为什么当 $c > r + s$ 时期货价格会低于现货价格。然而,这个简单的模型并不能解释期货价格完整的动态性(Schwartz,1997)。期货价格对供给、需求和存货水平之间的跨期均衡更为敏感,并且不能被简化为一个套利数学公式[3](Pindyck,2001)。

这类资产的另一个特征是期货合约期限结构的升水和贴水(contango / backwardation)。图 5.1 中我们展示了不同日期原油期货的期限结构。随着研究阶段的变化,期限结构可能升高也可能下降。期货升水是一条向上的曲线,而期货贴水则对应于一条下降的曲线。这两种形态影响了期货价格的起伏。通常来说,第一项合约是最具流动性的,在这项合约的到期日,我们会将风险敞口转换到最靠近交割日的合约(或者是相邻的合约)上。这种滚动方法会对策略的收益造成影响。事实上,如果商品是期货贴水的,将会产生收益,而如果是期货升水,就会遭受损失(见图 5.2)。商品期货交易策略的收益与滚动方法有关,故该收益被称作为滚动收益。

对商品期货的计量经济学分析表明,期货价格是均值回复的(Bessembinder et al.,1995)。更确切地说,人们通常认为,期货价格显示出短期趋势的延续性和长期的反转性(Miffre and Rallis,2007)。这种短期特性正是商品期货市场上趋势跟随策略为什么受到普遍欢迎的原因。因此,商品交易顾问(CTA)基本上都是趋势跟随者(Fung and Hsieh,2001)。商品价格的另一个重要特性是其统计特性:它们显示出很强的自相关性、偏度和峰度(Deaton and Laroque,1992)。此外,与季节性周期相关的波动率[4]的异方差特性会引发一些额外的风险(Pindyck,2004)。

---

[3] 这对于不能储存的商品,如电力,尤为正确。
[4] 参见 Baillie and Myers(1991);Duffie et al.(2004)。

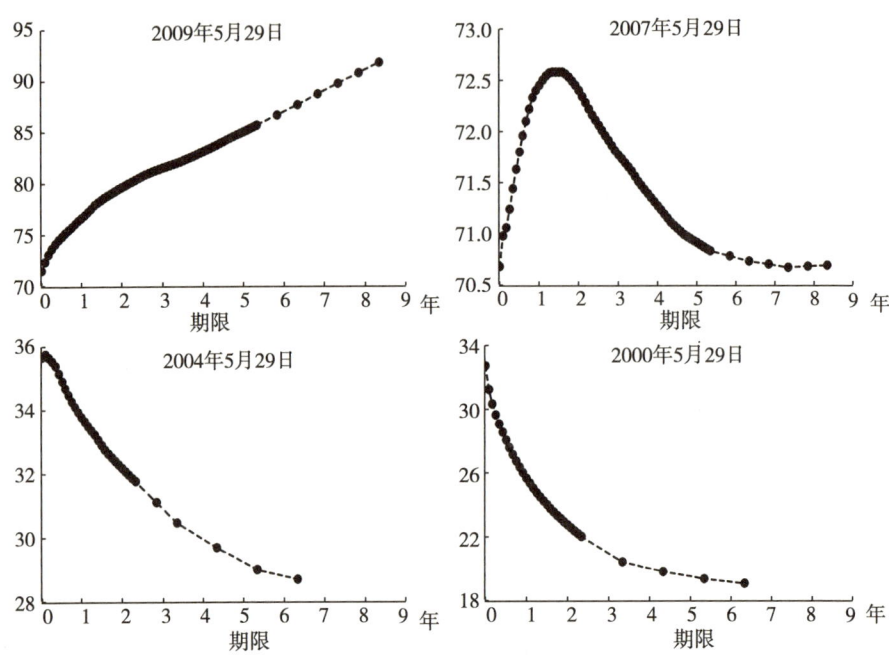

图 5.1 原油期货的期限结构

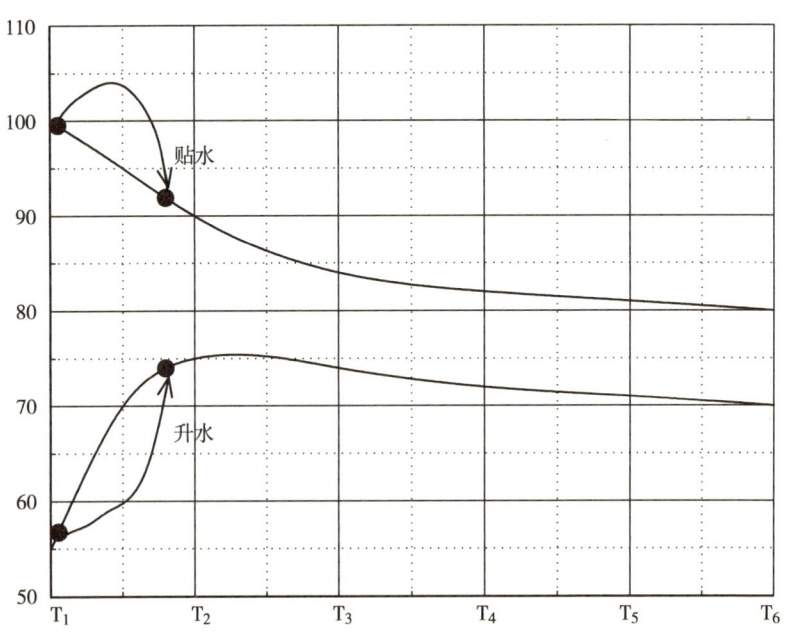

图 5.2 升水和贴水的变动

5.1.1.2 如何定义商品风险溢价

与传统的金融资产不同，商品风险溢价的存在是一个没有简单答案的问题。因此，与股票和债券相反，它不能由商品的物理储存所产生的收入（或红利）来表示。如果我们想要对商品风险溢价作出解释，就必须寻找其他的理由了。

凯恩斯（Keynes，1923）提出的风险溢价理论将期货价格和预期的未来即期价格联系在一起，他认为，投机者承担了风险，所以应当以贴现的方式对他们承担风险的行为作出补偿，这也就是所谓的正常的期货贴水。此外，由卡尔多（Kaldor，1939）提出的存货理论认为，在 t 时刻买入商品并在交割日前的 T 时刻卖出所获得的收益应该等于仓储成本减去便利收益。强有力的实证研究表明，商业周期造成了商品风险溢价随时间变化的特征（Deaton and Laroque，1992）。通常，全球需求旺盛时期一般伴随着低存货水平，这意味着商品价格将会激增。然而，长期商品风险溢价的证据却并不充分，因此有人认为，长期范围内的商品收益率应该接近于无风险利率。但是从经济角度看，保留一部分供后代使用的自然资源的必要性以及新兴市场经济体不断提升的地位，可以结构性地推高价格，从而解释了长期风险溢价的存在。

但是，最近的研究重新引发了关于滚动收益和多样化组合是否能解释商品风险溢价的争论。事实上，戈顿和鲁文霍斯特（Gorton and Rouwenhorst，2006）构建了一个基于1959年至2004年商品期货的等权重指数，并且发现，该指数比短期国债（T-bills）超出约5%的年收益率，他们得出结论：该商品期货的风险溢价基本上与历史股票风险溢价一致。这个观点得到了不同实证研究文章的支持（Basu and Miffre，2009）。然而，正如厄尔布和哈维（Erb and Harvey，2006）所指出的，在（单个）商品风险溢价和商品组合收益之间存在相互混淆：

"许多研究认为，商品期货之所以成为一种诱人的传统做多策略的投资品种，是因为其获得的收益与股票收益相同。然而，聚焦于单纯历史外推法的缺陷，就会引出一个问题，即这些历史性的证据意味着什么？是否商品期货合约平均来说有着同股票相似的收益呢？我们的研究表明并非如此：单个商品期货合约的平均超额收益率基本为零。那么，商品期货组合是否可能有着和股票相似的收益呢？这里，答案看起来是也许会。如果一个商品期货组合能够获得足够高的多样化投资收益，那么它就能获得类似股票的收益。"

然而，即使商品风险溢价很难由过去的业绩表现来证实，这也并不意味着商品不适合成为策略资产配置组合中的选择。商品与债券和股票的低相关性，以及可以用于对冲通货膨胀风险，这些足以成为将商品纳入传统做多策略敞口中的理由了（Bodie, 1983）。此外，霍恩阿斯等（Hoevenaars et al., 2008）的研究表明，商品可以在负债对冲组合中成为多样化资产。

5.1.2 商品类资产敞口的设计

5.1.2.1 多样化收益

通过对比资产 i 的复合收益率（或称几何收益率）R_i 和算术平均收益率 μ_i，布斯和法马（Booth and Fama, 1992）得到了以下著名的公式：

$$R_i \simeq \mu_i - \frac{1}{2}\sigma_i^2$$

则复合收益率约等于平均收益率减去收益率方差的二分之一。这个公式不仅适用于单一的资产，也适用于由 n 个资产组成且各资产被赋予固定权重 $(x_1,\cdots,x_n)$ 的组合。令 $\mu(x) = \sum_{i=1}^{n} x_i\mu_i$ 为加权平均收益率，根据威伦布罗克（Willenbrock, 2011）的研究，我们有

$$R(x) + \frac{1}{2}\sigma^2(x) \simeq \mu(x)$$

$$= \sum_{i=1}^{n} x_i\mu_i$$

$$= \sum_{i=1}^{n} x_i(R_i + \frac{1}{2}\sigma_i^2)$$

于是得到

$$R(x) \simeq \overline{R} + \frac{1}{2}\Big(\sum_{i=1}^{n} x_i\sigma_i^2 - \sigma^2(x)\Big)$$

其中，$\overline{R} = \sum_{i=1}^{n} x_i R_i$。组合的收益率 $R(x)$ 与加权平均收益率 $\overline{R}$ 之间的差就等于组合多样化收益率（portfolio diversification return）的一半[⑤]：

[⑤] 这个概念与用于关联交易的离差度量十分相近：$\mathfrak{d}(x) = \sum_{i=1}^{n} x_i\sigma_i - \sigma(x)$。

$$\eth(x) = \sum_{i=1}^{n} x_i \sigma_i^2 - \sigma^2(x)$$

布斯和法马得出结论：多样化可以通过抑制收益的波动性而提升复合收益率。事实上，多样化收益可以被看作是通过对组合的重新调整而增加的收益。

另一种获得布斯—法马公式的方法是，将价格过程 $S_i(t)$ 看作服从一种几何布朗运动：

$$\mathrm{d}S_i(t) = \mu_i S_i(t) \mathrm{d}t + \sigma_i S_i(t) \mathrm{d}W_i(t)$$

运用伊藤引理（Ito's lemma），有

$$\ln S_i(t) - \ln S_i(0) = \left(\mu_i - \frac{1}{2}\sigma_i^2\right)t + \sigma_i W_i(t)$$

则 $t = 1$ 时的期望收益率就等于：

$$\mathbb{E}\left[\ln \frac{S_i(t)}{S_i(0)}\right] = \mu_i - \frac{1}{2}\sigma_i^2$$

最终可以得到

$$\mathbb{E}[R_i] = \mu_i - \frac{1}{2}\sigma_i^2$$

我们把这个公式推广到多变量的情况。记 x_i 为组合中第 i 种资产的权重，有 $\sum_{i=1}^{n} x_i = 1$。买入持有策略表示在 0 时刻时购入资产并持有这个组合直至到期日 T 为止，在此期间对组合并不作任何调整。在这种情况下，财富的终值 $V(T)$ 可以由下式得到

$$\frac{V(T)}{V(0)} = \sum_{i=1}^{n} x_i \frac{S_i(T)}{S_i(0)}$$

于是，买入持有策略在 0 至 T 时刻之间的收益率 $\bar{R}$ 等于：

$$\bar{R} = \frac{V(T)}{V(0)} - 1$$

$$= \sum_{i=1}^{n} x_i R_i$$

其中，R_i 为资产 i 的收益率。恒定混合策略（constant – mix strategy）就是不断重新调整组合 x，从而保持敞口比例固定为 $(x_1, \cdots, x_n)$。财富 $V(t)$ 的动态变化则以下式表示：

$$\frac{dV(t)}{V(t)} = \sum_{i=1}^{n} x_i \frac{dS_i(t)}{S_i(t)}$$

根据伊藤引理：

$$d \ln S_i(t) = \frac{dS_i(t)}{S_i(t)} - \frac{1}{2}\sigma_i^2 dt$$

我们推导可得

$$d \ln V(t) = \sum_{i=1}^{n} x_i \left(d \ln S_i(t) + \frac{1}{2}\sigma_i^2 dt \right) - \frac{1}{2}\sigma^2(x) dt$$

以及：

$$\frac{V(T)}{V(0)} = \exp\left(\sum_{i=1}^{n} x_i \ln \frac{S_i(T)}{S_i(0)} + \frac{1}{2}\left(\sum_{i=1}^{n} x_i \sigma_i^2 - \sigma^2(x) \right) T \right)$$

其中，$\sigma(x)$ 是恒定混合策略投资组合的波动率。下面我们来看一个二次泰勒展开式[6]：

$$\frac{V(T)}{V(0)} \simeq \left(1 + \bar{R} - \frac{1}{2}\sum_{i=1}^{n} x_i R_i^2 + \frac{1}{2}\bar{R}^2 + \mathcal{O}(\bar{R}^3) \right) \cdot$$

$$\left(1 + \frac{T}{2}\left(\sum_{i=1}^{n} x_i \sigma_i^2 - \sigma^2(x) \right) + \mathcal{O}(\bar{R}^3) \right)$$

$$\simeq 1 + \bar{R} + \frac{1}{2}\left(\bar{R}^2 + T\left(\sum_{i=1}^{n} x_i \sigma_i^2 - \sigma^2(x) \right) - \sum_{i=1}^{n} x_i R_i^2 \right) + \mathcal{O}(\bar{R}^3)$$

不失一般性，令 $T=1$，可以推得

---

[6] 回忆公式：

$$R_i = \frac{S_i(T)}{S_i(0)} - 1$$

则有

$$\exp\left(\sum_{i=1}^{n} x_i \ln \frac{S_i(T)}{S_i(0)} \right) = \exp\left(\sum_{i=1}^{n} x_i \left(R_i - \frac{1}{2}R_i^2 + \mathcal{O}(\bar{R}^3) \right) \right)$$

$$\simeq 1 + \sum_{i=1}^{n} x_i R_i - \frac{1}{2}\sum_{i=1}^{n} x_i R_i^2 + \mathcal{O}(\bar{R}^3) +$$

$$\frac{1}{2}\left(\sum_{i=1}^{n} x_i R_i - \frac{1}{2}\sum_{i=1}^{n} x_i R_i^2 + \mathcal{O}(\bar{R}^3) \right)^2$$

$$\simeq 1 + \bar{R} - \frac{1}{2}\sum_{i=1}^{n} x_i R_i^2 + \frac{1}{2}\bar{R}^2 + \mathcal{O}(\bar{R}^3)$$

和

$$\exp\left(\frac{1}{2}\left(\sum_{i=1}^{n} x_i \sigma_i^2 - \sigma^2(x) \right) T \right) = 1 + \frac{T}{2}\left(\sum_{i=1}^{n} x_i \sigma_i^2 - \sigma^2(x) \right) + \mathcal{O}(\bar{R}^3)$$

$$R(x) - \overline{R} \simeq \frac{1}{2}\left(\left(\sum_{i=1}^{n} x_i \sigma_i^2 - \sigma^2(x)\right) - \left(\sum_{i=1}^{n} x_i R_i^2 - \overline{R}^2\right)\right)$$

我们可以辨认出，第一项是组合多样化收益率，第二项则是资产收益率的横截面方差，即

$$\mathfrak{c}(x) = \sum_{i=1}^{n} x_i R_i^2 - \overline{R}^2$$

虽然这个公式仅在价格没有过于偏离其初始价值的时候才适用，但它完善了布斯和法马的研究结果。恒定混合策略组合的收益率 $R(x)$ 和买入持有策略组合的收益率 $\overline{R}$ 之间的差约等于多样化收益减去资产收益横截面方差所得差值的二分之一，即

$$R(x) - \overline{R} \simeq \frac{1}{2}(\mathfrak{d}(x) - \mathfrak{c}(x))$$

这里，第二项的 $\mathfrak{c}(x)$ 降低了多样化收益的正效应，当资产间的收益率相同时，该项就会消失；而当组合中各资产的业绩贡献基本相同时，多样化组合的收益率将会达到其最大值。

正如厄尔布和哈维（Erb and Harvey，2006）所提出的，等权重商品组合的良好业绩表现可以通过多样化收益得到解释。然而，威伦布罗克（Willenbiock，2011）指出，有其他重新调整的投资组合会产生显著的超额收益。在下一节中，我们将探讨，对于建立商品期货指数来说，等权风险贡献度（ERC）组合相对于等权重（EW）组合是否是一个更好的选择[⑦]。

5.1.2.2 比较 EW 和 ERC 投资组合

我们来看一个有着 12 种商品的域：原油、布伦特原油、天然气、热油、小麦、玉米、黄豆、棉花、铜、黄金、白银和铝。所有主要行业（能源、农业、金属）都占比相等，研究期间为 1990 年 1 月至 2012 年 11 月。对于每一种商品，我们选择最短到期期限的期货合约进行投资，并且在第一交割通知日（first notice day，或 FND）的前三天实现滚动交割。表 5.1 给出了在整个研究期间内每种商品的年度超额收益率计算结果。这些期货合约中很少有正的超额收益（天然气、小麦、玉米和棉花）。平均而言，我们得到年超额收益率为 –30 个基点，这表明期货合约的超额收益率非常接近于无风险利率，

[⑦] 我们回忆，在达到均衡时，ERC 投资组合中所有资产的业绩贡献是相同的。

这个数字证实了厄尔布和哈维（2006）的研究结果，并且得出结论：20多年来商品期货未能提供风险溢价。我们还给出了在一年期滚动窗口下年度超额收益率的一些分位数统计值。我们观察到，某些年份可能业绩很高（一年超过200%），某些年份也可能损失很大（一年超过60%）。收益如此分散，也成就了商品交易顾问（CTA）行业的兴盛，以及商品期货市场中趋势动量交易策略的主导地位，同时它也解释了为什么这些金融资产的波动性如此之大（见表5.2）。比如，天然气的波动率为51%，布伦特原油的波动率为35%，最小的波动率出现在黄金，接近16%。不过，波动率每年都有变化，即使是对黄金期货而言。

这些观测结果促使梅拉德等（Maillard et al.，2010）采用ERC方法对八种农产品进行了研究。他们发现，ERC组合在业绩表现、波动率、夏普比率方面都优于EW组合，他们还建议，ERC组合是用来攫取前文提到的多样化收益的一个强有力的工具选择。查维斯等（Chaves et al.，2012）对一个有着28种商品期货的大组合进行了研究，他们发现，风险均衡组合和等权重组合的夏普比率不相上下。在接下来的讨论中，我们还是来看之前的那个由12种商品期货构成的域。当我们用日收益率和一年滚动窗口来估算协方差矩阵时，组合每个月被调整一次。计算结果见表5.3。在图5.3中，我们也列出了等权重（EW）组合的风险贡献度、等权风险贡献度（ERC）组合的权重以及这两种投资策略的模拟业绩情况。我们发现，在EW组合的情况下，能源领域集聚了一些风险，而在ERC组合的情况下，风险多集中在金属领域。这点解释了为什么EW组合比ERC组合不仅具有更大的波动性，而且具有更好的业绩表现。最后，这两者有相似的夏普比率（约25%），而且相比于买入持有策略，它们能产生显著的超额收益。我们由此得出结论：在获得多样化收益方面，相对于EW组合策略，ERC组合策略也可以作为另一个好的选择，尽管未必是一个更好的选择。

第五章 风险均衡策略在另类投资中的应用

表 5.1 商品期货策略的年度超额收益率 单位:%

	1990—2012年	一年滚动窗口				
		最小值	10%	50%	90%	最大值
原油	-4.9	-75.7	-40.4	6.3	89.3	175.1
布伦特原油	-10.2	-69.4	-33.2	13.9	74.5	231.2
天然气	19.2	-83.3	-58.0	-20.0	86.0	360.2
热油	-8.3	-70.6	-30.7	8.4	76.8	230.3
小麦	8.3	-64.9	-34.2	-8.1	29.5	146.6
玉米	6.4	-60.5	-30.5	-9.9	35.8	104.9
黄豆	-3.4	-47.3	-20.9	1.5	40.9	89.8
棉花	6.9	-63.3	-36.8	-8.9	38.5	185.5
铜	-6.0	-62.4	-26.0	2.4	58.6	223.1
黄金	-2.9	-25.9	-14.4	1.9	26.3	63.2
白银	-4.3	-41.3	-19.9	1.5	45.0	158.9
铝	-5.0	-55.2	-19.7	5.3	42.7	86.9
平均值	-0.3					

表 5.2 商品期货策略的年度波动率 单位:%

	1990—2012年	一年滚动窗口				
		最小值	10%	50%	90%	最大值
原油	36.5	15.6	21.4	32.5	48.5	70.3
布伦特原油	34.8	16.2	21.6	30.6	43.9	68.4
天然气	51.0	24.0	36.0	49.2	66.0	73.6
热油	35.1	19.4	23.1	32.0	43.3	62.9
小麦	28.2	16.6	18.4	24.4	40.0	51.2
玉米	25.0	12.7	15.7	22.2	33.8	44.8
黄豆	22.8	11.4	16.7	20.6	31.5	41.4
棉花	26.0	12.2	18.6	23.4	34.4	42.4
铜	27.2	13.1	17.6	23.8	35.9	56.5
黄金	16.2	5.9	8.0	14.7	22.4	33.0
白银	29.0	11.5	16.8	25.7	43.4	54.6
铝	21.4	8.5	13.6	19.6	27.3	43.3
平均值	29.4					

表 5.3　EW 和 ERC 商品组合的主要统计数据

组合	$\hat{\mu}_{1Y}$	$\hat{\sigma}_{1Y}$	SR	$\mathcal{MDD}$	γ_1	γ_2
EW	8.26	16.48	0.28	−57.79	−0.31	5.16
REC	7.24	14.46	0.25	−56.06	−0.22	4.95

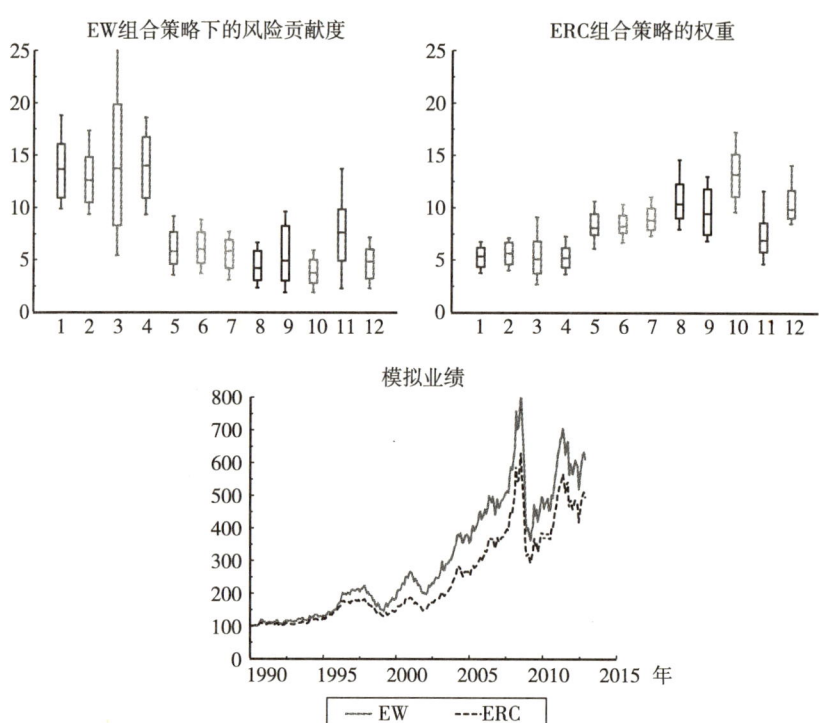

图 5.3　EW 和 ERC 商品组合的模拟业绩

5.2　对冲基金策略

5.2.1　敞口规模的确定

对冲基金采用风险均衡技术来调整其投资策略的敞口已经有很长时间了，

尤其是在股票市场中性策略（EMN）中使用频繁，这些策略同时持有多头和空头头寸，并调整敞口的大小使组合与股票市场的相关性很低。投资组合的构建还是利用马科维茨的理论框架，目标函数为最大化期望收益 $\mu(x) = x^\top \mu$，并满足事前给定的波动率 σ^* 和零 β 的约束条件，有

$$\sum_{i=1}^{n} x_i \beta_i = 0$$

如果我们记 b 为基准组合（或股票市场组合），则有

$$\sum_{i=1}^{n} x_i \beta_i = x^\top \beta$$

$$= \frac{x^\top \Sigma b}{b^\top \Sigma b}$$

则约束条件 $\sum_{i=1}^{n} x_i \beta_i = 0$ 可以写成线性约束条件 $x^\top \Sigma b = 0$。于是，我们得到一个 γ 问题：

$$x^* = \operatorname{argmin} \frac{1}{2} x^\top \Sigma x - \gamma x^\top \mu$$

$$\text{满足} \quad (b^\top \Sigma) x = 0$$

其中，通过调节 γ 来达到事先设定的波动率 σ^*。采用单因子模型，可得投资组合 x 在 t 时刻的收益率为

$$R_t(x) = \sum_{i=1}^{n} x_i (\beta_i R_t(b) + \varepsilon_{i,t})$$

其中，$R_t(b)$ 是基准组合收益率，$\varepsilon_{i,t}$ 是股票 i 的特质风险。由于 $\sum_{i=1}^{n} x_i \beta_i = 0$，推导可得

$$R_t(x) = \sum_{i=1}^{n} x_i \varepsilon_{i,t}$$

这样，投资策略的收益率只取决于特定风险 $\varepsilon_{i,t}$，而不是股票市场的收益率。这就是为什么股票市场中性策略（EMN）是一个纯粹的选股策略的原因。为了获得市场中性，许多基金经理运用配对交易策略，即通常选用同一行业的两只股票进行多头和空头匹配。

让我们来看配对交易 j。记 β_j^+ 和 $\varepsilon_{j,t}^+$（或 β_j^- 和 $\varepsilon_{j,t}^-$）分别是多头（或空

头）下的股票贝塔值和特定风险。如果有两只同行业的股票，则可以假定 $\beta_j^+ \simeq \beta_j^-$，于是得到

$$R_t(x) = \sum_{j=1}^m x_j((\beta_j^+ - \beta_j^-)R_t(b) + \varepsilon_{j,t}^+ - \varepsilon_{j,t}^-)$$

$$\simeq \sum_{j=1}^m x_j(\varepsilon_{j,t}^+ - \varepsilon_{j,t}^-)$$

其中，m 表示配对交易的个数，x_j 表示配对策略 j 的权重。市场中的通常做法是把权重调整到与配对策略的波动率成反比：

$$x_j \propto \frac{1}{\sigma_j}$$

当我们假设组合中不同投资之间的相关性为一常数时，则此时组合的配置就相当于等权风险贡献度组合（ERC）。接下来，我们来说明这一选择的合理性。

令 $x_+ = (x_1^+, \cdots, x_m^+)$ 和 $x_- = (x_1^-, \cdots, x_m^-)$ 分别为多头和空头的权重向量。我们用以下方式来分隔 $2m$ 个资产收益率的协方差矩阵：

$$\Sigma = \begin{pmatrix} \Sigma_{++} & \Sigma_{+-} \\ \Sigma_{-+} & \Sigma_{--} \end{pmatrix}$$

于是，组合的波动率就等于：

$$\sigma(x) = \sqrt{x_+^\top \Sigma_{++} x_+ + x_-^\top \Sigma_{--} x_- + 2x_+^\top \Sigma_{+-} x_-}$$

推导可得配对策略 (x_j^+, x_j^-) 的风险贡献度为

$$\mathcal{RC}_j = x_j^+ \frac{\partial \sigma(x)}{\partial x_j^+} + x_j^- \frac{\partial \sigma(x)}{\partial x_j^-}$$

于是，如何调整权重 x_j^+ 和 x_j^- 的第一个办法是求解以下问题：

$$\begin{cases} \mathcal{RC}_j = \mathcal{RC}_k \\ x_j^+ > 0 \\ x_j^- < 0 \end{cases}$$

然而，这个方程组不可识别，并且有无穷解，这就是为什么我们必须减少变量个数的原因。比如，如果我们设定 $x_j^- = -x_j^+$，可以得到

第五章　风险均衡策略在另类投资中的应用

$$\begin{cases} \mathcal{RC}_j = \mathcal{RC}_k \\ x_j^+ > 0 \\ x_j^+ + x_j^- = 0 \\ \sigma(x) = \sigma^* \end{cases}$$

我们注意到，我们是利用波动率目标约束来得到一个唯一解。然而，从数值角度看，约束条件 $\sigma(x) = \sigma^*$ 是很难驾驭的。于是，最好还是将第一个配对交易的权重设定为一个给定的常数 c：

$$\begin{cases} \mathcal{RC}_j = \mathcal{RC}_k \\ x_j^+ > 0 \\ x_j^+ + x_j^- = 0 \\ x_1^+ = c \end{cases}$$

令 (x_+^c, x_-^c) 表示该问题的解。由于有 $\sigma(\alpha x_+^c, \alpha x_-^c) = \alpha \sigma(x_+^c, x_-^c)$ 成立，因此，如果调整投资组合规模，风险贡献度的约束条件依然有效。于是，寻找满足条件 $\sigma(x) = \sigma^*$ 的 EMN 组合就等价于：

$$x_+^* = \frac{\sigma^*}{\sigma(x^c)} x_+^c \text{ 和 } x_-^* = \frac{\sigma^*}{\sigma(x^c)} x_-^c$$

如果我们假设资产有相同的波动率，则配对交易 j 和 k 之间的相关关系满足：

$$\rho_{j,k} \propto \rho_{j,k}^{++} + \rho_{j,k}^{--} - \rho_{j,k}^{+-} - \rho_{j,k}^{-+}$$

其中，$\rho_{j,k}^{++}$ 表示交易 j 和交易 k 的多头资产之间的相关关系，$\rho_{j,k}^{+-}$ 表示交易 j 的多头资产和交易 k 的空头资产之间的相关关系，依此类推。假设一个有着 $S+1$ 个风险因子的模型，包括一个共同风险因子和每个行业的一项特定风险因子[8]。记 ρ_s 表示当两只股票同属一个行业 s 时的行业内部资产相关关系，ρ^* 则表示当两只股票分属不同行业时各行业之间的资产相关关系，于是可得：

$$\rho_{j,k} \propto \begin{cases} \rho_s + \rho_s - \rho_s - \rho_s, (j,k) \in s \\ \rho^* + \rho^* - \rho^* - \rho^*, \text{其他情况} \end{cases}$$

我们验证得到 $\rho_{j,k} = 0$。当满足以下假设条件时，市场操作与 ERC 组合相一致：

---

[8]　见第一章注 13 对这一模型的介绍。

1. 每个配对交易的多头和空头敞口在同一行业中；
2. 股票波动率都相同；
3. 风险因子模型与分行业因子模型相吻合。

从实践操作角度来看，第一个和第二个假设是最重要的，因为，交叉相关系数对行业内部相关系数敏感，而对波动率的敏感度较低。

例39 我们来看四个行业 s_1、s_2、s_3 和 s_4。每个行业内部的相关系数 ρ_s 分别为 80%、70%、65% 和 90%，而不同行业间的相关系数 ρ^* 等于 60%。组合包含五个多空投资品种，且配对交易分别在 s_1、s_2、s_3、s_4 和 s_4 内部进行。长腿合同方的资产波动率分别是 10%、40%、30%、10% 和 30%，短腿合同方的资产波动率分别为 20%、20%、20%、50% 和 20%。

通过把组合的目标波动率设定为 10%，我们得到表 5.4 所示的最优权重，同时还列出了每一配对交易的风险贡献度。在这个例子中，波动率差异较大，市场操作给出的结果与 ERC 方法相差不大了。

表 5.4 股票市场中性策略（EMN）组合的调整

	市场操作			ERC		
j	x_j^+	$\mathcal{RC}_j$	$\mathcal{RC}_j^*$	x_j^+	$\mathcal{RC}_j$	$\mathcal{RC}_j^*$
1	42.7%	2.1%	20.8%	38.5%	2.0%	20.0%
2	19.3%	2.5%	24.8%	18.6%	2.0%	20.0%
3	25.1%	3.0%	29.6%	21.5%	2.0%	20.0%
4	13.9%	0.6%	6.5%	18.7%	2.0%	20.0%
5	38.6%	1.8%	18.3%	45.2%	2.0%	20.0%
$\sigma(x)$		10.0%			10.0%	

5.2.2 对冲基金的组合配置

对冲基金的收益与标准资产类的收益有很大差别，这使得寻求多样化均衡组合的投资者对对冲基金很感兴趣。因此，对对冲基金投资的研究就很自然地集中在如何找到对对冲基金投资的最优比例（Cvitanic et al.，2003），识别对冲基金的风险因子（Fung and Hsieh，1997），以及最终建立最优的对冲基金组合（Kat，2004）。在 2008 年的对冲基金危机中，对冲基金遭到了很大损失。就这点而言，构建对冲基金的最优资金规模就成为一个具有挑战性的问题。

一方面，由于对冲基金投资的性质（动态交易策略，采用衍生品和杠杆），以及可以观测到的对冲基金收益结果的一些特性（随时间变化的协方差参数、收益分布的高峰度），当前的研究多集中在对协方差矩阵的动态描述的利用（Giamouridis and Vrontos，2007）、引入更高阶矩（Martellini and Ziemann，2010）或者定义其他的风险度量指标（Adam et al.，2008）。尽管采用了复杂的统计工具，但结果并不具有说服力。另一方面，如 MV、ERC 或 MDP 这些基于风险的策略以波动率作为风险度量指标，并没有能改善计算结果（Bruder et al.，2011）。本节中，我们将探究将基于风险的方法和非高斯风险度量工具相结合是否会是一个解决办法。

5.2.2.1 风险度量工具的选择

我们来看道琼斯瑞士信贷对冲基金指数（Dow Jones Credit Suisse All-Hedge index）。这个指数由 10 项子指数组成：（1）可转换债券套利策略（convertible arbitrage），（2）股票放空策略（dedicated short Bias），（3）新兴市场（emerging markets），（4）股票市场中性策略（equity market neutral），（5）事件驱动策略（event–driven），（6）固定收益套利策略（fixed Income arbitrage），（7）全球宏观对冲策略（global macro），（8）多空策略（long short equity），（9）管理期货策略（managed futures），（10）多重策略（multi–strategy）。研究期间为 2004 年 9 月至 2012 年 8 月底。

根据康特（Cont，2001）的研究，我们在表 5.5 中列出了按照 10 项子指数的月度收益率计算的一组风险度量指标值[⑨]。我们观察到，对冲基金策略的波动率小于股票的波动率，然而，一些恶化的情况下也可能和股票市场中观测到的相当。我们还发现，一些策略表现出高尖峰度，尖峰度大于 10。如果我们在 95% 的置信水平下来看风险价值和期望亏空这两个风险度量指标的话，我们会得到一个奇妙的现象：高斯风险价值（G）通常高于历史风险价值（H），而在期望亏空指标下正好相反，这就意味着对冲基金策略存在明显的厚尾现象，因此，波动率用于对冲基金策略的风险度量，其适用性要低于对传统资产风险度量的适用性。在这种情况下，我们可以认为，基于非高斯

---

⑨ 除了偏度 γ_1 和尖峰 γ_2 外，都以百分数表示。

风险度量工具的风险均衡策略会更为适合。基于之前的研究结果，我们选择了历史期望亏空和科尼什—费雪（Cornish – Fisher）风险价值这两个风险度量工具。

5.2.2.2 ERC 组合配置的比较

我们构建等权风险贡献度组合 ERC，在每个月底用三种风险度量方法进行再平衡调整，这三个风险度量指标是：波动率，历史期望亏空（ES）和科尼什—费雪（Cornish – Fisher）风险价值（CF）。每种风险度量指标值 $R(x)$ 都是基于两年的滚动窗口和80%的置信水平进行估计。我们将这三种 ERC 策略和资产加权组合⑩进行比较。图 5.4 中列示的是权重，而图 5.5 中则给出了各对冲基金策略之间的风险分解。我们验证了，即使不采用波动率作为风险度量指标，计算得到的每个 ERC 组合的风险贡献度也都等于10%。图 5.6 给出了模拟业绩情况，表 5.6 则归纳了风险与业绩的统计数据⑪。

表 5.5 对冲基金月度收益的统计数据

策略	$\hat{\mu}_{1Y}$	γ_1	γ_2	MDD	VaR		ES	
					(G)	(H)	(G)	(H)
1	12.2	-3.5	18.0	-47.9	5.6	3.5	7.0	12.5
2	16.3	0.0	0.7	-44.3	8.1	7.6	10.1	10.7
3	14.5	-1.6	5.7	-48.3	6.5	6.2	8.2	11.9
4	10.2	-2.8	16.3	-38.4	5.0	4.4	6.2	10.6
5	8.1	-0.8	1.6	-22.3	3.5	4.3	4.5	6.2
6	10.3	-3.8	24.7	-42.4	5.1	3.9	6.3	11.6
7	9.1	-1.8	8.8	-30.1	4.2	3.6	5.3	7.9
8	9.2	-1.4	3.1	-32.3	4.1	4.5	5.2	7.7
9	10.2	-0.1	-0.8	-9.2	4.3	4.1	5.5	5.1
10	8.0	-2.7	14.4	-35.8	3.5	3.2	4.5	7.9

---

⑩ 资产数据无法从网站 www.hedgeindex.com 上公开获得，因此，我们把它们作为常量，并采用平均持有量的估计值。

⑪ $\hat{\mu}_{1Y}$ 表示年度业绩，$\hat{\sigma}_{1Y}$ 表示年波动率，MDD 表示整个研究期间观察到的下降的最大值。这些统计数据都以百分数表示。偏度和尖峰度分别为 γ_1 和 γ_2，年度换手率表示为 $\bar{\tau}$，τ^+ 表示观察到的月度换手率的最大值。集中度指标依据各因子的风险贡献度进行计算：$\mathcal{H}^*$ 表示标准化的赫芬达尔（Herfindahl）指数，$N^* = \mathcal{H}^{-1}$ 表示独立策略的有效数量，$\mathcal{G}$ 表示基尼指数，$\mathcal{I}^*$ 是基于香农熵的多样化指标。

表 5.6 ERC 对冲基金组合的统计数据（2006 年 9 月至 2012 年 8 月）

	指数	ERC 加权		
		波动率 Vol	期望亏空 ES	CF 风险价值
$\hat{\mu}_{1Y}$（%）	0.86	0.23	1.81	1.34
$\hat{\sigma}_{1Y}$（%）	7.93	4.85	4.66	5.93
MDD（%）	-27.08	-18.22	-16.02	-19.14
γ_1	-2.04	-1.84	-1.37	-1.96
γ_2	6.24	6.88	5.38	8.98
$\bar{\tau}$	0.00	0.89	1.88	2.35
τ^+	0.00	0.41	1.31	0.77
$\mathcal{H}^*$	0.72	0.29	0.65	0.13
$\mathcal{N}^*$	1.40	3.05	2.67	5.42
$\mathcal{G}$	0.83	0.65	0.63	0.62
$\mathcal{I}^*$	1.77	3.98	3.68	3.38

首先，我们注意到，ERC 策略降低了收益的波动率和下降幅度。事实上，资产加权组合（或指数）的波动率等于 7.9%，而 ERC 策略的波动率则为 4.7%~5.9%。收益下滑幅度降低了 30%。然而，除了基于期望亏空得到的 ERC 投资组合外，ERC 策略的尖峰度并不比指数的尖峰度小。在投资组合

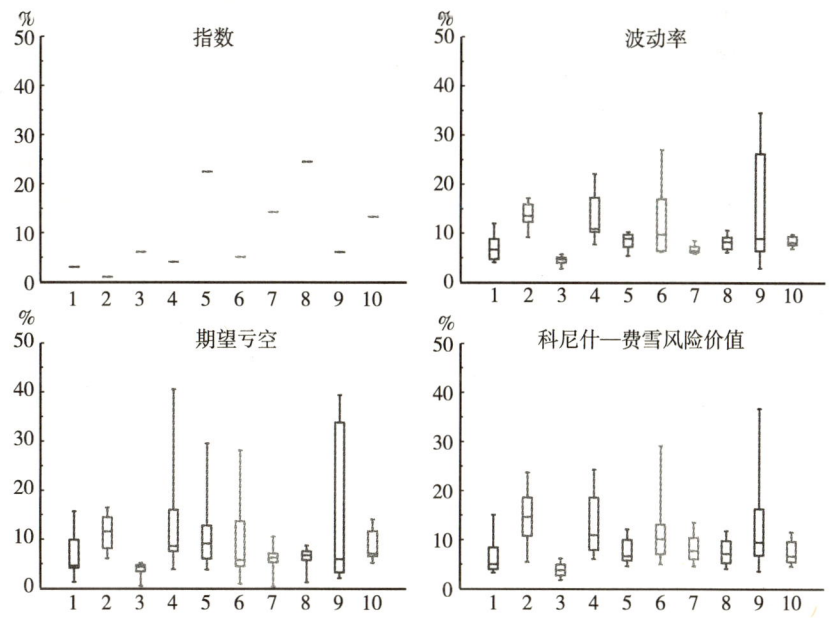

图 5.4 ERC 对冲基金组合的权重

的业绩表现方面，用期望亏空和 CF 风险价值这两个风险度量方法得到的 ERC 组合，其业绩表现要优于用波动率风险指标得到的 ERC 组合以及资产加权组合。此外，以波动率风险度量方法得到的 ERC 组合的业绩表现令人失望，它比资产加权组合的业绩更差。这不免让人得出结论：当资产收益呈现尖峰态或偏态时，采用非高斯的风险度量方法将提升 ERC 策略的业绩。但是，我们也看到，用期望亏空和科尼什—费雪风险价值方法会显著提高换手率。尤其是当我们考虑对冲基金策略时，这是一个十分严重的缺陷，因为这些资产是不具流动性的。

注 57　当计算风险度量指标时，其结果也会依赖于所采用的置信水平。我们之所以选择 80% 的置信水平，是因为两年的滚动窗口仅包含 24 组观测值。如果采用更高的置信水平，那么在调整 ERC 组合时可能就会遇到稳定性问题。

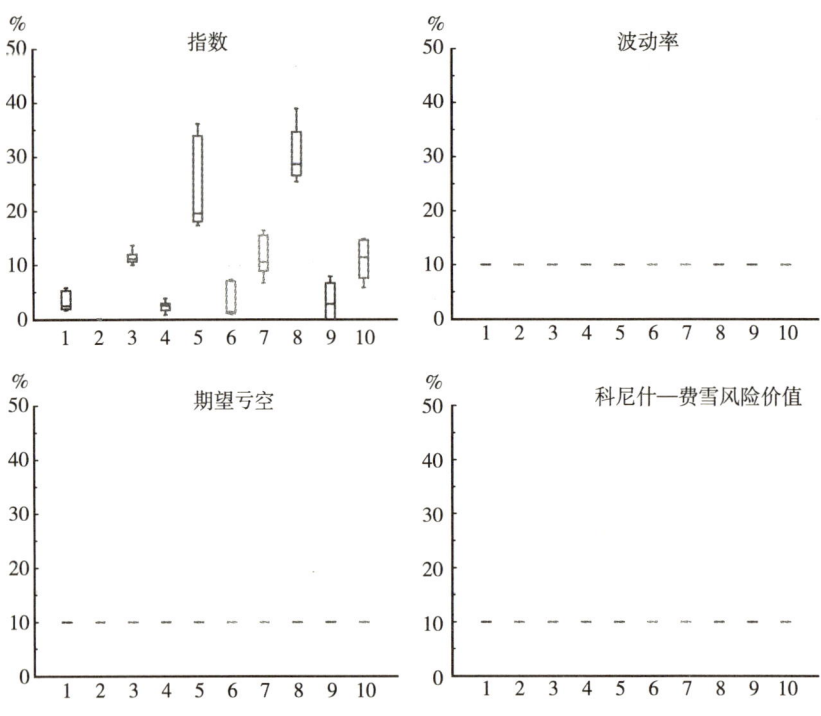

图 5.5　ERC 对冲基金组合的风险贡献度

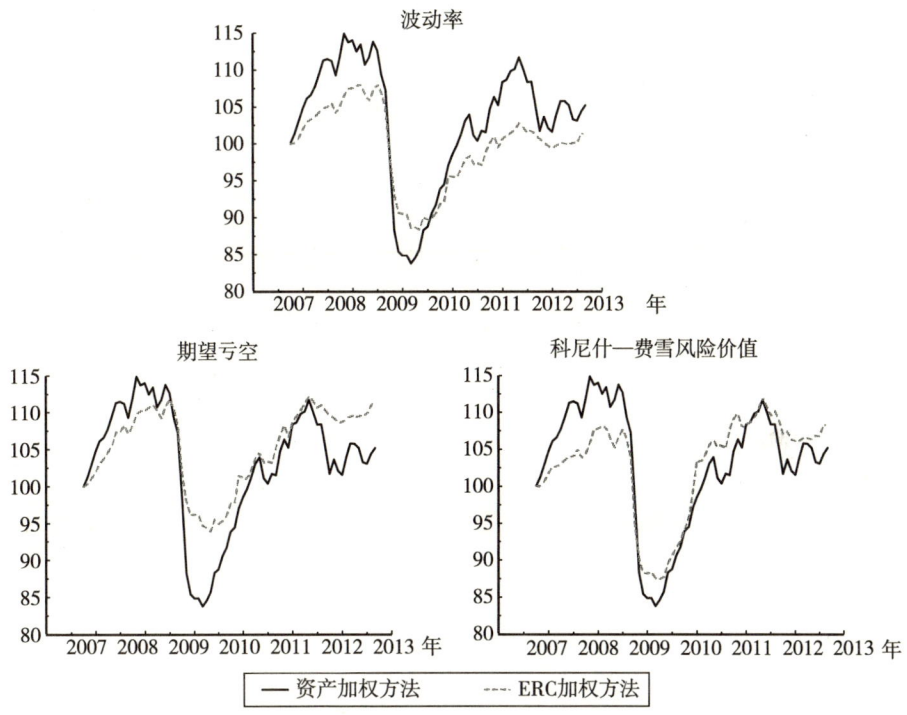

图 5.6　ERC 对冲基金组合的模拟业绩

5.2.2.3　风险因子的预算

我们把第二章 2.3 节介绍过的风险因子方法应用到这些策略上来。我们根据对两年的协方差矩阵数据所作的主成分分析（PCA）来构建统计因子。PCA 在对动态策略进行分类时使用很频繁（Fung and Hsieh，1997），并且 PCA 的使用在我们的应用实例中也很有意思，因为它可以产生相互独立的因子。于是，通过利用集中度指数（Meucci，2009），我们就可以很容易地刻画出投资组合的多样化程度。计算结果分别见表 5.6 和图 5.7。我们注意到，资产加权组合的风险很大程度上集中在第一因子上，ERC 策略产生了更多的均衡组合。我们计算了有效自由度数 $\mathcal{N}^*$ 和一些集中度指标，以用在考量关于各个因子的风险集中度。对于资产加权组合，$\mathcal{N}^*$ 取值为 1.40，表明该组合敞口于相互独立的风险因子数量少于两个。运用波动率风险度量方法构建的 ERC 组合则更为多样化，因为它受三个相互独立的风险因子影响。然而，最具多样化的投资组合是基于科尼什—费雪风险价值方法构建的，该组合有超过五个相互独立风险因子影响。还有一点很有趣的就是，除了采用期望亏空这一风险度量方法构建的组合外，平均来说，ERC组合都更多地受第二因子的影响，而不是第一因子。

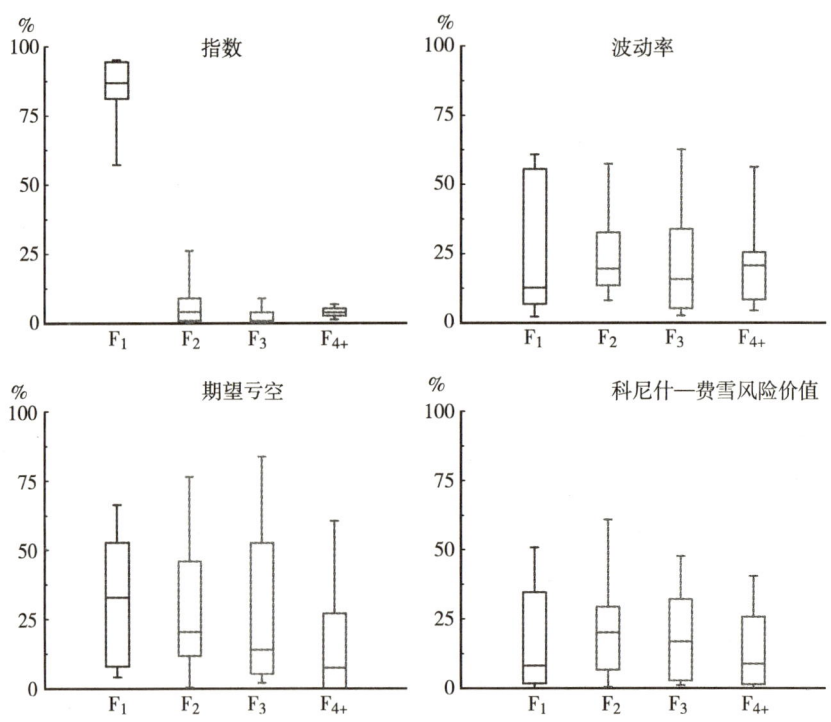

图5.7　ERC对冲基金组合的风险因子贡献度

我们现在来应用风险因子均衡（RFP）方法。于是，通过最小化前三个主成分因子的风险贡献的集中度来得到最优的投资组合。计算结果见表5.7和图5.8至图5.11。

表5.7　RFP对冲基金组合的统计数据（2006年9月至2012年8月）

	资产加权法	RFP加权法		
		波动率 Vol	期望亏空 ES	CF 风险价值
$\hat{\mu}_{1Y}$（%）	0.86	-0.31	0.10	-0.16
$\hat{\sigma}_{1Y}$（%）	7.93	5.98	5.33	6.35
MDD（%）	-27.08	-19.23	-15.96	-19.12
γ_1	-2.04	-1.00	-0.70	-2.87

续表

	资产加权法	RFP 加权法		
		波动率 Vol	期望亏空 ES	CF 风险价值
γ_2	6.24	3.87	3.71	14.68
$\bar{\tau}$	0.00	3.47	4.84	6.01
τ^+	0.00	1.50	1.63	1.39
$\mathcal{H}^*$	0.72	0.24	0.22	0.10
$\mathcal{N}^*$	1.40	3.02	3.01	6.78
$\mathcal{G}$	0.83	0.63	0.52	0.51
$\mathcal{I}^*$	1.77	3.06	3.54	3.74

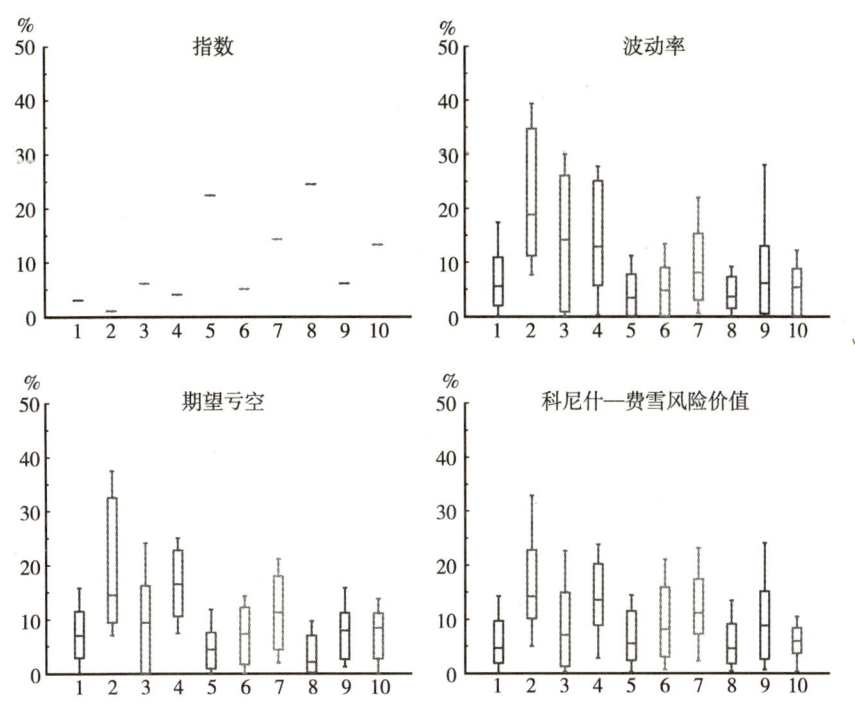

图 5.8　RFP 对冲基金组合的权重

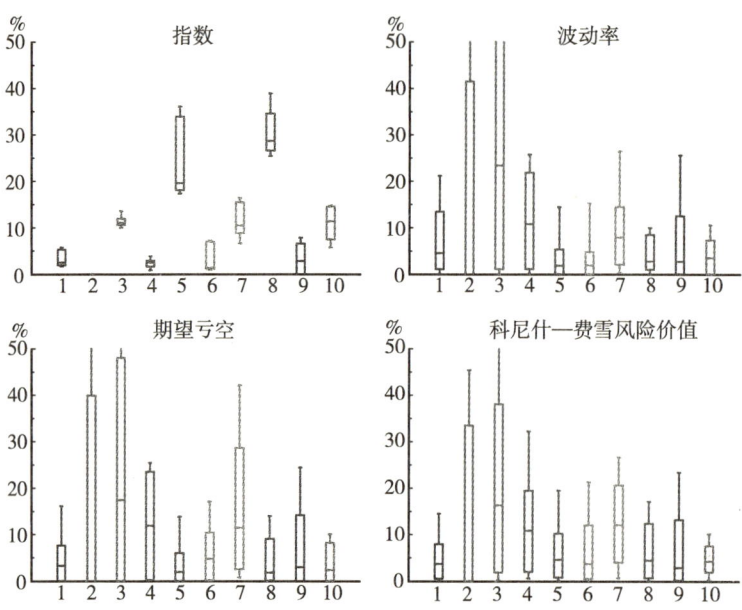

图5.9 RFP对冲基金组合的风险贡献度

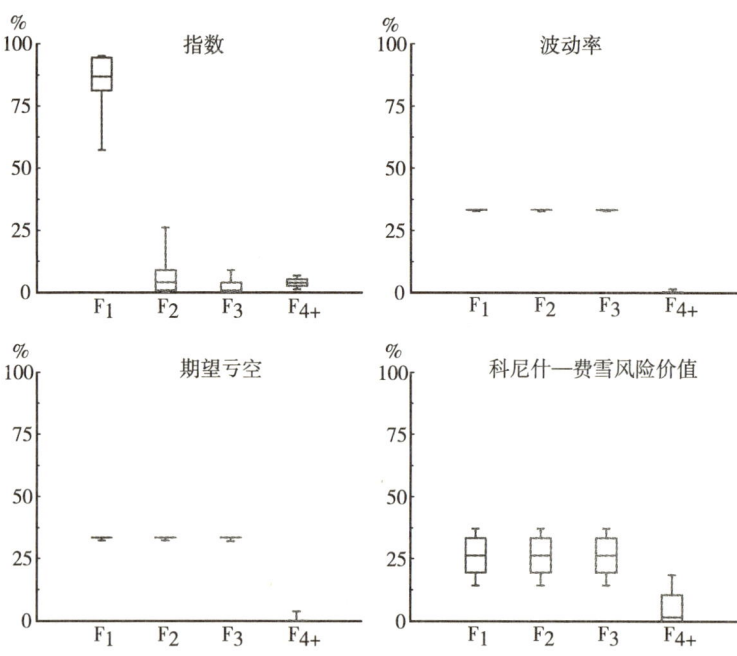

图5.10 RFP对冲基金组合的风险因子贡献度

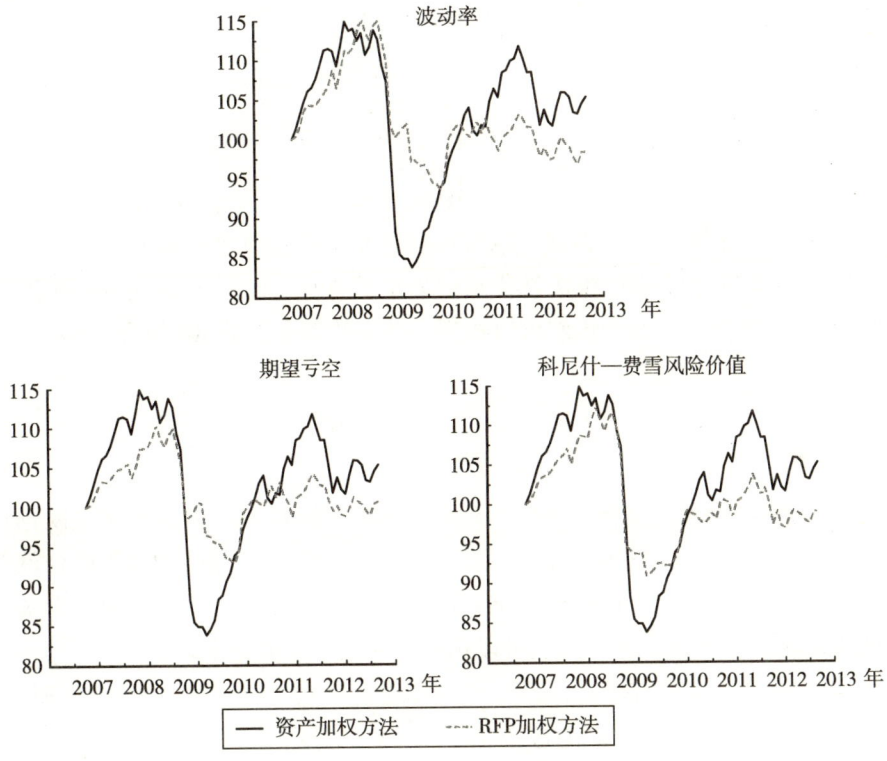

图 5.11 RFP 对冲基金组合的模拟业绩

如果我们来看图 5.10 中风险因子贡献度的箱线图，我们会发现，在波动率和期望亏空这两种风险度量方法下，前三个因子之间的离差非常小。而对于科尼什—费雪风险价值方法，得到的离差就更大，也就是说，用这种风险度量方法来达到风险预算会更为困难。另一点是关于权重的离差。这些 RFP 投资策略下的换手率非常大，比另外三种策略都大。此外，它们的业绩表现落后于资产加权组合和 ERC 组合。所有这些结果都表明，风险因子方法可以适用于对对冲基金组合的风险分析，但就对冲基金策略之间的配置而言却不十分到位。

5.2.2.4 限制换手率

前文分析中遇到的问题是换手率太高，于是，对冲基金策略的动态配置隐含着过高的交易成本。相对于当前组合 x^0，组合 x 的换手率为 $\tau(x) = \sum_{i=1}^{n} |x_i - x_i^0|$。为了限制换手率，我们可以通过引入非线性不等式约束条件

来修正 2.2.1.2 小节中的风险预算 RB 优化问题（2.22），即
$$x^* = \operatorname*{argmin} f(x;b)$$
满足 $\begin{cases} \tau(x) \leqslant \tau^+ \\ \mathbf{1}^\top x = 1 \\ 0 \leqslant x \leqslant 1 \end{cases}$

其中，τ^+ 是目标换手率。但是，这样的问题是很难数值化求解的。

另一个限制换手率的想法是找到一个介于当前配置 x^0 和最优 RB 组合 x^* 之间的投资组合。比如，我们可以找到一个带约束条件的 RB 组合，满足 $\delta \in [0, 1]$ 且：
$$\begin{cases} b = \delta b^* + (1-\delta) b^0 \\ \tau(x) = \tau^+ \end{cases}$$

其中，b^0 和 b^* 分别是组合 x^0 和 x^* 的风险预算。令 $x^*(\delta)$ 表示满足风险预算 $b = \delta b^0 + (1-\delta) b^*$ 的 RB 组合，于是，要寻找约束条件下的 RB 组合就等同于寻找满足 $\tau(x^*(\delta)) = \tau^+$ 的 δ。我们通常会发现，$\tau(x^*(\delta))$ 是一个关于 δ 的递增函数，于是，这个问题可以用分半算法来数值化求解。

我们也可以来看组合 $x^*(\alpha)$，它是 RB 组合 x^* 和组合 x^0 的结合，即：
$$x^*(\alpha) = \alpha x^* + (1-\alpha) x^0$$

其中，$\alpha \in [0, 1]$，则有
$$\tau(x^*(\alpha)) = \sum_{i=1}^n |x_i^*(\alpha) - x_i^0|$$
$$= \sum_{i=1}^n |\alpha x_i^* + (1-\alpha) x_i^0 - x_i^0|$$
$$= \alpha \tau(x^*)$$

于是，通过选择以下 α 的最优值就可以将换手率限定在 τ^+ 的水平：
$$\alpha = \min\left(\frac{\tau^+}{\tau(x)}, 1\right)$$

例 40 我们来看一个包含四种资产的域。假设它们的波动率分别为：20%、15%、25% 和 20%。资产收益的相关性由下列矩阵给出：
$$\rho = \begin{pmatrix} 1.00 & & & \\ 0.20 & 1.00 & & \\ 0.10 & 0.15 & 1.00 & \\ 0.20 & 0.20 & 0.50 & 1.00 \end{pmatrix}$$

我们想重新调整当前配置 x^0 = (20%, 40%, 5%, 35%),从而得到 ERC 组合。

表 5.8 和表 5.9 中给出了当前配置 x^0 和 RB 组合 x^* 的风险分解。于是,我们得到了换手率为 39.04%,这个值非常高。如果我们限定换手率为 5%,得到的解见表 5.10 和表 5.11。这些解对应于最优值 δ = 11.42% 和 α = 12.81%。我们注意到,两个组合 $x^*(\delta)$ 和 $x^*(\alpha)$ 之间非常接近。如果考虑一个更高的换手率 τ^+ = 20%,我们会得到相同的结论[12](见表 5.12 和表 5.13)。

表 5.8 当前配置 x^0 的风险分解

资产	x_i	$\mathcal{MR}_i$	$\mathcal{RC}_i$	$\mathcal{RC}_i^*$
1	20.00	10.90	2.18	17.68
2	40.00	10.20	4.08	33.07
3	5.00	12.26	0.61	4.97
4	35.00	15.61	5.46	44.28
波动率		12.34		

表 5.9 RB 组合 x^* 的风险分解

资产	x_i	$\mathcal{MR}_i$	$\mathcal{RC}_i$	$\mathcal{RC}_i^*$
1	25.68	12.08	3.10	25.00
2	33.56	9.24	3.10	25.00
3	18.84	16.46	3.10	25.00
4	21.93	14.14	3.10	25.00
波动率		12.41		

表 5.10 当 τ^+ = 5% 时,有约束的 RB 组合 $x^*(\delta)$ 的风险分解

资产	x_i	$\mathcal{MR}_i$	$\mathcal{RC}_i$	$\mathcal{RC}_i^*$
1	20.59	11.06	2.28	18.51
2	39.13	10.11	3.95	32.15
3	6.91	12.92	0.89	7.26
4	33.37	15.51	5.18	42.08
波动率		12.30		

[12] δ 和 α 的最优值为 48.98% 和 51.24%。

表 5.11 当 $\tau^+ = 5\%$ 时，有约束的 RB 组合 $x^*(\alpha)$ 的风险分解

资产	x_i	$\mathcal{MR}_i$	$\mathcal{RC}_i$	$\mathcal{RC}_i^*$
1	20.73	11.10	2.30	18.71
2	39.17	10.12	3.96	32.24
3	6.77	12.86	0.87	7.08
4	33.33	15.48	5.16	41.96
波动性		12.29		

表 5.12 当 $\tau^+ = 20\%$ 时，有约束的 RB 组合 $x^*(\delta)$ 的风险分解

资产	x_i	$\mathcal{MR}_i$	$\mathcal{RC}_i$	$\mathcal{RC}_i^*$
1	22.64	11.52	2.61	21.26
2	36.58	9.77	3.57	29.12
3	12.36	14.68	1.81	14.78
4	28.42	15.04	4.28	34.84
波动率		12.27		

表 5.13 当 $\tau^+ = 20\%$ 时，有约束的 RB 组合 $x^*(\alpha)$ 的风险分解

资产	x_i	$\mathcal{MR}_i$	$\mathcal{RC}_i$	$\mathcal{RC}_i^*$
1	22.91	11.61	2.66	21.70
2	36.70	9.80	3.60	29.33
3	12.09	14.55	1.76	14.35
4	28.30	14.99	4.24	34.61
波动性		12.26		

注 58 虽然限制换手率是针对非流动性资产的，如对冲基金策略，前文所提到的方法也可以被用在如股票和债券的流动性资产上。这些方法特别适合那些对此类问题尤其敏感的机构投资者。

第六章 多重资产的组合配置

第五章讨论了当投资域是一组不同类别资产时的配置问题。事实上,风险均衡策略归根到底来源于这种资产组合策略问题,机构投资者所持有的权益类资产和债券应该以怎样的相对比例配置呢?如养老基金。如果我们考察过去一个世纪的资产组合业绩表现,我们会发现,完全投资于权益类资产的组合有最好的业绩(Ibbotson Associates,2010)。然而,较高的权益类资产风险溢价往往伴随着较低的无风险利率,而平衡消费又很难与投资者通常对风险的厌恶相调和(Mehra and Prescott,1985)。人们做了大量的研究解释工作,试图解决这个悖论——股权溢价之谜(equity premium puzzle)(Odean,1998;Rabin,1998;Hirshleifer,2001;Barberis and Thaler,2003)。其中一个主要的观点就是,时间会计(time accouting)与时间优先(time preference)是两个不同的概念。许多长期投资者以年度为基础来评价他们的配置策略,这也是他们对损失的敏感程度要高于对收益的敏感程度的原因:

"股权溢价之谜"指的是这样一个经验事实,即在过去的一个世纪中,股票的业绩表现超出债券,股票有着惊人的巨大收益。我们对此给出两种基于行为学概念的新解释。第一,投资者被假设为"损失厌恶的",也就是说,他们对于损失的敏感程度比对收益更高。第二,即使是长期投资者,他们也会频繁地去评估其资产组合。我们将上述两者的结合命名为"短视的损失厌恶"(myopic loss aversion)。通过模拟,我们发现,如果投资者一年评估一次他们的资产组合的话,那么股权溢价的大小和之前预期理论中估计的参数是一致的(Benartzi and Thaler,1995)。

事实上，权益类资产在短期和中期的风险过大，使机构投资者不得不构建多样化的资产组合，组合中包括主权债券、公司债以及另类投资工具如商品和对冲基金。

这一种情况对于养老基金来说尤为明显，因为养老基金承担着负债约束。事实上，养老金的负债改变了其资产方的配置决策，因为资产和负债之间久期的匹配要求导致养老金更多投资于债券。在这一背景下，我们看到权益类资产和债券之间的资产配置存在较大的离差也就不足为奇了（Antolin，2008）。这种离差对于国家间的情况是有效的，对于一国国内同样也适用。即便当养老基金面对相同的约束和目标时，股票和债券的资产组合策略也会不尽相同。尽管如此，在过去三十年中还是出现了不少参照组合。事实上，60%权益类和40%债券的组合成为许多盎格鲁—撒克逊（英国）养老基金的定位点（Ambachtsheer，1987）。然而，随着最近发生的危机，这种恒定混合组合策略（constant-mix portfolio）遭受了重创，机构投资者们正试图寻找一种更为稳健的资产混合政策（asset mix policy）。

股票和债券配置的选择是尤为重要的，正如许多研究表明，养老基金业绩之间绝大部分的差异源自于资产配置策略。布林森等（Brinson et al.，1986，1991）估计，资产配置策略的贡献要超过90%之多。伊博森和卡普兰（Ibbotson and Kaplan，2000）在考察养老基金收益随时间的变化性时也发现了类似的水平。在更近的一次研究中，布莱克等（Blake et al.，1999）得出结论："组合收益中绝大部分的时间序列变动都是由战略性资产配置贡献的，而市场选时和资产选择显得不那么重要了。"在长期投资政策的不同形式中，如战略性资产配置策略、战术资产配置策略、市场时机选择以及资产选择，参照组合是最为关键的策略选择。在某种意义上，风险预算方法体现了最初的两个步骤。风险均衡组合策略也许是恒定混合组合策略的另一种替代。

针对多类别资产的风险均衡策略并不只局限于多样化基金或者战略性资产配置的设计。事实上，它首先被应用于对冲基金以构建其绝对收益策略。桥水公司（Bridgewater）的全球宏观对冲基金 All Weather 的成功，引领了资产管理行业构建基于风险均衡策略的绝对收益基金。

本章我们将围绕这些不同的话题展开。第一节将讨论多样化基金的构建，第二节探讨长期投资政策，第三节将介绍如何运用风险均衡技术来建立绝对收益策略。

6.1 多样化基金的构成

6.1.1 股票/债券资产混合政策

多样化基金业务无论在理论还是实践方面都饱受批评。在第一章中，我们已经看到，由风险资产的均值—方差组合确定了有效组合集。如果我们引入一个无风险资产，那么有效前沿就变为一条直线，称为资本市场线。沿着这一前沿，最优组合就是无风险资产与切点组合的结合体。分离定理表明，所有投资者都持有切点组合。然而，每位投资者对于现金和切点组合的配置均不相同，因为这依赖于投资者的风险态度。所有这些研究结果都是在两个阶段的静态框架下得到的，而这一框架被默顿（Merton，1973）推广到了动态情形（见附录 A.3.2）。在这一框架中，投资者组合中的切点组合部分取决于效用函数。通常，我们依据对风险的容忍度来区分三种类型的风险态度：

- 保守型（低风险容忍度）；
- 温和型（中等风险容忍度）；
- 激进型（高风险容忍度）。

由于保守型投资者相较于激进型投资者有较低的风险偏好，因此其组合中包含的现金会较多而风险资产较少。然而，风险资产之间的相对比率对于保守型和激进型投资者来说却是相同的。在实践中，仅仅为了给切点组合加杠杆或去杠杆就要支付费用，这有可能是无效率的。不过，多样化基金业务在很大程度上是建立在这种框架之上的。通常，我们依据多样化基金的基准将基金划分为三种类型：

- 防御型（20% 权益类资产，80% 债券）；
- 平衡型（50% 权益类资产，50% 债券）；
- 动态型（80% 权益类资产，20% 债券）。

这些多样化基金也被称为生活形态基金（lifestyle fund），它们之间的差别来源于股票和债券之间的相对比例，这就意味着，在实务中，风险组合的构成依投资者的风险厌恶程度会有所不同。这种组合构成是与分离定理相矛盾的。

分离定理认为,风险组合的构成对于所有投资者来说都应该是相同的。的确,投资者的风险态度与基金风格之间的关系并不那么简单。不管怎样,多样化基金的实务表明,防御型(平衡型或动态型)基金的风格是对应于保守型(温和型或激进型)投资者的投资需求的。然而,我们显然面对着理论与实务之间的分歧。

图6.1 展示了这些不同的结果,其中子图一表示了权益类资产和债券之间的马科维茨有效前沿。通过将均值—方差优化组合与最大化夏普比率和无风险收益率联系在一起,我们得到了资本市场线。子图二显示了在不同的风险厌恶参数下最优组合的风险—收益情况,激进型(A点)投资者通过对切点组合加杠杆,从而承担更多的风险,同时期望获得更好的业绩。对于温和型(M)投资者来说,最优组合与切点组合十分接近。保守型(C)投资者希望承受较少的风险,因此将其财富配置在切点组合与无风险资产之间。然而,这一资产配置的理论观点与生活形态基金相去甚远,生活形态基金如子图三所示。事实上,跟对应于投资者三种风险偏好类型的最优组合相反,对应于这三种生活形态基金的组合都位于有效前沿上,而不是在资本市场线上。围绕这一被称为"资产配置之谜"(Canner te al., 1997)的悖论产生了大量

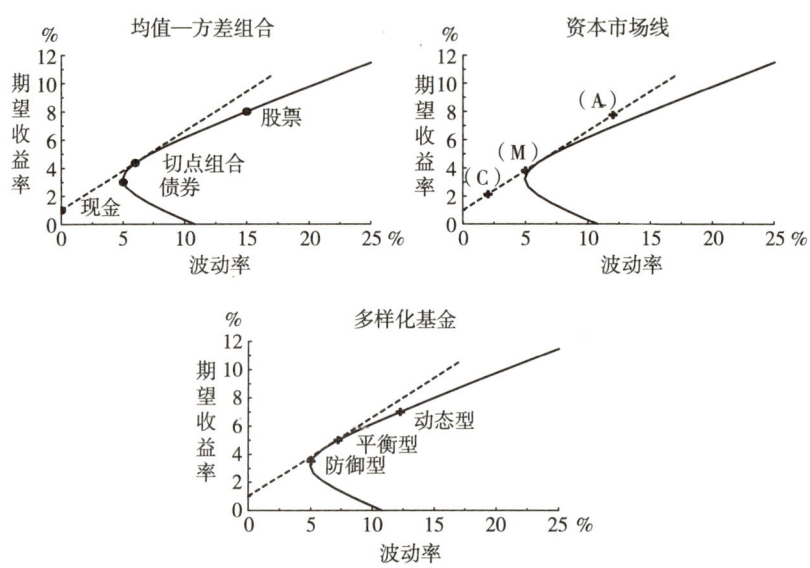

图6.1　多样化基金的资产配置之谜

的研究文献,以试图寻求对这一现象的解释［见 Campbell（2000）的文献综述］。即使我们已经能解决部分问题①（Bajeux-Besnainou et al., 2003），关于这一点的争论如今仍然有重大意义（Campbell and Viceira, 2002）。

从实务角度来看,主要的批评集中在多样化基金的配置并不总是呈现多样化的这一事实上。我们通过模拟来说明这一缺陷,模拟期为 2000 年 1 月至 2011 年 12 月,我们分别模拟这一时期的防御型、平衡型以及动态型多样化基金,这些基金由债券类及权益类资产构成②。图 6.2 中,根据一年期滚动窗口下的经验协方差矩阵数据,得到多样化基金中两类资产的风险贡献度的演变过程。我们发现,这些风险贡献度是随时间变化的,对于防御型基金和平衡型基金尤为明显。对于防御型基金,债券类资产的风险贡献度要大于权益类资产的风险贡献度。对于平衡型基金,我们得到的结论恰恰相反,也就是说,即使它们在权重方面已经很好地达成均衡,在风险分散方面也肯定达

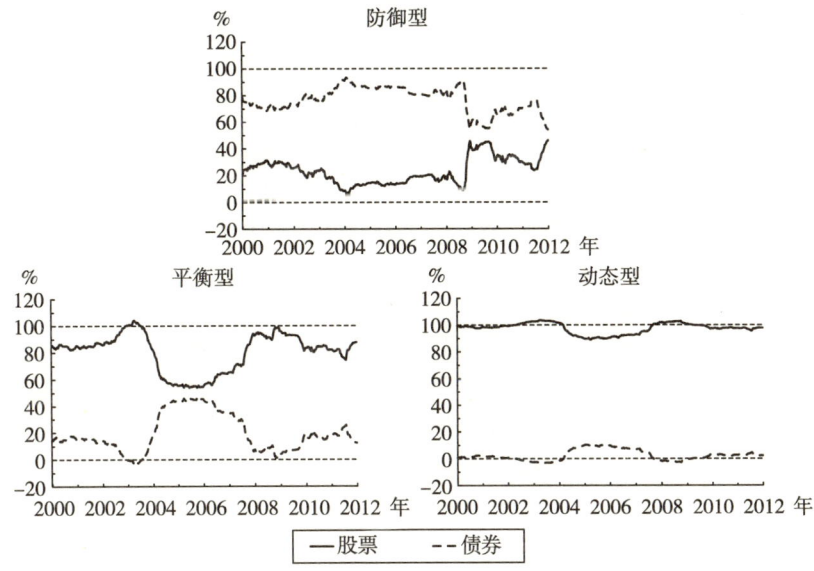

图 6.2　多样化基金中权益类和债券类资产的风险贡献度

---

① 见附录 A.3.3.1。
② 债券类和权益类资产以花旗全球政府债券指数（Citigroup WGBI All Maturitiesindex）和 MSCI 世界股票指数（MSCI World TR Net index）为代表。

不到较好的均衡状态。对于动态型基金，风险几乎完全取决于权益类资产。在某种意义上，动态型基金可以被看作是权益类资产风险敞口的去杠杆化。更为重要的是，我们发现在基金风格与波动规律之间不存在映射关系（见图6.3）。举例来说，2006年动态型基金的波动率要小于2009年平衡型基金的波动率。于是我们推论：投资者风险容忍度与多样化基金风险风格之间的关系还不明朗。

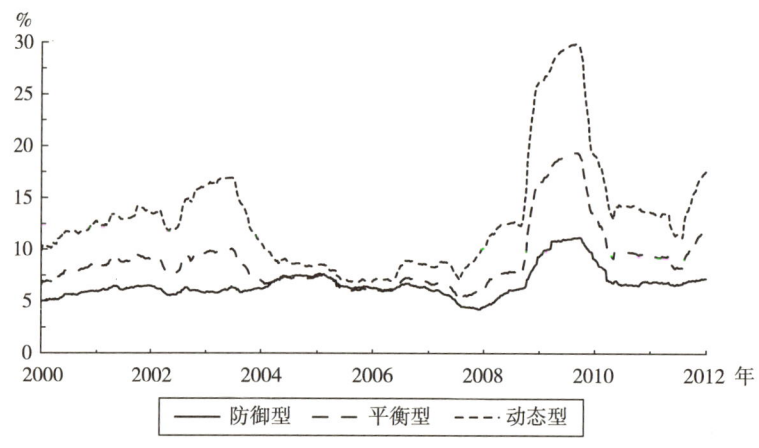

图 6.3　多样化基金的实际波动率

6.1.2　成长性资产与对冲资产

6.1.2.1　债券是成长性资产还是对冲资产

对三种类型的多样化基金的选择并不只是一个有关风险厌恶的问题。事实上，这还是与权益类资产和债券的财务状况有关，即它们是成长性资产还是对冲资产？为了回答这个问题，我们考虑采用布莱克—李特曼（Black and Litterman，1992）模型。如果投资者持有这三种基金中的一种，那么他一定是坚信，就其资产组合而言，该项投资是最好的投资。于是，从他的角度来看，这个投资是最优组合。第一章中我们已经看到，在均衡状态下，风险溢价与资产的风险相关。令 x 表示投资者的资产组合，Σ 表示资产收益率的协方差矩阵。根据式（1.12），期望（或事前）风险溢价为

第六章 多重资产的组合配置

$$\tilde{\pi} = \tilde{\mu} - r = \mathrm{SR}\ (x|r)\ \frac{\Sigma x}{\sqrt{x^{\top}\Sigma x}}$$

其中，SR $(x|r)$ 表示组合的期望夏普比率。

我们利用一年期的经验协方差矩阵数据，并假设夏普比率恒定为 25%，以此来校准事前风险溢价。图 6.4 给出了风险溢价的动态变化过程，而对于整个过程所计算得到的均值和标准差如表 6.1 所示。我们发现，随着权益类资产的权重在多样化基金中的增加，权益类资产风险溢价也随之增加。更重要的是，我们还发现，对于平衡型基金和动态型基金来说，债券风险溢价非常低。在防御型基金的情况下，债券风险溢价是权益类资产风险溢价的 75%，这一比例在其他两种多样化基金中却只有 21% 和 6%。如果我们计算三种多样化基金的权益类资产风险溢价变动的相关性，可得

$$\rho = \begin{pmatrix} 1.00 & & \\ 0.82 & 1.00 & \\ 0.77 & 0.99 & 1.00 \end{pmatrix}$$

同样对于债券风险溢价，可得

$$\rho = \begin{pmatrix} 1.00 & & \\ 0.73 & 1.00 & \\ 0.38 & 0.88 & 1.00 \end{pmatrix}$$

尽管权益类资产方面的相关性较高，我们注意到债券方面的相关性却较低，特别是防御型基金和动态型基金的风险溢价之间的相关性尤为如此。在最后这种情况中，相关系数为 38%。

表 6.1 多样化基金事前风险溢价的均值和标准差　　　　单位:%

资产	$\hat{\mu}(\tilde{\pi})$			$\hat{\sigma}(\tilde{\pi})$		
	防御型	平衡型	动态型	防御型	平衡型	动态型
股票	2.05	3.71	4.02	20.68	28.19	28.26
债券	1.57	0.77	0.26	4.05	7.37	7.56

所有结果均显示，在三种多样化基金中债券都有着不一样的状态。在动态型基金的情况下，债券并不被看作是一种成长性资产。所谓成长性资产就

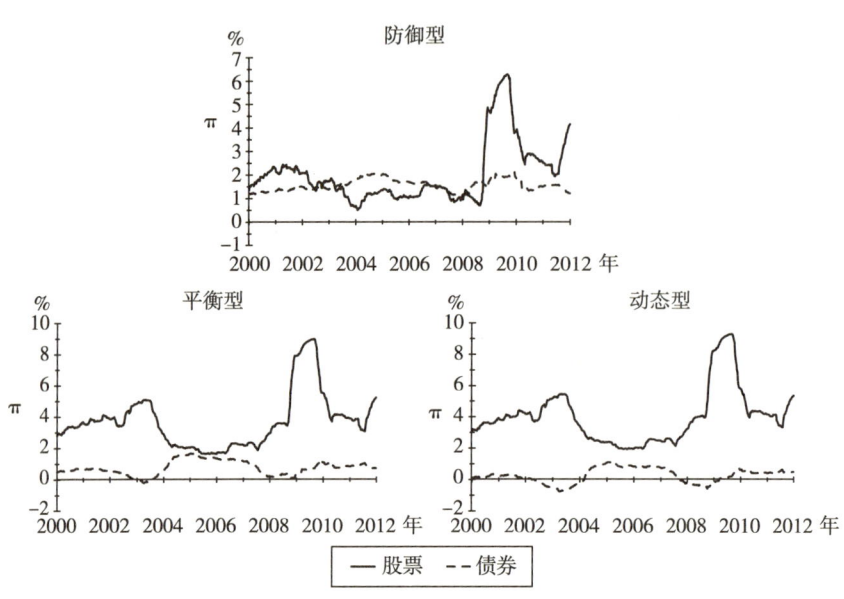

图6.4 多样化基金中权益类资产和债券的事前风险溢价

是该投资有明确的目标并要获得收益,债券更多地被看作是一种对冲资产,所谓对冲资产就是当权益类资产收益为负时该资产能起到保护资产组合的作用;在平衡型基金的情况下,债券变为一种成长性资产,投资者希望从其风险敞口中获得回报。这些结论可以从预期业绩贡献度的频率分布图6.5中得到确认。从第二章中③,我们已经知道,风险贡献度和业绩贡献度之间存在二元性。实际上,预期业绩的属性是取决于风险贡献的。在图6.5中,我们可以证明:在动态型基金的情况下,大部分的预期业绩是来自权益类资产的风险敞口的。

总而言之,一个考虑防御型基金的投资者会假设债券能带来回报,于是它是一个成长性资产。如果他考虑动态型基金,那么债券就被看作是一个对冲资产,投资者不会期望债券能对基金的业绩产生多大贡献。相反,权益类资产在所有情况下都是成长性资产,而债券的状态却比较特别。

---

③ 见2.2.3节。

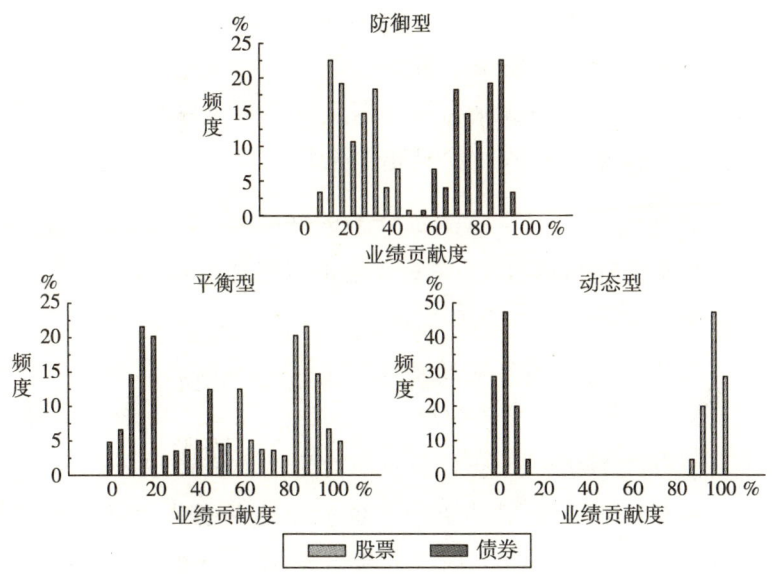

图 6.5 事前业绩贡献度的柱状图

6.1.2.2 对计算结果的分析

为了理解这些结果,我们将事前风险溢价改写成如下形式:

$$\widetilde{\pi} = \text{SR}(x|r) \frac{\partial \sigma(x)}{\partial x}$$

其中,$\sigma(x)$ 是组合 x 的波动率。在这种情况下,资产 i 的风险溢价和它的边际波动率成比例。如果一种资产相较于其他资产有较小的边际波动率,那么,这个资产就会有一个较小的期望风险溢价。利用边际波动率公式,我们得到

$$\widetilde{\pi}_i = \text{SR}(x|r) \frac{(x_i \sigma_i^2 + \sigma_i \sum_{j \neq i} x_j \rho_{i,j} \sigma_j)}{\sigma(x)}$$

在有两种资产的情况下,这个等式变为④:

$$\widetilde{\pi}_i = c(x) \left(\underbrace{x_i \sigma_i^2}_{\text{方差}} + \underbrace{\rho \sigma_i \sigma_j (1 - x_i)}_{\text{协方差}} \right)$$

其中,$c(x) = \text{SR}(x|r)/\sigma(x)$,$\rho$ 是两种资产收益之间的互相关系数。我

---

④ 指数中,$i = 1$,$j = 2$。

们发现，风险溢价包含两个部分：第一部分是一个方差部分，它是关于资产波动率和权重的递增函数。波动率越高，风险溢价就越高；第二部分是一个协方差部分，它取决于资产收益率之间的相关系数。如果相关系数为零，则协方差部分就化为零。当且仅当相关系数为正时，这一部分的贡献为正，这就意味着，如果相关系数高的话，一个低波动性资产可以享受高波动性资产的风险溢价带来的好处⑤。事实上，风险溢价 $\widetilde{\pi}_i$ 是关于资产权重的递增函数⑥。图6.6给出了组合 x_1 中两种资产的风险溢价的演变过程，其中 $\sigma_1 = 20\%$，$\sigma_2 = 5\%$，$SR(x|r) = 0.25$。如果 $\rho = 70\%$，组合的构成成分对期望风险溢价基本没有影响；但当 $\rho = 0$ 时情况就不同了，而风险溢价仍然为正；如果 $\rho = -40\%$，两种资产的风险溢价可能会变为负，甚至对于波动性更大的资产也还是如此。这就意味着，一种资产既不是对冲资产，也不是绝对意义上的成长性资产。举个例子来说，当 $\rho = -40\%$ 时，若组合中第一种资产的权重较小，则第一种资产就是对冲资产；若其资产权重很高，那么第二种资产就变为了对冲资产。

注59 通过对全球股票和债券的市场组合的分析，赫瑞尔等（Hereil et al., 2013）发现，债券的事前风险溢价接近于零，因此，整个金融市场都认为，债券是对冲资产，而不是成长性资产。然而，他们观察到国家和地区间存在的一些差异，特别是在英国金融市场上尤其如此，但在日本和意大利这种情况就不是那么重要了。这个观点得到一些学术研究的支持，研究表明，权益类资产和债券的期望收益之间存在巨大差异（约5%）（Ibbotson and Chen, 2003）。不管怎样，这个研究结果通常是建立在上两个世纪的业绩

---

⑤ 这个结果和卢卡斯（Lucas, 1978）提出的模型有关，在这个模型中，要求的风险溢价取决于资产收益率与消费边际效用两者之间的相关性。

⑥ 令 $x^* = \sigma_j(\sigma_i + \sigma_j)^{-1}$，我们也会有

$$\lim_{\rho \to 1} \widetilde{\pi}_i = SR(x|r) \cdot \sigma_i$$

和

$$\lim_{\rho \to -1} \widetilde{\pi}_i = \begin{cases} -SR(x|r) \cdot \sigma_i, & x_i < x^* \\ 0, & x_i = x^* \\ SR(x|r) \cdot \sigma_i, & x_i > x^* \end{cases}$$

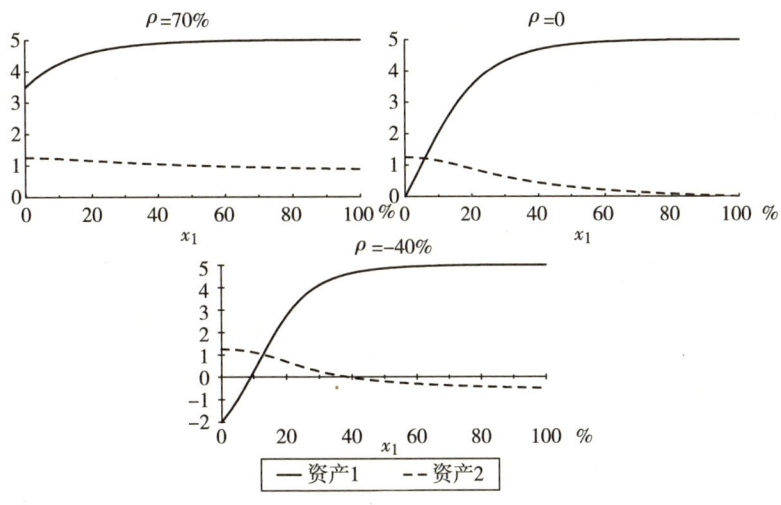

图 6.6 相关性对期望风险溢价的影响

数据基础上的,同时,并不是每个人都认同这个观点(Arnott and Bernstein,2002)。

6.1.3 风险均衡配置

多样化基金存在的缺陷促使投资界推出这类基金的替代产品。风险均衡基金就是建立在多重资产上的等权风险贡献度(ERC)策略:

"多样化,但是通过风险而非货币进行多样化——也就是说,在权益类资产和债券上承担大致相同的风险"(Asness et al.,2012)。

将这一概念应用于我们的例子,相当于建立一个债券类和权益类资产具有相同风险的组合。如果我们假设每月调整一次组合,则得到图 6.7 所示的动态配置。我们发现,其权重随时间有着显著的变化。事实上,债券的权重在 47.4%~78.5% 的范围内变动,而权益类资产权重的变动范围为 21.5%~52.6%,而债券类和权益类资产的平均权重分别为 67.2% 和 32.8%。图中右下角的象限显示了风险均衡基金的模拟业绩,我们很难将它的业绩与多样化基金(左下第三象限)作比较,但我们注意到,风险均衡基金与防御型基金十分接近。我们还展示了当权重为常数且等于风险均衡基金的平均权重时的模拟业绩，与这一静态基金相比，风险均衡基金呈现出40个基点的业绩优势，且波动率小于35个基点，此外，最大降幅减少了2.7%。有时，风险均衡策略是与杠杆效应结合在一起的，从而获得更具风险性的状态。举例来说，如果我们以10%作为波动率目标，来获取杠杆化后的风险均衡基金业绩，该基金业绩波动率与平衡型基金相类似，但其业绩表现却更佳（见表6.2）。

表6.2 多样化组合及风险均衡组合的统计数据

组合	$\hat{\mu}_{1Y}$	$\hat{\sigma}_{1Y}$	SR	MDD	γ_1	γ_2
防御型	5.41	6.89	0.42	-17.23	0.19	2.67
平衡型	3.68	9.64	0.12	-33.18	-0.13	3.87
动态型	1.70	14.48	-0.06	-48.90	-0.18	5.96
风险均衡策略	5.12	7.29	0.36	-21.22	0.08	2.65
静态策略	4.71	7.64	0.29	-23.96	0.03	2.59
加杠杆的风险均衡策略	6.67	9.26	0.45	-23.74	0.01	0.78

在实务中，风险均衡基金所采用的投资域要比这个示例中的广泛，可能会包括美国、欧洲、日本和新兴市场上的权益类资产、大盘股和小盘股、欧美国家主权债券、与通货膨胀率挂钩的债券、公司债以及高收益债券等。因此，查维斯等人（Chaves et al., 2011）将风险均衡策略与其他多样化组合策略（如60%债券对40%权益类的资产混合组合、等权重组合以及最小方差组合）进行了比较。他们发现，这一投资策略在夏普比率方面具有一些吸引人的特点。然而，他们也警告投资者在做这些回测时要注意，这些回测方法高度依赖于研究期以及所选的投资域：

"……我们也发现，风险均衡策略对于资产的纳入决策是非常敏感的。到底应该有多少资产类别以及什么样的资产类别应该被纳入组合中？对于这些问题，方法论方面尚无答案。最后这一点是一个尤为严重的问题，因为能够指导资产纳入决策的理论少之又少。"

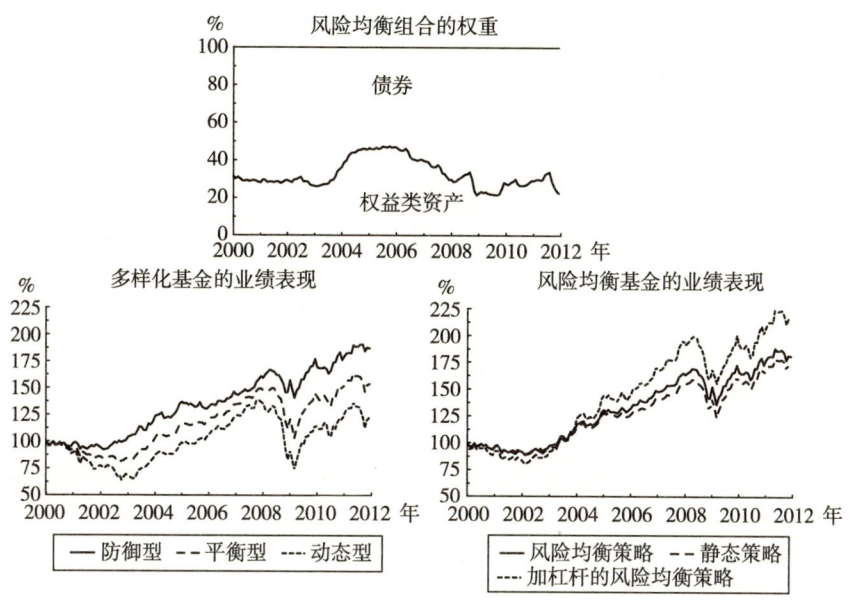

图 6.7 风险均衡策略的回测

6.1.4 风险均衡基金的利弊

风险均衡基金有其优势的一面，但也存在一些缺陷（Thiagarajan and Schachter，2011）。引用《金融时报》[⑦] 的评论，"风险均衡策略既遭受批评也有人追捧"。这一话题的难点在于，对它的争论往往并不是在科学层面的，参与争论的人中很多是来自资产管理实务界的。

很显然，风险均衡方法是获取较好的多样化组合的上佳方式。事实上，这就是风险均衡组合的精髓所在，而且在很大程度上成为了风险均衡基金获得成功的原因。在 2008 年国际金融危机余波未平的今天，风险均衡基金的出现绝非偶然。从信贷、权益类资产、对冲基金直到现在的主权债务危机，已经改变了大多数投资者的投资行为，如今，投资者们变得对风险管理更为敏感了。

---

⑦ 资料来源：《金融时报》基金管理栏目，2012 年 6 月 10 日。

波动率是否能够很好地衡量风险尚有待讨论（Inker，2011），但我们已经看到，可以采用其他一些替代的风险衡量手段。一个更重要的批评观点是针对风险均衡基金的业绩表现的。这些基金是在2005年后登陆市场的，而且业绩表现极佳，然而，它们实际上得益于2000年以来的债券强势业绩。我们知道，这种业绩表现只是由于利率下降产生的例外情况。如今，形势已有所不同。随着利率逐渐接近零点以及对不断增长的通货膨胀的担忧，债券在今后十年的业绩将不能保证维持在过去十年相同的水平了。在这种情况下，风险均衡基金可能会（极大地）受到利率上涨的负面影响。

第二个重要的批评观点是针对杠杆的使用方面（Inker，2011；Sebastian，2012）。事实上，为了获得更高的收益，很多风险均衡基金都通过给组合加杠杆将波动率目标设定在8%以上，这样，它们就满足了欧洲投资者对于多样化成长基金的巨大需求。矛盾的是，风险均衡基金的支持者将杠杆的使用看成它的一个真正的优点。而实际上，正如阿斯内斯等人（Asness et al.，2012）在弗拉奇尼和彼得森（Frazzini and Pedersen，2010）的研究结果基础上所估计的那样，风险均衡基金良好的业绩是可以得到解释的，因为它们超量配置较少波动的资产并对其加杠杆。

这些作者考察了一个两阶段的、含有 n 种风险资产和 m 个投资者的均衡模型，风险资产的价格和红利分别以 $P_{i,t}$ 和 $D_{i,t}$ 表示，投资者拥有给定数量的财富 W_j。令 x_j 和 ϕ_j 分别表示投资者 j 的资产组合和风险厌恶系数。在时刻 t，投资者追求其效用函数最大化[⑧]，有

$$x_j^* = \text{argmax} \quad x_j^\top \mathbb{E}_t[P_{t+1} + D_{t+1} - (1+r)P_t] - \frac{\phi_j}{2} x_j^\top \Sigma x_j \quad (6.1)$$

其中，P_{t+1} 表示未来的价格向量，D_{t+1} 表示未来的红利向量，Σ 是 $P_{t+1} + D_{t+1}$ 和无风险利率 r 之间的协方差矩阵。弗拉奇尼和彼得森（2010）假设投资者会面临一些借贷约束：

$$m_j(x_j^\top P_t) \leq W_j \quad (6.2)$$

他们考虑了三种情况：

1. 若 $m_j < 1$，则投资者必须以现金形式持有一部分财富；

---

⑧ 见式(1.3)。

2. 若 $m_j = 1$，投资者将由于监管约束或借贷能力所限而无法使用杠杆；

3. 若 $m_j > 1$，投资者可以就其风险资产的敞口加杠杆。

供需之间的均衡关系表明：

$$\sum_{j=1}^{m} x_j = \bar{x} \qquad (6.3)$$

$$\bar{x} = (\bar{x}_1, \cdots, \bar{x}_n)$$

其中，$\bar{x}_i$ 表示资产 i 的已发行份数，$\bar{x}_i = (\bar{x}_1, \cdots \bar{x}_n)$。换句话说，$\bar{x}_i$ 也是市值组合。投资者各种约束的存在会改变资产 i 的风险溢价与贝塔值之间的传统关系：

$$\mathbb{E}_t[R_{i,t+1}] - r = \beta_i(\mathbb{E}_t[R_{t+1}(\bar{x})] - r) \qquad (6.4)$$

于是，运用之前的分析框架，弗拉奇尼和彼得森（2010）推导得出：

$$\bar{x} = \frac{1}{\phi}\Sigma^{-1}(\mathbb{E}_t[P_{t+1} + D_{t+1}] - (1+r+\psi)P_t)$$

其中，$\phi = \left(\sum_{j=1}^{m}\phi_j^{-1}\right)^{-1}$，$\psi = \sum_{j=1}^{m}\phi\phi_j^{-1}\lambda_j m_j$。令 $\beta_i = \beta(e_i|\bar{x})$ 表示资产 i 关于市场投资组合的贝塔值。弗拉奇尼和彼得森（2010）表明：

$$\mathbb{E}_t[R_{i,t+1}] - r = \alpha_i + \beta_i(\mathbb{E}_t[R_{t+1}(\bar{x})] - r) \qquad (6.5)$$

其中，$\alpha_i = \psi(1-\beta_i)$。如果我们将这一关系式与式（6.4）作比较，我们会看到出现了一个新的项 α_i，即詹森阿尔法（Jensen's alpha）。弗拉奇尼和彼得森（2010）最终得到结论：

"阿尔法值随着贝塔值 β_i 而减少"，"当 β_i 小于 1 时，有效组合的夏普比率达到最大，且当 β_i 较高时夏普比率随 β_i 而减少，当贝塔值较低时夏普比率随 β_i 而增大"。

尽管这一研究结果并不是新的[9]，但它还是对有关风险溢价与贝塔值之间关系的一些见解作了澄清。为了说明这一模型，我们来看一个含有十五种风险资产的金融市场。我们假设它们的波动率范围为 3% ~ 17%，并且每种资产波动率之间有 1% 的增量。相关系数矩阵恒定且 $\rho = 50\%$，所有风险资产的夏普比率都相同且等于 0.5，而无风险收益率等于 2%。我们设定有五个投资者，且对其组合有一组不同的约束条件 m_j 如下：

---

[9] 布莱克（Black，1972）已经指出，当存在借贷限制时，资本市场线的斜率会发生变化。

组别	投资人 j				
	1	2	3	4	5
#1	1.0	1.0	1.0	1.0	1.0
#2	0.8	0.8	1.0	1.0	1.0
#3	0.7	0.7	0.7	0.7	1.0
#4	0.5	0.5	0.5	0.5	1.0

对每一组约束，我们找到五位投资人的最优组合 x_j^*，然后推导出市场组合 $\bar{x}$。我们同样计算了每一资产相对于市场组合的贝塔值及相应的阿尔法值。计算结果见图6.8，我们验证了 β_i 和 α_i 之间的负相关关系。

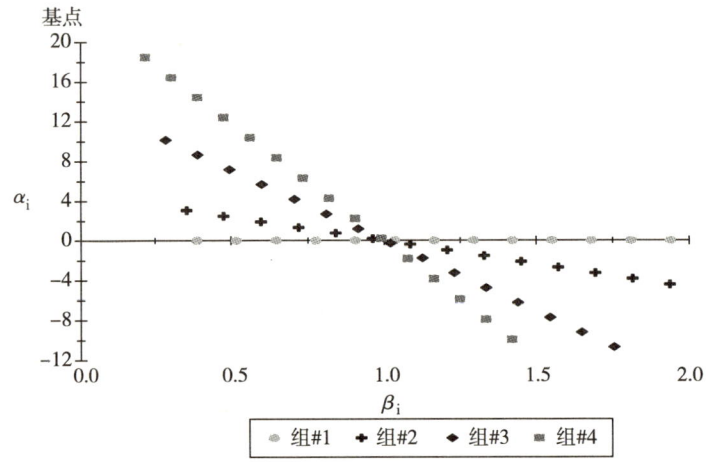

图 6.8　在借贷约束下贝塔值 β_i 和阿尔法值 α_i 之间的关系

阿斯内斯等（Asness et al.，2012）利用之前的研究结果建立起一套杠杆厌恶理论（theory of leverage aversion）。由于借贷约束的存在，相比于切点组合，一些投资人更偏爱具有更高预期收益的组合[10]（见图6.9）。于是，市场组合就是不同最优子组合的平均，且并不是切点组合。在这种情况中，市场组合偏重于风险资产（权益类资产），而给予较安全的资产（债券）以较低的权重。根据阿斯内斯等（2012）的研究，较安全的资产则以较低的价格交易，而较高风险资产的预期收益也会下降。这样，即使风险均衡

---

[10]　比如，一些投资人可能会偏爱组合 A、B 或 C，因为他们不能对切点组合加杠杆。

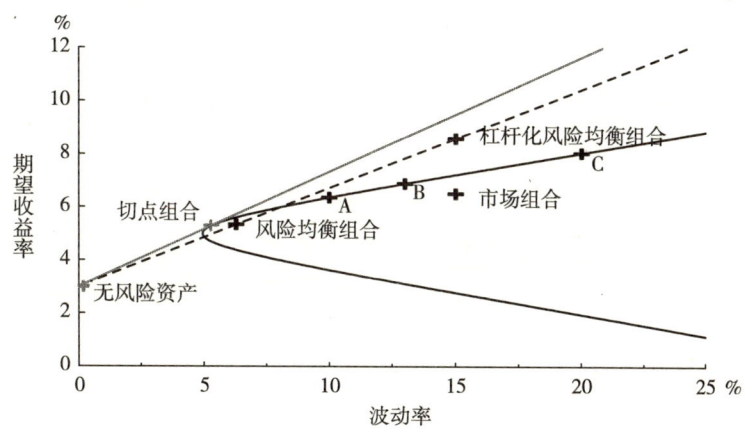

图6.9 杠杆厌恶对有效前沿的影响

组合并非最优,其业绩表现也还是会优于很多其他组合(如市场组合、60/40资产混合策略组合),因为它更多投资于较安全的资产,并对这些资产加了杠杆。

这个理论的一个问题是,它忽略了由于伽马交易而产生的杠杆成本。不过,这个问题在组合保险的情况中得到了深入的研究(Perold, 1986; Perold and Sharpe, 1988; Black and Perold, 1992)。令 S_t 表示组合的价值,我们假设 S_t 服从几何布朗运动,即

$$dS_t = \mu S_t dt + \sigma S_t dW_t$$

我们对这个组合考虑采用杠杆策略。贝霍尔德(Perold, 1986)指出,组合的价值由下式给出:

$$V_t = V_0 \exp\left(\left(r + m(\mu - r) - \frac{1}{2}m^2\sigma^2\right)t + m\sigma W_t\right)$$

其中,m 为杠杆系数[11]。于是我们推导可得

$$V_t = V_0 \exp\left(\left(r + m(\hat{\mu} - r) - \frac{1}{2}(m^2 - m)\hat{\sigma}^2\right)t\right)$$

其中,$\hat{\mu}$ 和 $\hat{\sigma}$ 分别是标的组合的收益率及实际波动率。我们看到,实际波动率对杠杆组合有负面影响,而且,这种影响与 $(m^2 - m)$ 成比例关系,这表明,

---

[11] $m = 1$ 对应于无杠杆组合。

当 m 远大于 1 时，这种影响会非常之大。如果将交易成本加到这些伽马成本上去，杠杆组合将呈现很高的风险。尽管如此，风险均衡基金采用合理的杠杆系数（$m \leq 3$）以及较低的调整频率（如每周或每月一次），因此我们认为伽马以及交易成本还是相对较小的。

注 60 杠杆厌恶理论不只应用于风险均衡基金，还可以用在其他所有偏重较安全资产的组合中。因此，选择风险均衡配置策略，而不选择 20/80（或 30/70）资产混合策略，并不能由这个理论得到解释。

6.2 长期投资政策

风险均衡是一种投资风格，它吸引着许多富有经验的投资者，尤其是机构和长期投资者（如养老基金或者主权财富基金）。这似乎听起来很奇妙，因为风险均衡是完全忽略预期收益的。尽管如此，如果说在短期内收益很难预测的话，那么从长期来看还是存在一些收益可预测性的证据的（Barberis，2002）。在此背景下，风险均衡似乎不适合长期投资者，他们比其他投资者拥有更多的时间，可以忽略金融市场上的短期动态变化。而且，长期投资者的投资决策通常是基于宏观经济情景下的分析。本节中，我们将讨论：如何将风险均衡方法应用到长期投资政策中去？如何使风险均衡方法与机构投资者的经济分析方法达成一致？为什么一些投资者用风险均衡方法来取代只有长期资产（权益类资产、房地产、基础设施）的投资。

6.2.1 获取风险溢价

为了理解长期投资者的资产配置，我们来看一些案例研究。例如，图 6.10 中我们显示了欧洲养老基金的平均配置，并且发现国家之间存在很多差异。比如，债券的权重在法国高达 76%，而在英国只有 27.1%。另一个例子是有关权益类资产的权重的，在西班牙为 12.1%，而在英国为 45.8%。如果我们计算组合中现金、票据和债券的权重，我们得到在欧洲国家中的平均值为 55.3%，水平在 31%~78% 范围内。然而，这些数字会有误导，在一些大型养老基金中，他们的资产组合大部分会投资在权益类资产上。比如，2012

年 CPP⑫ 投资管理局的参考组合中包含了 65% 的权益类资产和 35% 的债券，CalPERS⑬ 的资产混合策略则接近 60/40 组合（Sharpe，2010）。我们还获取了挪威政府全球养老基金⑭的策略资产配置的类似数据，这个养老基金由挪威央行资产管理部门（NBIM）负责管理。60/40 资产混合策略起源于 20 世纪 80 年代（Ambachtsheer，1987），正如查维斯等（2011）所指出的，这个组合策略是"传统投资组合的实践（legacy portfolio practice）与收益目标定位的混血。……假设权益类资产收益率为 9%，债券收益率为 6.5%，则 60/40 组合会很轻松地获得 8% 的组合收益目标，这个收益目标对于大多数养老金来说是很普通的"。

于是，养老基金的目标就是要攫取传统资产类别的风险溢价，特别是权益类资产的风险溢价。正如之前所说的，60/40 组合将其风险集中在权益类

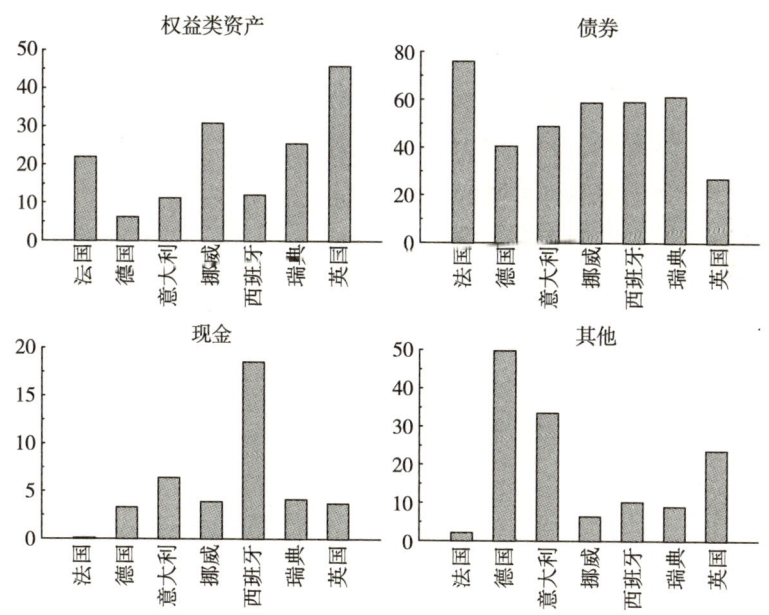

数据来源：欧洲投资与养老金，2010 年 9 月。

图 6.10　欧洲养老基金的平均配置

---

⑫ 加拿大养老金计划（Canada Pension Plan）。
⑬ 加利福尼亚公共雇员退休金系统（California Public Employees' Retirement System）。
⑭ 也称挪威石油基金。

资产一边,而用债券敞口去对冲部分权益资产的头寸⑮。然而,这个组合存在效率问题,有两方面的原因:首先是这类组合在过去十多年间的惨淡业绩表现,其次是历史数据并不一定能成为未来业绩的可靠指标。一些养老基金因此决定摒弃这些参考组合和"股权崇拜"。对于这些养老基金来说,攫取权益类资产的风险溢价不再是他们唯一的目标。风险预算方法能帮助他们达成新的目标,即对冲通货膨胀风险、资本保障以及多样性。

6.2.2 战略性资产配置

6.2.2.1 资产类别间的配置

我们在第一章中已经对战略性资产配置(strategic asset allocation, SAA)作了定义。事实上,SAA 是有关于投资者想要长期持有的权益类资产、债券和另类资产的选择问题。通过构造,把对资产的风险—收益特征的长期假设作为 SAA 的一个关键输入,这可以通过宏观经济模型以及对一些结构化因子的预测来实现,这些结构化因子包括如人口增长率、生产能力以及通货膨胀率等(Eychenne et al.,2011)。利用这些输入数据,可以通过均值—方差优化过程来获得 SAA 组合。由于这些输入参数的不确定性以及均值—方差组合的不稳定性,一些机构投资者偏向于将这些数据作为情景参数,来为它们的战略组合挑选想要的资产类别,以及确定相应的风险预算。比如,丹麦养老基金 ATP 就采用了这种方法,事实上,它是采用风险均衡来定义其战略性资产配置的。根据⑯ATP 的投资总监亨利克·盖德·杰普森(Henrik Gade Jepsen)所说:

"正如许多风险从业者那样,ATP 遵循其组合构造方法,将视角集中在根本性的经济风险及 5 种风险类别的波动性的贡献度上。……战略风险配置就是 35% 权益风险、25% 的通货膨胀风险、20% 利率风险、10% 信用风险和 10% 商品风险。"

这些风险预算随即会转化为资产类别的权重。在 2012 年第一季度末,ATP 的资产配置情况是:固定收益债券 52%,信贷产品 15%,权益类资产 15%,应

---

⑮ 参见钱(Qian,2011)对其缺陷的全面分析。
⑯ 资料来源:欧洲投资与养老金(Investment & Pension Europe),2012 年 6 月,关于风险均衡的特别报告。

对通货膨胀风险产品16%，商品3%[17]。

我们用一个例子来说明这个过程。考察一个有着九种资产类别的域：10年期美国国债（1），10年期欧洲债券（2），投资级债券（3），高收益债券（4），美国权益类资产（5），欧洲权益类资产（6），日本权益类资产（7），东地中海权益类资产（8）和商品（9）。在表6.3和表6.4中我们列出了一些长期统计数据[18]，用于计算战略性资产配置。基于这些统计数据，我们假设，养老基金要根据图6.11给出的风险预算[19]来确定相应约束条件下的战略组合。

表6.3　SAA方法下的期望收益率及风险　　　　单位：%

	（1）	（2）	（3）	（4）	（5）	（6）	（7）	（8）	（9）
μ_i	4.2	3.8	5.3	10.4	9.2	8.6	5.3	11.0	8.8
σ_i	5.0	5.0	7.0	10.0	15.0	15.0	15.0	18.0	30.0

如果我们达成这些风险预算，我们就会得到表6.5所示的风险预算解集。当然，养老基金会用期望收益率来修正这个战略策略，这可以通过Black-Litterman模型或者跟踪误差框架来实现。比如，如果我们想最大化组合的期望收益率，且满足相对于风险预算组合的跟踪误差为1%，则可以获得表6.5所示的风险预算组合RB^*。我们可以将这个修正的组合与均值—方差优化组合（MVO）作比较，两者有着相同的事前波动率，比较结果见表6.5和图6.12所示。首先，我们注意到，RB^*和MVO这两个组合就风险收益的状况来说是十分接近的。其次，RB^*组合比MVO组合的多样化程度更高，后者有50%的风险集中在东地中海权益类资产上。由此得出结论：从风险预算角度来说，MVO组合还远远达不到养老基金的目标，从而不能成为可以接受的战略组合。

---

[17]　资料来源：《金融时报》基金管理栏目，2012年6月10日。

[18]　这些数据取自埃谢纳等（Eychenne et al., 2011）的文章。

[19]　在实践中，对于风险预算的调节更为复杂，因为它涉及收益预测的不确定性以及对长期经济情景的设计。

表 6.4　SAA 方法下资产收益的相关系数矩阵　　　　单位:%

	(1)	(2)	(3)	(4)	(5)	(6)	(7)	(8)	(9)
(1)	100								
(2)	80	100							
(3)	60	40	100						
(4)	−20	−20	50	100					
(5)	−10	−20	30	60	100				
(6)	−20	−10	20	60	90	100			
(7)	−20	−20	20	50	70	60	100		
(8)	−20	−20	30	60	70	70	70	100	
(9)	0	0	10	20	20	20	30	30	100

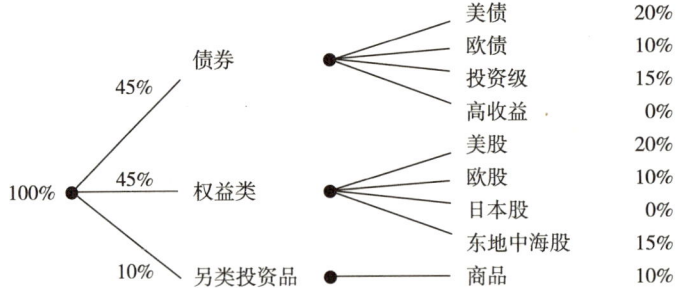

图 6.11　养老基金的风险预算策略（SAA 方法）

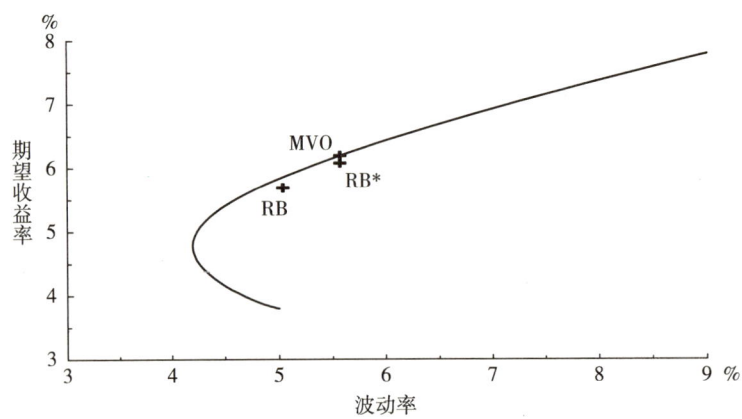

图 6.12　马科维茨框架下的战略性资产配置

第六章　多重资产的组合配置

表 6.5　长期战略组合

资产类别	RB		RB*		MVO	
	x_i	$\mathcal{RC}_i^*$	x_i	$\mathcal{RC}_i^*$	x_i	$\mathcal{RC}_i^*$
(1)	36.8%	20.0%	45.9%	18.1%	66.7%	25.5%
(2)	21.8%	10.0%	8.3%	2.4%	0.0%	0.0%
(3)	14.7%	15.0%	13.5%	11.8%	0.0%	0.0%
(5)	10.2%	20.0%	10.8%	21.4%	7.8%	15.1%
(6)	5.5%	10.0%	6.2%	11.1%	4.4%	7.6%
(8)	7.0%	15.0%	11.0%	24.9%	19.7%	49.2%
(9)	3.9%	10.0%	4.3%	10.3%	1.5%	2.7%

6.2.2.2　资产类别或风险因子类别

如今，一些投资者正尝试使用一种将风险预算和经济学方法相结合的新方法，其中，风险预算用来定义资产配置，经济学方法用来定义因子。这种方法已经由卡雅等（Kaya et al., 2011）提出，他们采用了两个经济因子：增长和通货膨胀。正如埃什纳等（Eychenne et al., 2011）所解释的那样，这两个因子是资产配置策略模型的两个主要支柱。利用它们的长期运行路径，我们就可以对短期利率、债券、权益类资产和高收益产品等定义其长期运行路径。这个方法适用于养老基金，因为养老基金带有负债，并且基于一些经济因子（如通货膨胀率）建立指数。

根据埃什纳等（2011）的研究，我们来考察 7 个经济因子，并将它们归为 4 种类别：

1. 生产活动类：GDP 和工业生产值；
2. 通货膨胀类：消费价格和大宗商品价格；
3. 利率类：实际利率和收益率曲线斜率；
4. 货币类：实际有效的汇率。

投资域由以下 13 种资产类别构成：权益类资产（美国、欧盟、英国和日本）、主权债券（美国、欧盟、英国、日本）、公司债券（美国、欧盟）、高收益率产品（美国、欧盟）和 TIPS[20]（美国）。我们假设一个线性因子模型：

$$R_t = A \mathcal{F}_t + \varepsilon_t \tag{6.6}$$

---

[20] TIPS：Treasury Inflation - Protected Securities，通货膨胀保值债券（译者注）。

其中，R_t 表示资产收益率因子，F_t 表示 7 个经济因子的向量。我们从 Datastream 数据库中收集季度数据，利用 1999 年第一季度到 2012 年第二季度数据的相对波动率的同比增长率来估计模型（6.6）。然后，我们可以用第二章（详见 2.5 节）介绍过的框架，根据这些经济因子[21]来计算战略性资产配置组合的风险分解。比如，我们来看表 6.6 所示的四个组合。第一个是股票/债券资产混合平衡型组合；第二个代表的是一个防御型配置，权益类资产仅占比 20%；第三个组合代表一种激进型配置，权益类资产占比 80%；第四个组合是标准配置，生产活动类、通货膨胀类、利率类、货币类分别占 34%、20%、40% 和 5%。在这种情景下，权益类资产总体占比达 49%，而债券占比为 51%，其中公司债券占了很大一部分。

表 6.6 战略性资产配置（SAA）组合的权重

资产类别	地区	#1	#2	#3	#4
权益类资产	US	20%	10%	30%	19.0%
	EU	20%	10%	30%	21.7%
	UK	5%		10%	6.2%
	JP	5%		10%	2.3%
主权债券	US	10%	20%	10%	
	EU	5%	15%	10%	5.9%
	UK	5%	5%		
	JP	5%	5%		
公司债券	US	5%	5%		24.1%
	EU	5%	5%		10.7%
高收益产品	US	5%	5%		2.6%
	EU	5%	5%		7.5%
TIPS	US	5%	15%		

表 6.7 列示了这些配置中有关上述四种类别因子的风险贡献度，另外还列出额外一组的风险贡献度，这个额外组代表了不能被这些经济因子所解释的特殊风险。由此我们得到了与金融和经济理论一致的结果。比如，生产活动类解释了进取性投资组合（#3）的很大一部分风险，防御性组合（#2）的

---

[21] 也可参见德盖斯特等（Deguest et al., 2013）对于主成分因子的应用。

风险绝大部集中在利率上。对于更多暴露在通胀风险之中的组合,持有它意味着在主权债券和通胀保值债券(TIPS)上会去杠杆。

表 6.7 战略性资产配置(SAA)组合中各经济因子的风险贡献度

因子	#1	#2	#3	#4
生产活动类	36.91%	19.18%	51.20%	34.00%
通货膨胀类	12.26%	4.98%	9.31%	20.00%
利率类	42.80%	58.66%	32.92%	40.00%
货币类	7.26%	13.04%	5.10%	5.00%
剩余因子	0.77%	4.14%	1.47%	1.00%

注61 通过考虑风险因子,风险均衡策略重新将经济情境引入到配置过程的核心,从而使得战略性资产配置的经济特征与风险预算技术达成一致。

6.2.2.3 一种资产类别内部的配置

因子模型通常用于一种资产类别内部的配置。如果我们来考察权益类资产这一类别,那么可以计算不同权益类资产风险敞口相对于 Fama – French – Carhart 因子的敏感度,以及相对于国家因子和行业因子的敏感度。让我们来看一个投资者的例子,他想将美国权益类资产敞口配置到市值加权指数和风险指数之间。我们采用三个 Fama – French 因子(市场组合因子 MKT、市值因子 SMB 和账面市值比因子 HML)以及 Carhart 动量因子 MOM,根据标准普尔 100 指数的投资域,我们得到的计算结果如表 6.8 所示。我们发现,指数对于 SMB 因子是负向敏感的,这很正常,因为标准普尔 100(或 CW)指数是由一些大市值股票构成的。价值/成长性因子(或 HML)的贝塔值相对于四个风险指数呈正向关系。为了衡量这些敏感程度的大小,我们在图 6.13 中给出了(绝对)波动贡献。我们看到,最小方差组合(MV)暴露在 SMB 和 HML 因子之下,这两个因子代表了 15% 的波动性,而 MDP 和 MV 组合主要暴露在 HML 因子下,该因子代表了 6% 的波动性。现在让我们来考察介于风险指数和标普 100 指数之间的多空组合。在图 6.13 中,我们验证了等权重组合(EW)和等权风险贡献度组合(ERC)在市场因子(MKT)方面承担较小的风险,这与 MV 组合正好相反。

经济因子的分析框架也可以帮助投资者在同一资产类别内部进行配置。利用之前相同的数据,我们得到如表 6.9 所示的结果。正如预期的那样,市值加权组合比风险指数对于生产活动更为敏感。最小方差组合（MV）对于利率的风险敞口很高，这引发了对该组合表现形式的提问：这是一个偏权益类资产还是偏债券类资产的组合呢？当然是它们的混合体。在这种情况下，资产类别之间的前沿就变得模糊了。因此，基于经济因子分析的风险因子均衡策略会对投资者有所帮助，即使配置操作上有难度。

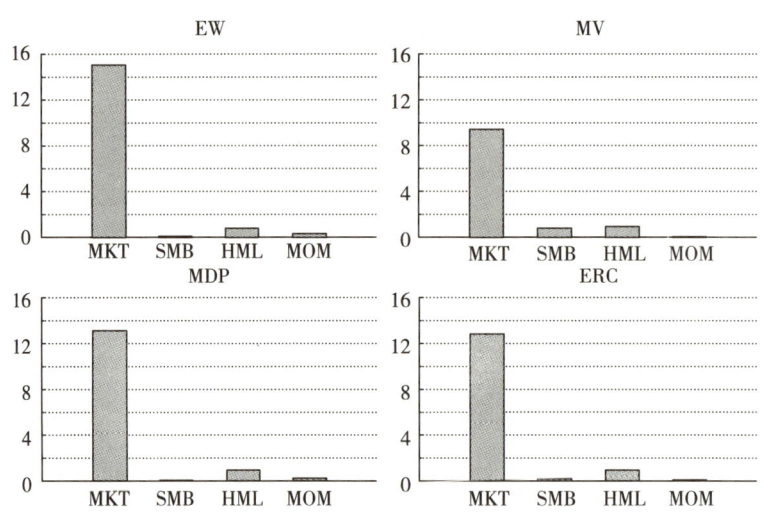

图 6.13　基于风险的标普 100 指数的波动率分解

注 62　正如前文所述，战略性资产配置（SAA）是通过纳入对经济情境的考虑来实现的。结果是，SAA 投资组合的权重反映了投资者在不同的经济因子下所愿意承受的风险。比如，如果投资者认为 A 地区比 B 地区有更高的经济增长率，那么，A 地区权益类资产所分配到的风险会高于 B 地区权益类资产所分配到的风险。最终，对于不同类别资产的风险配额的决策演变成了一个复杂的过程，这个过程依赖于对经济增长率、通货膨胀、货币政策等的预测。用一个另类加权指数来代替市值加权指数，于是就能导出一种配置结构，而这一结构和战略性资产配置的结果并不一致。对这些因子的考察解释了为什么在另类加权指数之间进行配置，被一些经验丰富的机构投资者看作是战略性资产配置（SAA）的一种选择。因此，这样的决策，就长期投资政策而言，属于自上而下的方法，而非自下而上的方法（或资产选择）。

表 6.8 荷载矩阵 A 的估计（1992 年 1 月至 2012 年 6 月）

	MKT	SMB	HML	MOM
CW	0.98	-0.26	-0.06	-0.01
EW	0.99	-0.08	0.22	-0.13
MV	0.58	-0.16	0.18	-0.03
MDP	0.80	-0.04	0.21	-0.11
ERC	0.87	-0.11	0.24	-0.09

表 6.9 基于风险的标普 100 指数中各经济因子的风险贡献度

（1992 年第一季度至 2012 年第二季度）

因子	CW	EW	MV	MDP	ERC
生产活动类	71.7%	70.0%	29.4%	41.8%	62.1%
通货膨胀类	21.8%	16.7%	4.7%	9.4%	9.5%
利率类	6.0%	12.7%	64.7%	46.9%	27.5%
货币类	0.6%	0.6%	1.2%	1.9%	0.9%

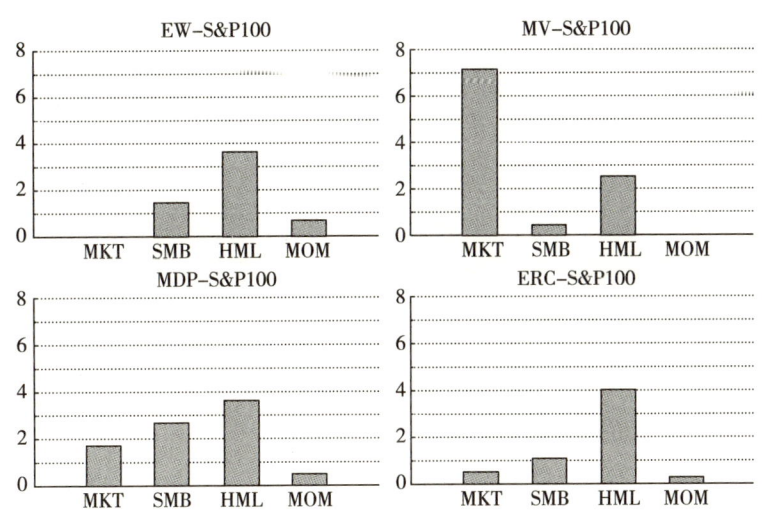

图 6.14 多空组合的波动率分解

6.2.3 带有负债约束的风险预算

当投资者受到负债约束的限制时，长期投资政策就会与之前的配置方法有所不同。在这种情况下，投资者必须采用负债驱动投资（liability driven investment，LDI）的方法。在附录 A.3.3.3 中，我们表明，最优组合是由负债对冲组合（liability hedging portfolio，LHP）和业绩组合（performance portfolio，PP）组成。举例来说，如果我们来考察养老金计划，LHP 组合允许此计划的参与者在退休期间支取将来养老金收益。于是，我们来区分两种情况。如果养老金计划是资金过剩的，那么它可以购买负债对冲组合（LHP），且有剩余资金来创造额外的业绩；如果养老金计划资金不足，则资产价值低于负债价值，在这种情况下，养老金计划就必须承受一定的风险去投资业绩组合，以提高其资金比率。然而，由于业绩组合存在风险，其收益也可能会进一步恶化资金比率。

彼得斯（Peters，2011）认为，风险均衡组合可以提供负债对冲给付。他坚持认为，由于杠杆作用，风险均衡组合与确定给付型养老金计划（defined benefit，DB）有相似的久期。然而，这一观点被 DB 计划的监管约束所反向抵消，因为大多数 DB 计划都不可以使用杠杆。

另一条使用风险均衡策略的途径是由钱（Qian，2012）提出的，其思路就是将风险均衡组合看作业绩组合。对于资金过剩的养老金计划来说，将过剩的资金投资于风险均衡组合以降低风险，在这种情况下，养老基金可能会获得额外业绩，这个比 60/40 资产混合策略更具有确定性；若养老金计划资金不足，那么，相比于当前的业绩组合，风险均衡组合则更少一些激进，这就意味着其恢复时间更长。有些人可能会认为，能达到 100% 资金比率的概率较高，但这仍然是个悬而未决的问题。

6.3 绝对收益和积极的风险均衡策略

前文中我们已经看到，风险均衡策略是建立多样化基金的一个极具吸引力的方法。然而，在资产管理行业，大部分风险均衡策略都着眼于绝对收益基金，而不是多样化基金。基于对冲基金策略，绝对收益基金的任务就是要实现每年都有正收益。我们来看表 6.2 中的结果，会发现，风险均衡基金面临着一个 21.22% 的回落。因此，在构建绝对收益基金时，纯粹的风险均衡策略也并非是唯一的业绩动力。

积极的风险均衡指的是将风险均衡组合作为中性配置的投资策略（Bhansali，2012）。从实践的角度说，一方面，当基金经理人没有什么看法时，积极的风险均衡组合的权重就等于风险均衡组合的权重。另一方面，如果基金经理人对权益类资产持正向意见，而对债券持负向意见，那么他会增加权益类资产的权重而减少债券的权重。在这种情况下，选择风险均衡组合作为中性配置就很有意义了，因为它在风险贡献度和业绩贡献度之间实现平衡。从事前的角度来看，风险均衡组合则是一种不含积极投资特征的策略，这也是为什么很多绝对收益基金将它作为中性配置策略使用的原因。

虽然风险均衡策略不谈预期收益，但积极的风险均衡策略又再次引入预期收益，为的是创造更好的业绩。然而，构建积极的风险均衡策略有很多方法，也就是说，积极的风险均衡和纯粹的风险均衡是很不相同的。事实上，各个风险均衡策略之间是可以相互比较的，但和积极的风险均衡策略却不可比较。因此，基金经理人可以自主决定投资或采用量化投资，他可以对带有跟踪误差目标约束的组合配置的偏差进行控制或不控制，还可以就权重或风险预算给出这种偏差的定义，可能允许空头或者不允许空头等。在这种背景下，积极的风险均衡策略的业绩表现更多依赖于基金经理人的能力，而非风险均衡组合。

为了说明积极的风险均衡策略，我们还是来考察之前的一个例子，在这个例子中，MSCI 世界指数和花旗集团的 WGBI 指数代表权益和债券资产类别，中性配置由等权风险贡献度组合（ERC）给出，并且我们只考虑跟踪趋势的投资风格。我们假设预期收益与一年趋势挂钩，即用过去一年中 260 个日收益率的简单移动平均来估计预期收益。我们每周对组合进行一次再平衡的调整，以相对于中性组合 4% 的跟踪误差并采用 Black – Litterman 模型框架来完成资产配置[22]。我们设定风险资产权重为正，但这些权重之和可能会小于 1，因为我们的波动率目标设在 4.5%。计算结果[23]见表 6.10 和图 6.15。我们注意到，相对于风险均衡策略（RP），积极的风险均衡策略（ARP）减

---

[22] 根据 1.1.5 节介绍的记号，我们有 $P = I_n$，$Q = \hat{\mu}$，$\Omega = 0.05^2 I_n$，其中，$\hat{\mu}$ 表示一年趋势向量。我们还假设中性配置的夏普比率为 0.50，为的是要估计隐含风险溢价。

[23] 和表 6.2 的计算结果相比，风险均衡策略存在一些小小的不同，因为平衡调整的频度不一样。之前调整频度是每月一次，而这里是每周一次调整。

少了降幅。事实上，目前的最大降幅为 9.35%。我们还得到了更优的夏普比率（0.67 对 0.35）。我们还注意到，换手率 τ 大幅上升，相比于风险均衡策略，积极的风险均衡策略的换手率是它的 16 倍还多。但是，这对于绝对收益基金来说仍然是合理的，因为在一年里我们对组合只变动 5 次。

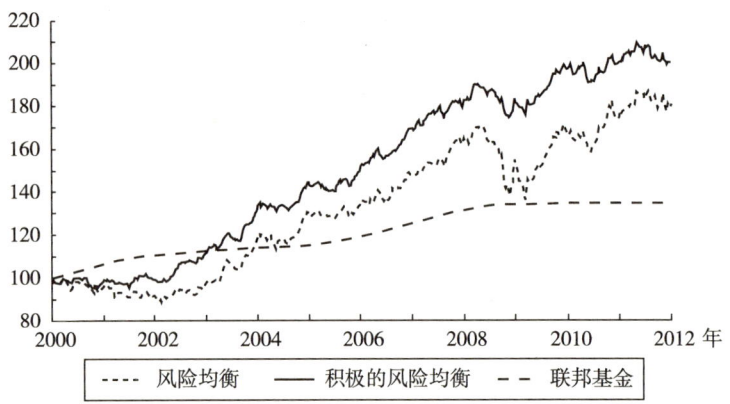

图 6.15 股票/债券（S/B）的风险均衡策略的模拟业绩

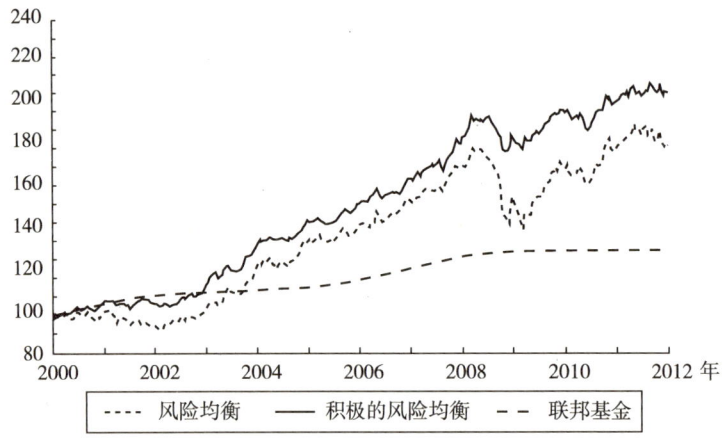

图 6.16 股票/债券/商品（S/B/C）风险均衡策略的模拟业绩

前文中的模拟只用到了股票和债券（S/B）。我们现在引入以 DJ UBS 商品指数为代表的商品（S/B/C）。在这种情况下，ERC 组合就可能不再适合用来定义中性配置了，因为商品并不显现风险溢价。不过，为了对冲通货膨胀风险，这一类别的资产是值得关注的。在这种情况下，风险预算组合就更适合了。如果假设债券、权益类产品和商品的风险预算分别为40%、40%和20%[24]，我们就会得到如表6.10和图6.16所示的结果。波动性与之前例子中的相似，但年收益率提高了1%。最后，夏普比率约为0.80，这对于绝对收益策略来说是个很好的业绩了。

表6.10 积极的风险均衡策略的统计数据

AC	策略	$\hat{\mu}_{1Y}$	$\hat{\sigma}_{1Y}$	SR	MDD	γ_1	γ_2	τ
S/B	RP	5.10	7.30	0.35	-21.39	0.07	2.68	0.30
	ARP	5.99	5.16	0.67	-9.35	0.02	2.11	4.92
S/B/C	RP	5.67	7.36	0.43	-24.55	0.01	3.29	0.39
	ARP	6.82	5.10	0.84	-10.21	0.05	1.93	6.74

注63 在实践中，基金经理人采用多得多的资产类别和基础资产来设计积极的风险均衡策略。比如，他们会对美国、欧洲、日本和新兴市场的权益类资产作区分，他们会根据国别、发行人（政府、公司等）或久期采取不同的债券指数。商品可能会分类成能源、金属和农产品。

注64 在以上阐述中，我们选择直接对风险均衡组合的权重进行修正，从而将预期收益考虑进来。另一途径是修正风险预算，那么，其难点就在于要找到一种方法在风险预算与预期收益之间建立起联系。一种更让人兴奋的方法是将依赖于预期收益的风险度量指标考虑进来，比如风险价值和期望亏空[25]。

---

[24] 我们采用与之前一样的参数来实现 Black-Litterman 模型的配置。唯一的不同之处来自于预期收益是用6个月的趋势估计的。

[25] 见式（2.11）和式（2.22）。

结论

自从哈利·马科维茨（Harry Markowitz）的开创性著作发表以来，风险管理和资产管理就被紧密联系在一起。资产管理是第一个将风险理念整合到投资决策过程的金融领域，这种整合在银行风险管理形成之前就随着风险价值模型和金融监管（《巴塞尔协议Ⅱ》、偿付能力Ⅱ等）的发展而产生了。因此，夏普比率已经成为和RAROC方法一样的风险调整业绩度量指标，目前，RAROC已被广泛应用于银行和保险行业的业务管理活动中。

彼得·伯恩斯坦（Peter Bernstein, 1992, 2007）的著作很好地阐述了风险管理是如何提升资产管理行业，以及投资中的各种问题又是如何推动风险管理的发展的。然而，该书花了大量篇幅在向机构投资者推广有关多样化、风险因子和信息比率的概念，尽管互联网泡沫和最近的金融危机已经加速了这种学习进程。

风险均衡方法的发展在加深风险管理和资产管理两者关系的过程中成为了重要的里程碑。在风险均衡策略下，首要的目标已不再是度量风险的大小，而是要管理风险。在这种情况下，风险管理和组合管理逐步趋于一致。不过，业绩管理问题也不能被抛弃，风险均衡方法就是通过更好地管理风险，以期能比传统方法更好地管理组合业绩。在一定程度上，采用风险均衡方法的投资者都承认创造业绩是一项困难的任务。金融市场是残酷的。在投资行业，每一个成功故事的背后又有多少的挫折和失望呢？

养老基金和机构的首席投资官仍保持着投资者的身份，但几年前，他们由于各种原因开始逐渐变得更像风险经理了。各种危机已经降低了投资者在各种策略中可获得的灵活性和机动空间。同时，他们的受托义务有所增加。

结　论

在这一背景下，投资决策并不是赌博，尤其是当投资者受到重要的债务约束时。所以，在一系列黑天鹅事件（如信贷危机、权益危机、对冲基金危机、麦道夫欺诈案、主权债务危机等）爆发之后的今天，风险均衡方法的出现也不再是个巧合了（Taleb, 2007）。经济理论告诉我们，没有免费的午餐，而且风险必须有所回报。现代投资组合理论还说，风险—收益的权衡一定要考虑到多样化。风险均衡方法只是这两点原则的一个应用，它并不是创造业绩的一个高级方法，而是提供了一组用以引导资产配置的规则，这些规则和"谨慎人规则"（prudent person principle）相一致。认为风险均衡方法可以成为诀窍的人将会失望：这不是诀窍，而只是风险管理。

在本书中，我们已经尝试从学术和实践的不同角度对风险预算策略作了全面的分析。本书可以帮助学生更好地理解投资问题，同时也表明了学术研究在资产管理行业的重要性。对于专业从业者，本书提醒他们，投资理论不能降低为一门艺术，尽管投资理论有很多缺陷存在，但它还是一门科学。近年来的危机更凸显了风险管理的作用，风险均衡方法推动了资产管理领域的变革。了解这些新技术的基础理论，对于更好地理解投资原则是十分必要的。

附录 A 技术附录

在本附录中，我们回顾了数值化求解一些最优问题的不同方法。在第一部分，我们特别介绍了二次规划问题，它是组合优化的核心，因为它可以用来求解马科维茨（Markowitz）模型和布莱克—李特曼（Black-Litterman）模型，以及有约束条件下的最小二乘问题，如脊回归或套索回归。我们还介绍了非线性优化问题，并着重讨论了连续二次规划问题。第二部分将讨论Copula函数，它是风险管理和多变量生存模型中的一项强有力工具。有了Copula函数，我们于是就可以为风险预算问题定义非正态的风险度量方法。最后，第三部分是关于动态组合优化。在回顾了贝尔曼（Bellman）方法和默顿（Merton，1969，1971）的开创性工作后，我们将介绍有关长期投资政策的动态优化问题。

A.1 优化问题

A.1.1 二次规划问题

二次规划（QP）问题是在二次目标函数和线性不等式约束下的一个优化问题：

$$x^* = \operatorname{argmin} \frac{1}{2} x^\top Q x - x^\top R$$

$$\text{满足} \quad Sx \leq T \tag{A.1}$$

其中，x 是一个 $n \times 1$ 向量，Q 是 $n \times n$ 矩阵，R 是一个 $n \times 1$ 向量。我们发现，

约束条件系统 $Sx \leq T$ 下可以有线性等式约束① $Ax = B$ 或者权重约束 $x^- \leq x \leq x^+$。于是，大部分的数值包都考虑采用以下表达式：

$$x^* = \operatorname{argmin} \frac{1}{2} x^\top Q x - x^\top R$$

$$\text{满足} \quad \begin{cases} Ax = B \\ Cx \leq D \\ x^- \leq x \leq x^+ \end{cases} \quad (\text{A.2})$$

因为问题（A.2）在下列线性不等式系统下等价于经典问题（A.1）：

$$\begin{bmatrix} -A \\ A \\ C \\ -I_n \\ I_n \end{bmatrix} x \leq \begin{bmatrix} -B \\ B \\ D \\ -x^- \\ x^+ \end{bmatrix}$$

如果由 $Sx \leq T$ 定义的空间向量 Ω 非空，且 Q 表示一个对称正定矩阵，则存在解，这是因为函数 $f(x) = \frac{1}{2} x^\top Q x - x^\top R$ 是凸函数。在 Q 为一个方阵的一般情况下，解可能不存在。

拉格朗日函数还可以表达为

$$\mathcal{L}(x;\lambda) = \frac{1}{2} x^\top Q x - x^\top R + \lambda^\top (Sx - T)$$

推导可得对偶问题的定义为

$$\lambda^* = \operatorname{argmax} \{ \inf_x \mathcal{L}(x;\lambda) \}$$

$$\text{满足} \quad \lambda \geq 0$$

我们注意到有 $\partial_x \mathcal{L}(x;\lambda) = Qx - R + S^\top \lambda$。于是，求解 $\partial_x \mathcal{L}(x;\lambda) = 0$ 就转化为求解 $x = Q^{-1}(R - S^\top \lambda)$。可得

$$\inf_x \mathcal{L}(x;\lambda) = \frac{1}{2}(R^\top - \lambda^\top S) Q^{-1}(R - S^\top \lambda) - (R^\top - \lambda^\top S) Q^{-1} R +$$

$$\lambda^\top (S Q^{-1}(R - S^\top \lambda) - T)$$

$$= \frac{1}{2} R^\top Q^{-1} R - \lambda^\top S Q^{-1} R + \frac{1}{2} \lambda^\top S Q^{-1} S^\top \lambda - R^\top Q^{-1} R +$$

---

① 这等价于设定 $Ax \geq B$ 和 $Ax \leq B$。

313

$$2\lambda^\top SQ^{-1}R - \lambda^\top SQ^{-1}S^\top\lambda - \lambda^\top T$$
$$= -\frac{1}{2}\lambda^\top SQ^{-1}S^\top\lambda + \lambda^\top(SQ^{-1}R - T) - \frac{1}{2}R^\top Q^{-1}R$$

对偶问题是另一个二次规划,即

$$\lambda^* = \arg\min \frac{1}{2}\lambda^\top \overline{Q}\lambda - \lambda^\top \overline{R}$$
$$\text{满足} \quad \lambda \geq 0$$

其中,$\overline{Q} = SQ^{-1}S^\top$,$\overline{R} = SQ^{-1}R - T$。

让我们来看套索优化问题(lasso optimization problem):

$$x^* = \arg\min \frac{1}{2}x^\top Qx - x^\top R + S^\top|x - y|$$
$$\text{满足} \begin{cases} Ax = B \\ Cx \geq D \\ x^- \leq x \leq x^+ \end{cases}$$

其中,y 是一个给定的向量。如果我们利用以下分解:

$$x_i = y_i + \Delta_i^+ - \Delta_i^-$$

其中,$\Delta_i^- \geq 0, \Delta_i^+ \geq 0$,可推导得出

$$|x_i - y_i| = |\Delta_i^+ - \Delta_i^-| = \Delta_i^+ + \Delta_i^-$$

目标函数变为

$$x^* = \arg\min \frac{1}{2}x^\top Qx - (x^\top R - S^\top\Delta^+ - S^\top\Delta^-)$$

令 $\tilde{x} = (x_1, \cdots, x_n, \Delta_1^-, \cdots, \Delta_n^-, \Delta_1^+, \cdots, \Delta_n^+)$ 为未知变量的向量。我们得到一个 $3n$ 维的增强型 QP 问题如下:

$$\tilde{x}^* = \arg\min \frac{1}{2}\tilde{x}^\top \tilde{Q}\tilde{x} - \tilde{x}^\top \tilde{R}$$
$$\text{满足} \begin{cases} \tilde{A}\tilde{x} = \tilde{B} \\ \tilde{C}\tilde{x} \geq \tilde{D} \\ \tilde{x}^- \leq \tilde{x} \leq \tilde{x}^+ \end{cases}$$

其中,

$$\tilde{Q} = \begin{pmatrix} Q & 0 & 0 \\ 0 & 0 & 0 \\ 0 & 0 & 0 \end{pmatrix}, \tilde{R} = \begin{pmatrix} R \\ -S \\ -S \end{pmatrix}, \tilde{A} = \begin{pmatrix} A & 0 & 0 \\ I_n & I_n & -I_n \end{pmatrix}$$

$$\widetilde{B} = \begin{pmatrix} B \\ y \end{pmatrix}, \widetilde{x}^- = \begin{pmatrix} x^- \\ \mathbf{0} \\ \mathbf{0} \end{pmatrix}, 以及 \widetilde{x}^+ = \begin{pmatrix} x^+ \\ x^+ - x^- \\ x^+ - x^- \end{pmatrix}$$

A.1.2 非线性无约束的优化问题

我们来考虑以下最小化问题

$$x^* = \text{argmin} \ f(x) \tag{A.3}$$

其中，$x \in \mathbb{R}^n$。令 $G(x)$ 和 $H(x)$ 分别为梯度向量，$f(x)$ 表示黑塞矩阵（Hessian matrix），最优解满足：

$$G(x^*) = \mathbf{0} \tag{A.4}$$

$G(x)$ 关于点 x_0 的一阶泰勒展开由下式表示：

$$G(x) = G(x_0) + H(x_0)(x - x_0)$$

如果 x 是等式（A.4）的解，可得 $G(x_0) + H(x_0)(x - x_0) = \mathbf{0}$。牛顿—拉夫逊（Newton-Raphson）算法采用一种迭代过程得到这个根：

$$x_{k+1} = x_k - H_k^{-1} G_k$$

其中，k 是迭代系数，有 $G_k = G(x_k)$ 和 $H_k = H(x_k)$ 成立。从初始点 x_0 开始，若该算法收敛②，则可得到解 x^*。然而，我们通常喜欢采用以下过程：

$$\begin{aligned} x_{k+1} &= x_k - \lambda_k H_k^{-1} G_k \\ &= x_k + \lambda_k d_k \end{aligned}$$

其中，$\lambda_k > 0$ 且为标量。与之前的区别在于步长 λ_k 的引入。从点 x_k 开始，向量 $d_k = -H_k^{-1} G_k$ 指示了达到最大值的方向。但是，步长等于 1 并不总是最理想的，比如，我们可能会超过最优点③或收敛速度可能很慢。这就是为什么数值化优化方法要采用以下两种类型算法的原因：

1. 第一个算法用于拟合黑塞矩阵 H_k 并计算下降值 d_k；
2. 第二个算法用于定义最优步长 λ_k。

$$\lambda_k = \underset{\lambda > 0}{\arg \min} \ f(x_k + \lambda d_k)$$

---

② 当梯度接近于零时我们就停止运算。例如，可能的停止规则有 $\max_i |G_{k,i}| \leqslant \varepsilon$，式中 ε 表示容许公差。

③ 这表示 f 并不一定在每次迭代中都下降。

黑塞近似值避免了最优值附近常会发生的奇异性问题。普雷斯等（Press et al.，2007）对这两种用于定义下降值的算法家族作了区分，即共轭梯度法和拟牛顿法。

- 在共轭梯度法的情况下，有

$$d_{k+1} = -(G_{k+1} - \varrho_{k+1} d_k)$$

对于伯拉克—里比埃算法（Polak – Ribiere algorithm），标量 ϱ 由下式定义：

$$\varrho_{k+1} = \frac{G_{k+1}^\top G_{k+1}}{G_k^\top G_k}$$

而对于弗莱彻—里维斯算法（Fletcher – Reeves algorithm），则

$$\varrho_{k+1} = \frac{(G_{k+1} - G_k)^\top G_{k+1}}{G_k^\top G_k}$$

- 在拟牛顿法中，方向定义如下：

$$d_{k+1} = -\widetilde{H}_{k+1} G_{k+1}$$

其中，$\widetilde{H}$ 是黑塞矩阵的逆的近似，其表达式为

$$\widetilde{H}_{k+1} = \widetilde{H}_k - \frac{\widetilde{H}_k y_k y_k^\top \widetilde{H}_k}{y_k^\top \widetilde{H}_k y_k} + \frac{s_k s_k^\top}{s_k^\top y_k} +$$

$$\beta(\widetilde{H}_k y_k - \theta_k s_k)(\widetilde{H}_k y_k - \theta_k s_k)^\top$$

式中，$y_k = G_{k+1} - G_k$，$s_k = x_{k+1} - x_k$，且

$$\theta_k = \frac{y_k^\top \widetilde{H}_k y_k}{s_k^\top y_k}$$

DFP 算法[④]对应于 $\beta = 0$，而 BFGS 算法[⑤]则由下式给出：

$$\beta = \frac{1}{y_k^\top \widetilde{H}_k y_k}$$

为求得 λ_k 的最优值，我们采用一个简单的一维极小值算法[⑥]，如黄金分割、布伦特法（Brent method）或三次样条拟合（Press et al.，2007）。

---

④ 戴维登—弗莱彻—鲍威尔算法（Davidon, Fletcher and Powell algorithm）（译者注）。
⑤ 布罗埃登—弗莱彻—戈德法布—香农算法（Broyden, Fletcher, Goldfarb and Shanno algorithm）（译者注）。
⑥ 计算 λ_k 的最优值会很耗时。在此情况下，我们也会偏向于采用拆半法，该方法包括：在每次出现函数值不减少时半分测试值，λ 则分别取值为 1、1/2、1/4、1/8 等，直至满足标准 $f(x_k + \lambda_k d_k) < f(x_k)$。

注65 牛顿法也可用于求解带线性约束的非线性优化问题：

$$x^* = \mathrm{argmin}\ f(x)$$
$$\text{满足}\quad Ax = B$$

事实上，此类约束问题等价于如下的非约束问题：

$$y^* = \mathrm{argmin}\ g(y)$$

其中，$g(y) = f(Cy + D)$，C 代表 A 的零空间的规范正交基（orthonormal basis），$D = (A^\top A)^+ A^\top B$，$(A^\top A)^+$ 代表 $A^\top A$ 的摩尔—彭罗斯伪逆矩阵（Moore-Penrose pseudo-inverse）。则有如下解：

$$x^* = Cy^* + D$$

A.1.3 序列二次规划算法

序列二次规划（或 SQP）算法用于求解此类约束非线性规划问题：

$$x^* = \mathrm{argmin}\ f(x) \tag{A.5}$$
$$\text{满足}\quad \begin{cases} A(x) = \mathbf{0} \\ B(x) \geqslant \mathbf{0} \end{cases}$$

其中，$A(x)$ 和 $B(x)$ 是两个多维非线性函数。像牛顿法一样，这种算法是一个迭代过程：

$$x_{k+1} = x_k + \lambda_k d_k$$

式中，

$$d_k = \mathrm{argmin}\ \frac{1}{2} d^\top H_k d + d^\top G_k$$
$$\text{满足}\quad \begin{cases} \partial_x A(x_k) d + A(x_k) = \mathbf{0} \\ \partial_x B(x_k) d + B(x_k) \geqslant \mathbf{0} \end{cases}$$

此算法是用一个序列的二次规划问题代替非线性规划问题（Boggs and Tolle，1995）。二次规划问题相当于 $f(x)$ 的二阶泰勒展开，即

$$f(x_k + \delta) = f(x_k) + \delta^\top G_k + \frac{1}{2} \delta^\top H_k \delta$$

其中，

$$\begin{cases} A(x_k + \delta) = A(x_k) + \partial_x A(x_k)\delta = \mathbf{0} \\ B(x_k + \delta) = B(x_k) + \partial_x B(x_k)\delta \geqslant \mathbf{0} \end{cases}$$

且 $\delta = \lambda d$。我们可以采用拟牛顿算法来逼近黑塞矩阵 H_k。然而，若仍采用

之前对 λ_k 的定义：

$$\lambda_k = \min_{\lambda > 0} f(x_k + \lambda d_k)$$

我们将会遇到一些问题，因为约束条件 $A(x) = \mathbf{0}$ 和 $B(x) \geq \mathbf{0}$ 不一定能满足。这是我们倾向于指定 λ_k 作为这个一维极小值问题的解的原因：

$$\lambda_k = \min_{\lambda > 0} m(x_k + \lambda d_k)$$

其中，$m(x)$ 为评价函数，即

$$m(x) = f(x) + p_A \sum_j |A_j(x)| - p_B \sum_j \min(0, B_j(x))$$

通常，我们选择罚权重 p_A 和 p_B 作为与线性和非线性约束相关的拉格朗日系数的无穷范数（Nocedal and Wright, 2006）。

A.1.4 风险预算问题的数值解

我们回顾一下，风险预算组合满足一个非线性等式体系：$\mathcal{RC}_i = b_i \mathcal{R}(x)$，$i = 1, \cdots, n$。我们可以将这一非线性体系转化为一个优化问题⑦：

$$x^* = \operatorname{argmin} \ f(x;b) \tag{A.6}$$

$$\text{满足} \quad \mathbf{1}^\top x = 1, \mathbf{0} \leq x \leq \mathbf{1}$$

例如，我们可以设定函数 $f(x;b)$ 有如下形式：

$$f(x;b) = \sum_{i=1}^n (\mathcal{RC}_i - b_i \mathcal{R}(x))^2$$

如果 x^* 为解，且如果 $f(x^*;b) = 0$，这意味着 x^* 就是风险预算组合。经验表明，更为合适的函数 $f(x;b)$ 为

$$f(x;b) = \sum_{i=1}^n \sum_{j=1}^n \left(\frac{\mathcal{RC}_i}{b_i} - \frac{\mathcal{RC}_j}{b_j}\right)^2$$

SQP算法适用于求解优化问题（A.6），其中，$A(x) = \mathbf{1}^\top x - 1$，$B(x) = x$。此外，运用解析导数可以降低计算次数，尤其是当资产域很大⑧（超过100种资产）时。去除线性约束 $\mathbf{1}^\top x = 1$ 也能够提高收敛性。另一种得到风险预算组合的方法是采用优化问题式（2.31）的简化版：

$$x^* = \operatorname{argmin} \ \mathcal{R}(x)$$

---

⑦ 见式 (2.22)。

⑧ 由于篇幅限制，此处不写出梯度和黑塞矩阵的解析式，但其在多维情况下是绝对必要的。而且，通常我们会观察到，计算次数降低 $n \sim n^2$ 倍。

满足 $\sum_{i=1}^{n} b_i \ln x_i \geq c$

其中，c 是满足 $c < \sum_{i=1}^{n} b_i \ln b_i$ 的任意常数。在实践中，用这种方法求解此类问题比前两种方法[⑨]更快。

注66 查韦斯等（Chaves et al.，2012）建议，在风险度量指标为波动率的情况下，可以采用雅可比幂法（Golub and Van Loan，1996）。在式（2.29）中，我们已经说明过风险预算组合满足以下非线性等式体系：

$$x_i = \frac{b_i/\beta_i}{\sum_{j=1}^{n} b_j/\beta_j}$$

其中，β_i 为风险预算组合中资产 i 的贝塔系数。雅可比幂法是对上式的迭代：

$$x_i^{k+1} = \frac{b_i/\beta_i^k}{\sum_{j=1}^{n} b_j/\beta_j^k}$$

其中，k 为迭代系数。在这里，β_i^k 的值是基于组合 x^k 计算得到的，并用于计算新的权重 x^{k+1}。这个方法在投资域较小的情况下有很好的收敛，但对于资产数量很大的情况，该方法常常会失败。

注67 前文中提到的所有算法都需要一个初始组合作为一输入项，因此，当资产域很大（超过 100 种资产）时，选择一个好的起点就成为实现收敛的关键。在波动率作为风险度量指标的情况下，当相关系数矩阵为 $C_n(0)$ 或 $C_n(1)$ 时，可以得到闭合式。我们建议采用这两个解析解中的一个或者将其混合来初始化运算。

A.2 连接（Copula）函数

如果我们利用相关系数矩阵来表示随机向量 X 的相依性，则存在一个隐含假设，即 X 为高斯向量。Copula 函数是当该假设不成立时相关性度量的一般化方法。

A.2.1 定义和主要特性

纳尔逊（Nelsen，2006）将二维 Copula（或记作 2-copula）定义为一个满足以下特性的函数 **C**：

[⑨] 此方法与查韦斯等（Chaves et al.，2012）提出的算法 1 相似。

1. $\mathbf{C}$ 的域 $= [0, 1] \times [0, 1]$；

2. 对所有 $u \in [0, 1]$，有 $\mathbf{C}(0, u) = \mathbf{C}(u, 0) = 0$，且 $\mathbf{C}(u, 1) = \mathbf{C}(1, u) = u$ 成立；

3. $\mathbf{C}$ 是二次增长的，有

$$\mathbf{C}(v_1, v_2) - \mathbf{C}(v_1, u_2) - \mathbf{C}(u_1, v_2) + \mathbf{C}(u_1, u_2) \geqslant 0$$

对于所有 $(u_1, u_2) \in [0, 1]^2$，$(v_1, v_2) \in [0, 1]^2$，有 $0 \leqslant u_1 \leqslant v_1 \leqslant 1$ 和 $0 \leqslant u_2 \leqslant v_2 \leqslant 1$ 成立。

这个定义表明，$\mathbf{C}$ 是均匀边际分布。令 $\mathbf{F}_1$ 和 $\mathbf{F}_2$ 为任意两个单变量分布。很明显，$\mathbf{F}(x_1, x_2) = \mathbf{C}(\mathbf{F}_1(x_1), \mathbf{F}_2(x_2))$ 是边际分布 $\mathbf{F}_1$、$\mathbf{F}_2$ 的概率分布。我们说，这是一个有固定（或给定）边际的分布。相反，斯克拉（Sklar）在1959年证明了，任何二元分布 $\mathbf{F}$ 都可以采用这样的表达，而且在连续型边际分布下，Copula 函数 $\mathbf{C}$ 是唯一的。这一结论很重要，因为我们可以将每一个二元分布都和一个 Copula 函数联系起来。

例41 图 A.1 中，设边际分布为一个逆高斯分布和一个贝塔分布，从而构建一个二元概率分布。Copula 函数和正态 Copula⑩ 相对应，这样其肯德尔相关系数（Kendall's tau）就等于50%。

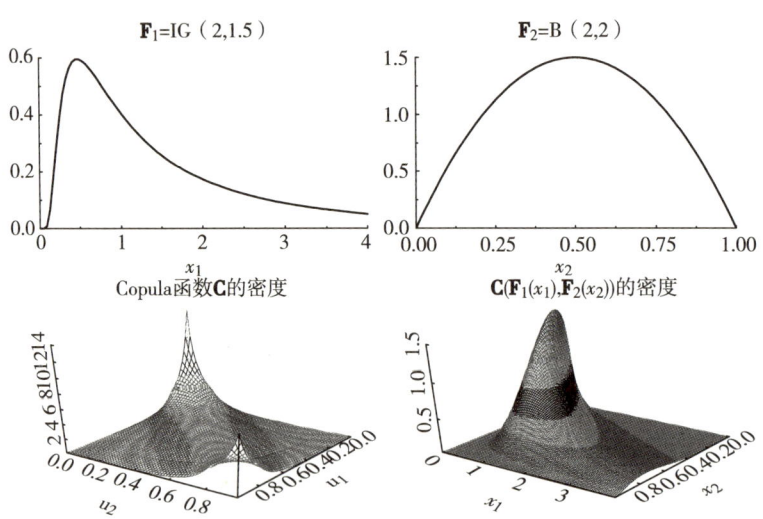

图 A.1 用 Copula 函数建立二元概率分布的例子

---

⑩ 这个 Copula 函数将在下一节作定义。

令 $\mathbf{C}_1$ 和 $\mathbf{C}_2$ 为两个 Copula 函数。我们说，对于所有的 $(u_1,u_2) \in [0,1]^2$，当且仅当 $\mathbf{C}_1(u_1,u_2) \leq \mathbf{C}_2(u_1,u_2)$ 成立时，$\mathbf{C}_1$ 小于 $\mathbf{C}_2$，记作 $\mathbf{C}_1 < \mathbf{C}_2$。这个偏序 < 被称为和谐序。我们还指出，Copula 函数 $\mathbf{C}$ 满足 $\mathbf{C}^- < \mathbf{C} < \mathbf{C}^+$，其中，$\mathbf{C}^-(u_1,u_2) = \max(u_1 + u_2 - 1, 0)$，$\mathbf{C}^+(u_1,u_2) = \min(u_1,u_2)$。令 $X = (X_1, X_2)$ 为 $\mathbf{F}$ 分布下的随机向量，我们通过 $\mathbf{F}$ 的 Copula 函数来定义 (X_1, X_2) 的 Copula 函数：

$$\mathbf{F}(x_1, x_2) = \mathbf{C}\langle X_1, X_2 \rangle (\mathbf{F}_1(x_1), \mathbf{F}_2(x_2))$$

我们可以指出，如果下式中 g_1 和 g_2 分别是建立在 X_1 和 X_2 取值空间上的两个非递减函数，则有

$$\mathbf{C}\langle g_1(X_1), g_2(X_2) \rangle = \mathbf{C}(X_1, X_2)$$

因此，Copula 函数可以通过严格地增加随机变量变换而保持不变。于是，我们有以下结果：如果存在一个随机变量 X 满足 $X_1 = f_1(X)$ 和 $X_2 = f_2(X)$，其中，f_1 为非减函数，f_2 为非增函数，则 $\mathbf{C}\langle X_1, X_2 \rangle = \mathbf{C}^-$ 成立；若两个随机变量 X_1 和 X_2 的相依度是乘积 Copula 函数 $\mathbf{C}^\perp$，$\mathbf{C}^\perp(u_1,u_2) = u_1 u_2$，则 X_1 和 X_2 之间相互独立；如果存在一个随机变量 X 满足 $X_1 = f_1(X), X_2 = f_2(X)$，且 f_1 和 f_2 均为非减函数，则有 $\mathbf{C}\langle X_1, X_2 \rangle = \mathbf{C}^+$。

这些结果表明，Copula 函数 $\mathbf{C}\langle X_1, X_2 \rangle$ 是对两个随机变量 X_1 和 X_2 之间相依度的穷尽统计量（exhaustive statistic），于是，Copula 函数的概念可以推广到非高斯世界的相关性概念中去。作为线性相关，用唯一值来总结相依度是非常有意思的。在这种情况下，我们采用一致性度量指标，它们有：最著名的肯德尔相关系数（Kendall's tau）和斯皮尔曼的秩相关系数（Spearman's rho）。让我们来考察随机向量 (X,Y) 的一个样本 $\{(x_1,y_1),\cdots,(x_n,y_n)\}$。肯德尔相关系数等于这对变量的一致性概率减去，他们的非一致性概率[11]。斯皮尔曼秩相关系数为等级相关系数 $\mathrm{cor}(\mathbf{F}_X(X), \mathbf{F}_Y(Y))$。它们的理论表达式为

$$\begin{cases} \tau = 4 \iint_{[0,1]^2} \mathbf{C}(u_1,u_2) \mathrm{d}\mathbf{C}(u_1,u_2) - 1 \\ \varrho = 12 \iint_{[0,1]^2} u_1 u_2 \mathrm{d}\mathbf{C}(u_1,u_2) - 3 \end{cases}$$

---

[11] 我们有

$$\tau = \Pr\{(X_i - X_j)(Y_i - Y_j) > 0\} - \Pr\{(X_i - X_j)(Y_i - Y_j) < 0\}。$$

例42 图 A.2 和图 A.3 中,我们呈现了由弗兰克(Frank)和冈贝尔(Gumbel)的 Copulas 函数所形成的二元分布的等高线。对于每一个 Copula 函数,我们考察 4 组边际分布,且对 Copula 函数进行了调整,以使肯德尔相关系数等于 50%。这表明,基于弗兰克(或冈贝尔)Copula 函数的 4 组二元分布表现出相同的相依度,最小穷尽统计量在图中由第一象限[12]呈现。如果我们通过肯德尔相关系数来归纳相依度,那么,由弗兰克 Copula 函数生成的分布和由冈贝尔 Copula 函数生成的分布是等价的。然而,事实并非如此,这也是为什么这个统计量没有穷尽的原因。

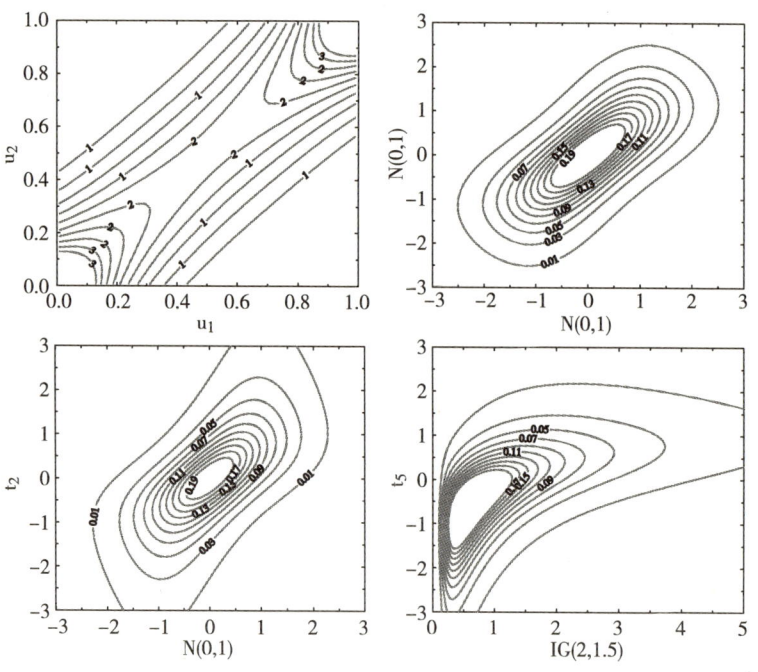

图 A.2 二元分布的等高线(弗兰克 Copula 函数)

注68 先前的结论可以直接推广到多变量的情况。事实上,一个 n - Copula 函数是一个从 $[0,1]^n$ 到 $[0,1]$ 上具有均匀边际的概率分布函数 $\mathbf{C}$,于是,任何多元概率分布函数 $\mathbf{F}$ 可以被分解为一个 Copula 函数和它的边际,即

---

[12] 这对应于边际均匀的情况。

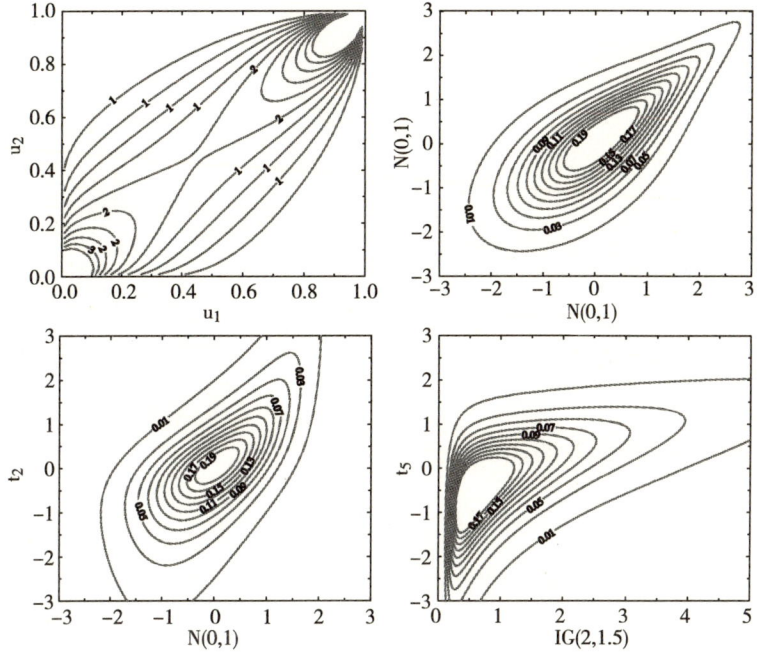

图 A.3 二元分布的等高线（冈贝尔 Copula 函数）

$$F(x_1, \cdots, x_n) = C(F_1(x_1), \cdots, F_n(x_n))$$

A.2.2 有参函数

格内斯特和麦凯（Genest and Mackay，1986）对阿基米德 Copula 函数作如下定义：

$$C(u_1, u_2) = \begin{cases} \varphi^{-1}(\varphi(u_1) + \varphi(u_2)) &, \text{当 } \varphi(u_1) + \varphi(u_2) \leqslant \varphi(0) \text{ 时} \\ 0 &, \text{其他情况下} \end{cases}$$

其中，φ 是 C^2 函数，该函数对于所有的 $u \in [0,1]$，满足 $\varphi(1)=0, \varphi'(u)<0$ 且 $\varphi''(u)>0$。$\varphi(u)$ 称为 Copula 函数的生成函数。在表 A.1 中，我们给出了阿基米德 Copula 函数的一些例子[13]。

---

[13] 我们采用标记 $\bar{u} = 1 - u$ 和 $\tilde{u} = -\ln u$。

表 A.1 阿基米德 Copula 函数的例子

Copula	$\varphi(u)$	$\mathbf{C}(u_1,u_2)$
$C^\perp$	$\ln u$	$u_1 u_2$
冈贝尔	$(-\ln u)^\theta$	$\exp(-(\tilde{u}_1^\theta + \tilde{u}_2^\theta)^{1/\theta})$
弗兰克	$-\ln\dfrac{e^{-\theta u}-1}{e^{-\theta}-1}$	$-\dfrac{1}{\theta}\ln\left(1+\dfrac{(e^{-\theta u_1}-1)(e^{-\theta u_2}-1)}{e^{-\theta}-1}\right)$
乔	$-\ln\left(1-(1-u)^\theta\right)$	$1-(\bar{u}_1^\theta + \bar{u}_2^\theta - \bar{u}_1^\theta \bar{u}_2^\theta)^{1/\theta}$
克莱顿	$u^{-\theta}-1$	$(u_1^{-\theta}+u_2^{-\theta}-1)^{-1/\theta}$

正态 Copula 函数是满足相关系数矩阵为 ρ 的多元高斯概率分布的相依性函数:

$$\mathbf{C}(u_1,\cdots,u_n;\rho) = \Phi_\rho(\Phi^{-1}(u_1),\cdots,\Phi^{-1}(u_n))$$

推导可得,Copula 函数的密度为

$$c(u_1,\cdots,u_n,;\rho) = \frac{1}{|\rho|^{\frac{1}{2}}}\exp\left(-\frac{1}{2}\varsigma^\top(\rho^{-1}-I_n)\varsigma\right)$$

其中,$\varsigma_i = \Phi^{-1}(u_i)$。在二元的情况下,$\mathbf{C}$ 的另一种表达式为

$$\mathbf{C}(u_1,u_2;\rho) = \int_0^{u_1}\Phi\left(\frac{\Phi^{-1}(u_2)-\rho\Phi^{-1}(u)}{\sqrt{1-\rho^2}}\right)\mathrm{d}u$$

其中,ρ 是二元相关参数[14]。通过相同的方法,t Copula 函数是和多元学生 t 分布有关的相依性函数,有

$$\mathbf{C}(u_1,\cdots,u_n;\rho,\nu) = t_{\rho,\nu}(t_\nu^{-1}(u_1),\cdots,t_\nu^{-1}(u_n))$$

于是,我们可以给出其密度为

$$c(u_1,\cdots,u_n;\rho) = |\rho|^{-\frac{1}{2}}\frac{\Gamma\left(\dfrac{\nu+n}{2}\right)\left[\Gamma\left(\dfrac{\nu}{2}\right)\right]^n\left(1+\dfrac{1}{\nu}\varsigma^\top\rho^{-1}\varsigma\right)^{-\frac{\nu+n}{2}}}{\left[\Gamma\left(\dfrac{\nu+1}{2}\right)\right]^n\Gamma\left(\dfrac{\nu}{2}\right)\prod\limits_{i=1}^n\left(1+\dfrac{\varsigma_i^2}{\nu}\right)^{-\frac{\nu+1}{2}}}$$

其中,$\varsigma_i = t_\nu^{-1}(u_i)$。

例 43 在图 A.4 中,我们利用索博尔 (Sobol) 随机数对正态和学生 t 分布下的 Copula 函数的 1024 个观察值进行了模拟。

我们来考察参数 ρ 的两个值。当 ρ 等于 0 时,我们发现,t Copula 函数产生了两个随机变量之间的相依度,这和正态 Copula 函数中观察到的情况不

---

[14] 我们有 $\tau = 2\pi^{-1}\arcsin(\rho)$ 和 $\varrho = 6\pi^{-1}\arcsin(\rho/2)$。

同。事实上，它在象限的角落上有更大的概率。当 ρ 等于 90% 时，我们也可以感受到，t Copula 函数的相依性要比正态 Copula 函数的相依性强烈。

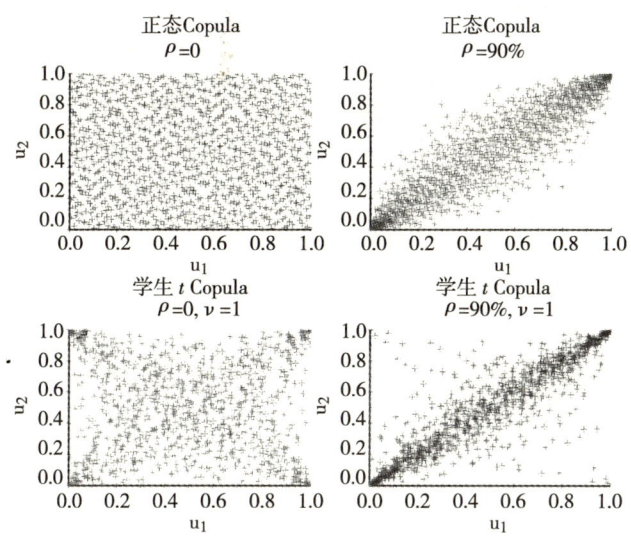

图 A.4　正态 Copula 和学生 t Copula 函数之间的比较

A.2.3　对一些 Copula 模型的模拟

我们来考察概率分布为 $\mathbf{C}(\mathbf{F}_1(x_1), \cdots, \mathbf{F}_n(x_n))$ 的随机向量 $X = (X_1, \cdots, X_n)$ 的模拟问题。这个问题等价于利用概率积分变换对概率分布为 Copula $\mathbf{C}$ 的随机向量 $U = (U_1, \cdots, U_n)$ 进行模拟[15]：

---

[15] 令 Y 为服从 $\mathbf{F}$ 分布的随机变量，我们来考察服从 $\mathbf{G}$ 分布的随机变量 $Z = \mathbf{F}(Y)$。我们有

$$\begin{aligned}\mathbf{G}(z) &= \Pr\{Z \leq z\} \\ &= \Pr\{\mathbf{F}(Y) \leq z\} \\ &= \Pr\{Y \leq \mathbf{F}^{-1}(z)\} \\ &= \mathbf{F}(\mathbf{F}^{-1}(z)) \\ &= z\end{aligned}$$

其中，$\mathbf{G}(0) = 0$，$\mathbf{G}(1) = 1$。我们推导出 $Z = \mathbf{F}(Y)$ 的概率分布为均匀分布 $\mathcal{U}_{[0,1]}$。于是，如果 U 为均匀分布的随机变量，则 $\mathbf{F}^{-1}(U)$ 为服从 $\mathbf{F}$ 概率分布的随机变量（Angus, 1994）。为了模拟随机变量序列 $\{y_1, \cdots, y_n\}$，只要模拟一个均匀随机变量序列 $\{u_1, \cdots, u_m\}$，并令 $y_j = \mathbf{F}^{-1}(u_j)$ 就足够了。比如，若 Y 是一个指数随机变量 $\mathcal{E}(\lambda)$，它由 $\mathbf{F}(y) = 1 - \exp(-\lambda y)$ 定义，则我们有

$$y_j = -\frac{\ln(1 - u_j)}{\lambda}。$$

$$X = (\mathbf{F}_1^{-1}(U_1), \cdots, \mathbf{F}_n^{-1}(U_n))$$

于是，主要困难就在于对 Copula **C** 的模拟。通常，我们将能够较好地适用于此类问题的方法分为两类。

A.2.3.1 分布方法

令 **F** 表示多元概率分布函数，则有

$$\mathbf{C}(U_1, \cdots, U_n) = \mathbf{F}(\mathbf{F}_1^{-1}(U_1), \cdots, \mathbf{F}_n^{-1}(U_n))$$

为了对 $U = (U_1, \cdots, U_n)$ 进行模拟，我们也模拟了服从 **F** 分布的 $X = (X_1, \cdots, X_n)$，并运用了变换 $U = (\mathbf{F}_1(X_1), \cdots, \mathbf{F}_n(X_n))$。如果分布函数 **F** 比 Copula 函数 **C** 更容易模拟的话，那么这个方法就特别有趣了。例如，正态 Copula 就是这种情况，这是因为，多元正态分布 $\mathcal{N}(\mathbf{0}, \rho)$ 的模拟是标准化的。事实上，我们有 $\mathcal{N}(\mathbf{0}, \rho) - P\mathcal{N}(\mathbf{0}, I_n)$，其中，$P$ 为 ρ 的柯列斯基分解矩阵（Cholesky decomposition matrix）。例如，下三角矩阵满足 $PP^\top = \rho$。于是，若 $c = (x_1, \cdots, x_n)$ 是对随机向量 $X \sim \mathcal{N}(\mathbf{0}, \rho)$ 的模拟，则 $u = (\Phi(x_1), \cdots, \Phi(x_n))$ 是对参数矩阵 ρ 的正态 Copula 函数的模拟。同样，我们会利用这个算法来模拟 t Copula 函数。如果 $X \sim \mathcal{N}(\mathbf{0}, \rho)$ 和 $Y \sim \chi_\nu^2$ 是相互独立的，则 $Z = X/\sqrt{(Y/\nu)}$ 服从学生 t 分布，记作 $\mathbf{t}_{\rho,\nu}$。有了之前的柯列斯基算法[16]，对 Z 进行模拟就变得简单了。于是，$u = (\mathbf{t}_\nu(z_1), \cdots, \mathbf{t}_\nu(z_n))$ 就是对 t Copula 函数的模拟，其中，自由度为 ν，相关系数矩阵为 ρ。

注 69 分布方法适用于当 Copula 函数来自我们熟知的多元分布时的情况。

A.2.3.2 基于条件 Copula 函数的模拟

让我们首先来看二元的情况。如果 $U = (U_1, U_2)$ 是服从分布 **C** 的随机向量，则有 $\Pr\{U_1 \leq u_1\} = u_1$ 和 $\mathbf{C}_{2|1}(u_1, u_2) = \partial_{u_1} \mathbf{C}(u_1, u_2) = \Pr\{U_2 \leq u_2 | U_1 = u_1\}$ 成立。由于 $\mathbf{C}(U_1, 1)$ 和 $\mathbf{C}_{2|1}(U_1, U_2)$ 是两个独立均匀分布的随机变量，我们可得到以下算法：

1. 取两个独立均匀分布的随机变量 v_1 和 v_2；
2. 令 $u_1 = v_1$；
3. 求解根 u_2 使其满足方程 $\mathbf{C}_{2|1}(u_1, u_2) = v_2$。在一个等价形式中，$u_2$ 等于 $h^{-1}(v_2; u_1)$，其中，$h(u; u_1) = \mathbf{C}_{2|1}(u_1, u)$ 是取决于未知变量 u 的单变量

---

[16] 我们有 $z = (z_1, \cdots, z_n)$，其中 $z_i = x_i / \sqrt{(y/\nu)}$，$y$ 是对 χ_ν^2 分布的模拟。

函数。

这个算法是由格内斯特和麦凯（Genest and MacKay，1986）提出的。格内斯特（1987）就曾用该算法模拟弗兰克 Copula 函数：

$$C(u_1, u_2; \theta) = -\frac{1}{\theta}\ln\left(1 + \frac{(e^{-\theta u_1} - 1)(e^{-\theta u_2} - 1)}{e^{-\theta} - 1}\right)$$

推导可得

$$C_{2|1}(u_1, u_2; \theta) = \frac{(e^{-\theta u_2} - 1)e^{-\theta u_1}}{(e^{-\theta} - 1) + (e^{-\theta u_1} - 1)(e^{-\theta u_2} - 1)}$$

最终得到

$$h^{-1}(u; u_1) = \{u_2 : C_{2|1}(U_1, U_2; \theta) = u\}$$
$$= -\frac{1}{\theta}\ln\left(1 + \frac{u(e^{-\theta} - 1)}{u + (1 - u)e^{-\theta u_1}}\right)$$

更一般地，我们可以用这个算法来模拟阿基米德 Copula 函数。格内斯特和麦凯（Genest and MacKay，1986）表明，该算法等价于以下步骤：

1. 取两个独立均匀分布的随机变量 v_1 和 v_2；
2. 如果 φ 是阿基米德 Copula 的生成函数，u_1 和 u_2 分别等于 v_1 和 $\varphi^{-1}\left(\varphi\left(\varphi'^{-1}\left(\varphi'\left(\frac{v_1}{v_2}\right)\right)\right) - \varphi(v_1)\right)$。

注 70 在一些情况下，不太可能求得 $h^{-1}(v_2; u_1)$ 的解析式（Joe，1987，第 146~147 页）。在这种状况下，我们必须用数值方法来求解方程 $C_{2|1}(u_1, u_2) = v_2$。

这个算法可以被直接推广到多元 Copula。比如，在三元的情况下我们得到如下算法：

1. 取三个独立均匀分布的随机变量 v_1、v_2 和 v_3；
2. 令 $u_1 = v_1$；
3. u_2 是以下非线性方程的根：

$$C_{2|1}(u_1, u_2, 1) = \partial_{u_1} C(u_1, u_2, 1) = v_2$$

4. u_3 是以下非线性方程的根：

$$C_{3|1,2}(u_1, u_2, u_3) = \partial^2_{u_1, u_2} C(u_1, u_2, u_3) = v_3$$

A.2.4 Copula 函数和风险管理

Copula 函数常常被应用于风险管理中。事实上，Copula 函数尤其适用于构建信用风险和操作风险的相依模型，也被经常运用到多变量压力情景的设计中（Jouanin et al.，2004）。

通过将多元分布分解为单变量分布和不可再简化的相依函数，Copula 函数成为了理解风险聚合的适用工具（Embrechts et al.，2002）。科尔斯等（Coles et al.，1999）引入了分位数—分位数相依性度量指标定义如下：

$$\lambda_U(\alpha) = \Pr\{X_2 > \mathbf{F}_2^{-1}(\alpha) \mid X_1 > \mathbf{F}_1^{-1}(\alpha)\}$$

$$= \frac{\Pr\{X_2 > \mathbf{F}_2^{-1}(\alpha), X_1 > \mathbf{F}_1^{-1}(\alpha)\}}{\Pr\{X_1 > \mathbf{F}_1^{-1}(\alpha)\}}$$

$$= \frac{\Pr\{\mathbf{F}_2(X_2) > \alpha, \mathbf{F}_1(X_1) > \alpha\}}{\Pr\{\mathbf{F}_1(X_1) > \alpha\}}$$

我们最后得到

$$\lambda_U(\alpha) = \frac{1 - 2\alpha + \mathbf{C}(\alpha,\alpha)}{1 - \alpha}$$

这个统计指标在风险管理中有着当然的解释。如果我们考察两个投资组合 x_1 和 x_2，且令 L_1 和 L_2 为服从分布 $\mathbf{F}_1$ 和 $\mathbf{F}_2$ 的随机损失变量，则有

$$\lambda_U(\alpha) = \Pr\{L_2 > \mathbf{F}_2^{-1}(\alpha) \mid L_1 > \mathbf{F}_1^{-1}(\alpha)\}$$

$$= \Pr\{L_2 > \text{VaR}_\alpha(x_2) \mid L_1 > \text{VaR}_\alpha(x_1)\}$$

于是，$\lambda_U(\alpha)$ 表示的是：在已知另一个投资组合的损失已经超过其风险价值时，本投资组合的损失超过其风险价值的概率。很明显，$\lambda_U(\alpha)$ 只取决于 L_1 和 L_2 之间的 Copula 函数。

让我们来考察一个二元 Copula 函数 $\mathbf{C}$，使以下极限关系成立：

$$\lim_{\alpha \to 1^-} \frac{\overline{\mathbf{C}}(\alpha,\alpha)}{1-\alpha} = \lim_{\alpha \to 1^-} \frac{1 - 2\alpha + \mathbf{C}(\alpha,\alpha)}{1-\alpha} = \lambda_U$$

在这种情况下，我们说，若 $\lambda_U \in (0,1]$，则 $\mathbf{C}$ 具有上尾相依性；若 $\lambda_U = 0$，则 $\mathbf{C}$ 不具有上尾相依性（Joe，1997）。对于 Copula 函数为 $\mathbf{C}^\perp$ 和 $\mathbf{C}^-$ 的情况，我们有 $\lambda_U = 0$；而对于 Copula 函数为 $\mathbf{C}^+$ 的情况，有 $\lambda_U = 1$。在冈贝尔（Gumbel）Copula 函数情况下，我们得到 $\lambda_U = 2 - 2^{1/\theta}$；而在克莱顿（Clayton）Copula 函数的情况下，有 $\lambda_U = 0$。一个有趣的结果是有关于风险聚合中正态 Copula 函数和 t Copula 函数之间的不同之处。正态 Copula 与极端分位数之间不相关（若 $\rho \neq 1$，则 $\lambda_U = 0$），而对于 t Copula 函数，其与极端分位数

之间却总是正相关（Demarta and McNeil, 2005）：

$$\lambda_U = 2 - 2\mathbf{t}_{\nu+1}\left(\left(\frac{(\nu+1)(1-\rho)}{(1-\rho)}\right)^{1/2}\right) > 0, \text{如果} \rho > -1$$

图 A.5 描述了正态 Copula 的分位数—分位数相依性度量指标 $\lambda_U(\alpha)$。我们发现，当 α 接近于 1 时，即使在相关系数很高的情况下，$\lambda_U(\alpha)$ 也会很小。我们在 t_1 Copula 中没有观察到这种现象（见图 A.6）。总之，若就相关性角度而言，这两个 Copula 函数是等价的话，那么它们就不能以同一方式来聚合风险。特别地，在高置信水平下，正态 Copula 和不同组合的风险价值并不相关。若它们是相互独立的，则任何情况都会发生，这就意味着，全局风险的度量很可能被大大低估了。

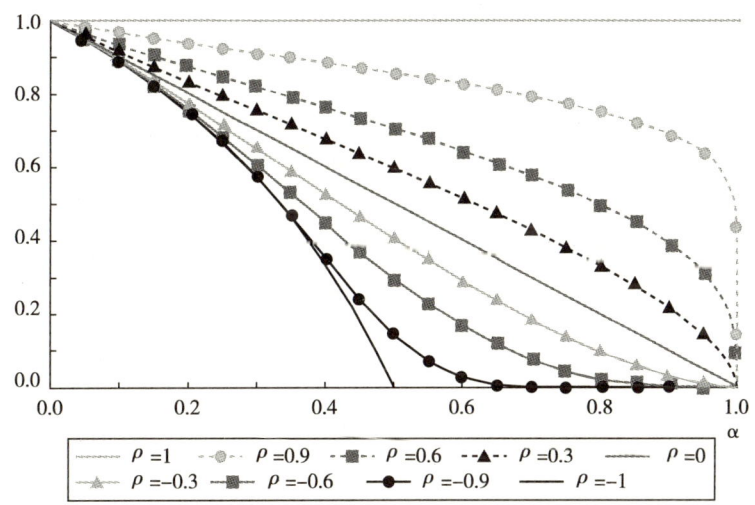

图 A.5　正态 Copula 的分位数—分位数相依性度量

注 71　我们也可以定义一个较低的分位数—分位数相依性度量指标：

$$\lambda_L(\alpha) = \Pr\{X_2 < \mathbf{F}_2^{-1}(\alpha) \mid X_1 < \mathbf{F}_1^{-1}(\alpha)\}$$
$$= \frac{\mathbf{C}(\alpha,\alpha)}{\alpha}$$

这个极限值被称为较低尾部相依度：

$$\lambda_L = \lim_{\alpha \to 0^+} \frac{\mathbf{C}(\alpha,\alpha)}{\alpha}$$

这个度量指标在多元生存建模和应对信用风险中起着重要作用。对于径向对称的（radially symmetric）Copula，我们有 $\lambda_L = \lambda_U$，对于 $\mathbf{C}^\perp$、$\mathbf{C}^-$、$\mathbf{C}^+$、正态 Copula 和 t Copula 也是这个情况。我们还可以表明，与之前结果相反，冈贝尔 Copula 未显示出低尾相依性，而克莱顿 Copula 却具有低尾相依性（$\lambda_L = 2^{-1/\theta}$）。

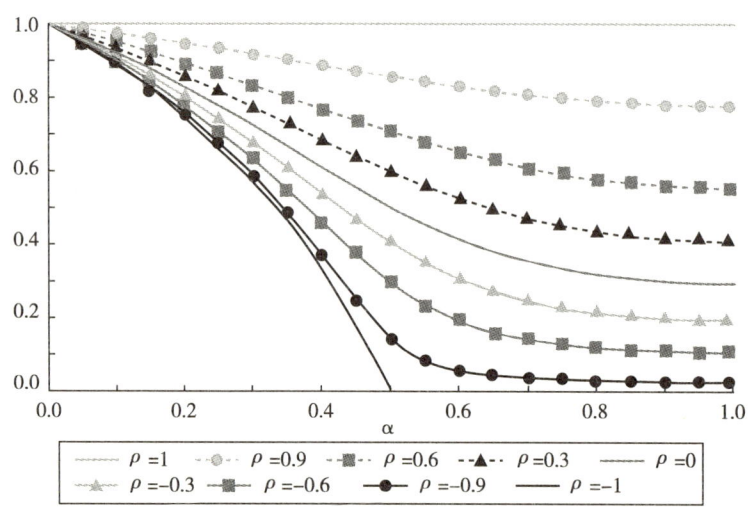

图 A.6 t_1 Copula 下的分位数—分位数相依性度量

注 72 尾部相依性的概念是和多元极限值理论有关的。让我们来看次序统计量：

$$X_{m:m} = \max(X_1, \cdots, X_m)$$

其中，X_i 为独立同分布随机变量。单变量极限值理论可以刻画出当 m 趋向于无穷时 $X_{m:m}$ 的渐进分布。我们可以看到，极限值分布是一个非退化分布，它只能是冈贝尔分布、弗雷歇分布或威布尔分布。多元极限值理论研究的是随机向量 $\left(X_{m:m}^{(1)}, \cdots, X_{m:m}^{(n)}\right)$ 的渐进方式，其中，$X_{m:m}^{(i)} = \max(X_1^{(i)}, \cdots, X_m^{(i)})$，且对于每一个 i，$X_t^{(j)}$ 为独立同分布的随机变量。通过定义，证明了 $\left(X_{m:m}^{(1)}, \cdots, X_{m:m}^{(n)}\right)$ 的多元极限值分布作为 Copula 函数的一个代表，其边际是由单变量极限值理论给出的。托恩（Tawn, 1990）也指出，对所有 $t > 0$，这些极限值的 Copula 函数必须满足以下特性：

$$\mathbf{C}(u_1^t, \cdots, u_n^t) = \mathbf{C}^t(u_1, \cdots, u_n)$$

在这种情况下，这样的 Copula 被称为极限值 Copula。通过构造，这个极限值

Copula 只和非次序随机变量 $\left(X_i^{(1)}, \cdots, X_i^{(n)}\right)$ 相互之间的 Copula 相关。特别地，我们可以说，这两个 Copula 具有相同的上尾相依度。而且，若 Copula 满足 $\lambda_U = 0$，那么必定表明，这个极限值 Copula 为独立 Copula $\mathbf{C}^\perp$（Joe，1997）。比方说，如果我们考察正态 Copula，则有 $\lambda_U = 0$，也就是说，极限值是相互独立的。

A.2.5 多元生存模型的构造

Copula 函数的另一个重要方面是构造多元生存函数。为了和违约次数相关，最简单的方法就是构造一个基于单变量生存函数和一个 Copula 函数的多元生存函数。这个构造方法在对信用风险建模时尤为有用，它是由李（Li，2000）针对信用组合管理的情况首次提出的。

令 $\mathbf{S}(t_1, \cdots, t_n) = \Pr\{\tau_1 > t_1, \cdots, \tau_n > t_n\}$ 表示多元生存函数[17]。记 $\mathbf{S}_i$ 为 $\mathbf{S}$ 的第 i 个边际：

$$\mathbf{S}_i(t) = \Pr\{\tau_1 > 0, \cdots, \tau_{i-1} > 0, \tau_i > t, \tau_{i+1} > 0, \cdots, \tau_n > 0\}$$

我们可以说，$\mathbf{S}$ 是一个 Copula 函数的代表：

$$\mathbf{S}(t_1, \cdots, t_n) = \check{\mathbf{C}}(\mathbf{S}_1(t_1), \cdots, \mathbf{S}_n(t_n))$$

其中，$\check{\mathbf{C}}$ 是一个 Copula 函数，如果边际连续，则它是唯一的。这个 Copula 函数被称为生存 Copula 函数，它可以从 Copula $\mathbf{C}$ 的分布中推导得出。在 $n = 2$ 的情况下，我们有

$$\begin{aligned}\mathbf{S}(t_1, t_2) &= \Pr\{\tau_1 > t_1, \tau_2 > t_2\} \\ &= 1 - \mathbf{F}_1(t_1) - \mathbf{F}_2(t_2) + \mathbf{F}(t_1, t_2) \\ &= \mathbf{S}_1(t_1) + \mathbf{S}_2(t_2) - 1 + \mathbf{C}(1 - \mathbf{S}_1(t_1), 1 - \mathbf{S}_2(t_2)) \\ &= \check{\mathbf{C}}(\mathbf{S}_1(t_1), \mathbf{S}_2(t_2))\end{aligned}$$

其中，

$$\check{\mathbf{C}}(u_1, u_2) = u_1 + u_2 - 1 + \mathbf{C}(1 - u_1, 1 - u_2)$$

在一般情况下，我们有

---

[17] 记 $\tau_1, \cdots, \tau_n$ 为违约次数。

$$\check{C}(u_1,\cdots,u_n) = \overline{C}(1-u_1,\cdots,1-u_n)$$

其中,
$$\overline{C}(u_1,\cdots,u_n) = \sum_{i=0}^{n}\left[(-1)^i \sum_{\mathbf{v}(u_1,\cdots,u_n)\in \mathbb{Z}(n-i,n,1)} C(v_1,\cdots,v_n)\right]$$

其中, $\mathbb{Z}(m,n,\epsilon)$ 表示集合 $\{\mathbf{v}\in[0,1]^n \mid v_i\in\{u_i,\epsilon\}, \sum_{i=1}^{n}\mathbb{1}_\epsilon\{v_i\} = m\}$。

因此, $n=3$ 时, 我们有

$$\begin{aligned}\check{C}(u_1,u_2,u_3) = & u_1 + u_2 + u_3 - 2 + C(1-u_1,1-u_2) + \\ & C(1-u_1,1-u_3) + C(1-u_2,1-u_3) \\ & - C(1-u_1,1-u_2,1-u_3)\end{aligned}$$

以下是乔治斯等（Georges et al., 2001）研究得到的关于 $\check{C}$ 的主要性质:

- 当且仅当 $\check{C} = C$ 时, Copula 函数可以被称为径向对称的（radially symmetric, RS）。例如, C^-, $C^{\perp}$ 和 C^+ 都是径向对称的 Copula 函数。我们也可以认为, 弗兰克 Copula、正态 Copula 和 t Copula 函数都是径向对称的, 而冈贝尔 Copula 函数和克莱顿 Copula 函数则不是。

- 在二元的情况下, 如果 $C_1 > C_2$, 则 $\check{C}_1 > \check{C}_2$。这个结果在 $n > 2$ 时并不成立。

- 我们有 $\lambda_U\langle\check{C}\rangle = \lambda_L\langle C\rangle$ 和 $\lambda_L\langle\check{C}\rangle = \lambda_U\langle C\rangle$。这意味着, 如果 Copula 函数是径向对称的, 那么其下尾和上尾相依性的度量指标值是相等的。

Copula 函数的生存模型中很重要的一族是欧克斯（Oakes, 1989）提出并使之流行起来的脆弱模型（frailty models）, 该类模型的思路是利用一个随机变量 W 来引入生存次数 $\tau_1,\cdots,\tau_n$ 之间的相依性。给定脆弱性变量 W 服从分布 $\mathbf{G}$, 假定生存次数为相互独立的, 则有

$$\Pr\{\tau_1 > t_1,\cdots,\tau_n > t_n \mid W = w\} = \prod_{i=1}^{n}\Pr\{\tau_i > t_i \mid W = w\}$$

于是, 我们有

$$\mathbf{S}(t_1,\cdots,t_n \mid w) = \prod_{i=1}^{n}\mathbf{S}_i(t_i \mid w)$$

$$= \prod_{i=1}^{n} \chi_i^w(t_i)$$

其中，$\chi_i(t)$ 为利用考克斯（Cox）的比例风险模型（proportional hazard model）得到的生存函数：

$$\chi_i(t) = \exp(-\Lambda_i(t)) = \exp\left(-\int_0^t \lambda_i(s)\mathrm{d}s\right)$$

无条件生存函数也可以表达为

$$\mathbf{S}(t_1, \cdots, t_n) = \mathbb{E}[\mathbf{S}(t_1, \cdots, t_n | w)]$$

我们推导可得

$$\mathbf{S}(t_1, \cdots, t_n) = \int \prod_{i=1}^{n} [\chi_i(t_i)]^w \mathrm{d}\mathbf{G}(w)$$

马歇尔和欧金（Marshall and Olkin, 1988）提出了对于这些脆弱模型的一般表达式。令 $\mathbf{F}_1, \cdots, \mathbf{F}_n$ 和 $\mathbf{G}$ 为 n 个单变量概率分布和一个维度为 n 的概率分布。记 ψ 和 ψ_i 为 $\mathbf{G}$ 和边际 $\mathbf{G}_i$ 的拉普拉斯变换，$\mathbf{C}$ 为一个 Copula 函数。若 $\mathbf{H}_i(x) = \exp(-\psi_i^{-1}(\mathbf{F}_i(x)))$，则函数可以定义为

$$\mathbf{F}(x_1, \cdots, x_n) = \int \cdots \int \mathbf{C}([\mathbf{H}_1(x_1)]^{w_1}, \cdots, [\mathbf{H}_n(x_n)]^{w_n}) \mathrm{d}\mathbf{G}(w_1, \cdots, w_n)$$

这是一个边际分别为 $\mathbf{F}_1, \cdots, \mathbf{F}_n$ 的多元分布。让我们来考察边际 $\mathbf{G}_i$ 都相同时的特例，此时 $\mathbf{G}$ 服从上尾弗雷歇分布（upper Frechet distribution），$\mathbf{C}$ 为乘积 Copula 函数 $\mathbf{C}^\perp$。我们有

$$\mathbf{F}(x_1, \cdots, x_n) = \int \prod_{i=1}^{n} [\mathbf{H}_i(x_i)]^{w_1} \mathrm{d}\mathbf{G}_1(w_1)$$

$$= \int \exp\left(-w_1 \sum_{i=1}^{n} \psi_1^{-1}(\mathbf{F}_i(x_i))\right) d\mathbf{G}_1(w_1)$$

$$= \psi_1(\psi_1^{-1}(\mathbf{F}_1(x_1)) + \cdots + \psi_1^{-1}(\mathbf{F}_n(x_n)))$$

则相应的 Copula 函数为

$$\mathbf{C}(u_1, \cdots, u_n) = \psi_1(\psi_1^{-1}(u_1) + \cdots + \psi_1^{-1}(u_n))$$

我们推导可得，脆弱生存 Copula 函数是一个阿基米德 Copula 函数，其生成函数 φ 为随机变量 W 的拉普拉斯逆变换。比如，克莱顿 Copula 函数就是一个将拉普拉斯变换应用到伽玛（Gamma）随机变量[18]上的脆弱 Copula 函数。冈贝

---

[18] 我们有 $\psi(x) = (1+x)^{-1/\theta}$。

尔 Copula 函数是另一个脆弱 Copula 函数[19]。

A.3 动态组合优化

A.3.1 随机最优控制

本节中，我们将介绍有关随机最优控制的主要研究结果[20]。特别地，我们来考察贝尔曼（Bellman）方法和鞅方法（martingale approach），这些方法都是当今求解很多动态金融模型的标准工具。

A.3.1.1 贝尔曼（Bellman）方法

我们记 $x(t)$ 和 $v(t)$ 分别为状态变量和控制变量，动态规划的目标就是要选择能够使期望效用达到最大化的控制变量 $v(t)$，即

$$\max \; \mathbb{E}_0 \left[\int_0^T \mathcal{U}(t, x(t), v(t)) \, \mathrm{d}t + g(x(T)) \right] \quad (\text{A.7})$$

满足 $\begin{cases} \mathrm{d}x(t) = f(t, x(t), v(t)) \mathrm{d}t + \sigma(t, x(t), v(t)) \mathrm{d}W(t) \\ x(0) = x_0 \\ v(t, x) \in \mathcal{V} \end{cases}$

其中，$W(t)$ 表示布朗运动，$\mathcal{U}$ 表示效用函数，g 表示遗产函数，$\mathcal{V}$ 表示针对控制变量的一组约束条件。状态变量 $x(t)$ 是一个扩散过程，且我们知道它的初始值。令 $\mathcal{J}(t, x)$ 为满足以下关系的函数：

$$\mathcal{J}(t, x) = \max_v \mathbb{E}_t \left[\int_t^{t+h} \mathcal{U}(s, x(s), v(s)) \, \mathrm{d}s + \mathcal{J}(t+h, x(t+h)) \right]$$

当 $h \to 0$，利用伊藤引理，我们得到汉密尔顿—雅克布—贝尔曼方程（Hamilton–Jacobi–Bellman equation，HJB），如下：

$$\frac{\partial \mathcal{J}}{\partial t}(t, x) +$$

$$\max_v \left[\mathcal{U}(t, x, v) + f(t, x, v) \frac{\partial \mathcal{J}}{\partial x}(t, x) + \frac{1}{2} \sigma^2(t, x, v) \frac{\partial^2 \mathcal{J}}{\partial x^2}(t, x) \right] = 0$$

且有终止条件为

---

[19] 拉普拉斯变换对应于正的稳定的随机变量，有 $\psi(x) = \exp(-x^{1/\theta})$。
[20] 读者可参见 Prigent (2007) 或 Pham (2009) 对这一问题的全面研究。

$$\mathcal{J}(T,x) = g(x)$$

我们对汉密尔顿（Hamiltonian）函数定义如下：

$$H(t,x,v,p,q) = \mathcal{U}(t,x,v) + pf(t,x,v) + \frac{1}{2}q\sigma^2(t,x,v)$$

对于问题（A.7）的求解，可以分两步来进行：

1. 我们研究 HJB 方程的解 $\mathcal{J}(t,x)$。因此，我们计算每个时间点 t 和每个状态 x 下的最优控制值 $v^*(t,x) = v \in \mathcal{V}$，使得汉密尔顿函数最大化。HJB 方程变为

$$\frac{1}{2}\sigma^2(t,x,v^*(t,x))\frac{\partial^2 \mathcal{J}}{\partial x^2}(t,x) + f(t,x,v^*(t,x))\frac{\partial \mathcal{J}}{\partial x}(t,x) +$$

$$\frac{\partial \mathcal{J}}{\partial t}(t,x) + \mathcal{U}(t,x,v^*(t,x)) = 0$$

2. 我们求解如下随机微分方程：

$$\mathrm{d}x(t) = f(t,x(t),v^*(t,x))\mathrm{d}t + \sigma(t,x(t),v^*(t,x))\mathrm{d}W(t)$$

我们推导得出最优控制为

$$v^*(t) = v^*(t,x(t))$$

注73 前文介绍的框架在多元情况下是有效的，其中，$x(t) \in \mathbb{R}^n$，$v(t) \in \mathbb{R}^m$，$W(t) \in \mathbb{R}^k$ 且 $\mathbb{E}[W(t)W(t)^\top] = \rho t$，$\rho$ 为一个 $k \times k$ 的相关系数矩阵，$f(t,x(t),v(t))$ 为一个 $n \times 1$ 向量，$\sigma(t,x(t),v(t))$ 为一个 $n \times k$ 矩阵。则汉密尔顿函数变为

$$H(t,x,v,p,q) = \mathcal{U}(t,x,v) + \langle p, f(t,x,v) \rangle +$$

$$\frac{1}{2}\mathrm{tr}\left(\sigma(t,x(t),v(t))^\top q \sigma(t,x(t),v(t)) \rho\right)$$

其中，q 是一个 $n \times n$ 矩阵，有

$$q_{i,j} = \frac{\partial^2 \mathcal{J}}{\partial x_i \partial x_j}(t,x)$$

A.3.1.2 鞅方法

在鞅方法[21]中，随机控制问题为

$$\max \mathbb{E}_p[\mathcal{U}(x(T))]$$

满足预算约束：

---

[21] 鞅方法起源于布伦南和索兰奇（Brennan and Solanki, 1981）的研究文章，并由普利斯卡（Pliska, 1981）和卡拉察斯等（Karatzas et al., 1987）建立了公式化的表达。

$$x_0 = \mathbb{E}_{\mathbb{Q}}[e^{-\int_0^T r_t dt} x(T)]$$

这个约束条件意味着投资者购买一项或有求偿权 $x(T)$，其价格 $\mathbb{E}_{\mathbb{Q}}[\exp(-\int_0^T r_t d_t) x(T)]$ 等于其初始财富 x_0。如果我们假定利率不为随机，那么我们利用风险中性概率 $\mathbb{Q}$ 来估计或有偿付，而投资者利用历史概率 $\mathbb{P}$ 来使其财富终值最大化。在这个情况下，最优解 $x^*(T)$ 满足以下关系：

$$\mathcal{U}'(x^*(T)) = \lambda \frac{d\mathbb{Q}}{d\mathbb{P}} \tag{A.8}$$

其中，λ 是和预算约束②有关的拉格朗日系数。在随机利率的情况下，我们需要考虑货币兑换率计价标准的变化（Geman et al.，1995），而且我们采用远期概率测度 $\mathbb{Q}^T$ 来代替风险中性概率测度 $\mathbb{Q}$。

A.3.2 连续时间下的组合优化

马科维茨模型在动态状况下的推广公式是由默顿（Merton，1969）构建的。我们来看一个投资者，他将自己的财富 $x(t)$ 配置在一种风险资产 $S(t)$ 和一种无风险资产 $B(t)$ 上。资产的动态变化由以下方程给出：

$$\begin{cases} dS(t) = \mu S(t) dt + \sigma S(t) dW(t) \\ dB(t) = rB(t) dt \end{cases}$$

推导得

$$\begin{aligned} dx(t) &= \alpha(t) x(t) \frac{dS(t)}{S(t)} + (1 - \alpha(t)) x(t) \frac{dB(t)}{B(t)} \\ &= (\alpha(t)(\mu - r) + r) x(t) dt + \alpha(t) \sigma x(t) dW(t) \end{aligned}$$

---

② 如果我们记 $Z(t)$ 服从如下定义的随机过程：

$$Z(t) = \frac{d\mathbb{Q}(t)}{d\mathbb{P}(t)}$$

则最优问题就变成：

$$\max \mathbb{E}_{\mathbb{P}}[\mathcal{U}(x(T))] \text{ 满足 } \mathbb{E}_{\mathbb{P}}[Z(T) x(T)] = \frac{x_0}{B(0, T)}$$

其中，$B(0,T)$ 为到期期限为 T 的零息债券价格。我们可以重新构造最优问题的表达式如下：

$$\max_{\lambda} \inf \left\{ \mathbb{E}_{\mathbb{P}}[\mathcal{U}(x(T))] - \lambda \left(\mathbb{E}_{\mathbb{P}}[Z(T) x(T)] - \frac{x_0}{B(0, T)} \right) \right\}$$

于是，解满足：

$$x^*(T) = (\mathcal{U}')^{-1}(\lambda Z(T))$$

投资者的目标是使其财富终值的期望效用达到最大化，即
$$max\ \mathbb{E}_0[\mathcal{U}(x(T))]$$
则 HJB 方程为
$$\frac{\partial \mathcal{J}}{\partial t}(t,x) + \max_{\alpha \in \mathbb{R}}\left[(\alpha(\mu - r) + r)x\frac{\partial \mathcal{J}}{\partial x}(t,x) + \frac{1}{2}\alpha^2\sigma^2 x^2 \frac{\partial^2 \mathcal{J}}{\partial x^2}(t,x)\right] = 0$$
则由汉密尔顿函数的最大化问题得出[23]
$$\alpha^*(t) = -\frac{(\mu - r)}{\sigma^2}\frac{\partial_x \mathcal{J}(t,x)}{x\partial_x^2 \mathcal{J}(t,x)}$$
解 $\alpha^*(t)$ 的另一个表达式为
$$\alpha^*(t) = \frac{SR}{\Re(t,x)\cdot\sigma}$$
其中，SR 为风险资产的夏普比率，$\Re(t,x)$ 为投资者的相对风险厌恶水平，有
$$\Re(t,x) = \frac{x\partial_x^2 \mathcal{J}(t,x)}{\partial_x \mathcal{J}(t,x)}$$
在这种模型中，风险配置 α^* 等于夏普比率除以波动率和相对风险厌恶水平两者的乘积。可以推导得出，最优解满足以下偏微分方程：
$$\frac{\partial \mathcal{J}}{\partial t}(t,x) + rx\frac{\partial \mathcal{J}}{\partial x}(t,x) - \frac{1}{2}\frac{(\mu - r)^2}{\sigma^2}\frac{(\partial_x \mathcal{J}(t,x))^2}{\partial_x^2 \mathcal{J}(t,x)} = 0$$
且终止约束条件为 $\mathcal{J}(T,x) = \mathcal{U}(x)$。在一般情况下，我们利用有限差分的数值算法来求解这个问题。在 CRRA 效用函数[24]$\mathcal{U}(x) = (1-r)^{-1}x^{1-\gamma}$, $\gamma > 0$ 的情况下，我们假设解符合 $\mathcal{J}(t,x) = h(t)g(x)$ (Demange and Rochet, 2005)。
则 HJB 方程变为
$$\begin{cases}h'(t) + ch(t) = 0 \\ h(T) = 1\end{cases}$$
且
$$c = r(1-\gamma) + \frac{1}{2}\frac{(u-r)^2}{\sigma^2}\frac{(1-\gamma)}{\gamma}$$

---

[23] 一阶条件为
$$(\mu - r)x\frac{\partial \mathcal{J}}{\partial x}(t,x) + \alpha\sigma^2 x^2 \frac{\partial^2 \mathcal{J}}{\partial x^2}(t,x) = 0$$

[24] Constant Relative Risk Aversion，常相对风险厌恶效用（译者注）。

由于 $h(t) = e^{c(T-t)}$，则解为 $\mathcal{J}(t,x) = e^{c(T-t)}(1-\gamma)^{-1}x^{1-\gamma}$。我们最终得到

$$\alpha^*(t) = \frac{1}{\gamma}\frac{(\mu-r)}{\sigma^2}$$

随着时间的推移，风险配置是固定不变的，这就相当于著名的恒定混合投资组合。我们可以将这个结果推广到多种资产的情况（Merton，1971）。我们认为，最优动态组合就是切点组合，且 CAPM 理论仍是有效的（见 Prigent (2007) 对这些结果的全面陈述）。

A.3.3 默顿模型的一些推广

默顿模型已经被推广到有关长期投资方案的不同问题中，特别是养老金计划，通常我们将其分为两种模式。在固定缴费型（defined contribution，DC）计划中，养老金水平和基金的业绩挂钩，因此风险由受雇者承担。在固定收益型（defined benefit，DB）计划中，养老金水平在一开始就由养老金计划发起人作出保证，因此，养老基金的目标就是要创造出足够的业绩来满足这些负债的承诺。在这一背景下，不同模式的养老基金的投资方案就会有所不同。很多 DC 计划的参与者选择投资于多样化基金，特别是生命特征基金和生命周期基金（lifestyle and lifecycle fund），而 DB 计划的信托机构则考虑采用负债驱动型投资策略（liability driven investment，LDI）来管理基金的业绩。

A.3.3.1 生命特征基金

在第六章中，我们已经了解了生命特征基金是基于恒定混合策略的多样化基金。我们通常根据股票/债券资产混合政策㉕将其分为三种类型：

类型	股票	债券
防御型	20%	80%
平衡型	50%	50%
动态型	80%	20%

选择哪种投资类型取决于投资者的风险厌恶程度。然而，在默顿模型中，这

㉕ 在现实生活中，这些配置比例在每个资产管理人当然都是不同的，还可能会包括小比例的其他类资产（如商品、房地产等）。

个参数改变了无风险资产和风险资产组合的配置比例，但是却没有改变风险资产组合的构成。为了解决这个资产配置难题[26]，我们需要改写默顿模型的框架。

贝叶—贝斯奈鲁等（Bajeux - Besnainou et al., 2003）考察了一个含有三只基金的模型：一只货币市场基金 $C(t)$，一只债券基金 $B(t)$ 和一只权益基金 $S(t)$。价格的动态过程可表示为

$$\begin{cases} dC(t) = r(t)C(t)dt \\ dB(t) = \mu_B(t)B(t)dt + \sigma_B B(t)dW(t) \\ dS(t) = \mu_S(t)S(t)dt + \sigma_S S(t)dW_S(t) \end{cases}$$

其中，瞬时利率 $r(t)$ 服从沃希切克（Vasicek）模型：

$$dr(t) = a(b - r(t))dt - \sigma dW(t)$$

期望收益为 $\mu_B(t) = r(t) + \pi_B$ 和 $\mu_S(t) = r(t) + \pi_S$，其中 π_B、π_S 分别为债券和权益的风险溢价。如果我们假设债券基金有一个恒定的久期 D，那么其波动率 σ_B 就等于：

$$\sigma_B = \sigma \frac{1 - e^{-aD}}{a}$$

令 $\rho_{S,B}$ 为股票/债券的相关系数，则有

$$\sigma_S dW_S(t) = \underbrace{\sqrt{1 - \rho_{S,B}^2} \sigma_S dW'(t)}_{\sigma_1} + \underbrace{\rho_{S,B} \sigma_S dW(t)}_{\sigma_2}$$

于是，这个模型的参数为利率参数 a、b 和 σ，债券基金系数 π_B 和 D，以及权益基金系数 π_S、σ_S 和 $\rho_{S,B}$。令 $x(t)$ 为 t 时刻的财富，则有

$$\frac{dx(t)}{x(t)} = \alpha_C(t) \frac{dC(t)}{C(t)} + \alpha_B(t) \frac{dB(t)}{B(t)} + \alpha_S(t) \frac{dS(t)}{S(t)}$$

投资者最大化其最终财富效用：

$$\max \mathbb{E}_P[\mathcal{U}(x(T))]$$

同时其预算约束为

$$x_0 = \mathbb{E}_Q[e^{-\int_0^T r_t dt} x(T)]$$

我们已经看到，最优解 $x^*(T)$ 满足如下关系：

---

[26] 详见 6.1.1 节。

$$\frac{d\mathbb{Q}}{d\mathbb{P}} = \frac{\mathcal{U}'(x^*(T))}{\lambda}$$

其中，λ 表示与预算约束有关的拉格朗日系数。贝叶—贝斯奈鲁等（Bajeux - Besnainou et al., 2003）研究发现，在 CRRA 效用函数 $\mathcal{U}(x) = x^{1-\gamma}/(1-\gamma)$ 的情况下，其最优配置为

$$\begin{cases} \alpha_C^*(t) = 1 - \alpha_B^*(t) - \alpha_S^*(t) \\ \alpha_B^*(t) = (1 - \gamma^{-1})\sigma_B^{-1}\sigma(t,T) + \gamma^{-1}h_B \\ \alpha_S^*(t) = \gamma^{-1}h_S \end{cases}$$

其中，$h_B = (\sigma_1\sigma_B)^{-1}(\lambda'\sigma_1 - \lambda\sigma_2)$，$h_S = \sigma_1^{-1}\lambda$，$\sigma(t,T) = \sigma a^{-1}(1 - e^{-a(T-t)})$，$\lambda' = \sigma_B^{-1}\pi_B$，$\lambda = \sigma_1^{-1}(\pi_S - \pi_B\sigma_B^{-1}\sigma_2)$。

我们来考察以下参数：$a = 10\%$，$b = 3\%$，$\sigma = 4\%$，$\pi_B = 1\%$，$D = 10$ 年，$\pi_S = 5\%$，$\sigma_S = 20\%$，$\rho_{S,B} = 20\%$。为了校验风险厌恶参数 γ，我们使 L^2 范数达到最小，这个 L^2 范数位于生命特征基金的目标配置和模型配置（α_C^*，α_B^*，α_S^*）之间。计算结果见表 A.2。在安全投资类型[27]中，我们得到一个准无限风险厌恶度，这和金融理论是一致的（Wachter, 2003）。防御型对应于 $\hat{\gamma} = 7.20$，权益资产配置比例为 17.50%。对于动态型，参数 $\hat{\gamma}$ 更低，为 1.55。然而，我们发现，$\hat{\gamma}$ 对于参数值敏感。实际上，如果 $\rho_{S,B} = -20\%$，我们会得到表 A.3 所示的计算结果。

表 A.2　生命特征基金投资组合类型的校验（$T = 10$ 年，$\rho_{S,B} = 20\%$）

类型	α_C^*	α_B^*	α_S^*	$\hat{\gamma}$
安全型	-0.03	99.88	0.15	867
防御型	-3.02	85.52	17.50	7.20
平衡型	-8.55	59.07	49.48	2.55
动态型	-14.07	32.61	81.46	1.55

[27] 这个类型包括将所有财富投资于货币市场和债券基金。

表 A.3　生命特征基金投资组合类型的校验（$T=10$ 年，$\rho_{S,B}=-20\%$）

类型	α_C^*	α_B^*	α_S^*	$\hat{\gamma}$
安全型	-0.08	99.93	0.15	867
防御型	-10.59	90.62	19.98	6.72
平衡型	-26.16	76.82	49.34	2.72
动态型	-41.72	63.03	78.70	1.71

我们继续考察先前的参数值和三种风险厌恶类型：$\gamma=1.5$，$\gamma=3$ 和 $\gamma=7$。在图 A.7 中，我们测量了权益配置比例 α_S^* 相对于这些参数的敏感度。我们发现，最重要的参数是风险溢价和波动率。根据定义，风险溢价是一个长期参数，随时间变化基本保持不变。相反，波动率则是一个短期参数，每个阶段都会有显著变化。为了和投资者的风险厌恶程度保持一致，我们需要一个不同于恒定混合策略的动态配置策略。这也解释了弹性基金存在的合理性，该基金根据市场条件的变化而改变配置。

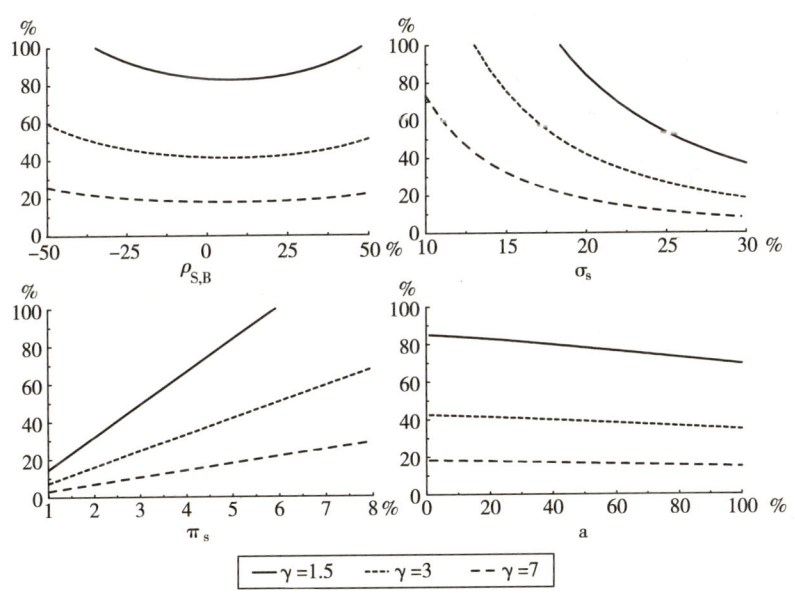

图 A.7　生命特征基金中权益配置比例 α_S^* 的敏感度

A.3.3.2　生命周期基金

在默顿模型中，最优风险组合的选择并不取决于时限，这就意味着，对于有不同风险厌恶水平的投资者来说，风险资产（股票、债券等）的相对比例都是一样的,唯一变化的元素只有无风险资产的绝对比例。然而,这一理论观点与组合配置方面的"流行建议"却大相径庭,所谓"流行建议"是指由先锋基金(Vanguard)创始人约翰·鲍格尔(John C. Bogle)在其经验法则中所总结的:你应该按你的年龄持有债券,剩下的再投资到权益类资产中。对此有很多流行的论证,但是大部分都没什么经济意义。例如,"投资股票的风险在年轻人的长期投资期限中更小"(Jagannathan and Kocherlakota,1996),这是被普遍接受的说法。然而,如果我们假设资产收益是静态的,那么,在前20年中80%投资于股票,后20年该比例降至30%,这样的投资方式就等同于在前20年30%投资于股票,后20年该比例增至80%。

然而,在考虑到个人的生命周期(Bodie et al., 1992; Viceira, 2001; Cocco et al., 2005; Munk and Sørensen, 2010),特别是这个人的存款构成时,这些配置原则可能会得到完美的验证。从专业角度看,这些配置方法被广泛应用于目标日期(Target-date)(或生命周期)基金中,这些基金被设计成,个人在退休期间的养老金给付达到最大。这类基金从21世纪初开始流行,其中一个原因就是养老金的主流发生了转变,即从固定收益型(DB)方式转向固定缴费型(DC)方式,而投资风险也从公司部门转移到了家庭。

生命周期基金的最优配置可以通过采用默顿的跨期模型(Merton, 1971)来获得,在这个模型中引入了随机永久缴费(Stochastic Permanent Contribution)。这是共同基金和目标日期基金在设计上的主要不同:

- 在共同基金中,个人作出初始投资,且在给定期限下,寻求净资产价值的最大化。一般情况下,这种基金的投资期限为3年或5年;
- 在目标日期基金中,个人作出初始投资,且在其继续工作期间连续缴费。于是,投资者的目标就是使其退休期内的养老金给付最大化。

布鲁德等(Bruder et al., 2012)考察了一只仅由一个投资者持有的、期限为 T 的目标日期基金。该基金在 t 时刻的价值记作 $x(t)$,它能以 $\alpha(t)$ 的比例投资于一个风险组合 $S(t)$,以 $1-\alpha(t)$ 的比例投资于零息债券 $B(t,T)$。由于投资者有一些收入或私人财富,并且他愿意将目标日期基金作为退休后的养老金给付,因此他定期向该基金缴费,其缴费记作 $\pi(t)$。于是,目标日期基金的动态过程表示为

$$\frac{dx(t)}{x(t)} = \alpha(t)\frac{dS(t)}{S(t)} + (1-\alpha(t))\frac{dB(t,T)}{B(t,T)} + \frac{\pi(t)dt}{x(t)}$$

我们假设 $\pi(t) = p(t)Q(t)$，其中，$p(t)$ 为向代表机构的平均缴费行为，$Q(t)$ 是与缴费不确定性相关的随机因子。由于投资者并不确切知道他的缴费未来会是怎样，因此状态变量 $Q(t)$ 就很重要。于是我们有[28]

$$\begin{cases} dS(t) = \mu(t)S(t)dt + \sigma(t)S(t)dW^S(t) \\ dQ(t) = \theta(t)Q(t)dt + \zeta(t)Q(t)dW^Q(t) \\ dB(t,T) = r(t)B(t,T)dt + \Gamma(t,T)B(t,T)dW^B(t) \end{cases}$$

投资者的目标就是使其在 T 时刻的效用最大化，即

$$\alpha^*(t) = \mathrm{argmax}\, \mathbb{E}_t[\mathcal{U}(x(T))]$$

利用期限为 T 的零息债券 $B(t,T)$ 作为货币兑换率计价标准（Geman et al., 1995），布鲁德等（Bruder et al., 2012）指出最优敞口由以下关系式给出[29]：

$$\alpha^*(t) = -\frac{\mu(t,T)\partial_x \mathcal{J}(t,x,q) + \rho^* \sigma(t,T)\zeta(t,T)q\partial^2_{x,q}\mathcal{J}(t,x,q)}{x\sigma^2(t,T)\partial^2_x \mathcal{J}(t,x,q)} \quad (A.9)$$

其中，$\mathcal{J}(t,x,q) = \sup_\alpha \mathbb{E}_t[\mathcal{U}(x(T))|x(t,T)=x,Q(t,T)=q]$。

如果我们假定投资者不向基金缴费（$\pi(t)=0$），且假定参数是固定不变的，我们可以重新得到默顿模型的解为

$$\alpha^*(t) = -\frac{(\mu-r)}{\sigma^2}\frac{\partial_x \mathcal{J}(t,x)}{x\partial^2_x \mathcal{J}(t,x)}$$

如果投资者的未来缴费不存在不确定性（$Q_t = 1$），且假设利率为 0，则在 CRRA 效用函数的情况下的解为

---

[28] 令 $W(t) = (W^S(t), W^Q(t), W^B(t))$ 为服从布朗运动的向量。我们假设：

$$\mathbb{E}[W(t)W(t)^\top] = \begin{pmatrix} 1 & \rho_{S,Q} & \rho_{S,B} \\ \rho_{S,Q} & 1 & \rho_{Q,B} \\ \rho_{S,B} & \rho_{Q,B} & 1 \end{pmatrix} dt$$

[29] 参数为

$$\mu(t,T) = \mu(t) - r(t) + \Gamma^2(t,T) - \rho_{S,B}\sigma(t)\Gamma(t,T)$$
$$\sigma(t,T) = \sqrt{\sigma^2(t) + \Gamma^2(t,T) - 2\rho_{S,B}\sigma(t)\Gamma(t,T)}$$
$$\theta(t,T) = \theta(t) - r(t) + \Gamma^2(t,T) - \rho_{Q,B}\zeta(t)\Gamma(t,T)$$
$$\zeta(t,T) = \sqrt{\zeta^2(t) + \Gamma^2(t,T) - 2\rho_{Q,B}\zeta(t)\Gamma(t,T)}$$

而远期相关系数如下式所示：

$$\rho^* = \frac{\rho_{S,Q}\sigma(t)\zeta(t) - \rho_{S,B}\sigma(t)\Gamma(t;T) - \rho_{Q,B}\zeta(t)\Gamma(t,T) + \Gamma^2(t,T)}{\sigma(t,T)\zeta(t,T)}$$

$$\alpha^*(t) = \frac{(\mu - r)}{\gamma \sigma^2} + \frac{\mu \int_t^T \pi(s)\,ds}{\gamma \sigma^2 x(t)}$$

因此，最优敞口取决于投资者的未来缴费。这个结论在默顿（Merton，1971）引入非资本利得收入时就已经发现：

"……人们发现，在计算最优决策规则时，个人以市场（无风险）利率将其一生的工资收入现金流资本化，然后将资本化了的价值看作是当前财富存量的新增部分。"

一般情况下，解（A.9）是利用有限差分方法数值化地计算得到的。然而，这个解是高度动态的，因为它是由时间 t、状态变量 $x(t)$ 和 $Q(t)$ 组成的函数，即

$$\alpha^*(t) = \alpha(t, x(t), Q(t))$$

在实际操作中，目标日期基金并不采用 $\alpha^*(t)$ 来定义配置构成，而是采用资产配置路径（glide path）$g^*(t)$，即期望动态配置比例：

$$g^*(t) = \mathbb{E}_0[\alpha^*(t)]$$

在图 A.8 中，我们复制了布鲁德等（Bruder et al.，2012）的一些研究结果，从而来说明参数对资产配置路径的影响。我们证实了权益资产比例随着时间

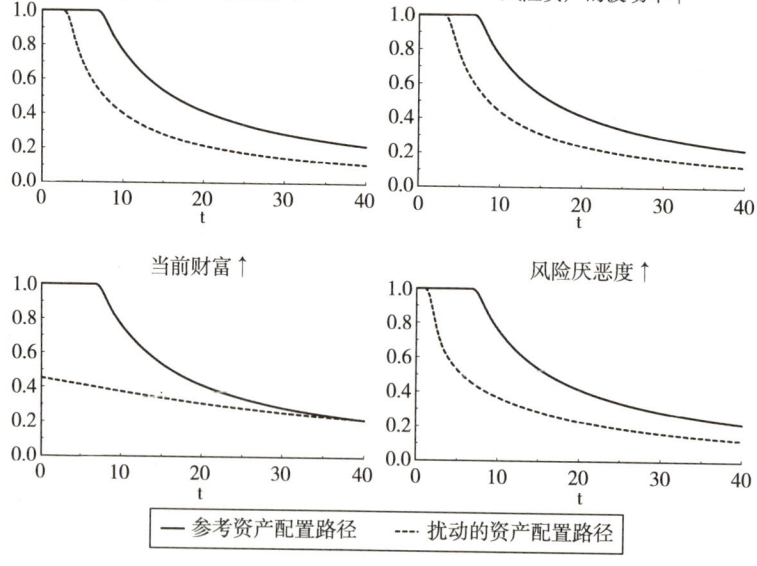

图 A.8　参数对目标日期基金资产配置路径的影响

的推移而递减。因此，从当前财富的角度来看，年轻人投资于权益资产的比例要高于老年人，但是如果我们在参考财富中加入未来储蓄，则两者会有相似的投资比例。

A.3.3.3 负债驱动投资

负债驱动投资（LDI）是一种将负债约束考虑在内的资产配置方法，这种方法尤其适用于固定缴费型（DB）的养老金计划。通过计算负债的实现价值（actualized value）和对市场参数（如利率、通货膨胀率等）的不同敏感度，我们就能给养老基金的负债对冲组合（liability hedging portfolio，LHP）下定义。于是我们来考察两种情况。

1. 如果资产价值高于LHP价值，则养老基金必定会购买LHP。事实上，负债结构可以通过由零息债券、与通胀连结的债券等构成的投资组合得到完美的对冲。养老基金也可能将资产价值和LHP价值的差额投资于风险资产，从而产生超额业绩。

2. 如果资产价值低于LHP价值，则养老基金必定会投资于风险资产，以产生额外业绩用以过渡融资缺口。于是，LDI方法可以定义最优策略，例如，LHP和风险组合之间的配置。

令 $A(t)$ 和 $L(t)$ 分别为基金的资产价值和负债的现值。我们定义资金比率如下：

$$f(t) = \frac{A(t)}{L(t)}$$

养老基金的目标是在给定的期限内最大化效用函数，即

$$\max \mathbb{E}_P[\mathcal{U}(f(T))]$$

并满足预算约束：

$$A_0 = \mathbb{E}_{\mathbb{Q}}\left[e^{-\int_0^T r_t dt} A(T)\right]$$

正如之前所看到的，预算约束意味着养老基金购买了一项或有求偿权 $A(T)$，其价格为 $\mathbb{E}_{\mathbb{Q}}\left[\exp\left(-\int_0^T r_t dt\right) A(T)\right]$，并与其初始财富相等，即资产价值 A_0。根据鞅方法，我们可以推导出满足以下关系式的最优解 $A^*(T)$：

$$\frac{d\mathbb{Q}}{d\mathbb{P}} = \frac{\mathcal{U}'(f^*(T))}{\lambda}$$

其中，λ 表示与预算约束有关的拉格朗日系数。布鲁德等（2010）指出，求

解这个问题就等价于当无风险资产为 LHP 组合而风险资产为切点组合（也被称为业绩组合（performance portfolio，PP））时来考察默顿模型。为了找到最优配置，我们必须确定效用函数。正如马尔泰利尼和米约（Martellini and Milhau, 2012）所指出的，效用函数必须满足一系列约束条件：

- 养老基金不能接受其资金比率 $f(t)$ 小于一给定值 f^-。这个约束条件意味着在低于这个比率时，养老基金的偿付不再有保证。因此，f^- 是可接受的最低业绩水平。
- 如果 $f(t)$ 大于一给定价值 f^+，则养老基金不会有特别的兴趣去承担更大的风险。于是，f^+ 为最终业绩目标，且当养老计划资金不足时，它通常会等于 100%。如果 $f(t) = f^+$，则资产价值足以购买 LHP 组合，这表明负债结构因此得到了对冲。

于是，效用函数有以下形式：

$$\mathcal{U}(f) = \begin{cases} -\infty, & f < f^- \\ U(f), & f \in [f^-, f^+] \\ U(f^+), & f > f^+ \end{cases}$$

图 A.9 说明了效用函数 $\mathcal{U}(f)$，其中 $f^- = 70\%$，$f^+ = 100\%$，U 表示参数为 γ 的 CRRA 函数。于是，最优解为

$$A^*(t) = (1 - \alpha^*(t))x_{\text{LHP}}(t) + \alpha^*(t)x_{\text{PP}}(t)$$

其中，$x_{\text{LHP}}(t)$ 和 $x_{\text{PP}}(t)$ 分别为 LHP 组合和 PP 组合的价值，$\alpha^*(t)$ 为投资于业绩组合的资产价值的比例。马尔泰利尼和米约（Martellini and Milhau, 2012）研究了 CRRA 效用函数，并找到了解析解。图 A.10 给出了一个资金比率为 85% 的养老基金的最优配置比例 $\alpha^*(t)$，该基金的目标是，在资金比率始终大于 70% 的约束条件下使其资金比率 f^+ 达到 100%。我们假设业绩组合的风险溢价和波动率分别为 7.50% 和 15%。当资金比率接近于可接受的最低业绩时，配置比例 $\alpha^*(t)$ 会有所降低。在这个情况下，由于受到偿付约束，养老基金会降低其风险。我们还发现，最优配置还取决于期限 T。如果养老基金投资期限为 5 年，而且希望在一年内达到目标，那么它必须承担更大的风险。

注74 当养老金计划资金过剩时，也就是说，当其资产多于负债时，最小可接受业绩 f^- 大于 100%。采用负债驱动型投资策略（LDI），养老基金总是能

保证维持在资金过剩状态，即

$$1 \leqslant f^- \leqslant f(t) \leqslant f^+$$

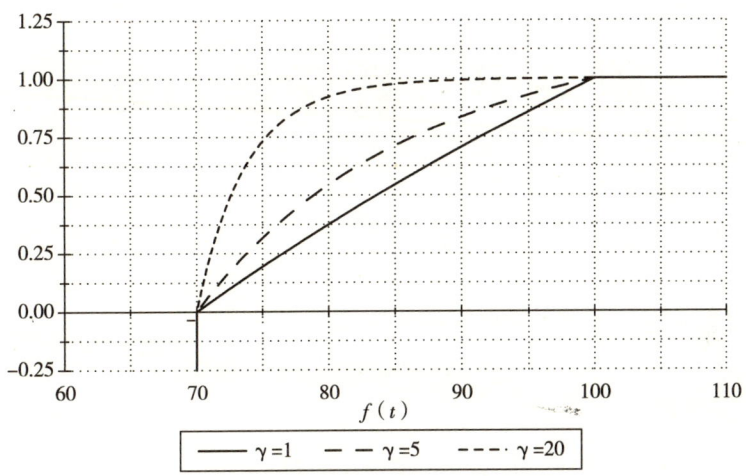

图 A.9 负债驱动投资效用函数的例子

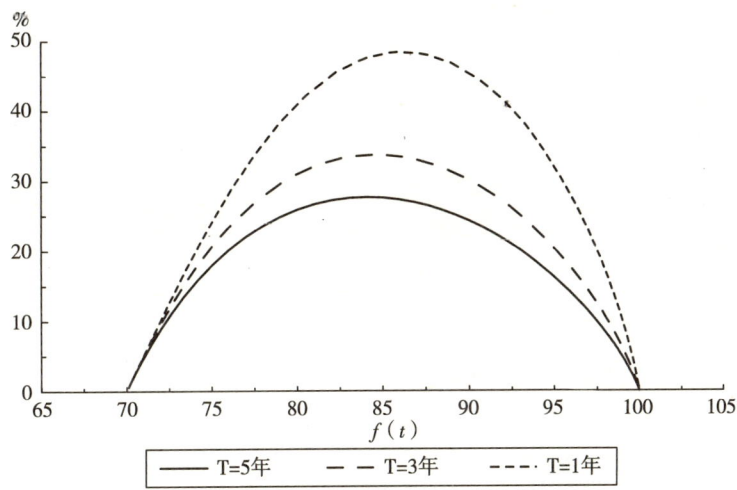

图 A.10 负债驱动投资组合中的最优敞口 $\alpha^*(t)$

附录 B 教学练习题

教学练习题的答案可在以下网址获得：

http://www.thierry-roncalli.com/riskparitybook.html

B.1 有关现代组合理论的练习

B.1.1 马科维茨最优组合

我们来看三种资产，它们的波动率分别为 15%、15% 和 5%，期望收益率分别为 10%、10% 和 5%。相关系数矩阵如下所示：

$$\rho = \begin{pmatrix} 100\% & & \\ 50\% & 100\% & \\ 20\% & 20\% & 100\% \end{pmatrix}$$

1. 求最小方差组合。
2. 求事前波动率等于 5% 时的最优组合。
3. 求事前波动率等于 10% 时的最优组合。
4. 对以上结果加以说明。
5. 设定第一种资产的最低敞口为 8%（$x_1 \geq 8\%$）：

(a) 考虑这一新的约束条件，计算并求解上述问题 1、问题 2 和问题 3；

(b) 针对上述三个问题，给出关于每个问题的二元二次问题的定义；

(c) 对每一个问题，计算相应最低敞口约束条件下的拉格朗日系数；

(d) 对以上结果加以说明。

6. 为什么当第一种资产的最低敞口设定在20%时，上述问题2无解？分析并计算使问题2有解的下限 $x_1^-(x_1 \geq x_1^-)$ 的最大值。

B.1.2 有效前沿的变动

我们来看一个含有四种资产的投资域。假设它们的期望收益率分别为5%、6%、8%和6%，波动率分别等于15%、20%、25%和30%。相关系数矩阵为

$$\rho = \begin{pmatrix} 100\% & & & \\ 10\% & 100\% & & \\ 40\% & 70\% & 100\% & \\ 50\% & 40\% & 80\% & 100\% \end{pmatrix}$$

记 x_i 为组合中第 i 种资产的权重。我们只设定权重之和等于100%。

1. 描绘有效前沿①。
2. 计算最小方差组合。该组合的期望收益率和波动率是多少？
3. 计算事前波动率 σ^* 等于10%时的最优组合。当 $\sigma^* = 15\%$ 时呢？当 $\sigma^* = 20\%$ 时又如何？
4. 记 $x^{(1)}$ 表示最小方差组合，$x^{(2)}$ 表示 $\sigma^* = 20\%$ 时的最优组合。我们考察服从以下关系式的投资组合集 $x^{(\alpha)}$：

$$x^{(\alpha)} = (1-\alpha)x^{(1)} + \alpha x^{(2)}$$

当 α 等于 -0.5、-0.25、0、0.1、0.2、0.5、0.7 和 1 时，在之前的有效前沿中，放入组合集 $x^{(\alpha)}$。你观察到了什么？请对该结果加以说明。

5. 引入约束条件 $0 \leq x_i \leq 1$，重复完成问题3和问题4。解释一下为什么我们没有得到相同的观察结果。

6. 现在我们将第五种资产——无风险资产包括到该投资域中，第五种资产的收益率等于3%。

(a) 确定期望收益率向量以及资产收益率的协方差矩阵；
(b) 通过直接求解二次规划问题推导出有效前沿；
(c) 有效前沿的形状是怎样的？请对该结果加以说明；

---

① 考虑 γ 采用以下值：-1，-0.5，-0.25，0，0.25，0.5，1 和 2。

(d) 选择有效前沿上的两个套利组合 $x^{(1)}$ 和 $x^{(2)}$，推导切点组合的夏普比率；

(e) 然后从 $x^{(1)}$ 和 $x^{(2)}$ 计算出切点组合的构成。

7. 我们考虑有 n 种风险资产的一般化框架，其中，期望收益率向量为 μ，资产收益率的协方差矩阵为 Σ，无风险资产的收益率为 r。记 $\tilde{x}$ 为投资于第 $n+1$ 种资产的组合。我们有

$$\tilde{x} = \begin{pmatrix} x \\ x_r \end{pmatrix}$$

其中，x 表示风险资产的权重向量，x_r 表示无风险资产的权重。我们设定如下约束：

$$\sum_{i=1}^{n} \tilde{x}_i = \sum_{i=1}^{n} x_i = 1$$

(a) 确定关于 $n+1$ 种资产的期望收益率向量 $\tilde{\mu}$ 和资产收益的协方差矩阵 $\tilde{\Sigma}$；

(b) 根据马科维茨的 ϕ-问题，推出托宾的分离定理。

B.1.3 夏普比率

1. 我们来看两种风险资产，其收益率分别为 R_1 和 R_2，并假设：

$$R = \begin{pmatrix} R_1 \\ R_2 \end{pmatrix} \sim \mathcal{N}\left(\begin{pmatrix} \mu_1 \\ \mu_2 \end{pmatrix}, \begin{pmatrix} \sigma_1^2 & \rho\sigma_1\sigma_2 \\ \rho\sigma_1\sigma_2 & \sigma_2^2 \end{pmatrix} \right)$$

(a) 令 r 为无风险资产收益率。求每一种资产 i 的夏普比率 SR_i。

(b) 令 $x = (x_1, x_2)$ 表示由两种风险资产构成的组合。给出夏普比率 $SR(x|r)$ 的表达式。

(c) 假设 $x_1 + x_2 = 1$，且第二种资产对应于无风险资产。证明下式成立：

$$SR(x|r) = \begin{cases} -SR_1, & x_1 < 0 \\ +SR_1, & x_1 > 0 \end{cases}$$

2. 我们来看一个有 n 种资产的等权重组合[②]。令 $R = (R_1, \cdots, R_n)$ 表示资

---

② $x_i = n^{-1}$。

产收益向量，假设 $R \sim \mathcal{N}(\mu, \Sigma)$，其中 $\mu = (\mu_1, \cdots, \mu_n)$，$\Sigma = (\Sigma_{i,j})$③，且 $\Sigma_{i,j} = \rho_{i,j}\sigma_i\sigma_j$。我们来研究资产收益互不相关（若 $i \neq j, \rho_{i,j} = 0$）时的情况。

(a) 给出组合 $x = (x_1, \cdots, x_n)$ 的夏普比率表达式。

(b) 证明：组合的夏普比率等于各资产夏普比率的线性组合，即

$$\mathrm{SR}(x|r) = \sum_{i=1}^{n} w_i \mathrm{SR}_i$$

(c) 证明：权重在 $[0,1]$ 范围内，即 $0 < w_i < 1$。

(d) 我们来看一个含有五种资产的组合。在下表中，我们给出两组参数，参数#1 和参数#2，以构建这些资产的模型：

	i	1	2	3	4	5
#1	σ_i	20%	20%	30%	10%	30%
	SR_i	0.40	0.35	0.30	0.70	0.40
#2	σ_i	15%	15%	20%	10%	50%
	SR_i	0.10	0.15	0.05	0.05	0.90

对于每组参数，计算组合的权重 w_i 和相应的夏普比率。为什么这些计算结果会令人惊讶？你是如何解释这一事实的？

3. 根据问题 2 的框架，但这里假设相关性是一致的（若 $i \neq j, \rho_{i,j} = \rho$），波动率之间也是相同的（$\sigma_{i,j} = \sigma$）。

(a) 给出组合 x 的夏普比率 $\mathrm{SR}(x|r)$ 的表达式。

(b) 证明：组合 x 的夏普比率 $\mathrm{SR}(x|r)$ 和各资产的夏普比率的平均值成比例，即

$$\mathrm{SR}(x|r) = w \cdot \left(\frac{1}{n} \sum_{i=1}^{n} \mathrm{SR}_i \right)$$

(c) 令 $\rho = 50\%$。与资产的夏普比率平均值相比，需要多少种资产才能使夏普比率大于 25%？

(d) 如果 $\rho = 80\%$，问题（c）又作何解？

(e) 请对这些结果加以说明。

4. 我们来考察一个对冲基金经理，其目标是要获得收益为 Libor + 400 个

---

③ 当然有 $\rho_{i,i} = 1$。

基点的业绩,并保持波动率为4%。我们假设这个基金的基金(FoF)其管理和业绩费分别为每年1%和超过Libor之上部分的10%。

(a) 什么是FoF的毛业绩目标?对冲基金组合按照夏普比率的目标是什么?

(b) 利用问题3的框架,针对n个不同价值和ρ,计算系数w。

(c) 你是否认为,如果假设单一对冲基金的平均夏普比率为0.5,且这些对冲基金之间的相关系数大于20%的话,就能达到业绩目标?

B.1.4 贝塔系数 (β)

1. 我们来看含有n个资产的投资域,有

$$R = \begin{pmatrix} R_1 \\ \vdots \\ R_n \end{pmatrix} \sim \mathcal{N}(\mu, \Sigma)$$

市场组合(或基准组合)的权重为$b = (b_1, \cdots, b_n)$。

(a) 确定资产i相对于市场组合的贝塔系数β_i;

(b) 令X_1、X_2和X_3为三个随机变量。证明:

$$\text{cov}(c_1 X_1 + c_2 X_2, X_3) = c_1 \text{cov}(X_1, X_3) + c_2 \text{cov}(X_2, X_3)$$

(c) 我们考虑资产组合$x = (x_1, \cdots, x_n)$满足$\sum_{i=1}^{n} x_i = 1$。组合的贝塔系数$\beta(x|b)$和各资产的贝塔系数β_i之间的关系是怎样的?

(d) 利用以下数据,计算组合$x^{(1)}$和$x^{(2)}$的贝塔系数:

i	1	2	3	4	5
β_i	0.7	0.9	1.1	1.3	1.5
$x_i^{(1)}$	0.5	0.5			
$x_i^{(2)}$	0.25	0.25	0.5	0.5	-0.5

2. 假设市场组合是等权重组合④。

(a) 证明:$\sum_{i=1}^{n} \beta_i = n$。

(b) 我们来看$n=3$的情况。证明:若$\rho_{i,j} = 0$,$\beta_1 \geq \beta_2 \geq \beta_3$成立就意味

---

④ 有$b_i = n^{-1}$。

着 $\sigma_1 \geq \sigma_2 \geq \sigma_3$ 成立。

(c) 如果相关系数都一致,即 $\rho_{i,j} = \rho$ 成立,结果会怎样?

(d) 求满足 $\beta_1 > \beta_2 > \beta_3$ 和 $\sigma_1 < \sigma_2 < \sigma_3$ 的一般化情况。

(e) 如果市场组合不是等权重的话,我们是否还有 $\sum_{i=1}^{n} \beta_i < n$ 或 $\sum_{i=1}^{n} \beta_i > n$ 成立?

3. 我们寻找一个市场组合 $b \in \mathbb{R}^n$,使所有资产的贝塔系数都相同,即 $\beta_i = \beta_j = \beta$。

(a) 证明存在一个满足 $\beta = 1$ 的明显的解;

(b) 证明这个解是唯一的,且对应于最小方差组合。

4. 假设 $b \in [0, 1]^n$。

(a) 证明:如果有一种资产的贝塔系数大于 1,则必定存在另一种资产,其贝塔系数小于 1。

(b) 我们来看 $n = 3$ 的情况。求解满足一种资产的贝塔系数为负值时的协方差矩阵 Σ 和市场组合 b。

5. 下表列示了在不同日期资产 i 和市场组合 b 的收益率 $R_{i,t}$ 和 $R_t(b)$:

t	1	2	3	4	5	6
$R_{i,t}$	−22	−11	−10	−8	13	11
$R_t(b)$	−26	−9	−10	−10	16	14
t	7	8	9	10	11	12
$R_{i,t}$	21	13	−30	−6	−5	−5
$R_t(b)$	14	15	−22	−7	−11	2
t	13	14	15	16	17	18
$R_{i,t}$	19	−17	2	−24	25	−7
$R_t(b)$	15	−15	−1	−23	15	−6

(a) 估计资产的贝塔系数;

(b) 资产波动率受市场解释的比例是多少?

B.1.5 切点组合

我们来看一个含有四种资产的投资域。假设这些资产的期望收益率分别为 15%、10%、8% 和 6%,它们的波动率分别为 15%、10%、7% 和 5%。

相关系数矩阵如下：

$$\rho = \begin{pmatrix} 100.00\% & & & \\ 50.00\% & 100.00\% & & \\ 20.00\% & 20.00\% & 100.00\% & \\ 0.00\% & 0.00\% & 0.00\% & 100.00\% \end{pmatrix}$$

我们的分析仅限于传统做多策略组合 x，即 $\sum_{i=1}^{4} x_i = 1$ 且 $x_i \geq 0$。

1. 在下列哪种情况下，我们刻画了切点组合：

(a) 计算当无风险资产收益率 r 等于 2% 时的组合配置；

(b) 若 $r = 3\%$，同样求解上述问题；

(c) 若 $r = 4\%$，同样求解上述问题；

(d) 如何解释问题（a）、问题（b）和问题（c）的解集中权重的差异？

2. 我们考虑基准组合 b 的构成等于（60%，30%，10%，0%）。

(a) 求满足相对于基准组合有最小和最大跟踪误差的组合；

(b) 计算使信息比率最大化的组合；

(c) 考虑增加约束条件 $x_i \in [10\%, 50\%]$，重复完成问题（a）和问题（b）；

(d) 基于信息比率的优先顺序是否就意味着等同于基于夏普比率的优先顺序呢？证明你的答案。

B.1.6 信息比率

1. 我们来看有 n 种资产的投资域。期望收益率向量和协方差矩阵分别记作 μ 和 Σ。令 b（或者 x）表示基准组合（或投资组合）的各项权重。

(a) 计算跟踪误差的波动率 $\sigma(x|b)$。

(b) 计算组合和基准组合之间的相关系数 $\rho(x,b)$。

(c) $\rho(x,b)$ 和 $\sigma(x|b)$ 之间是怎样的关系？

(d) 证明：跟踪误差的波动率是有边界的，即

$$|\sigma(x) - \sigma(b)| \leq \sigma(x|b) \leq \sigma(x) + \sigma(b)$$

(e) 即使 $\rho(x,b)$ 接近于 1，为什么 $\sigma(x|b)$ 还是会很高？请解释。

2. 我们定义偏好次序如下：

$$x > y \Leftrightarrow \mathrm{IR}(x|b) \geq \mathrm{IR}(y|b)$$

(a) 假定有 $\sigma(x|b) = \sigma(y|b)$ 成立,那么偏好次序的根据是什么?

(b) 假定有 $\sigma(x|b) \neq \sigma(y|b)$ 成立,那么偏好次序的根据是什么?

(c) 我们有 $\mu(x|b) = 5\%$,$\sigma(x|b) = 5\%$,$\mu(y|b) = 2\%$,以及 $\sigma(y|b) = 3\%$。构建一个组合 z,使其跟踪误差的波动率和组合 y 的相同,但优于组合 y。

3. 我们现在假定不可能做到完美地复制基准组合 b,记 x_0 是最佳的跟踪组合,也就是说,该跟踪组合相对于组合 b 的跟踪误差波动率最小。

(a) 我们考察跟踪组合 x_0 和组合 x 的一个线性组合:

$$z = (1-\alpha)x_0 + \alpha x$$

计算信息比率 IR$(z|b)$,使其成为 $\mu(x_0|b)$,$\mu(x|b)$,$\sigma(x_0|b)$,$\sigma(x|b)$ 和 $\sigma(x|x_0)$ 的函数表达式。

(b) 我们来考虑有关问题 2(c)的应用。我们有 $\mu(x_0|b) = -2\%$,$\sigma(x_0|b) = 1\%$ 和 $\sigma(x|x_0) = 3\%$。构建组合 z,使其跟踪误差的波动率和组合 y 的相同,并计算 IR$(z|b)$。

(c) 请对这一结果加以说明。

B.1.7 构建偏斜组合

我们来看一个含有四种资产的投资域。假设各资产的期望收益率分别为 10%、-10%、0 和 5%,波动率分别等于 15%、20%、25% 和 30%,相关系数矩阵如下:

$$\rho = \begin{pmatrix} 100.00\% & & & \\ 50.00\% & 100.00\% & & \\ 40.00\% & 30.00\% & 100.00\% & \\ 10.00\% & 10.00\% & 10.00\% & 100.00\% \end{pmatrix}$$

1. 计算 ERC 组合。

2. 我们的分析限定在传统做多策略组合 $x(\sum_{i=1}^{4} x_i = 1$ 且 $x_i \geq 0)$ 上。

(a) 考虑将相对于 ERC 组合的跟踪误差波动率为 1% 作为约束条件,求最优的偏斜组合。

(b) 如果以跟踪误差波动率为 5% 和 10% 作为约束条件,上述问题(a)如何求解。

(c) 当跟踪误差波动率为 35% 时，求探索形式下的最优组合。证明你的答案。

3. 假设权重可以为负，重新考虑问题 2（a）、问题 2（b）和问题 2（c）。请对这些结果加以说明。

B.1.8 隐含风险溢价

我们来看一个含有 n 种资产的投资域。期望收益率向量和协方差矩阵分别记作 μ 和 Σ，无风险利率为 r。

1. 我们考虑二次效用函数：

$$\mathcal{U}(x) = x^\top(\mu - r) - \frac{\phi}{2} x^\top \Sigma x$$

其中，x 表示组合权重向量。

(a) 证明：最优组合是在均衡状态下风险溢价 $\pi = \mu - r$ 的线性函数。

(b) 令 x_0 表示投资者的组合。计算其隐含风险溢价，并对该结果加以说明。

(c) 投资者为他的组合假设了一个事前夏普比率 $\mathrm{SR}(x_0 \mid r)$。证明：风险厌恶参数 ϕ 满足如下关系式：

$$\phi = \frac{\mathrm{SR}(x_0 \mid r)}{\sqrt{x_0^\top \Sigma x_0}}$$

(d) 推导：资产 i 的隐含风险溢价是边际波动率的线性函数。

(e) 上述关系有怎样的经济解释？

(f) 根据边际波动率，给出夏普比率的新的表达式。

2. 假设投资者的组合为市场组合。

(a) 从之前的分析推导 CAPM 关系式。

(b) 根据风险溢价，给出关于贝塔系数的新解释。

3. 假设相关系数为正，即 $\rho_{i,j} \geqslant 0$。

(a) 证明：隐含风险溢价是有边界的，即

$$0 \leqslant \widetilde{\pi}_i \leqslant \mathrm{SR}(x \mid r) \cdot \sigma_i$$

其中，$\mathrm{SR}(x \mid r)$ 表示组合的夏普比率。

(b) 在何种情况下，$\widetilde{\pi}_i$ 等于上限？

（c）$\tilde{\pi}_i$ 是否有可能达到下限？

（d）如果相关系数可以为负的话，之前的分析会怎样变化？

4. 我们以如下相关系数矩阵来考察一个数值应用：

$$\rho = \begin{pmatrix} 1.00 & & \\ 0.50 & 1.00 & \\ 0.25 & 0.00 & 1.00 \end{pmatrix}$$

波动率为 25%、20% 和 15%。

（a）投资者的组合 $x = (25\%, 25\%, 50\%)$。当 SR $(x \mid r) = 0.50$ 时，求每种资产的隐含风险溢价。若假设市场组合为 x，请用传统的公式计算贝塔系数。证明：贝塔系数等于资产风险溢价和组合风险溢价的比。

（b）当 $x = (5\%, 5\%, 90\%)$ 时，请回答上述同样的问题。

（c）当 $x = (100\%, 0\%, 0\%)$ 时，请回答上述同样的问题。

（d）请对这些结果加以说明。

B.1.9 布莱克—李特曼（Black – Litterman）模型

我们来看一个有三种资产的域，它们的波动率分别为 20%、20% 和 15%，资产收益的相关系数矩阵为

$$\rho = \begin{pmatrix} 1.00 & & \\ 0.50 & 1.00 & \\ 0.20 & 0.60 & 1.00 \end{pmatrix}$$

我们想采取趋势跟踪策略，为此，我们对每种资产的趋势以及该趋势的波动率作了估计，得到如下结果：

资产	1	2	3
$\hat{\mu}$	10%	-5%	15%
$\sigma(\hat{\mu})$	4%	2%	10%

假设中性组合为等权重组合。

1. 若跟踪误差波动率的约束条件设定为 1%、2%、3%、4% 和 5%，求最优组合。

2. 为了使中性组合有所偏斜，我们考虑采用 Black – Litterman 模型。令

无风险利率为零。

(a) 若目标设定为夏普比率等于 0.5,求资产的隐含风险溢价。

(b) 如何将趋势跟踪策略嵌入到 Black – Litterman 模型中去?请给出 P、Q 和 Ω 矩阵。

(c) 若设 $\Gamma = \tau \Sigma$ 且 $\tau = 0.01$,计算条件期望 $\bar{\mu} = \mathbb{E}[\mu | P\mu = Q + \varepsilon]$。

(d) 求 Black – Litterman 最优组合。

3. 我们希望算出对应于 3% 跟踪误差波动率的 Black – Litterman 最优组合。

(a) 当 $\tau = 0$ 和 $\tau = +\infty$ 时,Black – Litterman 组合分别是怎样的?

(b) 利用上述结果,采用分半算法,求对应于 3% 跟踪误差波动率的 Black – Litterman 最优组合。

(c) 将 Black – Litterman 模型中 $\sigma(x|b)$ 和 $\mu(x|b)$ 的关系与跟踪误差模型中两者的关系进行比较。

B.1.10 带交易成本的组合优化

我们来看一个含有六种资产的域,其期望收益率分别为 5%、6%、7%、8%、0% 和 12%,而波动率分别为 5%、5%、8%、8%、9% 和 18%。假设有恒定的相关系数矩阵,其相关系数一致等于 25%。在日期 $t = 0$ 时,投资组合 $x^{(0)}$ 为等权重组合。

1. (a) 当波动率目标分别为 4.0%、4.5%、5.0%、5.5% 和 6% 时,求最优传统做多策略组合。计算相对于 $x^{(0)}$ 的这些组合的换手率。

(b) 画出跟踪误差波动率和相对于 $x^{(0)}$ 的最优组合的换手率之间的关系图。请对这一结果加以说明。

(c) 设定换手率 $\tau(x|x^{(0)})$ 小于 10% (或 20% 和 40%),比较此时的无约束有效前沿和约束下的有效前沿。

(d) 当波动率目标等于 5%,且设定最大换手率 τ^+ 等于 10% (或分别为 20%、40%、80%) 时,计算最优组合。

(e) 现设定 $x^{(0)} = e_5$,在每个再平衡调整日,组合经理的目标就是要优化收益率,并将波动率降低 50 个基点,而且每个再平衡调整日的最大换手率限定在 30%。为了得到处于无约束有效前沿上的组合,我们需要多少次重新调整配置?

2. (a) 令 c_i^- 和 c_i^+ 分别为买入和卖出交易的成本,求考虑了这些交易成本后的马科维茨 γ 规划。请写出相应的二次规划问题。

(b) 若考虑交易成本: $c_i^- = 2\%$,$c_i^+ = 1\%$,计算对应于5%事前波动率的最优组合。将此结果与不考虑交易成本时的最优组合进行比较。

(c) 为什么在考虑交易成本后多空组合策略会变得更加复杂?请将上述分析推广到这一情况下。

B.1.11 约束条件对 CAPM 理论的影响

1. 令 $\pi(x|x^*) = \beta(x|x^*)(\mu(x^*) - r)$ 表示组合 x 的超额收益率,它由相对于 x^* 的贝塔系数来表示,$\pi(x|x^*)$ 也称组合 x 的贝塔收益率。记 x^* 为无约束切点组合,即真正的市场组合。

(a) 给出资产 i 的风险溢价和市场组合 x^* 的超额收益率之间的 CAPM 关系式;

(b) 假定投资者所采用的市场组合 x 并不是切点组合 x^*,将资产 i 的风险溢价分解为两个组成部分之和,即

$$\mu_i - r = \pi(\mathbf{e}_i|x) + \delta_i(x^*, x)$$

其中,$\pi(\mathbf{e}_i|x)$ 为贝塔收益率,用错误的市场组合 x 来表示。请问你是如何理解标准差 $\delta_i(x^*, x)$ 的?

(c) 在何种情况下贝塔收益率会高估资产 i 的风险溢价?

(d) 证明:切点组合最优规划的一阶条件为

$$\frac{\partial_x \mu(x^*) - r\mathbf{1}}{\mu(x^*) - r} = \frac{\partial_x \sigma(x^*)}{\sigma(x^*)}$$

并证明:切点组合的权重为

$$x^* = \frac{\Sigma^{-1}(\mu - r\mathbf{1})}{\mathbf{1}^\top \Sigma^{-1}(\mu - r\mathbf{1})}$$

(e) 考虑基于以下效用函数的效用最大化规划问题:

$$\mathcal{U}(x) = x^\top(\mu - r\mathbf{1}) - \frac{\phi}{2} x^\top \Sigma x$$

计算最优效用。推导:存在一个值 ϕ,使解为切点组合。

2. 我们来看一个含有四种资产的域。假设它们的期望收益率分别等于 7%、7%、4%和6%，波动率分别等于20%、15%、4%和9%。资产收益率的相关系数矩阵为

$$\rho = \begin{pmatrix} 100\% & & & \\ 80\% & 100\% & & \\ 30\% & 20\% & 100\% & \\ 20\% & 0\% & 0\% & 100\% \end{pmatrix}$$

无风险资产收益率 r 等于2%。

(a) 计算无约束的切点组合 x^*。证明：资产风险溢价可以用贝塔收益率表示。

(b) 设定 $x_i \geq 0$。计算带约束的组合 x。将风险溢价 $\mu_i - r$ 分解为贝塔收益率 $\pi(\mathbf{e}_i | x)$ 和标准差 $\delta_i(x^*, x)$。请对这一结果加以说明。

(c) 如果设定 $x_i \geq 10\%$，请完成上述同样的问题。

(d) 求一个组合，使其满足第四种资产的贝塔收益率高估了风险溢价。

B.1.12 Jagannathan – Ma 收缩方法的推广

1. 我们来看一个含有五种资产的域。它们的波动率分别等于15%、20%、25%、25%和15%，资产收益率的相关系数矩阵为

$$\rho = \begin{pmatrix} 100\% & & & & \\ 50\% & 100\% & & & \\ 30\% & 20\% & 100\% & & \\ 50\% & 40\% & 80\% & 100\% & \\ 40\% & 50\% & 70\% & 50\% & 100\% \end{pmatrix}$$

(a) 我们来考察如下马科维茨问题：

$$\min \frac{1}{2} x^\top \Sigma x$$

满足 $\begin{cases} \mathbf{1}^\top x = 1 \\ \mu^\top x \geq \mu^* \\ x \in \mathcal{C} \end{cases}$

其中，$\mathcal{C}$ 是一组权重约束。我们定义两个最优组合如下：

- 第一个是无约束组合 x^* 或 $x^*(\mu, \Sigma)$，且 $\mathcal{C} = \mathbb{R}^n$；
- 第二个是带约束组合 $\tilde{x}$ 或 $\tilde{x}(\mu, \Sigma)$，资产 i 的权重介于下限 x_i^- 和上限 x_i^+ 之间：

$$\mathcal{C} = \{x \in \mathbb{R}^n : x_i^- \leq x_i \leq x_i^+\}$$

请回顾 Jagannathan and Ma（2003）的主要研究结果。

（b）求无约束最小方差组合。

（c）若设定 $0 \leq x_i \leq 40\%$，求最小方差组合。推导隐含的收缩协方差矩阵。

（d）若设定 $3\% \leq x_i \leq 40\%$，求最小方差组合。计算组合波动率的近似值，并与解析值进行比较。

2. 我们现在来考察：

$$\mathcal{C} = \{x \in \mathbb{R}^n : Cx \geq D\}$$

（a）写出最优问题的一阶条件，并证明，若对 $\tilde{\Sigma}$ 作如下定义：

$$\tilde{\Sigma} = \Sigma - (C^\top \lambda \mathbf{1}^\top + \mathbf{1}\lambda^\top C)$$

则带约束的解就是无约束问题 $x^*(\mu, \tilde{\Sigma})$ 的解。其中，λ 表示约束条件 $Cx \geq D$ 下的拉格朗日系数向量。

（b）证明 $\tilde{\Sigma}$ 是一个对称矩阵。在何种情况下 $\tilde{\Sigma}$ 是一个正定矩阵？请对这些结果加以说明。

（c）请论证，我们设定上下限时所得到的结果是现有框架下的特例。

（d）在如下约束条件下：

$$\begin{cases} x_1 + x_2 \leq 40\% \\ x_4 \geq 10\% \end{cases}$$

求最小方差组合，并推导隐含收缩协方差矩阵。

3. 我们现在来考察：

$$\mathcal{C} = \{x \in \mathbb{R}^n : Ax = B\}$$

（a）证明：相等的约束条件可以利用上述框架来处理。

（b）设定如下约束条件：

$$\begin{cases} x_1 + x_2 \leq 50\% \\ x_4 = x_5 \end{cases}$$

求最小方差组合，并推导隐含收缩协方差矩阵。

B.2 有关风险预算方法的练习

B.2.1 风险度量指标

1. 我们将损失 L 的累积概率分布记作 $\mathbf{F}$。

(a) 给出风险价值和期望亏空的风险度量指标的数学定义式。

(b) 证明：

$$\mathrm{ES}(\alpha) = \frac{1}{1-\alpha}\int_\alpha^1 \mathbf{F}^{-1}(t)\,\mathrm{d}t$$

(c) 假设 L 服从帕累托分布 (Pareto distribution) $\mathcal{P}(\theta; x_-)$，即

$$\Pr\{L \leq x\} = 1 - \left(\frac{x}{x_-}\right)^{-\theta}$$

其中，$x \geq x_-$ 且 $\theta > 1$。计算一阶矩和二阶矩，并解释参数 x_- 和 θ。计算 $ES(\alpha)$ 并证明：

$$\mathrm{ES}(\alpha) > \mathrm{VaR}(\alpha)$$

(d) 当 L 是高斯随机变量 $\mathcal{N}(\mu, \sigma)$ 时，计算期望亏空，并且证明：

$$\Phi(x) = -\frac{\phi(x)}{x^1} + \frac{\phi(x)}{x^3} + \cdots$$

推导：当 $\alpha \to 1$ 时，有 $ES(\alpha) \to VaR(\alpha)$ 成立。

(e) 从风险管理角度对这些结果作出解释。

2. 令 $\mathcal{R}(L)$ 为损失 L 的风险度量指标。

(a) $\mathcal{R}(L) = \mathbb{E}[L]$ 是一致性风险度量吗？

(b) 若 $\mathcal{R}(L) = \mathbb{E}[L] + \sigma(L)$，请回答上述同样的问题。

3. 假设损失 L 的概率分布 $\mathbf{F}$ 由下式定义：

$$\Pr\{L = \ell_i\} = \begin{cases} 20\%, & \ell_i = 0 \\ 10\%, & \ell_i \in \{1,2,3,4,5,6,7,8\} \end{cases}$$

(a) 当 $\alpha = 50\%$、$\alpha = 75\%$ 和 $\alpha = 90\%$ 时，分别计算 $ES(\alpha)$。

(b) 我们来看两个损失变量 L_1 和 L_2，它们服从相同的分布 **F**。构建 (L_1, L_2) 的联合分布，使其在 $\mathcal{R}(L) = \mathbf{F}^{-1}(\alpha)$ 时，不满足次可加性的特征。

B.2.2 组合权重的集中度

1. 我们来看如下定义的劳伦茨曲线：

$$\begin{aligned} [0,1] &\to [0,1] \\ x &\to \mathbb{L}(x) \end{aligned}$$

假设 $\mathbb{L}$ 是一个递增函数，且有 $\mathbb{L}(x) > x$。

(a) 请用图示表示函数 $\mathbb{L}$，并定义有关 $\mathbb{L}$ 的基尼系数 $\mathcal{G}$。

(b) 令 $\mathbb{L}_\alpha(x) = x^\alpha$，其中，$\alpha \geq 0$。函数 $\mathbb{L}_\alpha$ 是劳伦茨曲线吗？计算关于 α 的基尼系数 $\mathcal{G}(\alpha)$。推导 $\mathcal{G}(0)$，$\mathcal{G}\left(\dfrac{1}{2}\right)$ 和 $\mathcal{G}(1)$。

2. 令 w 为含有 n 种资产的组合。假定权重按降序排列，即

$$w_1 \geq w_2 \geq \cdots \geq w_n$$

(a) 定义 $\mathbb{L}_w(x)$ 如下：

若 $\dfrac{i}{n} \leq x < \dfrac{i+1}{n}$ 成立，则有 $\mathbb{L}_w(x) = \sum_{j=1}^{i} w_j$ 成立。

其中，$\mathbb{L}_w(0) = 0$。函数 $\mathbb{L}_w$ 是劳伦茨曲线吗？计算关于权重 w_i 的基尼系数。在何种情况下 $\mathcal{G}$ 的取值为 0 和 1？

(b) 赫芬达尔（Herfindahl）指数的定义如下：

$$\mathcal{H} = \sum_{i=1}^{n} w_i^2$$

在何种情况下 $\mathcal{H}$ 取值为 1？证明：当 $w_i = n^{-1}$ 时 $\mathcal{H}$ 达到最大值。如何解释这个结果？

(c) 令 $\mathcal{N} = \mathcal{H}^{-1}$。统计量 $\mathcal{N}$ 表示什么？

3. 我们来看一个含有五种资产的投资域。假设它们的资产收益率之间互不相关，波动率由下表给出：

σ_i	2%	5%	10%	20%	30%
$w_i^{(1)}$		10%	20%	30%	40%
$w_i^{(2)}$	40%	20%		30%	10%
$w_i^{(3)}$	20%	15%	25%	35%	5%

(a) 求最小方差组合 $w^{(4)}$。

(b) 就四个组合 $w^{(1)}$、$w^{(2)}$、$w^{(3)}$ 和 $w^{(4)}$，计算基尼系数和赫芬达尔指数以及统计量 $\mathcal{N}$。

(c) 请对这些结果加以说明。组合集中化和组合分散化有什么差别？

B.2.3 ERC 组合

1. 记 Σ 为资产收益率的协方差矩阵。

(a) 什么是资产 i 相对于组合 x 的风险贡献度 $\mathcal{RC}_i$？

(b) 定义 ERC 组合。

(c) 计算风险贡献度的方差。定义一个用于计算 ERC 组合的最优规划。求基于范数 L^2 的一个等价的最大化规划问题。

(d) 令 $\beta_i(x)$ 是资产 i 相对于组合 x 的贝塔系数。证明：在 ERC 组合中有以下关系式成立：

$$x_i \beta_i(x) = x_j \beta_j(x)$$

并给出一个求解 ERC 组合的数值算法。

(e) 假定波动率为 15%、20% 和 25%，且相关系数矩阵为

$$\rho = \begin{pmatrix} 100\% & & \\ 50\% & 100\% & \\ 40\% & 30\% & 100\% \end{pmatrix}$$

采用贝塔算法计算 ERC 组合。

2. 现在我们假设资产 i 的收益率满足 CAPM 模型，即

$$R_i = \beta_i R_m + \varepsilon_i$$

其中，R_m 表示市场组合的收益率，ε_i 表示特质风险，记 $\varepsilon = (\varepsilon_1, \cdots, \varepsilon_n)$。假设 $R_m \perp \varepsilon$，$\mathrm{var}(R_m) = \sigma_m^2$，以及 $\mathrm{cov}(\varepsilon) = D = \mathrm{diag}(\widetilde{\sigma}_1^2, \cdots, \widetilde{\sigma}_n^2)$。

(a) 计算风险贡献度 $\mathcal{RC}_i$。

(b) 假设 $\beta_i = \beta_j$。证明：ERC 组合的权重 x_i 是特质波动率 $\widetilde{\sigma}_i$ 的递减函数。

(c) 假设 $\widetilde{\sigma}_i = \widetilde{\sigma}_j$。证明，ERC 组合的权重 x_i 是 β_i 相对于共同因子的敏感度的递减函数。

(d) 我们考虑数值应用:$\beta_1 = 1$,$\beta_2 = 0.9$,$\beta_3 = 0.8$,$\beta_4 = 0.7$,$\tilde{\sigma}_1 = 5\%$,$\tilde{\sigma}_2 = 5\%$,$\tilde{\sigma}_3 = 10\%$,$\tilde{\sigma}_4 = 10\%$,以及 $\sigma_m = 20\%$。求 ERC 组合。

B.2.4 计算 Cornish – Fisher 风险价值

1. 令 $X \sim \mathcal{N}(0,1)$。证明:X 的偶数矩由以下关系式给出:
$$\mathbb{E}[X^{2n}] = (2n-1)\mathbb{E}[X^{2n-2}]$$
其中,$n \in \mathbb{N}$。计算 X 的奇数矩。

2. 我们来考察一个买入期权的多头头寸。基础资产的实际价格 S_t 等于 100 美元,而该期权的 delta 值和 gamma 值分别等于 50% 和 2%。假设资产年收益率服从高斯(正态)分布,且年波动率等于 32.25%。

(a) 利用 99% 置信水平下的 delta 近似值,计算高斯日风险价值。

(b) 考虑 delta – gamma 近似值,计算高斯日风险价值。

(c) 推导 Cornish – Fisher 日风险价值。

3. 令 $X \sim \mathcal{N}(\mu, I)$,$Y = X^\top A X$,其中 A 为一个对称方阵。

(a) 我们来回顾一下,有
$$\mathbb{E}[Y] = \mu^\top A \mu + \mathrm{tr}(A)$$
$$\mathbb{E}[Y^2] = \mathbb{E}^2[Y] + 4\mu^\top A^2 \mu + 2\mathrm{tr}(A^2)$$
当 $X \sim \mathcal{N}(\mu, \Sigma)$ 时,推导求 $Y = X^\top A X$ 的矩。

(b) 假定 $\mu = \mathbf{0}$。我们回顾一下,有
$$\mathbb{E}[Y^3] = (\mathrm{tr}(A))^3 + 6\mathrm{tr}(A)\mathrm{tr}(A^2) + 8\mathrm{tr}(A^3)$$
$$\mathbb{E}[Y^4] = (\mathrm{tr}(A))^4 + 32\mathrm{tr}(A)\mathrm{tr}(A^3) + 12(\mathrm{tr}(A^2))^2 + 12(\mathrm{tr}(A))^2\mathrm{tr}(A^2) + 48\mathrm{tr}(A^4)$$
当 $X \sim \mathcal{N}(\mathbf{0}, \Sigma)$ 时,计算 $Y = X^\top A X$ 的矩、偏度和超值峰度。

4. 我们来考察一个期权的组合 $x = (x_1, \cdots, x_n)$。假设日资产收益率向量服从高斯(正态)分布 $\mathcal{N}(\mathbf{0}, \Sigma)$,记 Δ 和 Γ 分别表示 delta 值的向量和 gamma 值的矩阵。

(a) 利用 delta 的近似值计算高斯日风险价值。定义风险贡献度的解析表达式。

(b) 考虑 delta – gamma 近似值,计算高斯日风险价值。

(c) 假设组合是 delta 中性的,计算 Cornish – Fisher 日风险价值。

(d) 在只考虑偏度的一般情况下，计算 Cornish – Fisher 日风险价值。

5. 我们来看一个组合，它由第一类资产中的 50 个期权、第二类资产中的 20 个期权以及第三类资产中的 20 个期权构成。假设 gamma 矩阵为

$$\Gamma = \begin{pmatrix} 4.0\% & & \\ 1.0\% & 1.0\% & \\ 0.0\% & -0.5\% & 1.0\% \end{pmatrix}$$

资产的实际价格经标准化后等于 100。资产的日波动率水平分别为 1%、1.5% 和 2%，而资产收益率的相关系数矩阵为：

$$\rho = \begin{pmatrix} 100\% & & \\ 50\% & 100\% & \\ 25\% & 15\% & 100\% \end{pmatrix}$$

(a) 若组合是 delta 中性的，请比较在 99% 置信水平下计算日风险价值的不同方法。

(b) 若现在 delta 等于 50%、40% 和 60%，请完成上述同样的问题。在 delta 近似值和 delta – gamma 近似值的情况下，计算风险分解。你发现了什么？考虑 delta 的近似值，计算 ERC 组合。

B.2.5 风险预算非严格为正时的风险预算策略

我们来看一个有六种资产的投资域，它们的波动率分别等于 20%、20%、15%、15%、10% 和 10%。目标是要根据以下风险预算要求计算风险预算策略组合的权重，各资产的风险预算要求为：40%、30%、30%、0%、0% 和 0%。

1. 假设协方差矩阵为

$$\rho = \begin{pmatrix} 1.00 & & & & & \\ 0.70 & 1.00 & & & & \\ 0.80 & 0.50 & 1.00 & & & \\ -0.30 & -0.20 & -0.30 & 1.00 & & \\ -0.20 & -0.10 & -0.10 & 0.20 & 1.00 & \\ -0.40 & -0.10 & -0.10 & 0.20 & 0.00 & 1.00 \end{pmatrix}$$

(a) 求解该组合，使所有的权重都严格为正。计算该组合的风险分解。

推导出满足风险预算问题的解的个数。

（b）求解该组合，使该解的形式为 $(x_1,x_2,x_3,0,0,0)$，其中 $x_1 > 0$，$x_2 > 0$，$x_3 > 0$。计算该组合的风险分解。推导出满足风险预算问题的解的个数。

（c）计算其他所有的解。

2. 假设相关系数矩阵为

$$\rho = \begin{pmatrix} 1.00 & & & & & \\ 0.70 & 1.00 & & & & \\ 0.80 & 0.50 & 1.00 & & & \\ 0.30 & 0.20 & 0.30 & 1.00 & & \\ -0.20 & -0.10 & -0.10 & -0.20 & 1.00 & \\ 0.40 & 0.10 & 0.10 & 0.20 & 0.00 & 1.00 \end{pmatrix}$$

（a）求组合解，使该解的形式为 $(x_1,x_2,x_3,0,0,0)$，其中 $x_1 > 0$，$x_2 > 0$，$x_3 > 0$。计算该组合的风险分解。推导出满足风险预算问题的解的个数。

（b）计算其他所有的解。

3. 假设相关系数矩阵为

$$\rho = \begin{pmatrix} 1.00 & & & & & \\ 0.70 & 1.00 & & & & \\ 0.80 & 0.50 & 1.00 & & & \\ 0.30 & 0.20 & 0.30 & 1.00 & & \\ 0.20 & 0.10 & 0.10 & 0.20 & 1.00 & \\ 0.40 & 0.10 & 0.10 & 0.20 & 0.00 & 1.00 \end{pmatrix}$$

（a）风险预算问题有多少个解？

（b）计算这些解。

4. 按照问题 1，我们现在假设最后三种资产的波动率等于 2%。计算所有解，并对这些结果加以说明。

B.2.6 风险均衡与因子模型

假设资产收益率服从线性因子模型，即

$$R_t = A\mathcal{F}_t + \varepsilon_t$$

其中，$\mathcal{F}_t \perp \varepsilon_t$，cov$(\mathcal{F}_t) = \Omega$，且 cov$(\varepsilon_t) = D = \text{diag}(\widetilde{\sigma}_1^2, \cdots, \widetilde{\sigma}_n^2)$。为了数值应用，我们来考察一个含有六种资产的域：

$$A = \begin{pmatrix} 0.9 & -0.2 & 0.5 \\ 1.1 & -0.5 & -0.3 \\ 1.2 & -0.3 & 0.2 \\ 0.8 & 0.1 & -0.7 \\ 0.5 & 0.5 & 0.5 \\ 1.4 & 0.4 & -0.2 \end{pmatrix}$$

假定三个共同因子互不相关，且有 $\sigma(\mathcal{F}_{1,t}) = 20\%$，$\sigma(\mathcal{F}_{2,t}) = 5\%$，$\sigma(\mathcal{F}_{3,t}) = 8\%$。资产特质波动率分别等于 4%、5%、8%、5%、10% 和 7%。

1. 我们来看组合 $x = (20\%, 10\%, 15\%, 5\%, 30\%, 20\%)$。

（a）根据共同因子和特殊因子分解资产收益率的方差。计算资产收益率之间的相关系数。

（b）计算 Moore – Penrose 逆矩阵 A^+，并求 A^+ 的解析表达式。再计算矩阵 B^+、$\widetilde{B}$ 和 $\widetilde{B}^+$（参见 2.5.2 节的定义），并求 B^+ 的解析表达式。

（c）计算共同因子和特殊因子的权重 y 和 $\widetilde{y}$。将资产风险敞口分解为共同因子风险敞口和特殊风险敞口。

（d）根据风险因子对组合 x 进行风险配置。

（e）通过消除特殊因子 ε_t 找出线性因子模型新的参数化方法。再根据新的参数对组合 x 进行风险配置，并对这些结果加以说明。

2. 记 $b = (b_1, b_2, b_3)$ 为风险因子预算的向量[⑤]。

（a）风险因子预算为 80%、10% 和 10%。是否有可能找到一个传统做多策略组合，使其与这些风险预算相匹配？如何构建一个组合，使其对第一风险因子的敏感度较小？

（b）求 RB 组合，使其满足风险因子预算为 10%、40% 和 50%[⑥]。

---

⑤ b_j 则是分配给风险因子 $\mathcal{F}_j$ 的风险预算。
⑥ 英文原书笔误为"10%、40% 和 40%"，经与作者核实，应更正为"10%、40% 和 50%"（译者注）。

(c) 求 RB 组合，使其满足风险因子预算为 5%、90% 和 5%。

(d) 求 RB 组合，使其满足风险因子预算为 5%、5% 和 90%。

(e) 请对这些结果加以说明。

B.2.7 期望亏空风险度量下的风险配置

1. 我们来看一个由 n 种资产构成的组合。假设资产收益率 $R = (R_1, \cdots, R_n)$ 服从正态分布，有 $R \sim \mathcal{N}(\mu, \Sigma)$。记 $L(x)$ 为组合的损失。

(a) 求 $L(x)$ 的分布。

(b) 给出期望亏空 $\mathrm{ES}_\alpha(L)$，并计算现有情况下的表达式。

(c) 计算资产 i 的风险贡献度 $\mathcal{RC}_i$，并推导证明：期望亏空符合了欧拉配置原则。

2. 我们来看三种资产，它们的期望收益率为 5%、8% 和 3%，而波动率等于 12%、15% 和 5%，相关系数矩阵表示如下：

$$\rho = \begin{pmatrix} 100\% & & \\ 25\% & 100\% & \\ 0\% & -20\% & 100\% \end{pmatrix}$$

接下来，我们采用 99% 置信水平下的期望亏空作为风险度量指标。

(a) 计算多空策略组合 $x = (30\%, 30\%, 40\%)$ 的风险配置。

(b) 求 ERC 组合。

(c) 求传统做多风险预算策略组合，使其满足风险预算 $b = (70\%, 20\%, 10\%)$。

(d) 计算多空策略组合 $x = (80\%, 50\%, -30\%)$ 的风险配置。

(e) 求多空 ERC 组合。证明这个解不唯一。

(f) 求三个多空策略组合，使其满足风险预算 $b = (70\%, 20\%, 10\%)$。

(g) 对这些结果加以说明。

3. 我们现在来考察资产收益率不一定服从正态分布的一般情况。

(a) 确定资产 i 的风险贡献度 $\mathcal{RC}_i$。

(b) 求问题 1 所示的高斯（正态）分布情况下 $(R, R(x))$ 的联合分布，然后以问题 3(a) 给出的公式计算风险贡献度。

(c) 我们考察一个 T 时刻观测值样本。解释一下，如何实证估计风险贡献度。

（d）我们考察一个含有三种资产的组合。假定资产 i 的标准收益率 R_i 服从学生 t 分布，即

$$\frac{R_i - \mu_i}{\sigma_i} \sim t_{\nu_i}$$

为了数值应用，我们假设参数 μ_i 等于 5%、8% 和 3%，而参数 σ_i 等于 12%、15% 和 5%，自由度的数值 ν_i，对于前两种资产而言等于 4，对于第三种资产等于 2。资产收益率之间的相依度由正态 Copula 函数依据如下参数矩阵给出：

$$\rho = \begin{pmatrix} 100\% & & \\ 25\% & 100\% & \\ 0\% & -20\% & 100\% \end{pmatrix}$$

运用蒙特卡洛模拟，在组合为 $x = (30\%, 30\%, 40\%)$ 时，计算 99% 置信水平下的期望亏空以及相应的风险配置，并对这些结果加以说明。

B.2.8 ERC 组合的优化问题

1. 我们来看四种资产的情况，它们的波动率分别为 10%、15%、20% 和 25%，而资产收益率的相关系数矩阵为

$$\rho = \begin{pmatrix} 100\% & & & \\ 60\% & 100\% & & \\ 40\% & 40\% & 100\% & \\ 30\% & 30\% & 20\% & 100\% \end{pmatrix}$$

（a）求传统做多最小方差组合、ERC 组合和等权重组合。

（b）我们来考察如下组合优化问题：

$$x^*(c) = \operatorname{argmin} \sqrt{x^\top \Sigma x} \tag{B.1}$$

$$\text{满足} \begin{cases} \sum_{i=1}^n \ln x_i \geq c \\ \mathbf{1}^\top x = 1 \\ x \geq \mathbf{0} \end{cases}$$

其中，Σ 为资产收益率的协方差矩阵。记 λ_c 和 λ_0 是关于约束条件 $\sum_{i=1}^n \ln x_i \geq c$ 和 $\mathbf{1}^\top x = 1$ 下的拉格朗日系数。写出优化问题的拉格朗日函数，然

后推导出一个比问题（B.1）更容易求解的等价的优化问题。

（c）给出 λ_c 和 $\sigma(x^*(c))$、c 和 $\sigma(x^*(c))$、$\mathcal{I}^*(x^*(c))$ 和 $\sigma(x^*(c))$ 的关系式，其中，$\mathcal{I}^*(x)$ 表示权重的多样化指数。

（d）给出 λ_c 和 $\mathcal{I}^*(\mathcal{RC})$、$c$ 和 $\mathcal{I}^*(\mathcal{RC})$、$\mathcal{I}^*(x^*(c))$ 和 $\mathcal{I}^*(\mathcal{RC})$ 的关系式，其中，$\mathcal{I}^*(\mathcal{RC})$ 表示风险贡献度的多样化指数。

（e）画出 $\sigma(x^*(c))$ 和 $\mathcal{I}^*(\mathcal{RC})$ 的关系图，并标出 ERC 组合。

2. 现在我们考虑对上述优化问题作小小的改动，即

$$x^*(c) = \arg\min \sqrt{x^\top \Sigma x} \qquad (B.2)$$

$$\text{满足} \quad \begin{cases} \sum_{i=1}^n \ln x_i \geqslant c \\ x \geqslant \mathbf{0} \end{cases}$$

（a）为什么优化问题（B.1）不是 ERC 组合的定义？

（b）当 c 等于 -10 时，求优化问题（B.2）的最优组合，并计算相应的风险配置。

（c）若 c 等于零，求解同样的问题。

（d）证明第二个优化问题的解：

$$x^*(c) = \exp\left(\frac{c - c_{\text{erc}}}{n}\right) x_{\text{erc}}$$

其中，$c_{\text{erc}} = \sum_{i=1}^n \ln x_{\text{erc},i}$。请对这一结果加以说明。

（e）证明：存在一个标量 c，使得优化问题（B.1）的拉格朗日系数 λ_0 等于零。然后推导：ERC 组合的波动率位于传统做多最小方差组合的波动率和等权重组合的波动率之间，即

$$\sigma(x_{\text{mv}}) \leqslant \sigma(x_{\text{erc}}) \leqslant \sigma(x_{\text{ew}})$$

B.2.9 带有偏度和峰度的风险均衡组合

1. 我们来看一个含有三种资产的域[⑦]。如下矩量矩阵按照周收益率计算得到：

[⑦] 实际上，这三种资产分别对应于 MSCI 世界指数、花旗集团 WGBI 政府债券指数和道琼斯 UBS 商品指数。我们将统计数据调整到 2009 年 7 月至 2012 年 6 月。

$$M_1 = \begin{pmatrix} 22.5124 \\ 9.9389 \\ 8.7444 \end{pmatrix} \times 10^{-4}$$

$$M_2 = \begin{pmatrix} 7.0343 & 0.2931 & 4.5068 \\ 0.2931 & 0.7641 & 0.3564 \\ 4.5068 & 0.3564 & 6.2416 \end{pmatrix} \times 10^{-4}$$

$$M_3 = \begin{pmatrix} -6.5540 & 0.8548 & -4.3059 & 0.8548 & -0.2178 \\ 0.8548 & -0.2178 & 0.3454 & -0.2178 & -0.0179 & \cdots \\ -4.3059 & 0.3454 & -3.6789 & 0.3454 & -0.1675 \\ 0.3454 & -4.3059 & 0.3454 & -3.6789 \\ -0.1675 & 0.3454 & -0.1675 & 0.2505 \\ 0.2505 & -3.6789 & 0.2505 & -3.8670 \end{pmatrix} \times 10^{-6}$$

$$M_4 = \begin{pmatrix} 2.099 & 0.022 & 1.202 & 0.022 & 0.049 & 0.023 & 1.202 \\ 0.022 & 0.049 & 0.023 & 0.049 & 0.006 & 0.032 & 0.023 & \cdots \\ 1.202 & 0.023 & 0.959 & 0.023 & 0.032 & 0.040 & 0.959 \\ 0.023 & 0.959 & 0.022 & 0.049 & 0.023 & 0.049 & 0.006 \\ 0.032 & 0.040 & 0.049 & 0.006 & 0.032 & 0.006 & 0.017 & \cdots \\ 0.040 & 0.985 & 0.023 & 0.032 & 0.040 & 0.032 & 0.007 \\ 0.032 & 0.023 & 0.032 & 0.040 & 1.202 & 0.023 & 0.959 \\ 0.007 & 0.032 & 0.007 & 0.050 & 0.023 & 0.032 & 0.040 & \cdots \\ 0.050 & 0.040 & 0.050 & 0.092 & 0.959 & 0.040 & 0.985 \\ 0.023 & 0.032 & 0.040 & 0.959 & 0.040 & 0.985 \\ 0.032 & 0.007 & 0.050 & 0.040 & 0.050 & 0.092 \\ 0.040 & 0.050 & 0.092 & 0.985 & 0.092 & 1.531 \end{pmatrix} \times 10^{-6}$$

我们希望以风险价值作为度量指标且在95%置信水平下,计算等权重组合的风险贡献度。

(a) 计算资产收益率的均值、波动率、偏度和超值峰度。

(b) 计算利润/损失变量Π的头四个矩量矩阵。

(c) 推导得出组合损失L的均值、波动率、偏度和超值峰度。

(d) 计算有关高斯风险价值的风险配置。

（e）若采用 Cornish – Fisher 风险价值，结果又会如何？

2. （a）基于高斯风险价值，计算 ERC 组合。

（b）采用 Cornish – Fisher 风险价值，计算 ERC 组合，并对这些结果加以说明。

（c）若置信水平设定为 99%，你会有什么发现？

B.3 有关风险均衡策略应用的练习

B.3.1 探索式组合的计算

我们来看一个含有五种资产的域，它们的期望收益率为 6%、10%、6%、8% 和 12%，而波动率等于 10%、20%、15%、25% 和 30%。资产收益率的相关系数矩阵定义如下：

$$\rho = \begin{pmatrix} 100\% & & & & \\ 60\% & 100\% & & & \\ 40\% & 50\% & 100\% & & \\ 30\% & 30\% & 20\% & 100\% & \\ 20\% & 10\% & 10\% & -50\% & 100\% \end{pmatrix}$$

假设无风险利率等于 2%。

1. 我们来考察无约束组合的情况。对于每个组合，计算风险分解。

（a）求切点组合。

（b）确定等权重组合。

（c）计算最小方差组合。

（d）计算最分散化组合。

（e）求 ERC 组合。

（f）对不同组合的期望收益率 $\mu(x)$、波动率 $\sigma(x)$ 和夏普比率 $SR(x|r)$ 进行比较。接下来，若假设基准组合 b 是切点组合，计算跟踪误差波动率 $\sigma(x|b)$、贝塔系数 $\beta(x|b)$ 和相关系数 $\rho(x|b)$。

2. 若添加传统做多策略组合的约束，请回答上述相同的问题。

B.3.2 等权重组合

记 Σ 是 n 种资产收益率的协方差矩阵。接下来,我们考察基于这 n 种资产的投资域的等权重(EW)组合。

1. 令 $\Sigma_{i,j} = \rho_{i,j} \sigma_i \sigma_j$,表示协方差矩阵 Σ 中的各个元素。

(a) 计算等权重组合的波动率 $\sigma(x)$。

(b) 令 $\sigma_0(x)$ 和 $\sigma_1(x)$ 分别表示资产收益率相互独立且完全相关时的等权重组合的波动率,计算 $\sigma_0(x)$ 和 $\sigma_1(x)$。

(c) 假设波动率同上。求关于相关系数均值 $\bar{\rho}$ 的组合波动率的表达式。当 $\bar{\rho}$ 等于 0 时,$\sigma(x)$ 的值为多少?当 n 趋于 $+\infty$ 时,$\sigma(x)$ 的值为多少?

(d) 假设相关系数都一致($\rho_{i,j} = \rho$),求组合波动率表示为关于 $\sigma_0(x)$ 和 $\sigma_1(x)$ 的函数的表达式。对这一结果加以说明。

2. (a) 计算等权重组合的标准风险贡献度 $\mathcal{RC}_i^*$。

(b) 当资产收益率分别为相互独立时和完全相关时[8],推导相应的风险贡献度 $\mathcal{RC}_i^*$。

(c) 证明:当波动率都一样时,风险贡献度 $\mathcal{RC}_i$ 和资产 i 的均值相关系数与资产域的均值相关系数之比之间成比例关系。

(d) 假设相关系数都一致($\rho_{i,j} = \rho$),证明:风险贡献度 $\mathcal{RC}_i$ 是 $\mathcal{RC}_{0,i}^*$ 和 $\mathcal{RC}_{1,i}^*$ 的加权平均。

3. 假定资产 i 的收益率满足 CAPM 模型,即
$$R_i = \beta_i R_m + \varepsilon_i$$
其中,R_m 是市场组合的收益率,ε_i 表示特殊风险。记 $\beta = (\beta_1, \cdots, \beta_n)$,$\varepsilon = (\varepsilon_1, \cdots, \varepsilon_n)$。假设有 $R_m \perp \varepsilon$,$\text{var}(R_m) = \sigma_m^2$,$\text{cov}(\varepsilon) = D = \text{diag}(\widetilde{\sigma}_1^2, \cdots, \widetilde{\sigma}_n^2)$ 成立。

(a) 计算等权重组合的波动率;

(b) 计算风险贡献度 $\mathcal{RC}_i$;

(c) 证明:若资产数量很大的话,则 $\mathcal{RC}_i$ 与 β_i 近似成比例。请用一个数值举例来说明这一特性。

---

[8] 将它们分别记作 $\mathcal{RC}_{0,i}^*$ 和 $\mathcal{RC}_{1,i}^*$。

B.3.3 最小方差组合

我们来看无约束的最小方差组合,也就是说,组合的权重可正可负。

1. 假定相关系数是一致的,即 $\rho_{i,j} = \rho$。

(a) 求最小方差组合的表达式。

(b) $\rho = 1$ 时,上述问题的解如何?对于所有资产,要获得正权重的前提条件是什么?

(c) $\rho = 0$ 时,上述问题的解如何?

(d) 一致相关性的下限 ρ^- 是多少,以使得协方差矩阵为正定矩阵?计算最小方差组合的解析解,并对这一结果加以说明。

(e) 推导:存在一个相关系数 $\rho^* > 0$,使得若 $\rho \leqslant \rho^*$ 时权重都为正。计算 ρ^* 的解析式。

(f) 我们来看三组参数:

n	σ_1	σ_2	σ_3	σ_4	σ_5	σ_6
4	10%	15%	20%	25%		
5	19%	20%	21%	22%	20%	
6	2%	20%	40%	60%	80%	100%

对于每组参数,画出 x_i^* 下确 $\inf x_i^*$ 界和 ρ 之间的关系图。举出有关 ρ^* 的变化的两条法则。

(g) 对于每组参数,当一致相关系数分别等于 ρ^-、0、ρ^* 和 1 时,确定相应的最小方差组合。

2. 假定资产 i 的收益率满足 CAPM 模型,即

$$R_i = \beta_i R_m + \varepsilon_i$$

其中,R_m 是市场组合的收益率,ε_i 表示特殊风险。记 $\beta = (\beta_1, \cdots, \beta_n)$,$\varepsilon = (\varepsilon_1, \cdots, \varepsilon_n)$。假设有 $R_m \perp \varepsilon$,$\text{var}(R_m) = \sigma_m^2$,$\text{cov}(\varepsilon) = D = \text{diag}(\widetilde{\sigma}_1^2, \cdots, \widetilde{\sigma}_n^2)$ 成立。

(a) 给出资产收益率协方差矩阵 Σ 的表达式。请采用 Sherman – Morrison – Woodbury 公式计算 Σ^{-1}。

(b) 回顾最小方差组合的解析式,并在 CAPM 模型下计算之。

(c) 证明:解可以写成如下形式:

$$x_i^* = \frac{\sigma^2(x^*)}{\widetilde{\sigma}_i^2}\left(1 - \frac{\beta_i}{\beta^*}\right)$$

（d）在何种情况下最优权重 x_i^* 为正？推导：若贝塔值都相同，则所有资产的权重都为正。在波动率都相等的状况下，情况又会怎样呢？

（e）我们来看以下参数值：

i	1	2	3	4	5	6
β_i	0.70	0.80	0.90	1.00	1.20	1.20
$\widetilde{\sigma}_i$	0.05	0.10	0.10	0.05	0.05	0.20

当 σ_m 分别取值为如下各值：5%、10%、15%、20% 和 25%，计算最小方差组合。

B.3.4 最分散化组合

我们来看一个含有 n 种资产的域。记 $\sigma = (\sigma_1, \cdots, \sigma_n)$ 为波动率向量，Σ 为协方差矩阵。

1. 在以下各题中，我们考虑的是无约束最优组合的情况。

（a）考虑用一个通用的风险度量指标 $\mathcal{R}(x)$，来定义分散化比率 $\mathcal{DR}(x)$。从风险配置的角度来看，人们是怎样来解释这个度量指标的？

（b）假设组合权重都为正。证明：对所有满足欧拉配置原则的风险度量指标，有 $\mathcal{DR}(x) \geq 1$ 成立。

（c）现在我们以波动率作为风险度量指标。计算 $\mathcal{DR}(x)$ 的上限。

（d）什么是最分散化组合（most diversified portfolio，MDP）？在什么情况下，这个MDP组合与切点组合相当？推导出MDP组合的解析式，并计算其波动率。

（e）说明：MDP组合的权重在某种意义上与 $\Sigma^{-1}\sigma$ 成比例。

2. 假定资产 i 的收益率满足CAPM模型，即

$$R_i = \beta_i R_m + \varepsilon_i$$

其中，R_m 是市场组合的收益率，ε_i 表示特殊风险。记 $\beta = (\beta_1, \cdots, \beta_n)$，$\varepsilon = (\varepsilon_1, \cdots, \varepsilon_n)$。假设有 $R_m \perp \varepsilon$，$\mathrm{var}(R_m) = \sigma_m^2$，$\mathrm{cov}(\varepsilon) = D = \mathrm{diag}(\widetilde{\sigma}_1^2, \cdots, \widetilde{\sigma}_n^2)$ 成立。

（a）计算资产收益率和市场收益率之间的相关系数 $\rho_{i,m}$。推导出资产 i 的特殊风险 $\tilde{\sigma}_i$ 和总风险 σ_i 的关系式。

（b）证明：MDP 组合的解可以写成以下形式：

$$x_i^* = \mathcal{DR}(x^*) \frac{\sigma_i \sigma(x^*)}{\tilde{\sigma}_i^2} \left(1 - \frac{\rho_{i,m}}{\rho^*}\right) \tag{B.3}$$

其中，$\rho*$ 是一个待确定的标量。

（c）在何种情况下最优权重 x_i^* 为正？

（d）MDP 组合的权重是关于特殊风险 $\tilde{\sigma}_i$ 的递增还是递减函数？

3. 在这个问题中，我们要说明 MDP 组合和最小方差组合有很大的不同。

（a）在何种情况下 MDP 组合和最小方差组合一致？

（b）我们来看以下这些参数值：

i	1	2	3	4
β_i	0.80	0.90	1.10	1.20
$\tilde{\sigma}_i$	0.02	0.05	0.15	0.15

其中，$\sigma_m = 20\%$。根据式（B.3）计算无约束 MDP 组合。对 MDP 组合和无约束 MV 组合作比较。若考虑传统做多组合，比较结果会是怎样？

（c）假设资产的波动率分别为 10%、10%、50% 和 50%，而资产收益率的相关系数矩阵为

$$\rho = \begin{pmatrix} 1.00 & & & \\ 0.90 & 1.00 & & \\ 0.80 & 0.80 & 1.00 & \\ 0.00 & 0.00 & -0.25 & 1.00 \end{pmatrix}$$

计算（无约束和传统做多的）MDP 组合和 MV 组合。

（d）对这些结果加以说明。

B.3.5 用收益率曲线因子进行风险配置

1. 令 Σ 为 n 种资产收益率的协方差矩阵。

（a）令 λ_i 为关于第 i 个特征向量 v_i 的特征值，写出关于一般方阵 A 的特征分解。计算关于特征值的函数 $\mathrm{tr}(A)$ 和 $\det(A)$。

（b）假设Σ的特征值都不同，证明特征向量是正交的。推导Σ的特征分解。

（c）莫里森（Morrison，1967）发现，对于相关系数矩阵C，第一特征值的下界如下：
$$\lambda_1 \geq 1 + (n-1)\bar{\rho}$$
其中，$\bar{\rho}$表示相关系数的均值。证明：当相关系数矩阵一致时，即$C = C_n(\rho)$，则第一特征值达到下限。推导：第一特征向量对方差的解释贡献比例的下限。当$\bar{\rho}$分别等于10%、20%、50%、70%和90%且n分别等于2、3、5和10时，计算该下限。

（d）我们来看四种资产，它们的波动率为18%、20%、22%和25%，而相关系数矩阵为

$$C = \begin{pmatrix} 100\% & & & \\ 50\% & 100\% & & \\ 20\% & 30\% & 100\% & \\ 10\% & 40\% & 30\% & 100\% \end{pmatrix}$$

求协方差矩阵的特征分解。就最优组合而言，第一和最后的特征向量表示什么？

（e）求相关系数矩阵的特征分解。第一特征向量对方差的解释贡献比例是多少？并与莫里森提出的下限作比较。

（f）利用协方差矩阵的特征分解，设计一个资产收益率的四因子模型。若只设定两个风险因子呢？这些因子表示什么？

2. 我们来看2012年6月30日的美元收益率曲线。1年期、3年期、5年期、7年期和10年期的零息债券的到期收益率$R_t(T)$分别等于0.493%、0.626%、0.960%、1.349%和1.794%。我们还计算了2003年1月至2012年6月期间零息债券到期收益率两周变动$\Delta_h R_t(T)$[9]的协方差，以基点（bps）表示的$\Delta_h R_t(T)$的波动率分别等于14.400、18.815、20.543、20.809和20.792，而波动值$\Delta_h R_t(T)$之间的相关系数矩阵如下：

---

[9] 我们有$\Delta_h R_t(T) = R_t(T) - R_{t-h}(T)$，其中$h$等于10个交易日。

$$C = \begin{pmatrix} 100.000\% & & & & \\ 80.316\% & 100.000\% & & & \\ 67.518\% & 96.176\% & 100.000\% & & \\ 59.340\% & 91.023\% & 98.467\% & 100.000\% & \\ 51.114\% & 84.085\% & 94.442\% & 98.557\% & 100.000\% \end{pmatrix}$$

在以下问题中，风险度量指标用的是99%置信水平、持有期为两周的高斯风险价值。

(a) 计算组合 x 的风险配置，该组合由各到期期限的零息债券组成。

(b) 对协方差矩阵进行主成分分析。前三个因子表示什么？为什么我们不重新计算来得到图4.2给出的结果呢？

(c) 再计算组合 x 关于主成分因子的风险配置。

(d) 求ERC组合⑩。计算关于主成分因子的风险配置。

(e) 现在我们假设组合的构成和协方差矩阵的特征向量 v_i 成比例，其中 $i=1,\cdots,5$。计算关于主成分因子的风险配置，并对这些结果加以说明。

B.3.6 主权债券组合的信用风险分析

我们来看由法国、德国、意大利和西班牙债券构成的组合，并采用第四章4.3.2节介绍的框架来度量它们的信用风险。2011年7月1日，CDS水平 $\tilde{s}_i$、其波动率 $\sigma_i^{\tilde{s}}$ 以及CDS之间的相关系数 $\rho_{i,j}$ 如下：

	$\tilde{s}_i$（基点）	$\sigma_i^{\tilde{s}}$（%）	$\rho_{i,j}$（%）			
			FR（法）	DE（德）	IT（意）	ES（西）
法国	79	57	100			
德国	42	49	65	100		
意大利	179	61	67	70	100	
西班牙	267	59	64	67	83	100

1. 我们考察两个组合，每个组合都由这四种债券组成，并具有以下所列特征：

---

⑩ 该组合是标准化了的，包含一个10年期的零息债券。

	#1		#2	
	x_i	D_i	x_i	D_i
法国	10	6.2	8	7.1
德国	12	7.5	8	6.9
意大利	8	6.4	12	6.5
西班牙	7	5.8	14	8.3

其中，x_i 表示债券 i 的名义价值（以 10 亿美元为单位）；D_i 为久期，以年表示。

(a) 计算组合#1 的信用风险度量指标 $\mathcal{R}(x^{(1)})$ 以及风险贡献度。

(b) 计算组合#2 的信用风险度量指标 $\mathcal{R}(x^{(2)})$ 以及风险贡献度。

(c) 令 $x^{(1+2)}$ 表示组合#1 和组合#2 的合并。合并后组合的信用相关系数矩阵变成怎样了？推导合并后组合的信用风险度量指标 $\mathcal{R}(x^{(1+2)})$，并与两个组合的信用风险度量指标之和 $\mathcal{R}(x^{(1)}) + \mathcal{R}(x^{(2)})$ 作比较。对这一结果加以说明。

(d) 令 $x^{(3)}$ 表示一个组合，该组合具有与 $x^{(1+2)}$ 相类似的特征。为了构造这一组合，我们将相同国家的所有债券都用联合债券来代替。于是，我们有

$$x_i^{(3)} = x_i^{(1)} + x_i^{(2)}$$

$$D_i^{(3)} = \frac{x_i^{(1)} D_i^{(1)} + x_i^{(2)} D_i^{(2)}}{x_i^{(1)} + x_i^{(2)}}$$

如何来表示联合债券的特征？计算信用风险度量指标 $\mathcal{R}(x^{(3)})$ 以及风险贡献度，并对这些结果加以说明。这里作了哪些前提假设？

(e) 对由三个组合得到的数值结果加以说明。

2. 令 x 为有 $n+1$ 种资产的组合，相应的协方差矩阵记作 Σ[⑪]。假定最后两个资产是完全相关的，即有 $\rho_{n,n+1}=1$。我们希望构建一个有 n 种资产的组合 y，使其满足：

$$\begin{cases} \mathcal{RC}_1(y) = \mathcal{RC}_1(x) \\ \vdots \\ \mathcal{RC}_{n-1}(y) = \mathcal{RC}_{n-1}(x) \\ \mathcal{RC}_n(y) = \mathcal{RC}_n(x) + \mathcal{RC}_{n+1}(x) \end{cases} \quad (B.4)$$

---

⑪ $\Sigma_{i,j} = \rho_{i,j}\sigma_i\sigma_j$。

组合 y 中 n 种资产的协方差矩阵[12]记作 Σ'。

(a) 计算有 $n+1$ 种资产的组合 x 的风险贡献度 $\mathcal{RC}_i(x)$。

(b) 计算有 n 种资产的组合 y 的风险贡献度 $\mathcal{RC}_i(y)$。

(c) 变量 y_i、σ'_i 和 $\rho'_{i,j}$ 必须满足怎样的条件，才能使方程组（B.4）成立？

(d) 证明存在无穷解，并给出两个特别解。从财务角度出发，哪个解是最优的？

(e) 我们来考虑五种资产。假定它们的波动率为 15%、20%、25%、30% 和 20%，相关系数矩阵为

$$\rho = \begin{pmatrix} 1.00 & & & & \\ 0.50 & 1.00 & & & \\ 0.10 & 0.80 & 1.00 & & \\ 0.30 & 0.20 & 0.40 & 1.00 & \\ 0.30 & 0.20 & 0.40 & 1.00 & 1.00 \end{pmatrix}$$

这表明，第四种和第五种资产是完全相关的。计算组合 x 为（20%，30%，10%，10%，30%）时的风险分解。计算具有四种资产的两个等价组合 y 的风险分解，这两个组合满足方程组（B.4）。求一个满足 $y_4 = 80\%$ 的等价组合。

(f) 对于问题 1（d）的假设前提，我们该如何评价？

3. 我们来看问题 1 中定义的组合。我们重新调整每个组合 $x^{(j)}$，从而得到一个满足风险预算为（20%、20%、30%、30%）的风险预算组合 $y^{(j)}$。假定风险预算组合的名义价值不发生变化，也就是说：

$$\sum y_i^{(j)} = \sum x_i^{(j)}$$

(a) 求相当于组合 $x^{(1)}$ 的风险预算组合 $y^{(1)}$。

(b) 求相当于组合 $x^{(2)}$ 的风险预算组合 $y^{(2)}$。

(c) 计算合并后的组合 $y^{(1+2)} = y^{(1)} + y^{(2)}$ 的风险分解。对这一结果加以说明。

(d) 我们希望构建一个风险预算组合 $y^{(4)}$，使其满足对于每个国家债券

---

[12] $\Sigma'_{i,j} = \rho'_{i,j}\sigma'_i\sigma'_j$。

的风险预算分别为：20%（法国），20%（德国），30%（意大利），30%（西班牙）。证明存在多个解。利用联合债券提出一个从财务角度有意义的解。计算风险预算组合 $y^{(4)}$。总结计算结果。

B.3.7 多空组合的风险贡献度

1. 我们来看一个含有两种资产的域。记 σ_1 和 σ_2 分别为它们的波动率，而 ρ 表示相关系数。

(a) 写出组合 (x_1, x_2) 的风险贡献度。

(b) 假定第一种资产的敞口 x_1 是固定的。在何种情况下，第二种资产的风险贡献度为负？对这些结果加以说明。

(c) 我们来看以下这些数值：$\sigma_1 = 18\%$，$\sigma_2 = 10\%$，且 $x_1 = 1$。画出 ρ 分别取值为 90%、50%、0% 和 -90% 时的 x_2 和 $\mathcal{RC}_2$ 之间的关系图。

2. 我们来看六种资产的域，波动率为 20%、25%、30%、35%、10% 和 10%，而相关系数矩阵为

$$\rho = \begin{pmatrix} 100\% & & & & & \\ 60\% & 100\% & & & & \\ 50\% & 40\% & 100\% & & & \\ 30\% & 20\% & 30\% & 100\% & & \\ 60\% & 50\% & 20\% & 20\% & 100\% & \\ 50\% & 40\% & 30\% & 30\% & 40\% & 100\% \end{pmatrix}$$

(a) 考察组合 $x = (1, -1, 1, -1, 1, -1)$。计算其风险分解。

(b) 我们观察到，之前的组合是由三个多空风险敞口组成的。求多空资产的协方差矩阵。推导风险分解。

(c) 在多空资产的情况下，计算 ERC 组合。若假设多空资产之间不相关，可以得到另一个组合角，比较前后两个组合解。

(d) 接下来推导关于六种资产的风险配置，并对这一结果加以说明。

(e) 我们希望构建一个多空组合，使其满足以下特征：$x_1 x_2 < 0$，$x_3 x_4 < 0$，$x_5 x_6 < 0$，$\mathcal{RC}_1 = \mathcal{RC}_2$，$\mathcal{RC}_3 = \mathcal{RC}_4$，$\mathcal{RC}_5 = \mathcal{RC}_6$，$\mathcal{RC}_1 + \mathcal{RC}_2 = \mathcal{RC}_3 + \mathcal{RC}_4$ 和 $\mathcal{RC}_1 + \mathcal{RC}_2 = \mathcal{RC}_5 + \mathcal{RC}_6$。你认为这样的解有可能存在吗？证明你的回答。

B.3.8 风险均衡策略基金

1. 我们来看一个有三种类别[13]资产的域，三种类别资产分别是股票（S）、债券（B）和商品（C）。我们计算了不同日期资产收益率的一年历史协方差矩阵，得到如下计算结果[14]：

	1999-12-31			2002-12-31		
σ_i	12.40	5.61	12.72	20.69	7.36	13.59
$\rho_{i,j}$	100.00			100.00		
	-5.89	100.00		-36.98	100.00	
	-4.09	-7.13	100.00	22.74	-13.12	100.00
	2005-12-30			2007-12-31		
σ_i	7.97	7.01	16.93	12.94	5.50	14.54
$\rho_{i,j}$	100.00			100.00	-25.76	
	29.25	100.00		-25.76	100.00	
	15.75	15.05	100.00	31.91	6.87	100.00
	2008-12-31			2010-12-31		
σ_i	33.03	9.73	29.00	16.73	6.88	16.93
$\rho_{i,j}$	100.00			100.00		
	-16.26	100.00		15.31	100.00	
	47.31	9.13	100.00	64.13	15.46	100.00

（a）计算不同日期风险均衡策略[15]组合（RP）的权重和波动率。

（b）针对 ERC 组合，完成上题。

（c）对于 RP 组合和 ERC 组合的波动率，你注意到了什么？请解释。

（d）在风险均衡组合的情况下，求波动率 $\sigma(x)$、边际风险 $\mathcal{MR}_i$、风险贡献度 $\mathcal{RC}_i$ 和标准风险贡献度 $\mathcal{RC}_i^*$ 的解析式。

（e）计算上述风险均衡组合的标准风险贡献度，并对这些结果加以说明。

---

[13] 实际上，我们采用 MSCI 世界指数、花旗集团 WGBI 指数和道琼斯 UBS 商品指数来代表这些资产类别。

[14] 所有数值都以百分数表示。

[15] 这里，风险均衡指的是不考虑相关性时的等权风险贡献度（ERC）组合。

2. 我们来看风险预算的四组参数：

组别	b_1	b_2	b_3
#1	45%	45%	10%
#2	70%	10%	20%
#3	20%	70%	10%
#4	25%	25%	50%

（a）计算不同日期的风险预算组合。

（b）若假设夏普比率等于 0.40，计算这些组合中资产的隐含风险溢价 $\tilde{\pi}_i$。

（c）对这些结果加以说明。

B.3.9 Frazzini – Pedersen 模型

1. 弗拉奇尼和彼得森（Frazzini and Pedersen，2010）考察了一个两阶段、有 n 种风险资产和 m 个投资者的均衡模型，其中 n 种风险资产的价格和红利记作 $P_{i,t}$ 和 $D_{i,t}$，投资者拥有给定数量的财富 W_j。令 x_j 和 ϕ_j 分别为投资者 j 的组合和风险厌恶度。在 t 时刻，投资者追求其效用函数最大化，有

$$x_j^* = \arg\max x_j^\top \mathbb{E}_t[P_{t+1} + D_{t+1} - (1+r)P_t] - \frac{\phi_j}{2} x_j^\top \Sigma x_j$$

其中，P_{t+1} 为未来价格的向量，D_{t+1} 为未来红利的向量，Σ 是 $P_{t+1} + D_{t+1}$ 的协方差矩阵，r 为无风险利率。弗拉奇尼和彼得森（2010）假设，投资者面临如下一些借款约束：

$$m_j(x_j^\top P_t) \leq W_j$$

他们讨论了三种情况。当 $m_j < 1$ 时，投资者必须持有一些现金资产；当 $m_j = 1$ 时，投资者不能使用杠杆，因为存在监管约束或是借款能力所限；当 $m_j > 1$ 时，投资者可以使用杠杆扩大风险资产的敞口。

（a）写出一阶条件，并推导出 x_j 的解析式。

（b）令 $\bar{x}$ 表示市值组合，供需均衡意味着有

$$\sum_{j=1}^{m} x_j = \bar{x}$$

其中，$\bar{x}_i$ 表示资产 i 未偿付的份额数，且 $\bar{x} = (\bar{x}_1, \cdots, \bar{x}_n)$。证明有如下均衡存在：

$$\bar{x} = \frac{1}{\phi} \Sigma^{-1} (\mathbb{E}_t [P_{t+1} + D_{t+1}] - (1 + r + \psi) P_t)$$

其中，ϕ 和 ψ 是两个待确定的标量。

（c）推导均衡状态下资产的价格 $P_{i,t}$。

（d）令 $\beta_i = \beta(e_i | \bar{x})$ 为资产 i 相对于市场组合的贝塔系数。证明下式成立：

$$\mathbb{E}_t [R_{i,t+1}] - r = \alpha_i + \beta_i (\mathbb{E}_t [R_{t+1}(\bar{x})] - r)$$

其中，$\alpha_i = \psi(1 - \beta_i)$。

（e）对这个结果加以说明。

2. 我们来看四种资产，它们的期望收益率等于 5%、6%、8% 和 6%，而波动率等于 15%、20%、25% 和 20%。资产收益率的相关系数矩阵由下列矩阵给出：

$$C = \begin{pmatrix} 1.00 & & & \\ 0.10 & 1.00 & & \\ 0.20 & 0.60 & 1.00 & \\ 0.40 & 0.50 & 0.50 & 1.00 \end{pmatrix}$$

无风险利率设定为 2%。

（a）计算风险厌恶度 ϕ 的最优值。推导得出切点组合 x^*、贝塔系数 β_i 以及隐含风险溢价。

（b）我们考虑两个投资者的情况，有 $m_1 = 100\%$ 和 $m_2 = 50\%$，他们的风险厌恶度等于上题得出的值。假设两个投资者拥有相同的财富，计算他们的最优组合 x_1 和 x_2。推导得出市场组合 $\bar{x}$。然后计算不同资产的 α_i 和 β_i。

（c）对这些结果加以说明。

B.3.10 动态风险预算组合

1. 我们来看一个有 n 种资产的域。记 r, μ 和 Σ 分别为无风险利率、期望收益率向量和资产收益率协方差矩阵。并且，假设资产 i 的风险溢价 $\pi_i = \mu_i - r$ 为正。

(a) 重新推导切点组合的公式。当相关系数等于零时，解是什么？

(b) 确定组合 x 中各资产的风险贡献度。

(c) 记 $(b_1, \cdots, b_n)$ 为风险预算。求相关系数等于零时的风险预算组合。要获得切点组合，风险预算应满足什么条件？

2. 现在假设风险预算随时间发生变化。我们设定，资产 i 在 t 时刻的风险预算符合如下等式：

$$b_i(t) = b_i(\infty) \frac{\pi_i^{\alpha}(t) \sigma_i^{\gamma}(\infty)}{\pi_i^{\beta}(\infty) \sigma_i^{\delta}(t)}$$

其中，α、β、γ 和 δ 是四个标量参数，且有

$$b_i(\infty) = \frac{\pi_i^2(\infty)}{\sigma_i^2(\infty)}$$

$\pi_i(t)$（或 $\sigma_i(t)$）表示 t 时刻的风险溢价（或波动率），而 $\pi_i(\infty)$（或 $\sigma_i(\infty)$）表示长期风险溢价（或波动率）。

(a) 计算当 $\alpha = \beta = \gamma = \delta = 0$ 时的 $b_i(t)$。当 $\alpha = \beta = \gamma = \delta = 2$ 时，$b_i(t)$ 又为多少？

(b) 在何种情况下，风险预算组合与长期切点组合相同？

(c) 我们来看一个有四个互不相关资产的域，其特征如下：

i	$\pi_i(\infty)$	$\sigma_i(\infty)$	$\pi_i(t)$	$\sigma_i(t)$
1	2%	10%	1%	12%
2	3%	15%	2%	12%
3	4%	20%	5%	21%
4	5%	25%	6%	24%

计算长期切点组合以及长期风险预算 $b_i(\infty)$。假设 $\alpha = \beta = \gamma = \delta = \theta$，其中，$\theta \in [0, 2]$。画出参数 θ、风险预算 $b_i(t)$ 以及风险预算组合的权重 $x_i(t)$ 之间的关系图，并对这些结果加以说明。

3. 我们来考虑由权益和债券两类资产构成的风险均衡策略，两种资产类别分别由 MSCI 世界指数和花旗集团 WGBI 指数代表。组合每周根据一年滚动协方差矩阵重新调整一次配置。期望收益率对应于一年趋势，它是利用过去 260 个日收益率的简单移动平均来估计得到的。为了模拟动态风险均衡策略，我们考虑采用如下风险预算的定义：

$$b_i(t) \propto b_i(\infty)(1 + c_i(t))^{\alpha}$$

其中，$c_i(t) > -1$。

（a）基于 ERC 组合对纯粹的风险均衡策略进行回测[16]，并在 α 设定为 1 且下式成立时，与动态风险均衡策略进行比较。

$$c_i(t) = \min\left(\max\left(-\frac{1}{2}, \frac{\pi_i(t)}{\sigma_i(t)}\right), \frac{3}{2}\right)$$

（b）将动态风险均衡策略组合的权重和切点组合的权重进行比较，并对这些结果加以说明。

（c）当 α 设定为 2 且下式成立时的动态风险均衡策略。

$$c_i(t) = \min(\max(-30\%, \pi_i(t)), 30\%)$$

（d）对这些结果加以说明。

---

[16] 研究期间为 2000 年 1 月至 2011 年 12 月。

参考文献

[1] Abramowitz M. and Stegun I. A. (Eds) (1970), *Handbook of Mathematical Functions*, Ninth edition, Dover.

[2] Acerbi C. (2002), Spectral Measures of Risk: A Coherent Representation of Subjective Risk Aversion, *Journal of Banking & Finance*, 26 (7), pp. 1505 –1518.

[3] Acerbi C. and Tasche D. (2002), On the Coherence of Expected Shortfall, Journal of *Banking & Finance*, 26 (7), pp. 1487 – 1503.

[4] Adam A., Houkari M. and Laurent J – P. (2008), Spectral Risk Measures and Portfolio Selection, *Journal of Banking & Finance*, 32 (9), pp. 1870 – 1882.

[5] Ahn D – H., Dittmar R. F. and Gallant A. R. (2002), Quadratic Term Structure Models: Theory and Evidence, *Review of Finance Studies*, 15 (1), pp. 243 – 288.

[6] Ambachtsheer K. P. (1987), Pension Fund Asset Allocation: In Defense of a 60/40 Equity/Debt Asset Mix, *Financial Analysts Journal*, 43 (5), pp. 14 – 24.

[7] Amenc N., Goltz F., Martellini L. and Retkowsky P. (2010), Efficient Indexation: An Alternative to Cap – Weighted Indices, *Journal of Investment Management*, 9 (4), pp. 1 – 23.

[8] Ang A., Hodrick R. J., Xing Y. and Zhang Y. (2006), The Cross – Section of Volatility and Expected Returns, *Journal of Finance*, 61 (1), pp.

259 – 299.

［9］Angus J. E. (1994), The Probability Integral Transform and Related Results, *SIAM Review*, 36 (4), pp. 652 – 654.

［10］Antolin P. (2008), Pension Fund Performance, OECD Working Papers on Insurance and Private Pensions, 20, *SSRN*, www.ssrn.com/abstract = 1368816.

［11］Arnott R. D. (2010), Debt Be Not Proud, *Journal of Indexes*, 13 (6), pp. 10 – 17.

［12］Arnott R. D. and Bernstein P. L. (2002), What Risk Premium Is "Normal"?, *Financial Analysts Journal*, 58 (2), pp. 64 – 85.

［13］Arnott R. D. and Hsu J. C. (2008), Noise, CAPM and the Size and Valueeects, *Journal of Investment Management*, 6 (1), pp. 68 – 78.

［14］Arnott R. D., Hsu J. C., Li F. and Shepherd S. D. (2010), Valuation – Indifferent Weighting for Bonds, *Journal of Portfolio Management*, 36 (3), pp. 117 – 130.

［15］Arnott R. D., Hsu J. C. and Moore P. (2005), Fundamental Indexation, *Financial Analysts Journal*, 61 (2), pp. 83 – 99.

［16］Arnott R. D., Kalesnik V., Moghtader P. and Scholl C. (2010), Beyond Cap Weight: The Empirical Evidence for a Diversified Beta, *Journal of Indexes*, 13 (1), pp. 16 – 29.

［17］Artzner A., Delbaen F., Eber J. – M. and Heath D. (1999), Coherent Measures of Risk, *Mathematical Finance*, 9 (3), pp. 203 – 228.

［18］Asness C. S., Frazzini A. and Pedersen L. H. (2012), Leverage Aversion and Risk Parity, *Financial Analysts Journal*, 68 (1), pp. 47 – 59.

［19］Azzalini A. (1985), A Class of Distributions Which Includes the Normal Ones, *Scandinavian Journal of Statistics*, 12 (2), pp. 171 – 178.

［20］Azzalini A. (1986), Further Results on A Class of Distributions Which Includes the Normal Ones, *Statistica*, 46, pp. 199 – 208.

［21］Azzalini A. and Dalla Valle A. (1996), The Multivariate Skew – Normal Distribution, *Biometrika*, 83 (4), pp. 715 – 726.

［22］Baillie R. T. and Myers R. J. (1991), Bivariate Garch Estimation of the Optimal Commodity Futures Hedge, *Journal of Applied Econometrics*, 6 (2), pp. 109 – 124.

[23] Bajeux – Besnainou I., Jordan J. V. and Portait R. (2003), Dynamic Asset Allocation for Stocks, Bonds, and Cash, *Journal of Business*, 76 (2), pp. 263 – 287.

[24] Bansal R., Dittmar R. and Kiku D. (2009), Cointegration and Consumption Risks in Asset Returns, *Review of Financial Studies*, 22 (3), pp. 1343 – 1375.

[25] Bansal R. and Yaron A. (2004), Risks for the Long Run: A Potential Resolution of Asset Pricing Puzzles, *Journal of Finance*, 59 (4), pp. 1481 – 1509.

[26] Barberis N. (2000), Investing for the Long Run When Returns Are Predictable, *Journal of Finance*, 55 (1), pp. 225 – 264.

[27] Barberis N. and Thaler R. H. (2003), A Survey of Behavioral Finance, in G. M. Constantinides, M. Harris and R. M. Stulz (Eds), *Handbook of the Economics of Finance*, 1 (B), Elsevier, pp. 1053 – 1128.

[28] Barras L., Scaillet O. and Wermers R. (2010), False Discoveries in Mutual Fund Performance: Measuring Luck in Estimated Alphas, *Journal of Finance*, 65 (1), pp. 179 – 216.

[29] Basu D. and Miffre J. (2009), Capturing the Risk Premium of Commodity Futures: The Role of Hedging Pressure, *SSRN*, www.ssrn.com/abstract=1340873.

[30] Bauwens L., Laurent S. and Rombouts J. V. K. (2006), Multivariate GARCH Models: A Survey, *Journal of Applied Econometrics*, 21 (1), pp. 79 – 109.

[31] Benartzi S. and Thaler R. H. (1995), Myopic Loss Aversion and the Equity Premium Puzzle, *Quarterly Journal of Economics*, 110 (1), pp. 73 – 92.

[32] Benartzi S. and Thaler R. H. (2001), Naive Diversification Strategies in Defined Contribution Saving Plans, *American Economic Review*, 91 (1), pp. 79 – 98.

[33] Bera A. K. and Park S. Y. (2008), Optimal Portfolio Diversification using the Maximum Entropy Principle, *Econometric Reviews*, 27 (4 – 6), pp.

484 – 512.

[34] Berkelaar A. B., Kobor A. and Tsumagari M. (2006), The Sense and Nonsense of Risk Budgeting, *Financial Analysts Journal*, 62 (5), pp. 63 – 75.

[35] Bernstein P. L. (1992), *Capital Ideas: The Improbable Origins of Modern Wall Street*, Free Press.

[36] Bernstein P. L. (2007), *Capital Ideas Evolving*, Wiley.

[37] Bessembinder H., Coughenour J. F., Seguin P. J. and Smoller M. M. (1995), Mean Reversion in Equilibrium Asset Prices: Evidence from the Futures Term Structure, *Journal of Finance*, 50 (1), pp. 361 – 375.

[38] Bhansali V. (2012), Active Risk Parity, *Journal of Investing*, 21 (3), pp. 88 – 92.

[39] Bhansali V., Davis J., Rennison G., Hsu J. C. and Li F. (2012), The Risk in Risk Parity: A Factor Based Analysis of Asset Based Risk Parity, *Journal of Investing*, 21 (3), pp. 102 – 110.

[40] Black F. (1972), Capital Market Equilibrium with Restricted Borrowing, *Journal of Business*, 45 (3), pp. 444 – 455.

[41] Black F. (1993), Beta and Return, *Journal of Portfolio Management*, 20 (1), pp. 8 – 18.

[42] Black F., Jensen M. C. and Scholes M. S. (1972), The Capital Asset Pricing Model: Some Empirical Tests, in M. C. Jensen (Ed.), *Studies in the Theory of Capital Markets*, Praeger Publishers Inc., pp. 79 – 121.

[43] Black F. and Litterman R. B. (1991), Asset Allocation: Combining Investor Views with Market Equilibrium, *Journal of Fixed Income*, 1 (2), pp. 7 – 18.

[44] Black F. and Litterman R. B. (1992), Global Portfolio Optimization, *Financial Analysts Journal*, 48 (5), pp. 28 – 43.

[45] Black F. and Perold A. F. (1992), Theory of Constant Proportion Portfolio Insurance, *Journal of Economic Dynamic and Control*, 16 (3 – 4), pp. 402 – 426.

[46] Blake C. R., Elton E. J. and Gruber M. J. (1993), The Performance of

Bond Mutual Funds, *Journal of Business*, 66 (3), pp. 371 – 403.

[47] Blake D., Lehmann B. N. and Timmermann A. (1999), Asset Allocation Dynamics and Pension Fund Performance, *Journal of Business*, 72 (4), pp. 429 – 461.

[48] Blitz D. C. and Swinkels L. (2008), Fundamental Indexation: An Active Value Strategy in Disguise, *Journal of Asset Management*, 9 (5), pp. 264 – 269.

[49] Blitz D. C. and vanVliet P. (2007), The Volatility Effect, *Journal of Portfolio Management*, 34 (1), pp. 102 – 113.

[50] Bodie Z. (1983), Commodity Futures as a Hedge Against Inflation, *Journal of Portfolio Management*, 9 (3), pp. 12 – 17.

[51] Bodie Z., Merton R. C. and Samuelson W. F. (1992), Labor Supply Flexibility and Portfolio Choice in a Life Cycle Model, *Journal of Economic Dynamics and Control*, 16 (3 – 4), pp. 427 – 449.

[52] Boggs P. T. and Tolle J. W. (1995), Sequential Quadratic Programming, *Acta Numerica*, 4, pp. 1 – 51.

[53] Bollerslev T. (1986), Generalized Autoregressive Conditional Heteroscedasticity, *Journal of Econometrics*, 31 (3), pp. 307 – 327.

[54] Booth D. G. and Fama E. F. (1992), Diversification Returns and Asset Contributions, *Financial Analyst Journal*, 48 (3), pp. 26 – 32.

[55] Boudt K., Peterson B. G. and Croux C. (2008), Estimation and Decomposition of Downside Risk for Portfolios with Non – Normal Returns, *Journal of Risk*, 11 (2), pp. 79 – 103.

[56] Breeden D. T. (1979), An Intertemporal Asset Pricing Model with Stochastic Consumption and Investment Opportunities, *Journal of Financial Economics*, 7 (3), pp. 265 – 296.

[57] Brennan M. J. and Schwartz E. S. (1982), An Equilibrium Model of Bond Pricing and a Test of Market Effciency, *Journal of Financial and Quantitative Analysis*, 17 (3), pp. 301 – 329.

[58] Brennan M. J., Schwartz E. S. and Lagnado R. (1997), Strategic Asset

Allocation, *Journal of Economic Dynamics and Control*, 21 (8 – 9), pp. 1377 – 1403.

[59] Brennan M. J. and Solanki R. (1981), Optimal Portfolio Insurance, *Journal of Financial and Quantitative Analysis*, 16 (3), pp. 279 – 300.

[60] Brinson G. P., Hood L. R. and Beebower G. L. (1986), Determinants of Portfolio Performance, *Financial Analysts Journal*, 42 (4), pp. 39 – 44.

[61] Brinson G. P., Singer B. D. and Beebower G. L. (1991), Determinants of Portfolio Performance II: An Update, *Financial Analysts Journal*, 47 (3), pp. 40 – 48.

[62] Britten – Jones M. (1999), The Sampling Error in Estimates of Mean – Variance Effcient Portfolio Weights, *Journal of Finance*, 54 (2), pp. 655 – 671.

[63] Broadie M. (1993), Computing Effcient Frontiers using Estimated Parameters, *Annals of Operations Research*, 45 (1), pp. 21 – 58.

[64] Brodsky B., Flannery G. and Mesrour S. (2011), Introducing the BlackRock Sovereign Risk Index, *BlackRock Investment Institute*, *White Paper*.

[65] Bruder B., Culerier I. and Roncalli T. (2012), How to Design Target – Date Funds?, *Lyxor White Paper Series*, 9, www. lyxor. com.

[66] Bruder B., Dao T – L., Richard J – C. and Roncalli T. (2011), Trend Filtering Methods for Momentum Strategies, *Lyxor White Paper Series*, 8, www. lyxor. com.

[67] Bruder B., Darolles S., Koudiraty A. and Roncalli T. (2011), Portfolio Allocation of Hedge Funds, *Lyxor White Paper Series*, 5, www. lyxor. com.

[68] Bruder B., Hereil P. and Roncalli T. (2011), Managing Sovereign Credit Risk, *Journal of Indexes Europe*, 1 (4), pp. 20 – 27.

[69] Bruder B., Hereil P. and Roncalli T. (2011), Managing Sovereign Credit Risk in Bond Portfolios, *SSRN*, www. ssrn. com/abstract = 1957050.

[70] Bruder B., Jamet G. and Lasserre G. (2010), Beyond Liability – Driven Investment: New Perspectives on Defined Benefit Pension Fund Management, *Lyxor White Paper Series*, 2, www. lyxor. com.

[71] Bruder B., Richard J – C. and Roncalli T. (2013), Regularization of

Portfolio Allocation, *Lyxor Research Paper*, www.lyxor.com.

[72] Bruder B. and Roncalli T. (2012), Managing Risk Exposures using the Risk Budgeting Approach, *SSRN*, www.ssrn.com/abstract=2009778.

[73] Campbell J. Y. (2000), Asset Pricing at the Millennium, *Journal of Finance*, 55 (4), pp. 1515–1567.

[74] Campbell J. Y., Chan Y. L. and Viceira L. M. (2003), A Multivariate Model of Strategic Asset Allocation, *Journal of Financial Economics*, 67 (1), pp. 41–80.

[75] Campbell J. Y. and Shiller R. J. (1988), The Dividend–Price Ratio and Expectations of Future Dividends and Discount Factors, *Review of Financial Studies*, 1 (3), pp. 195–228.

[76] Campbell J. Y. and Shiller R. J. (1988), Stock Prices, Earnings, and Expected Dividends, *Journal of Finance*, 43 (3), pp. 661–676.

[77] Campbell J. Y. and Viceira L. M. (2002), *Strategic Asset Allocation*, Oxford University Press.

[78] Candelon B., Hurlin C. and Tokpavi S. (2012), Sampling Error and Double Shrinkage Estimation of Minimum Variance Portfolios, *Journal of Empirical Finance*, 19 (4), pp. 511–527.

[79] Canner N., Mankiw N. G. and Weil D. N. (1997), An Asset Allocation Puzzle, *American Economic Review*, 87 (1), pp. 181–191.

[80] Carhart M. M. (1997), On Persistence in Mutual Fund Performance, *Journal of Finance*, 52 (1), pp. 57–82.

[81] Carroll R. B., Perry T., Yang H. and Ho A. (2001), A New Approach to Component VaR, *Journal of Risk*, 3 (3), pp. 57–67.

[82] Carvalho R. Leote de, Lu X. and Moulin P. (2012), Demystifying Equity Risk–Based Strategies: A Simple Alpha plus Beta Description, *Journal of Portfolio Management*, 38 (3), pp. 56–70.

[83] Chan K. C., Karolyi G. A., Longstaff F. A. and Sanders A. B. (1992), An Empirical Comparison of Alternative Models of the Short–Term Interest Rate, *Journal of Finance*, 47 (3), pp. 1209–1227.

[84] Chaves D. B., Hsu J. C., Li F. and Shakernia O. (2011), Risk Parity Portfolio vs. Other Asset Allocation Heuristic Portfolios, *Journal of Investing*, 20 (1), pp. 108 – 118.

[85] Chaves D. B., Hsu J. C., Li F. and Shakernia O. (2012), Effcient Algorithms for Computing Risk Parity Portfolio Weights, *Journal of Investing*, 21 (3), pp. 150 – 163.

[86] Chen N – F. (1991), Financial Investment Opportunities and the Macro economy, *Journal of Finance*, 46 (2), pp. 529 – 554.

[87] Cheung W. (2010), The Black – Litterman Model Explained, *Journal of Asset Management*, 11 (4), pp. 229 – 243.

[88] Chou R. Y. (1988), Volatility Persistence and Stock Valuations: Some Empirical Evidence using GARCH, *Journal of Applied Econometrics*, 3 (4), pp. 279 – 294.

[89] Choueifaty Y. and Coignard Y. (2008), Toward Maximum Diversifi – cation, *Journal of Portfolio Management*, 35 (1), pp. 40 – 51.

[90] Choueifaty Y., Froidure T. and Reynier J (2011), Properties of the Most Diversified Portflio, *SSRN*, www. ssrn. com/abstract = 1895459.

[91] Chow T., Hsu J. C., Kalesnik V. and Little B. (2011), A Survey of Alternative Equity Index Strategies, *Financial Analysts Journal*, 67 (5), pp. 37 – 57.

[92] Clarke R. G., de Silva H. and Thorley S. (2006), Minimum – Variance Portfolios in the U. S. Equity Market, *Journal of Portfolio Management*, 33 (1), pp. 10 – 24.

[93] Clarke R. G., de Silva H. and Thorley S. (2010), Minimum Variance Portfolio Composition, *SSRN*, www. ssrn. com/abstract = 1549949.

[94] Clarke R. G., de Silva H. and Thorley S. (2012), Risk Parity, Maximum Diversification, and Minimum Variance: An Analytic Perspective, *SSRN*, www. ssrn. com/abstract = 1977577.

[95] Cocco J. F., Gomes F. J. and Maenhout P. J. (2005), Consumption and Portfolio Choice over the Life Cycle, *Review of Financial Studies*, 18 (2),

pp. 491 – 533.

[96] Cochrane J. H. (2001), *Asset Pricing*, Princeton University Press.

[97] Coles S., Heffernan J. and Tawn J. (1999), Dependence Measures for Extreme Value Analyses, *Extremes*, 2 (4), pp. 339 – 365.

[98] Cont R. (2001), Empirical Properties of Asset Returns: Stylized Facts and Statistical Issues, *Quantitative Finance*, 1 (2), pp. 223 – 236.

[99] Cox J. C., Ingersoll J. E. and Ross S. A. (1985), A Theory of The Term Structure of Interest Rates, *Econometrica*, 53 (2), pp. 385 – 407.

[100] Cvitanic J., Lazrak A., Martellini L. and Zapatero F. (2003), Optimal Allocation to Hedge Funds: An Empirical Analysis, *Quantitative Finance*, 3 (1), pp. 28 – 39.

[101] Dalio R. (2004), Engineering Targeted Returns and Risks, *Bridgewater Associates* Working Paper.

[102] Darolles S., Eychenne K. and Martinetti S. (2010), Time – varying Risk Premiums and Business Cycle: A Survey, *Lyxor White Paper Series*, 4, www.lyxor.com.

[103] Darolles S., Gourieroux C. and Jay E. (2012), Robust Portfolio Allocation with Systematic Risk Contribution Restrictions, *SSRN*, www.ssrn.com/abstract = 2192399.

[104] Deaton A. and Laroque G. (1992), On the Behaviour of Commodity Prices, *Review of Economic Studies*, 59 (1), pp. 1 – 23.

[105] Deguest R., Martellini L. and Meucci A. (2013), Risk Parity and Beyond: From Asset Allocation to Risk Allocation Decisions, *EDHEC Working Paper*.

[106] Demange G. and Rochet J – C. (2005), *Methodes Mathematiques de la Finance*, Third edition, Economica.

[107] Demarta S. and McNeil A. J. (2005), The *t* Copula and Related Copulas, *International Statistical Review*, 73 (1), pp. 111 – 129.

[108] Demey P., Maillard S. and Roncalli T. (2010), Risk – Based Indexation, *Lyxor White Paper Series*, 1, www.lyxor.com.

[109] DeMiguel V., Garlappi L., Nogales F. J. and Uppal R. (2009), A Generalized Approach to Portfolio Optimization: Improving Performance by Constraining Portfolio Norms, *Management Science*, 55 (5), pp. 798 – 812.

[110] DeMiguel V., Garlappi L. and Uppal R. (2009), Optimal Versus Naive Diversification: How Ineffcient is the 1/N Portfolio Strategy?, *Review of Financial Studies*, 22 (5), pp. 1915 – 1953.

[111] Denault M. (2001), Coherent Allocation of Risk Capital, *Journal of Risk*, 4 (1), pp. 1 – 34.

[112] Detzler M. L. (1999), The Performance of Global Bond Mutual Funds, *Journal of Banking & Finance*, 23 (8), pp. 1195 – 1217.

[113] Di Cesare A. (2006), Do Market – based Indicators Anticipate Rating Agencies? Evidence for International Banks, *Economic Notes*, 35 (1), pp. 121 – 150.

[114] Dickey D. A. and Fuller W. A. (1981), Likelihood Ratio Statistics for Autoregressive Time Series with a Unit Root, *Econometrica*, 49 (4), pp. 1057 – 1072.

[115] Dimson E. and Mussavian M. (1999), Three Centuries of Asset Pricing, *Journal of Banking & Finance*, 23 (12), pp. 1745 – 1769.

[116] Duffie D., Gray S. and Hoang P. (2004), Volatility in Energy Prices, in V. Kaminski (Ed.), *Managing Energy Risk Price: The New Challenges and Solutions*, Third edition, Risk Books.

[117] Duffie D. and Kan R. (1996), A Yield – Factor Model of Interest Rates, *Mathematical Finance*, 6 (4), pp. 379 – 406.

[118] Elton E. J., Gruber M. J., Das S. and Hlavka M. (1993), Effciency with Costly Information: A Reinterpretation of Evidence from Managed Portfolios, *Review of Financial Studies*, 6 (1), pp. 1 – 22.

[119] Embrechts P., McNeil A. J. and Straumann D. (2002), Correlation and Dependency in Risk Management: Properties and Pitfalls, in M. A. H. Dempster (Ed.), Risk Management: *Value at Risk and Beyond*, Cambridge University Press.

[120] Emmer S. and Tasche D. (2005), Calculating Credit Risk Capital

Charges with the One-Factor Model, *Journal of Risk*, 7 (2), pp. 85–101.

[121] Engle R. F. (1982), Autoregressive Conditional Heteroscedasticity with Estimates of the Variance of United Kingdom Inffation, *Econometrica*, 50 (4), pp. 987–1007.

[122] Engle R. F. and Granger C. W. J. (1987), Co-Integration and Error Correction: Representation, Estimation, and Testing, *Econometrica*, 55 (2), pp. 251–276.

[123] Epperlein E. and Smillie A. (2006), Cracking VaR with Kernels, *Risk*, 19 (8), pp. 70–74.

[124] Erb C. B. and Harvey C. R. (2006), The Strategic and Tactical Value of Commodity Futures, *Financial Analysts Journal*, 62 (2), pp. 69–97.

[125] Estrada J. (2008), Fundamental Indexation and International Diversification, *Journal of Portfolio Management*, 34 (3), pp. 93–109.

[126] Eychenne K., Martinetti S. and Roncalli T. (2011), Strategic Asset Allocation, *Lyxor White Paper Series*, 6, www.lyxor.com.

[127] Fama E. F. (1965), The Behavior of Stock-Market Prices, *Journal of Business*, 38 (1), pp. 34–105.

[128] Fama E. F. (1970), Effcient Capital Markets: A Review of Theory and Empirical Work, *Journal of Finance*, 25 (2), pp. 383–417.

[129] Fama E. F. and French K. R. (1992), The Cross-Section of Expected Stock Returns, *Journal of Finance*, 47 (2), pp. 427–465.

[130] Fama E. F. and French K. R. (1993), Common Risk Factors in the Returns on Stocks and Bonds, *Journal of Financial Economics*, 33 (1), pp. 3–56.

[131] Fama E. F. and French K. R. (1996), The CAPM is Wanted, Dead or Alive, *Journal of Finance*, 51 (5), pp. 1947–1958.

[132] Fama E. F. and French K. R. (2004), The Capital Asset Pricing Model: Theory and Evidence, *Journal of Economic Perspectives*, 18 (3), pp. 25–46.

[133] Fööllmer H. and Schied A. (2002), Convex Measures of Risk and

Trading Constraints, *Finance and Stochastics*, 6 (4), pp. 429 - 447.

[134] Frazzini A. and Pedersen L. H. (2010), Betting Against Beta, *NBER Working Paper*, 16601.

[135] Fung W. and Hsieh D. A. (1997), Empirical Characteristics of Dynamic Trading Strategies: The Case of Hedge Funds, *Review of Financial Studies*, 10 (2), pp. 275 - 302.

[136] Fung W. and Hsieh D. A. (2001), The Risk in Hedge Fund Strategies: Theory and Evidence from Trend Followers, *Review of Financial Studies*, 14 (2), pp. 313 - 341.

[137] Garman M. (1996), Improving on VaR, *Risk*, 9 (5), pp. 61 - 63.

[138] Garman M. (1997), Taking VaR to Pieces, *Risk*, 10 (10), pp. 70 - 71.

[139] Genest C. (1987), Frank's Family of Bivariate Distributions, *Biometrika*, 74 (3), pp. 549 - 555.

[140] Genest C. and MacKay J. (1986), The Joy of Copulas: Bivariate Distributions with Uniform Marginals, *American Statistician*, 40 (4), pp. 280 - 283.

[141] Genest C. and MacKay R. J. (1986), Copules archimediennes et familles de lois bidimensionnelles dont les marges sont donnees, *Canadian Journal of Statistics*, 14 (2), pp. 145 - 159.

[142] Genton M. G., He L. and Liu X. (2001), Moments of Skew - Normal Random Vectors and Their Quadratic Forms, *Statistics & Probability Letters*, 51 (4), pp. 319 - 325.

[143] Georges P., Lamy A - G., Nicolas E., Quibel G. and Roncalli T. (2001), Multivariate SurvivalModelling: A Unified Approach with Copulas, *SSRN*, www.ssrn.com/abstract = 1032559.

[144] Geman H., El Karoui N. and Rochet J - C. (1995), Changes of Numeraire, Changes of Probability Measure and Option Pricing, *Journal of Applied Probability*, 32 (2), pp. 443 - 458.

[145] Giamouridis D. and Vrontos I. D. (2007), Hedge Fund Portfolio Construction: A Comparison of Static and Dynamic Approaches, *Journal of Banking &*

Finance, 31 (1), pp. 199 – 217.

[146] Gibson R. and Schwartz E. S. (1990), Stochastic Convenience Yield and the Pricing of Oil Contingent Claims, *Journal of Finance*, 45 (3), pp. 959 – 976.

[147] Glasserman P. (2005), Measuring Marginal Risk Contributions in Credit Portfolios, *Journal of Computational Finance*, 9 (2), pp. 1 – 41.

[148] Goetzmann W. N. and Ibbotson R. G. (1994), Do Winners Repeat?, *Journal of Portfolio Management*, 20 (2), pp. 9 – 18.

[149] Goltz F. and Campani C. H. (2011), A Review of Corporate Bond Indices: Construction Principles, Return Heterogeneity, and Fluctuations in Risk Exposures, *EDHEC Risk Working Paper*.

[150] Golub G. H. and Van Loan C. F. (1996), *Matrix Computations*, Third edition, John Hopkins University Press.

[151] Gordy M. B. (2003), A Risk – Factor Model Foundation for Ratings – Based Bank Capital Rules, *Journal of Financial Intermediation*, 12 (3), pp. 199 – 232.

[152] Gorton G. and Rouwenhorst K. G. (2006), Facts and Fantasies about Commodity Futures, *Financial Analysts Journal*, 62 (2), pp. 47 – 68.

[153] Gourieroux C., Laurent J – P. and Scaillet O. (2000), Sensitivity analysis of Values at Risk, *Journal of Empirical Finance*, 7 (3 – 4), pp. 225 – 245.

[154] Green R. C. (1986), Positively Weighted Portfolios on the Minimum – Variance Frontier, *Journal of Finance*, 41 (5), pp. 1051 – 1068.

[155] Green R. C. and Hollifield B. (1992), When Will Mean – Variance Effcient Portfolios Be Well Diversified?, *Journal of Finance*, 47 (5), pp. 1785 – 1809.

[156] Grinblatt M. and Titman S. (1989), Portfolio Performance Evaluation: Old Issues and New Insights, *Review of Financial Studies*, 2 (3), pp. 393 – 421.

[157] Grinblatt M. and Titman S. (1992), The Persistence of Mutual Fund Performance, *Journal of Finance*, 47 (5), pp. 1977 – 1984.

[158] Grinold R. C. and Kahn R. N. (2000), *Active Portfolio Management: A Quantitative Approach for ProvidingSuperior Returns and Controlling Risk*, Second edition, McGraw-Hill.

[159] Hagan P. S., Kumar D., Lesniewski A. S. and Woodward D. E. (2002), Managing Smile Risk, *Wilmott Magazine*, September, 1, pp. 84-108.

[160] Hallerbach W. G. (2003), Decomposing Portfolio Value-at-Risk: A General Analysis, *Journal of Risk*, 5 (2), pp. 1-18.

[161] Hastie T., Tibshirani R. and Friedman J. (2009), *The Elements of Statistical Learning*, Second edition, Springer.

[162] Haugen R. A. and Baker N. L. (1991), The Effcient Market Inefficiency of Capitalization-weighted Stock Portfolios, *Journal of Portfolio Management*, 17 (3), pp. 35-40.

[163] Hayashi T. and Yoshida N. (2005), On Covariance Estimation of Nonsynchronously Observed Diffusion Processes, *Bernoulli*, 11 (2), pp. 359-379.

[164] He G. and Litterman R. (1999), The Intuition Behind Black-Litterman Model Portfolios, Goldman Sachs Asset Management, *SSRN*, www.ssrn.com/abstract=334304.

[165] Heath D., Jarrow R. and Morton A. (1992), Bond Pricing and the Term Structure of Interest Rates: A New Methodology for Contingent Claims Valuation, *Econometrica*, 60 (1), pp. 77-105.

[166] Hemminki J. and Puttonen V. (2008), Fundamental Indexation in Europe, *Journal of Asset Management*, 8 (6), pp. 401-405.

[167] Hendricks D., Patel J. and Zeckhauser R. (1993), Hot Hands in Mutual Funds: Short-Run Persistence of Relative Performance, 1974-1988, *Journal of Finance*, 48 (1), pp. 93-130.

[168] Hereil P. and Roncalli T. (2011), Measuring the Risk Concentration of Investment Portfolios, *Bloomberg Brief-Risk*, July, pp. 8-9.

[169] Hereil P., Laplante J. and Roncalli T. (2013), Multi-Asset Indices, *Journal of IndexesEurope*, 3 (1), pp. 8-16.

[170] Hirshleifer D. (2001), Investor Psychology and Asset Pricing, *Journal of Finance*, 56 (4), pp. 1533–1597.

[171] Hoerl A. E. and Kennard R. W. (1970), Ridge Regression: Biased Estimation for Nonorthogonal Problems, *Technometrics*, 12 (1), pp. 55–67.

[172] Hoevenaars R. P. M. M., Molenaar R. D. J., Schotman P. C. and Steenkamp T. B. M. (2008), Strategic Asset Allocation with Liabilities: Beyond Stocks and Bonds, *Journal of Economic Dynamics and Control*, 32 (9), pp. 2939–2970.

[173] Hotchkiss E. S. and Ronen T. (2002), The Informational Effciency of the Corporate Bond Market: An Intraday Analysis, *Review of Financial Studies*, 15 (5), pp. 1325–1354.

[174] Hsieh H. H., Hodnett K. and van Rensburg P. (2012), Fundamental Indexation For Global Equities: Does Firm Size Matter?, *Journal of Applied Business Research*, 28 (1), pp. 105–114.

[175] Hsu J. C. (2006), Cap–Weighted Portfolios are Sub–Optimal Portfolios, *Journal of Investment Management*, 4 (3), pp. 44–53.

[176] Huij J. and Derwall J. (2008), Hot Hands in Bond Funds, *Journal of Banking & Finance*, 32 (4), pp. 559–572.

[177] Hull J. and White A. (1993), One–Factor Interest–Rate Models and the Valuation of Interest–Rate, *Journal of Financial and Quantitative Analysis*, 28 (2), pp. 235–254.

[178] Ibbotson R. G. and Chen P. (2003), Long–Run Stock Returns: Participating in the Real Economy, *Financial Analysts Journal*, 59 (1), pp. 88–98.

[179] Ibbotson R. G. and Kaplan P. D. (2000), Does Asset Allocation Policy Explain 40, 90, or 100 Percent of Performance?, *Financial Analysts Journal*, 56 (1), pp. 26–33.

[180] Idzorek T. (2007), A Step–by–step Guide to the Black–Litterman Model, in S. Satchell (Ed.), *Forecasting Expected Returns in the Financial Markets*, Academic Press.

[181] Ilmanen A. (2003), Stock–Bond Correlations, *Journal of Fixed Income*, 13 (2), pp. 55–66.

[182] Ilmanen A. (2011), *Expected Returns: An Investor's Guide to Harvesting Market Rewards*, Wiley.

[183] Inker B. (2011), The Dangers of Risk Parity, *Journal of Investing*, 20 (1), pp. 90 – 98.

[184] Jagannathan R. and Ma T. (2003), Risk Reduction in Large Portfolios: Why Imposing the Wrong Constraints Helps, *Journal of Finance*, 58 (4), pp. 1651 – 1684.

[185] Jagannathan R. and Kocherlakota N. R. (1996), Why Should Older People Invest Less in Stocks Than Younger People?, *Quarterly Review*, *Federal Reserve Bank of Minneapolis*, 20 (3), pp. 11 – 23.

[186] Jegadeesh N. and Titman S. (1993), Returns to Buying Winners and Selling Losers: Implications for Stock Market Effciency, *Journal of finance*, 48 (1), pp. 65 – 91.

[187] Jensen M. C. (1968), The Performance of Mutual Funds in the Period 1945 – 1964, *Journal of Finance*, 23 (2), pp. 389 – 416.

[188] Joe H. (1997), *Multivariate Models and Dependence Concepts*, Monographs on Statistics and Applied Probability, 73, Chapmann & Hall.

[189] Jondeau E. and Rockinger M. (2006), The Copula – GARCH Model of Conditional Dependencies: An International Stock Market Application, *Journal of International Money and Finance*, 25 (5), pp. 827 – 853.

[190] Jondeau E. and Rockinger M. (2006), Optimal Portfolio Allocation Under Higher Moments, *European Financial Management*, 12 (1), pp. 29 – 55.

[191] Jorion P. (1988), Bayes – Stein Estimation for Portfolio Analysis, *Journal of Financial and Quantitative Analysis*, 21 (3), pp. 279 – 292.

[192] Jorion P. (1992), Portfolio Optimization in Practice, *Financial Analysts Journal*, 48 (1), pp. 68 – 74.

[193] Jorion P. (2003), Portfolio Optimization with Tracking – Error Constraints, *Financial Analysts Journal*, 59 (5), pp. 70 – 82.

[194] Jouanin J – F., Riboulet G. and Roncalli T. (2004), Financial Applications of Copula Functions, in G. Szegöo (Ed.), *Risk Measures for the 21st*

Century, Wiley.

[195] Jurczenko E., Michel T. and Teïletche J. (2013), Generalized Risk-Based Investing, *SSRN*, www.ssrn.com/abstract=2205979.

[196] Kaldor N. (1939), Speculation and Economic Stability, *Review of Economic Studies*, 7 (1), pp. 1–27.

[197] Kalkbrener M. (2005), An Axiomatic Approach to Capital Allocation, *Mathematical Finance*, 15 (3), pp. 425–437.

[198] Kaplan P. D. (2008), Why Fundamental Indexation Might—or Might Not—Work, *Financial Analysts Journal*, 64 (1), pp. 32–39.

[199] Karatzas I., Lehoczky J. P and Shreve S. E. (1987), Optimal Portfolio and Consumption Decisions for a Small Investor on a Finite Horizon, *SIAM Journal of Control and Optimization*, 25 (6), pp. 1557–1586.

[200] Kat H. M. (2004), In Search of the Optimal Fund of Hedge Funds, *Journal of Wealth Management*, 6 (4), pp. 43–51.

[201] Katz S. (1974), The Price and Adjustment Process of Bonds to Rating Reclassifications: A Test of Bond Market Effciency, *Journal of Finance*, 29 (2), pp. 551–559.

[202] Kaya H., Lee W. and Wan Y. (2011), Risk Budgeting With Asset Class and Risk Class, *Neuberger Berman Working Paper*.

[203] Keynes J. M. (1923), Some Aspects of Commodity Markets, *Manchester Guardian Commercial*, *European Reconstruction Series*, 13, pp. 784–786.

[204] Kothari S. P., Shanken J. and Sloan R. G. (1995), Another Look at the Cross-Section of Expected Stock Returns, *Journal of Finance*, 50 (1), pp. 185–224.

[205] Laloux L., Cizeau P., Bouchaud J-P. and Potters M. (1999), Noise Dressing of Financial Correlation Matrices, *Physical Review Letters*, 83 (7), pp. 1467–1470.

[206] Ledoit O. and Wolf M. (2003), Improved Estimation of the Covariance Matrix of Stock Returns With an Application to Portfolio Selection, *Journal of Empirical Finance*, 10 (5), pp. 603–621.

[207] Ledoit O. and Wolf M. (2004), Honey, I Shrunk the Sample Covariance Matrix, *Journal of Portfolio Management*, 30 (4), pp. 110 – 119.

[208] Lee W. (2011), Risk Based Asset Allocation: A New Answer To An Old Question?, *Journal of Portfolio Management*, 37 (4), pp. 11 – 28.

[209] Lehmann B. N. (1990), Fads, Martingales and Market Effciency, *Quar – terly Journal of Economics*, 105 (1), pp. 1 – 28.

[210] Lehmann B. N. and Modest D. M. (1987), Mutual Fund Performance Evaluation: A Comparison of Benchmarks and Benchmark Comparisons, *Journal of Finance*, 42 (2), pp. 233 – 265.

[211] Lettau M. and Ludvigson S. (2001), Consumption, Aggregate Wealth, and Expected Stock Returns, *Journal of Finance*, 56 (3), pp. 815 – 849.

[212] Li D. (2000), On Default Correlation: A Copula Function Approach, *Journal of Fixed Income*, 9 (4), pp. 43 – 54.

[213] Litterman, R. B. (1996), Hot Spots and Hedges, *Goldman Sachs Risk Management Series*.

[214] Litterman R. B. (2003), *Modern Investment Management: An Equilibrium Approach*, Wiley.

[215] Litterman R. B. and Scheinkman J. A. (1991), Common Factors Affecting Bond Returns, *Journal of Fixed Income*, 1 (1), pp. 54 – 61.

[216] Lindberg C. (2009), Portfolio Optimization When Expected Stock Returns are Determined by Exposure to Risk, *Bernoulli*, 15 (2), pp. 464 – 474.

[217] Lintner J. (1965), The Valuation of Risk Assets and the Selection of Risky Investments in Stock Portfolios and Capital Budgets, *Review of Economics and Statistics*, 47 (1), pp. 13 – 37.

[218] Lo A. W. and MacKinlay A. C. (1990), When are Contrarian Profitsdue to Stock Market Overreaction?, *Review of Financial Studies*, 3 (2), pp. 175 – 205.

[219] Lo A. W. and Patel P. N. (2008), 130/30: The New Long – Only, *Journal of Portfolio Management*, 34 (2), pp. 12 – 38.

[220] Lohre H., Neugebauer U. and Zimmer C. (2012), Diversified Risk Parity Strategies for Equity Portfolio Selection, *Journal of Investing*, 21 (3), pp. 111 – 128.

[221] Longstaff F. A., Pan J., Pedersen L. H. and Singleton K. J. (2011), How Sovereign is Sovereign Credit Risk?, *American Economic Journal: Macroeconomics*, 3 (2), pp. 75 – 103.

[222] Lucas R. E. (1978), Asset Prices in an Exchange Economy, *Econometrica*, 46 (6), pp. 1429 – 1445.

[223] Maillard S., Roncalli T. and Teïletche J. (2010), The Properties of Equally Weighted Risk Contribution Portfolios, *Journal of Portfolio Management*, 36 (4), pp. 60 – 70.

[224] Malkiel B. G. (2003), Passive Investment Strategies and Effcient Markets, *European Financial Management*, 9 (1), pp. 1 – 10.

[225] Marshall A. W. and Olkin I. (1988), Families of Multivariate Distributions, *Journal of the American Statistical Association*, 83 (403), pp. 834 – 841.

[226] Markowitz H. (1952), Portfolio Selection, *Journal of Finance*, 7 (1), pp. 77 – 91.

[227] Markowitz H. (1956), The Optimization of a Quadratic Function Subject to Linear Constraints, *Naval Research Logistics Quarterly*, 3 (1 – 2), pp. 111 – 133.

[228] Martellini L. (2008), Toward the Design of Better Equity Benchmarks, *Journal of Portfolio Management*, 34 (4), pp. 34 – 41.

[229] Martellini L. and Milhau V. (2012), Dynamic Allocation Decisions in the Presence of Funding Ratio Constraints, *Journal of Pension Economics and Finance*, 11 (4), pp. 549 – 580.

[230] Martellini L., Priaulet P. and Priaulet S. (2003), *Fixed – Income Securities: Valuation, Risk Management and Portfolio Strategies*, Wiley.

[231] Martellini L. and Ziemann V. (2010), Improved Estimates of Higher – Order Comoments and Implications for Portfolio Selection, *Review of Financial Studies*, 23 (4), pp. 1467 – 1502.

[232] Mehra R. and Prescott E. C. (1985), The Equity Premium: A Puzzle, *Journal of Monetary Economics*, 15 (2), pp. 145 – 161.

[233] Merton R. C. (1969), Lifetime Portfolio Selection under Uncertainty: The Continuous – Time Case, *Review of Economics and Statistics*, 51 (3), pp. 247 – 257.

[234] Merton R. C. (1971), Optimum Consumption and Portfolio Rules in a Continuous – Time Model, *Journal of Economic Theory*, 3 (4), pp. 373 – 413.

[235] Merton R. C. (1972), An Analytic Derivation of the Effcient Portfolio Frontier, *Journal of Financial and Quantitative Analysis*, 7 (4), pp. 1851 – 1872.

[236] Merton R. C. (1973), An Intertemporal Capital Asset Pricing Model, *Econometrica*, 41 (5), pp. 867 – 887.

[237] Merton R. C. (1974), On the Pricing of Corporate Debt: The Risk Structure of Interest Rates, *Journal of Finance*, 29 (2), pp. 449 – 470.

[238] Merton R. C. (1980), On Estimating the Expected Return on the Market: An Exploratory Investigation, *Journal of Financial Economics*, 8 (4), pp. 323 – 361.

[239] Meucci A. (2005), *Risk and Asset Allocation*, Springer.

[240] Meucci A. (2006), Beyond Black – Litterman: Views on Non – Normal Markets, *Risk*, 19 (2), pp. 87 – 92.

[241] Meucci A. (2007), Risk Contributions from Generic User – defined Factors, *Risk*, 20 (6), pp. 84 – 88.

[242] Meucci A. (2009), Managing Diversification, *Risk*, 22 (5), pp. 74 – 79.

[243] Michaud R. O. (1989), The Markowitz Optimization Enigma: Is "Optimized" Optimal?, *Financial Analysts Journal*, 45 (1), pp. 31 – 42.

[244] Michaud R. O. (1998), *Effcient Asset Management: A Practical Guide to Stock Portfolio Management and Asset Allocation*, Financial Management Association, Survey and Synthesis Series, HBS Press.

[245] Miffre J. and Rallis G. (2007), Momentum Strategies in Commodity

Futures Markets, *Journal of Banking & Finance*, 31 (6), pp. 1863 – 1886.

[246] Munk C. and Sørensen C. (2010), Dynamic Asset Allocation with Stochastic Income and Interest Rates, *Journal of Financial Economics*, 96 (3), pp. 433 – 462.

[247] NBIM (2012), Alternatives to a Market – value – weighted Index, *NBIM Discussion Note*, 7 – 2012, www.nbim.no.

[248] Nelsen R. B. (2006), *An Introduction to Copulas*, Second edition, Springer.

[249] Nelson C. R. and Siegel A. F. (1987), Parsimonious Modeling of Yield Curves, *Journal of Business*, 60 (4), pp. 473 – 489.

[250] Nocedal J. and Wright S. J. (2006), *Numerical Optimization*, Second edition, Springer.

[251] Oakes D. (1989), Bivariate Survival Models Induced by Frailties, *Journal of the American Statistical Association*, 84 (406), pp. 487 – 493.

[252] Odean T. (1998), Are Investors Reluctant to Realize Their Losses?, *Journal of Finance*, 53 (5), pp. 1775 – 1798.

[253] Perold A. F. (1986), Constant Proportion Portfolio Insurance, *Harvard Business School*, Manuscript.

[254] Perold A. F. (2007), Fundamentally Flawed Indexing, *Financial Analysts Journal*, 63 (6), pp. 31 – 37.

[255] Perold A. F. and Sharpe W. F. (1988), Dynamic Strategies for Asset Allocation, *Financial Analysts Journal*, 44 (1), pp. 16 – 27.

[256] Peters E. E. (2011), Balancing Asset Growth and Liability Hedging through Risk Parity, *Journal of Investing*, 20 (1), pp. 128 – 136.

[257] Pham H. (2009), *Continuous – time Stochastic Control and Optimization with Financial Applications*, Stochastic Modelling and Applied Probability, 61, Springer.

[258] Pindyck R. S. (2001), The Dynamics of Commodity Spot and Futures Markets: A Primer, *The Energy Journal*, 22 (3), pp. 1 – 29.

[259] Pindyck R. S. (2004), Volatility and Commodity Price Dynamics,

Journal of Futures Markets, 24 (11), pp. 1029 – 1047.

［260］Pliska S. R. (1986), A Stochastic Calculus Model of Continuous Trading: Optimal Portfolios, *Mathematics of Operations Research*, 11 (2), pp. 371 – 382.

［261］Poterba J. M. and Summers L. H. (1988), Mean Reversion in Stock-Prices: Evidence and Implications, *Journal of Financial Economics*, 22 (1), pp. 27 – 59.

［262］Press W. H., Teukolsky S. A., Vetterling W. T. and Flannery B. P. (2007), *Numerical Recipes: The Art of Scientific Computing*, Third edition, Cambridge University Press.

［263］Prigent J – L. (2007), *Portfolio Optimization and Performance Analysis*, Chapman & Hall.

［264］Pykhtin M. (2004), Multi – Factor Adjustment, *Risk*, 17 (3), pp. 85 – 90.

［265］Qian E. (2005), *Risk Parity Portfolios*, PanAgora Research Paper.

［266］Qian E. (2006), On the Financial Interpretation of Risk Contribution: Risk Budgets Do Add Up, *Journal of Investment Management*, 4 (4), pp. 1 – 11.

［267］Qian E. (2011), *Risk Parity and Diversification*, Journal of Investing, 20 (1), pp. 119 – 127.

［268］Qian E. (2012), Pension Liabilities and Risk Parity, *Journal of Investing*, 21 (3), pp. 93 – 101.

［269］Rabin M. (1998), Psychology and Economics, *Journal of Economic Literature*, 36 (1), pp. 11 – 46.

［270］Rahl L. (Ed.) (2000), Risk Budgeting: *A New Approach to Investing*, Risk Books.

［271］Reilly F. K., Kao G. W. and Wright D. J. (1992), Alternative Bond Market Indexes, *Financial Analysts Journal*, 48 (3), pp. 44 – 58.

［272］Reinhart C. M. and Rogoff K. S. (2009), *This Time Is Different: Eight Centuries of Financial Folly*, Princeton University Press.

［273］Roll R. (1977), A Critique of the Asset Pricing Theory's Tests Part I:

On Past and Potential Testability of the Theory, *Journal of Financial Economics*, 4 (2), pp. 129 – 176.

[274] Roll R. (1992), A Mean/Variance Analysis of Tracking Error, *Journal of Portfolio Management*, 18 (4), pp. 13 – 22.

[275] Roncalli T. (2009), *La Gestion des Risques Financiers*, Second edition, Economica.

[276] Roncalli T. (2010), *La Gestion d'Actifs Quantitative*, Economica.

[277] Roncalli T. and Weisang G. (2012), Risk Parity Portfolios with Risk Factors, *SSRN*, www.ssrn.com/abstract = 2155159.

[278] Routledge B. R., Seppi D. J. and Spatt C. S. (2000), Equilibrium Forward Curves for Commodities, *Journal of Finance*, 55 (3), pp. 1297 – 1338.

[279] Ruban O. and Melas M. (2011), Constructing Risk Parity Portfolios: Rebalance, Leverage, or Both?, *Journal of Investing*, 20 (1), pp. 99 – 107.

[280] Ryan R. J. and Fabozzi F. J. (2002), Rethinking Pension Liabilities and Asset Allocation, *Journal of Portfolio Management*, 28 (4), pp. 7 – 15.

[281] Satchell S. and Scowcroft A. (2000), A Demystification of the Black – Litterman Model: Managing Quantitative and Traditional Portfolio Construction, *Journal of Asset Management*, 1 (2), pp. 138 – 150.

[282] Scaillet O. (2004), Nonparametric Estimation and Sensitivity Analysis of Expected Shortfall, *Mathematical Finance*, 14 (1), pp. 115 – 129.

[283] Scherer B. (2002), Portfolio Resampling: Review and Critique, *Financial Analysts Journal*, 58 (6), pp. 98 – 109.

[284] Scherer B. (2007), *Portfolio Construction & Risk Budgeting*, Third edition, Risk Books.

[285] Scherer B. (2011), A Note on the Returns from Minimum Variance Investing, *Journal of Empirical Finance*, 18 (4), pp. 652 – 660.

[286] Schwartz E. S. (1997), The Stochastic Behavior of Commodity Prices: Implications for Valuation and Hedging, *Journal of Finance*, 52 (3), pp. 923 – 973.

[287] Sebastian M. (2012), Risk Parity and the Limits of Leverage, *Journal*

of Investing, 21 (3), pp. 79 – 87.

[288] Shalit H. and Yitzhaki S. (1984), Mean – Gini, Portfolio Theory, and the Pricing of Risky Assets, *Journal of Finance*, 39 (5), pp. 1449 – 1468.

[289] Sharpe W. F. (1964), Capital Asset Prices: A Theory of Market Equilibrium under Conditions of Risk, *Journal of Finance*, 19 (3), pp. 425 – 442.

[290] Sharpe W. F. (1966), Mutual Fund Performance, *Journal of Business*, 39 (1), pp. 119 – 138.

[291] Sharpe W. F. (1992), Asset Allocation: Management Style and Performance Measurement, *Journal of Portfolio Management*, 18 (2), pp. 7 – 19.

[292] Sharpe W. F. (2010), Adaptive Asset Allocation Policies, *Financial Analysts Journal*, 66 (3), pp. 45 – 59.

[293] Siracusano L. (2007), A Fundamental Challenge, *Journal of Indexes*, 10 (5), pp. 24 – 35.

[294] Sklar A. (1959), Fonctions de répartition a n dimensions et leurs marges, *Publications de l' Institut de Statistique de l' Université de Paris*, 8 (1), pp. 229 – 231.

[295] Stevens G. V. G. (1998), On the Inverse of the Covariance Matrix in Portfolio analysis, *Journal of Finance*, 53 (5), pp. 1821 – 1827.

[296] Stock J. H. and Watson M. W. (1989), New Indexes of Coincident and Leading Economic Indicators, *NBER Macroeconomics Annual*, 4, pp. 351 – 394.

[297] Sutcliffe C. (2005), The Cult of the Equity for Pension Funds: Should it Get the Boot?, *Journal of Pension Economics and Finance*, 4 (1), pp. 57 – 85.

[298] Taleb N. N. (2007), *The Black Swan: The Impact of the Highly Improbable*, Random House.

[299] Tasche D. (2002), Expected Shortfall and Beyond, *Journal of Banking & Finance*, 26 (7), pp. 1519 – 1533.

[300] Tasche D. (2008), Capital Allocation to Business Units and Sub – Portfolios: The Euler Principle, in A. Resti (Ed.), *Pillar II in the New Basel Accord: The Challenge of Economic Capital*, Risk Books, pp. 423 – 453.

[301] Tawn J. A. (1988), Bivariate Extreme Value Theory: Models and Estimation, *Biometrika*, 75 (3), pp. 397 – 415.

[302] Tawn J. A. (1990), Modelling Multivariate Extreme Value Distributions, *Biometrika*, 77 (2), pp. 245 – 253.

[303] Thiagarajan S. R. and Schachter B. (2011), Risk Parity: Rewards, Risks, and Research Opportunities, *Journal of Investing*, 20 (1), pp. 78 – 89.

[304] Tibshirani R. (1996), Regression Shrinkage and Selection via the Lasso, *Journal of the Royal Statistical Society B*, 58 (1), pp. 267 – 288.

[305] Tobin J. (1958), Liquidity Preference as Behavior Towards Risk, *Review of Economic Studies*, 25 (2), pp. 65 – 86.

[306] Toloui R. (2010), Time To Rethink Bond Indexes?, *Journal of Indexes*, 13 (5), pp. 26 – 29.

[307] Treynor J. L. (1965), How to Rate Management of Investment Funds, *Harvard Business Review*, 43, pp. 63 – 75.

[308] Tu J. and Zhou G. (2011), Markowitz Meets Talmud: A Combination of Sophisticated and Naive Diversification Strategies?, *Journal of Financial Economics*, 99 (1), pp. 204 – 215.

[309] Tütüncü R. H. and Koenig M. (2004), Robust Asset Allocation, *Annals of Operations Research*, 132 (1 – 4), pp. 157 – 187.

[310] Varian H. R. (1992), *Microeconomic Analysis*, Third edition, W. W. Norton & Company.

[311] Vasicek O. (1977), An Equilibrium Characterization of the Term Structure, *Journal of Financial Economics*, 5 (2), pp. 177 – 188.

[312] Vasicek O. (2002), Loan Portfolio Value, *Risk*, 15 (12), pp. 160 – 162.

[313] Viceira L. M. (2001), Optimal Portfolio Choice for Long – Horizon Investors with Nontradable Labor Income, *Journal of Finance*, 56 (2), pp. 433 – 470.

[314] Wachter J. A. (2003), Risk Aversion and Allocation to Long – term Bonds, *Journal of Economic Theory*, 112 (2), pp. 325 – 333.

[315] WALKSHÄUSL C. and Lobe S. (2010), Fundamental Indexing Around the World, *Review of Financial Economics*, 19 (3), pp. 117 – 127.

[316] Wilde T. (2001), IRB Approach Explained, Risk, 14 (5), pp. 87 – 90.

[317] Willenbrock S. (2011), Diversification Return, Portfolio Rebalancing, and the Commodity Return Puzzle, *Financial Analysts Journal*, 67 (4), pp. 42 – 49.

[318] Windcliff H. and Boyle P. P. (2004), The 1/n Pension Investment Puzzle, *North American Actuarial Journal*, 8 (3), pp. 32 – 45.

[319] Wood P. and Evans R. (2003), Fundamental Profit Based Equity Indexation, *Journal of Indexes*, 5 (2), pp. 1 – 7.

[320] Yitzhaki S. (1982), Stochastic Dominance, Mean Variance, and Gini's Mean Difference, *American Economic Review*, 72 (1), pp. 178 – 185.

[321] Zangari P. (1996), A VaR Methodology for Portfolios That Include Options, *Risk Metrics Monitor*, First quarter, pp. 4 – 12.